Manfred R. Rosenberger · Jagdgeschosse

Manfred R. Rosenberger

Jagdgeschosse

Aufbau · Zielverhalten · Verwendung

Erweiterte und überarbeitete Neuauflage

Motor
buch
Verlag

Einbandgestaltung: Luis Dos Santos unter Verwendung von Vorlagen aus dem Archiv des Verfassers.

Bildnachweis:
S. 30 Woodleigh; S.92 und 218 Brenneke GmbH; S. 145 Walter Gehmann; S.177 Barnes Bullers; S.148 Nosler, Inc.; S156 Jack Carter. Alle übrigen Fotos und Zeichnungen Archiv des Verfassers.

ISBN 978-3-613-02746-6

1. Auflage 2007

Ein Unternehmen der Paul Pietsch-Verlage GmbH & Co.

Sie finden uns im Internet unter www.motorbuch-verlag.de

Lektorat: Martin Benz M.A.
Innergestaltung: Jürgen Knopf, Printprodukte, 74321 Bietigheim
Druck und Bindung: Graspo, CZ-76302 Zlin
Printed in Czech Republic

INHALT

3. Herkömmliche Teilmantelgeschosse 103

4. Geschosse mit kontrollierter Masse- und Formveränderung 120

5. Geschosse mit festem Deformationsstop 131

6. Verbundgeschosse 139

Massestabile Deformationsgeschosse 157

Dank

Zusammenarbeit ist für den Erfolg eines Projektes stets ein wichtiger Faktor. Insofern wäre dieses Buch ohne das Mitwirken zahlreicher Personen und Firmen nicht zustande gekommen. Sie haben das Projekt direkt oder indirekt in erheblichem Maß unterstützt und sehr zu dessen Gelingen beigetragen. Ihnen allen mein besonderer Dank:

- *Barnes Bullets, Inc.*
- *Brenneke GmbH*
- *Browning-Winchester Sport-Vertrieb GmbH*
- *DWM Petershagen*
- *Dynamit Nobel AG*
- *Eldorado Cartridge Corporation*
- *Federal Cartridge Co.*
- *Walter Gehmann GmbH*
- *Helmut Hofmann GmbH*
- *Hirtenberger AG*
- *Hornady Mfg. Co.*
- *Jaguar*
- *Gustav Jehn GmbH*
- *Eduard Kettner GmbH*
- *Albrecht Kind GmbH*
- *Lapua Ltd.*
- *Metallwerk Elisenhütte Nassau GmbH*
- *Norma Precision AB*
- *Nosler, Inc.*
- *Olin/Winchester Co.*
- *RUAG Ammotech*
- *Remington Arms Co.*
- *W. Romey GmbH*
- *Sako Ltd.*
- *Sauvestre/Thifan*
- *Swift Bullet Co.*
- *Weatherby, Inc.*

Verschärfter Dank gilt meinen langjährigen Mitarbeitern Katrin Hanné (der die undankbare Aufgabe des Korrekturlesens oblag) sowie Joachim Fischer – ohne dessen technisches Know-how die zahlreichen Tests nicht möglich gewesen wären; er hat sich außerdem in erheblichem Umfang um die Bearbeitung der Fotos gekümmert. Walter Gehmann stellte zahlreiche bislang unveröffentlichte Unterlagen über seine Geschossentwicklungen zur Verfügung – ganz abgesehen von seiner sehr umfangreichen Erfahrung als Ballistiker und Praktiker. Hierfür mein herzlicher Dank.

Ebenso bedanke ich mich sehr bei Dr. Peter Mank, der mit detaillierten Informationen über die Arbeiten seines Urgroßvaters, Wilhelm Brenneke, sowie bei der Beschaffung ausgefallener Geschoss- und Munitionssorten zur Hand ging. Ferner möchte ich mich sehr nachdrücklich bei Gustav Jehn, bei Bob Nosler sowie bei Ed Weatherby für ihre kompetente Unterstützung dieses Projektes bedanken.

Nicht weniger Dank gebührt Martin Benz, dem erneut die undankbare Aufgabe oblag, den Verfasser zu »motivieren«, nachdem jener wieder einmal den Abgabetermin als zeitverzögerte Weihnachtsüberraschung gestaltet hatte und folglich dem geplanten Erscheinungstermin unnötig Gefahr drohte.

Ganz besonders habe ich Jürgen Knopf für die sehr attraktive Gestaltung dieses Buches zu danken.

Schließlich Dank auch an die Katzen (vierbeinig) Phryne, Bella, Nike und Molly für die Geduld, mit der sie alle Vernachlässigung ertragen haben.

Manfred R. Rosenberger

Vorworte

Vorwort zur 1. Auflage 2000

Jahr für Jahr tauchen neue Geschosskonstruktionen auf dem Markt auf – der Großteil davon alte Hüte mit neuen Federn, einige jedoch ultimative Neuentwicklungen, die deutliche Vorteile vorzuweisen haben.

Verschiedene Importeure und Händler bieten diese Geschosse – beziehungsweise damit laborierte Munition – auf dem europäischen Markt an. Doch über die Akzeptanz seitens der Jägerschaft befragt, äußern sie sich in aller Regel eher frustriert: »Die (Jäger) sind doch so unflexibel«. Oder: »Von Geschossen und dergleichen wollen die sowieso nichts wissen. Einzig das 'Altbewährte' zählt«.

Die Ursache für solche und ähnlich bittere Äußerungen ist leicht auszumachen: Akuter Informationsmangel. Die Fachliteratur gibt in dieser Richtung überhaupt nichts her – sie hinkt meist ein Jahrzehnt und mehr der Entwicklung nach. Dementsprechend verläuft auch die Ausbildung der Jungjäger insofern (meist) mehr oder weniger traditionsorientiert: Altbewährt ist am besten – was seit mehr als 50 Jahren funktioniert hat, kann nur gut sein.

Genau genommen fehlen grundlegende Informationen über das Zielverhalten all der vielen neuen Geschosstypen – gleichgültig, ob sie für Zug- oder Glattlaufwaffen bestimmt sind. Falls Geschossreste überhaupt gezeigt werden, stammen sie vom Beschuss reiner Gelatine und geben ein meist falsches Bild. In der jagdlichen Praxis sind Knochentreffer jedoch gar nicht so selten, so dass sich die meisten Projektile völlig anders verhalten. Die Angebotskataloge und die sonstige Literatur beschränken sich in der Regel auf eine – im wahrsten Wortsinn – oberflächliche (und bisweilen falsche) Beschreibung der betreffenden Geschosskonstruktion. – Und damit basta!

Das vorliegende Buch bemüht sich, diese Informationslücke zu schließen und dem Jäger einen praxisbezogenen und damit hilfreichen Überblick über heutige Jagdgeschosse zu vermitteln. Besonders wichtig sind in diesem Zusammenhang die jeweiligen Resultate der in großem Umfang durchgeführten Beschüsse eines definierten Kombinationsziels, die in der Literatur fehlen und überhaupt erst eine Beurteilung des betreffenden Projektils ermöglichen.

Selbstverständlich ist die Liste der beschriebenen Geschosse nicht vollständig. Manche verschwanden bereits nach kurzer Zeit wieder vom Markt und standen für Tests nicht mehr zur Verfügung, während andere, die just eben im Begriff sind, auf dem Markt zu erscheinen, bei Beendigung dieser Arbeit noch nicht greifbar waren.

Dr. Manfred R. Rosenberger
Bookholzberg, im Januar 2000

Vorwort zur 2. Auflage 2007

Irgendwann musste Schluss sein!

Die Erkenntnis *χωρεῖ πάντα* (sprich: choreï pánta = alles befindet sich in Fluss) des griechischen Philosophen Heraklit (535-475 v. Chr.) gilt im Prinzip selbstverständlich auch heute. Der Unterschied besteht lediglich darin, dass sich in der Realität der Jetztzeit alles noch viel schneller verändert. So ist bekanntlich ein frisch gekaufter Rechner nach dem neuesten Stand der Wissenschaft am Tag des Erwerbs bereits überholt. Und bei den Jagdgeschossen – dieser Gedankensprung sollte gestattet sein – liegen die Dinge nicht anders: Was sich einst zu Recht als »ideal« oder »universal« darstellte, führt längst ein Dasein als »museale Kichererbse«.

Die kurze Zeitspanne seit dem Erscheinen der ersten Auflage von *Jagdgeschosse*, im Frühjahr 2000, reichte den Erfindern und Herstellern, den Markt mit zahlreichen »neuen« Geschoss-Sorten zu beglücken, wenn nicht gar zu bedrängen (die Werbung spricht selbstredend gern von »revolutionieren, schon allein deswegen war es mir nicht möglich, einem bloßen Nachdruck mit auf den Schreibtisch gelegten Füßen gelassen entgegen zu sehen.

Abgesehen vom Darstellen und Interpretieren der Novizen erwies es sich an einigen Stellen der früheren Ausgabe dieses Buches als notwendig, den Text zu ergänzen und dem neuesten Stand der Wissenschaft anzupassen.

Die, fast schon nicht überschaubare, Anzahl von »Neuerungen« liefert – wieder mal - ein typisches Beispiel dafür, wie einfach es für »Trittbrettfahrer« und »Nachhinker« ist, simple Schlaumeiereien als nachhaltige Innovationen anzupreisen und sich damit wichtig zu tun. In Wirklichkeit lässt sich bei den meisten Sorten das eigentlich »Neue« auf den bloßen Namen reduzieren, der - verbunden mit entsprechender Reklame - beispielsweise besondere Eigenschaften suggerieren soll.

Insofern vermisst man etwa »BioSchock, das biologisch abbaubare Jagdgeschoss, das auf natürlich/biologische Weise einschläfert« - mit Schnitthaar und anderen Kinkerlitzchen versteht sich. Und dennoch: Keines der allerneuesten wie auch der urältesten Jagdgeschosse vermag zu garantieren, dass jedes beschossene Wild »am Anschuss« bleibt. Selbstverständlich gäbe es da ein simple Lösung: die Munition 40 mm x 46 mit HE-Geschoss[1]; Selbst bei einem schlechten Treffer wie auch bei

[1] NATO-Kürzel für *High Explosive* (= Sprenggeschoss).

einem »Fast-Treffer« verendet das Stück garantiert im Knall[2]. Na bitte – es geht doch!
Abseits vom Bleikern-*Verbundgeschoss* sowie dem üblicherweise aus Kupfer bestehenden sogenannten *Monobloc-Geschoss* findet man in den letzten zwanzig Jahren der Entwicklungsgeschichte grundsätzlich keine bemerkenswerten Innovitäten – »Nihil novi sub sole«[3]

Selbstverständlich kann auch diese, zweite, Auflage von *Jagdgeschosse* keinen Anspruch auf Vollständigkeit erheben. Wahrscheinlich sind von jetzt an bis zum Erscheinen dieses Buches weitere Jagdgeschosse auf den Markt gelangt. Dennoch hoffe ich, dem Leser mit der vorliegenden Ausgabe ein hilfreiches Kompendium an die Hand zu geben.

Dr. Manfred R. Rosenberger
Bookholzberg, im Januar 2007

---

2) Das sogenannte *Footprint* (= tödlicher Wirkkreisdurchmesser) dieses Projektils beträgt ungefähr 6 m.

3) = Es gibt nichts Neues unter der Sonne (»Prediger Salomos« I 9; Altes Testament).

Geleitwort

Wahrlich, die Jäger haben es derzeit nicht leicht. In einer kritischen, teilweise feindlichen Öffentlichkeit müssen sie bestehen. Ihre Integrität müssen sie u. a. durch wachsendes Wissen beweisen. Und das ist – von Flora zu Fauna, von Recht und Sicherheit, von Naturschutz, Waidwerk bis hin zu Optik und Waffenkunde wirklich nicht wenig.
Da scheint das Thema »Jagdgeschosse« nur einen kleinen, vermeintlich zu kleinen, Sektor all der jagdlichen Belange anzugehen. Bei näherer Betrachtung – und beim Studium des vorliegenden Werkes ganz besonders – wird klar, dass es sich um einen Kernpunkt der Jagd handelt: Die modernen Waffen haben die Probleme der inneren Ballistik gelöst. Für die äußere Ballistik aber sind Konstruktion und Design des Geschosses von großer, für die Zielballistik von überragender Bedeutung.
Da lohnt es für den Jäger, sich auf den neuesten Informationsstand zu bringen, um die Fortschritte der Technologie – und solche gibt es tatsächlich – zum Wohle des Waidwerks zu nutzen.
Das vorliegende Werk vermittelt diese Erkenntnisse in erfreulicher Anschaulichkeit und bringt den interessierten Jäger schnell, und ohne dass die Materie zu trocken wird, auf den neuesten Stand der Dinge.

Dr. Hans-Georg Tafel

Abkürzungen

BT = Boat Tail = konisches Heck
C = Ballistischer Koeffizient
Cu = Kupfer
CuZn = Legierungsverhältnis Kupfer/Zink
cm = Zentimeter
dv = Geschwindigkeitsverlust
dE = Energieverlust
E_i = eingesetzte Energiemenge (Energie-Input)
E_o = Anfangsenergie (Energie-Output)
E_s = Querschnittsenergie
E_w = innenballistischer Wirkungsgrad
E_z = Zielenergie
f (...) = Funktion von ...
fps = feet per second = Fuß pro Sekunde
ft = Foot (1 ft = 30,48 cm)
GA = Gauge = englische Bezeichnung der Flintenkaliber
g = Gramm (1 g = 1/1000 kg)
gr = Grain (100 grs= 6,48 g)
i = Formfaktor
J = Joule
k = maximaler Geschossdurchmesser (aktuelles Kaliber)
kg = Kilogramm (1 kg = 1000 g)
kJ = Kilojoule (1 kJ = 1000 J)
m = Masse
m_b = Geschossmasse
m_p = Treibladungsmasse
m_x = aktuelle Geschossmasse
mg = Milligramm (1 mg = 1/1000 g)
NG = Nitroglyzerin
NZ = Nitrozellulose
oz = Ounce (1 oz = 438 grs= 28,4 g)
q = Geschossquerschnitt (allgemein)
q_x = aktueller Geschossquerschnitt (nach Deformation et cet.)
S = Querschnittsbelastung (S = m/q)
v_o = Anfangsgeschwindigkeit
v_z = Ziel(Anfangs)geschwindigkeit
v_x = Fluggeschwindigkeit
W_s = spezifischer Zielwiderstand
W_z = Zielwiderstand
yd = Yard (1 yd = 3 ft = 91,44 cm)
Zn = Zink

Aus praktischen Gründen werden die verschiedenen, in diesem Buch verwendeten Fachausdrücke im Anhang unter dem Abschnitt »Fachbegriffe« auf Seite 248 ff dargestellt und erläutert.

Kapitel I

Allgemeines

Der lange Marsch - von der frühen Rundkugel zum modernen Deformationsgeschoss.

Aller Anfang ist schwer

Wenn man den Pessimisten glauben will, war »früher alles besser«. Na klar doch! Da tat man sich beispielsweise nicht schwer damit, zwischen Jagd-, Sport- und Militärgeschossen unterscheiden und wählen zu müssen. Und wer von Ballistik keine Ahnung hatte, galt deswegen nicht gleich als Depp. So gesehen hatte es zu Beginn der Handfeuerwaffen-Ära der Schütze in der Tat gut: Er stopfte alles, was ihm als Geschoss gerade passend erschien, in sein »Feuerrohr« – meist einfache Kieselsteine, selten Blei- oder Eisenstücke.

Erst ab ungefähr 1420 wurde in Europa – sehr vereinzelt zunächst – mit halbwegs runden Bleikugeln geschossen. Ob das ein ungetrübtes Vergnügen war, muss bezweifelt werden, denn diese zwei bis drei Loth (= 33 bis 52,5 g) schweren Bleibatzen produzierten vor der meist willkürlich abgemessenen Schwarzpulverladung einen gewaltigen Rückstoß.

Und mit der Schusspräzision war es auch nicht gerade bestens bestellt. Kein Wunder, denn meist enthielten die Kugeln – bedingt durch das simple Fertigungsverfahren – Luftblasen (sogenannte *Lunken*) und waren häufig obendrein durch Stoß und Fall verbeult, hatten also eine mehr oder weniger exzentrische Schwerpunktlage. Mehr noch: Der (glatte) Lauf wies in der Regel ein etwas größeres Kaliber als das Geschoss auf. Kurzum: Der Bleiknubbel rumpelte führungslos durch das Waffenrohr (sinnigerweise spricht man in diesem Zusammenhang von *Rollkugel*) und bewegte sich nach Verlassen der Mündung mehr oder weniger im Zick-Zack auf das Ziel zu – und traf dieses bisweilen auch, falls es denn groß und nah genug war. Der Versuch, beispielsweise einen breit stehenden Rehbock auf fünfzig Meter zur Strecke zu bringen, war insofern fast so erfolgversprechend wie die Hoffnung auf wenigstens fünf Richtige im Lotto.

Eine gewisse Verbesserung brachte da der »gezogene« Lauf. Und das kam so: Gegen Ende des fünfzehnten Jahrhunderts glaubte irgendein spitzfindiger Laufschmied (das Wer-Wo-Wann verbirgt sich leider im Nebel der Geschichte), ein Patentrezept gegen die verkrusteten Verbrennungsrückstände im Lauf gefunden zu haben.

Diese erwiesen sich als sehr nachteilig, denn beim Laden blieb ein beträchtlicher Teil des Schwarzpulvers an ihnen hängen und gelangte nicht in den sogenannten *Pulversack* am hinteren Rohrende, der Laufwurzel. Zudem verkleinerten sie in zunehmendem Maß das Kaliber und erschwerten das Laden des Geschosses. Des schweizerischen (oder deutschen) Saubermanns Idee: In die Laufseele eingearbeitete und axial verlaufende Nuten nehmen die hinderlichen Rückstände auf. Das taten sie auch, aber nur zum einen Teil – der andere setzte sich selbstverständlich auch auf den zwischen den Nuten (Zügen) stehen gebliebenen Leisten (Feldern) ab. Insofern war die beabsichtigte Wirkung gleich null. Dennoch zeigte sich bei dieser Gelegenheit ganz zufällig ein gewisser positiver Effekt: Wenn der diametrale Abstand zwischen den Feldern etwas kleiner als das Geschosskaliber ist, drücken sich die Rippen in die Rollkugel und beenden auf diese Weise das unkontrollierte Herumkullern während des Rohrdurchgangs.

Die Konsequenzen hieraus ließen allerdings zunächst noch auf sich warten. Überwiegend bediente sich der Jäger zur Verbesserung der Präzision zunächst mehr oder weniger simpler Methoden. Das am meisten verbreitete (und heute bei den Vorderlader-Schützen benutzte) Notbehelf war die sogenannte *Pflasterkugel*. Wer als Erster die Idee hatte, die Bleikugel in ein Futter aus gefettetem Leinen, das sogenannte *Pflaster*, zu hüllen, ist nicht bekannt. Entscheidend sind die Vorteile: Die auf diese Weise verpackte Kugel lässt sich erheblich leichter mit dem Ladestock durch den Lauf bis zum Pulversack schieben; gleichzeitig wird dabei die Laufwandung gefettet, so dass sich die beim Schuss entstehenden Rückstände nicht so fest ansetzen können und beim neuerlichen Laden automatisch wieder abgestreift werden. Zudem verhilft das Futter dem Geschoss zu einem strammen Sitz und einer dementsprechend passablen Führung im Lauf.

Der Dreh mit der guten Führung

In Süddeutschland hatte um die Wende zum 16. Jahrhundert ein pfiffiger Laufschmied eine das gesamte Schießwesen revolutionierende Idee: Er ordnete die Züge und Felder im Laufinneren spiralförmig an und zwang dadurch den Bleibatzen zu einer Rotationsbewegung, den sogenannten *Drall,* um seine imaginäre Längsachse.
Mit dem »geschraupten« Drall-Lauf waren die Voraussetzungen für ein präzises Schießen gegeben. Jetzt fehlten nur noch geeignete Geschosse. Zwar verhalf der Drall der gebräuchlichen Bleikugel zu einer halbwegs stabilen Flugbewegung, doch reichte das für eine regelmäßige und reproduzierbare Trefferleistung noch nicht so recht. Was Wunder! Denn – ganz abgesehen von der schon allein aerodynamisch sehr ungünstigen Kugelform – waren diese frühen Drallgeschosse in der Regel durch den Ladevorgang mehr oder weniger stark deformiert (sie wurden ja mit dem Hammer in die Rohrmündung und dann mit dem Ladestock bis auf die Treibladung getrieben).
Letztlich dauerte es dann doch noch reichlich hundert Jahre, bis das sogenannte *Langgeschoss* eingeführt wurde und ganz allmählich die Rundkugel abzulösen begann. Im wesentlichen bestand dieser neuartige Geschosstyp aus einem zylindrischen Teil, der nach vorn in den (wie auch immer geformten) Kopf überging. Der Vorteil dieses Profils im Vergleich zur Kugelform: Der zylindrische Teil, der sogenannte *Führungszylinder,* bietet den Feldern eine verhältnismäßig große Fläche, in die sie sich einpressen, um den Drall auf das Projektil zu übertragen. Insofern erhält das Geschoss während des Laufdurchgangs eine erheblich sicherere »Führung« und weist dementsprechend nach dem Austritt aus der Rohrmündung eine sehr viel bessere Stabilität auf (vergleiche auch im Anhang »Fachausdrücke«). Zudem vermindert die in aller Regel kegelige, konische oder ogivale Kopfform den Luftwiderstand und ermöglichte insofern auch eine größere Schussdistanz.

Frühe Expansionstendenzen

Die Vorteile der Langgeschosse ließen sich allerdings nur mit einer Art innenballistischem Spagat realisieren: Lud man sie nach Art der »Pflasterkugel« mit Ladehammer und Ladestock, erhielten sie zwar die angestrebte Führung, doch wurde dabei zwangsläufig der Kopf stark deformiert und somit die Präzision beeinträchtigt – der Effekt war also letztlich gleich null. Ohne Pflaster dagegen fehlte die Führung – folglich ergaben sich dieselben Probleme wie weiland bei der »Rollkugel«. In dieser Zwickmühle fanden sich die Erfinder zu Beginn des 19. Jahrhunderts. Sie machten sich an die Arbeit und lieferten verschiedene Problemlösungen. Die bekannteste und über lange Zeit am häufigsten benutzte ging als das *Expansivgeschoss* in die Geschichte ein.
Das Ende der Kugel-Ära läutete das Jahr

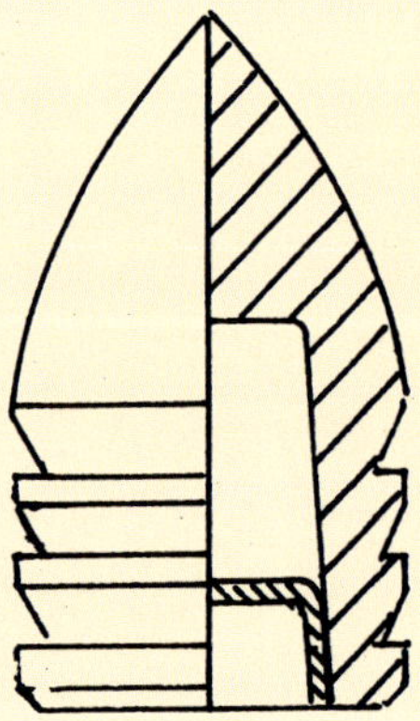

■ **Minié-Geschoss. Beachte das Näpfchen in der konischen Bodenöffnung.**

1828 ein. Damals schlug der französische Hauptmann Eugen Delvigne ein zylindrokonisches Geschoss mit einer zylindrischen, sich nach vorn erstreckenden Bodenöffnung (sogenannter *Expansionsraum*) vor. Der Hintergedanke: Die in die Öffnung dringenden Verbrennungsgase pressen die Hohlraumwand in die Züge, und das Projektil erhält so eine sichere Führung. Folglich konnte das Kaliber so eingerichtet werden, dass sich das

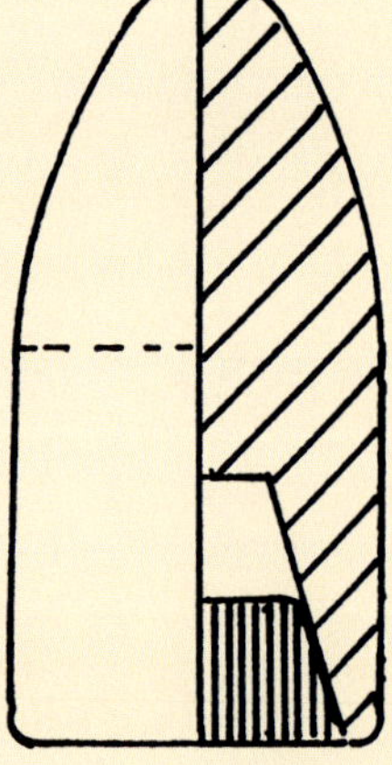

■ **Das Geschoss der englischen Enfield-Patrone verwendet als Expansionsstarter einen »Stöpsel« aus Buchsbaumholz.**

Geschoss ohne Beschädigung von der Mündung her laden ließ. So weit, so gut. Doch in der Praxis funktionierte das nur, wenn die Expansionsraumwand just die richtige Dicke aufwies: War sie zu groß, expandierte der Raum nur ungenügend und das Geschoss erhielt zu wenig oder gar keine Führung. Umgekehrt – bei zu geringer Wandstärke – konnte es geschehen, dass – aufgrund des großen Reibungswiderstandes der Expansionsraumwand – der massive Geschosskopf abriss und der Rest im Lauf stecken blieb.

Delvigne erkannte die weittragende Bedeutung seiner Erfindung nicht. Anders sein Landsmann Claude-Etienne Minié, damals Ausbilder an der französischen Militärakademie in Vincennes. Ihm gelang es auf verblüffend einfache Weise, die Mängel des Delvigne-Geschosses zu beseitigen: Er gab dem Expansionsraum eine sich nach vorn verjüngende Form und gestaltete das Kopfprofil ogival. Der Clou des Minié-Geschosses ist jedoch das *Culot* (sprich: Küloh) genannte konische Blechnäpfchen im Boden. Beim Abschuss wirken die Verbrennungsgase gleichermaßen auf Geschossboden und Culot. Während sich das Projektil aufgrund seiner großen Masseträgheit zunächst nicht vom Fleck rührt, wird das leichte Culot wie ein Keil in den Expansionsraum getrieben und leitet dadurch dessen radiale Ausdehnung ein: Die Geschosswand wird in die Laufzüge gepresst und so eine zuverlässige Führung sichergestellt. Erst dann setzt sich das Geschoss in Bewegung. Die nach vorn zunehmende Wandstärke – dies eine weitere bedeutende Verbesserung – verhindert ein Abreißen des Geschosskopfes. Zudem sorgen drei auf dem Führungszylinder angeordnete dreieckige »Entlastungsnuten« für eine Reduktion des Durchpresswiderstandes.

Indessen erwies sich just das Culot als Schwachstelle des Minié-Geschosses:

Häufig fiel das kleine Näpfchen aufgrund transportbedingter Erschütterungen aus der Bodenöffnung. Dies gab Anlass zu verschiedenen Verbesserungsversuchen. Beispielsweise ersetzte das preußische Militär 1855 Miniés Blechnapf durch einen Expansionspfropfen aus gepresstem Papier und die Briten führten im selben Jahr für das Projektil zu ihrem Enfield/Pritchett-Gewehr Kaliber .55" (= 14 mm) einen Bodenstöpsel aus Buchsbaumholz ein.

In Belgien entstand 1854 nach Vorschlägen von Büchsenmacher Jan Peeters und Oberst Timmerhans eine bemerkenswerte Variante: statt eines wie auch immer gearteten beweglichen Expansionsstarters ist in der Mitte des Expansionsraums ein konischer Zapfen angeordnet, der die Verbrennungsgase radial gegen die Hohlraumwand ablenkt und so die Expansion bewirkt. Dieses – offenbar recht effektive - Prinzip machte sich rund 80 Jahre später Wilhelm Brenneke bei der Entwicklung seines für lange Zeit den Markt

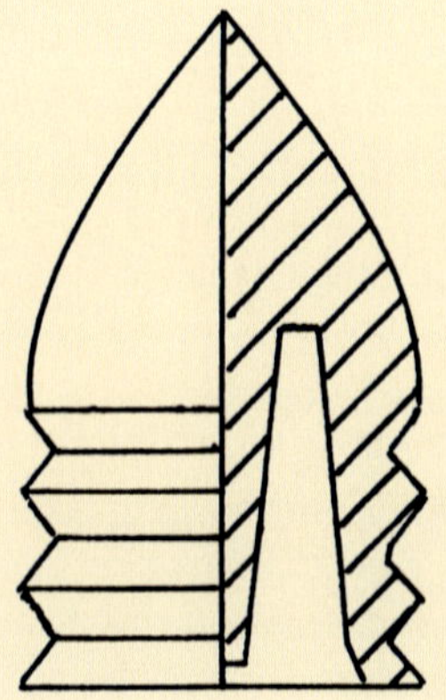

Die Expansion des Geschosses von Peeters/Timmerhans erfolgt über einen im Hohlboden installierten Zapfen, der die Verbrennungsgase radial ablenkt.

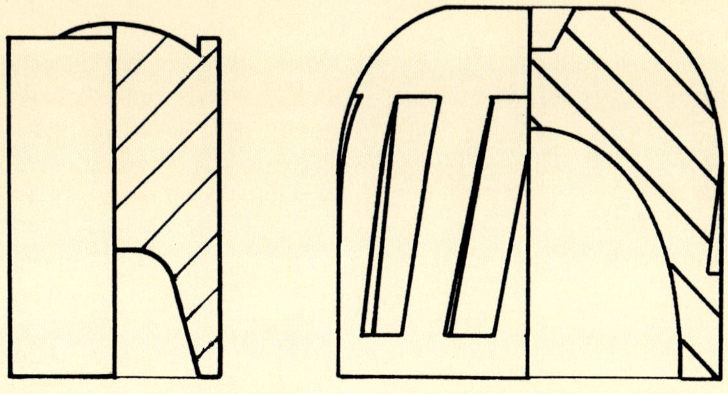

Typische Nachfahren von Miniés Ideen: *Wadcutter* **(l.) und** *Foster*.

dominierenden Flintengeschosses zunutze (siehe Seite 196 ff).
Ab 1850 wurde das Expansionsgeschoss à la Minié – teils in den oben genannten Spielarten – in den meisten Staaten eingeführt und nur wenige Jahre später auch in Patronenmunition verladen. Diese Konstruktion hat bis auf den heutigen Tag überlebt. Abgesehen von den Vorderladerschützen (sie verwenden das *Minié* in der ursprünglichen Form – allerdings ohne Expansionsstarter) findet sich das Prinzip beim *Wadcutter*-Geschoss für das sportliche Schießen mit Faustfeuerwaffen sowie bei dem klassischen amerikanischen Flintengeschoss *Rifled Slug* und anderen modernen Sorten mit integriertem Stabilisierungsteil wieder.

Dichtung und Wahrheit

Zur Steigerung der Munitionsleistung (Anfangsgeschwindigkeit und -energie sowie Reichweite) ging man ab ungefähr 1865 dazu über, lange Patronenhülsen mit entsprechend größerer Treibladung (Schwarzpulver!) zu verwenden.
Das aber brachte neue Probleme: Denn aufgrund der stärkere Beschleunigung (und seines Beharrungsvermögens) folgt das weiche Bleigeschoss nicht sauber dem System der Züge und Felder, sondern rutscht mehr oder weniger ohne Drallaufnahme gleichsam darüber hinweg. Die notwendige Folge sind eine unzulängliche Führung und Gasschlupf (siehe auch »Fachausdrücke« auf Seite 248), letztlich also eine miserable Präzision.
Die Geschosshersteller gingen das Problem zunächst mit der bereits erprobten *Pflaster*-Methode an: Sie umwickelten den Führungszylinder mit Papier und pinselten dann noch (als Feuchtigkeitsschutz und Gleitmittel) eine Wachsschicht darüber. Diese sogenannte *Papierführung* bewährte sich in der Praxis – zumal sie auch dem leidigen Verbleien entgegenwirkte – und wurde zwischen 1870 und 1880 allgemein eingeführt.
Doch als 1886 die Franzosen mit der zunächst als »Stricknadelmunition« verhöhnten, aber letztlich das gesamte Munitionswesen revolutionierenden Patrone 8 x 51R Lebel herauskamen, war gleichsam über Nacht endgültig Schluss mit der Periode der »Big Macs« und der Papierkleider. Denn bei einem Anfangstempo von deutlich mehr als 650 m/s zerschreddern die Lauffelder das dünne Papierhemd, und das Geschoss kommt nackt und führungslos aus der Mündung. Daher verpassten die Couturiers der Dame Lebel ein dauerhaftes Kostüm aus sogenanntem *Flusseisen*.
Mit der neuen Patrone gelang den französischen Konstrukteuren ein bemerkenswerter Coup: Sie repräsentiert die erste offiziell eingeführte Handfeuerwaffen-Munition, die mit einem rauchlosen Treibmittel (*Poudre B*) und einem Vollmantelgeschoss (*Balle M*) laboriert war. Ihre unbestreitbaren Vorteile (hohe Querschnittsenergie, gestreckte Flugbahn, großes Durchdringungsvermögen) gaben in den meisten Staaten Anlass zu hektischer Entwicklungstätigkeit. Resultat war – kurz vor der Wende zum 20. Jahrhundert – die allgemeine Einführung kleinkalibriger Büchsenmunition in der Größenordnung von 6,5 bis 8 mm. Lediglich für die Glattlaufwaffen wurden – zumindest noch für rund hundert weitere Jahre – die traditionellen »dicken« Kaliber beibehalten.

Des Kaisers neue Kleider

Selbstverständlich profitierten auch die Jäger von dieser Entwicklung und durften sich – wie in der Folge noch des öfteren – sozusagen einen Schluck aus der Sonntagspulle der Militärs genehmigen. Doch mussten sie sich zunächst mal auf den »scharfen Stoff« einrichten, denn die damaligen Jagdwaffen waren ausnahmslos für Bleigeschosse und Schwarzpulverladungen eingerichtet und mit entsprechend tiefen »Bleizügen« ausgestattet. Und just das erwies sich als Nachteil: Die radiale Verformung der neuartigen Mantelprojektile reichte nicht aus, um die tiefen Züge völlig auszufüllen (zu »lidern«, wie die Ballistiker sagen) – Gasschlupf und Lauferosion waren die logische Folge. Aus dieser Situation heraus entstanden in der Zeit von etwa 1895 bis 1915 speziell für die Verwendung in tief gezogenen Büchsenläufen auf dem Weg zum modernen Jagdgeschoss zunächst zahlreiche »Übergangslösungen«.

Die sogenannten *Schuhgeschosse* liefern ein typisches Beispiel. Die simple Problemlösung dieser Geschossart besteht im Wesentlichen aus einer auf das Heck des herkömmlichen Bleigeschosses gepressten Kappe aus relativ dünnem Aluminium-, Kupfer- oder Eisenblech. Beim Abschuss wird das beschuhte Projektil axial gestaucht und in die Züge gepresst. Der Schuh übernimmt die Gasabdichtung und sorgt für eine einwandfreie Drallübertragung. Angeblich basiert dieses Prinzip auf einer Erfindung des Frankfurter Büchsenmachers Wilhelm Collath, der Geschosse dieser Art unter der Handelsmarke TESCO (= Kürzel für *Teschner & Collath*) herstellen und vertreiben ließ.

Wahrscheinlich hatten aber zeitgleich auch andere Erfinder den selben Gedanken. Bemerkenswerterweise überlebte der Geschoss-Schuh bis in unsere Zeit: Das Prinzip wird auch heute noch für Revolvergeschosse unter der Bezeichnung *Gas Check* (in etwa: Gasdichtung) verwendet.

Eine andere interessante, wenngleich etwas aufwendige und exotische Konstruktion in diesem Zusammenhang ist das von Adolph Greiß erdachte und in verschiedenen Kali-

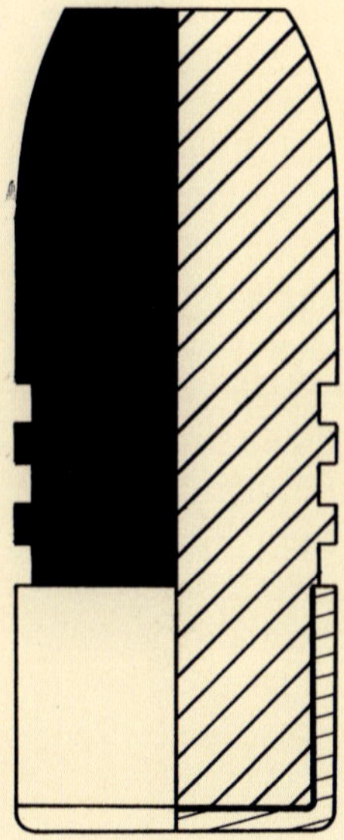

»Schuh«-Geschoss von TESCO. Eine der verschiedenen deutschen Übergangskonstruktionen vom Blei- zum Teilmantelgeschoss.

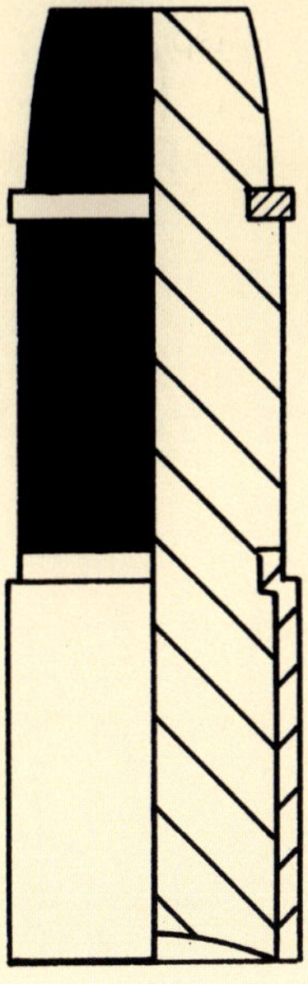

»Reifring«-Geschoss. Beachte den kupfernen Führungsreifen (vorn).

bern laborierte *Reifringgeschoss.* Der auf den hinteren Teil des Bleigeschosses gepresste relativ breite Ring aus Eisenblech funktioniert ähnlich wie der oben beschriebene Geschoss-Schuh. Ein weiterer relativ schmaler und dicker, unterhalb des Geschosskopfes eingepresster Kupferreifen übernimmt die Führung während des Rohrdurchgangs und kontrolliert gleichzeitig die Deformation des vorderen Geschossteils.

Zahlreiche andere Fabrikanten, wie beispielsweise der Suhler Christoph Funk, taten den nächsten Schritt: Sie verlängerten konsequent den Kupferschuh à la TESCO über den relativ kurzen Führungsbereich so weit, dass nur noch ein mehr oder weniger geringer Teil des Bleikerns daraus hervorschaute. Damit war das Prinzip des jagdlichen »Teilmantelgeschosses« (anfangs häufig als »Halbmantel« bezeichnet) geboren.

Ungefähr ab 1900 richteten sich die europäischen Jagdwaffen-Hersteller auf mit rauchlosem Pulver und Mantelgeschossen laborierte Munition ein und boten Büchsenläufe mit flachen Zügen ein. Die Ballistiker und Munitionshersteller zogen nach und entwickelten im Zeitverlauf zunächst einfache, doch dann immer spitzfindigere Jagdgeschosse.

Der feine Unterschied

In diesem Zusammenhang erhebt sich die Frage: Was ist überhaupt ein Jagdgeschoss? Worin unterscheidet es sich beispielsweise von einem sportlichen Match- oder einem Militärgeschoss? Auf den ersten Blick scheint die Zuordnung keinerlei Probleme zu bereiten. Bei näherem Hinschauen findet man jedoch, dass – von wenigen Ausnahmen abgesehen – eine eindeutige Definition oft nicht möglich ist.

Schon die landläufige Einteilung der Projektile in Teilmantel- (= Jagd-), Vollmantel- (= Militär)-geschoss erweist sich als untauglich. Vollmantelgeschosse mit Bleikern (sogenannte *Weichkerngeschosse*) werden auch auf der Jagd eingesetzt – beispielsweise bei der Jagd auf dickhäutiges Großwild oder auf den Winterfuchs. Umgekehrt ist der Einsatz von Teilmantelgeschossen für militärische und polizeiliche Zwecke keine Seltenheit: Ein geradezu klassisches Beispiel gibt das berüchtigte, seiner Zeit in dem britischen Arsenal in Dum Dum (Indien) für den Einsatz gegen »Aufständische« entwickelte und so benannte *Dum-Dum-Geschoss* (Teilmantel-Rundkopf) der Patrone .303« (7,8 mm x 56R) British. Mehr noch: Bei den für sportliche Zwecke verwendeten Projektilen handelt es sich in der Regel um Voll- oder Teilmantelgeschosse mit besonders großer Eigenpräzision; sie werden jedoch auch für militärische und polizeiliche Zwecke (Scharfschützen) eingesetzt. Sogenannte *Monobloc-Geschosse* werden zunehmend gleichermaßen in Jagd-, Match- und »Einsatzmunition« laboriert. Und auf dem Gebiet der Flintenmunition findet man zahlreiche Geschosstypen, die sowohl von der Jägerschaft als auch von Militär und Sicherheitskräften eingesetzt werden.

Auf der anderen Seite lassen sich eindeutig lediglich sogenannte *Hartkern-Geschosse* (mit einem Kern aus Hartstahl, Wolframkarbid et cet.) und *pyrotechnische Geschosse* (mit Leucht-, Brand- und/oder Explosivsatz) als Nicht-Jagdgeschosse einstufen. Sie unterfallen insofern in Deutschland den Vorschriften des § 37 Bundeswaffengesetz (BWaffG) sowie Abs. 31b der Kriegswaffenliste Teil B des Gesetzes über die Kontrolle von Kriegswaffen (KWKG).

Nicht minder verwirrend liegen die Dinge bei den Projektilen für Kurzwaffen (= Pistolen und Revolver): Teil-, Voll-, Ganzmantel-,

■ **Äußerlich kaum zu unterscheiden (v. l.): Jagd-, Sport-, Militärgeschoss.**

Monobloc- und Zerfallgeschosse werden im Prinzip *ad libitum* für Jagd-, Sport-, Sicherheits-, Militär- und Übungszwecke verwendet. Dabei wird allerdings – im Unterschied zu anderen Staaten (beispielsweise den USA) – in Deutschland die jagdliche Verwendung durch § 19 des Bundesjagdgesetzes (BJagdG) eingeschränkt. Außerdem unterfallen Hartkerngeschosse der Einschränkung des § 37 BWaffG.

Dem deutschen Gesetzgeber sind die Begriffe Jagd- bzw. Sportgeschoss unbekannt. Insofern lässt sich lediglich – quasi im Rahmen einer Negativauslese entsprechend den Vorschriften von BWaffG, BJagdG und KWKG – feststellen, welche Sorten von Gesetzes wegen ausschließlich als Militär bzw. Behördengeschosse (nicht aber als Jagd- oder Sportgeschosse) eingestuft sind.

Alles in allem lässt sich sagen: Seit der allgemeinen Einführung des Drallgeschosses werden Flintengeschosse (sogenannte *Glattlaufgeschosse*) üblicherweise für Jagdzwecke benutzt. Speziell für die Jagd vorgesehene Büchsengeschosse mit Teilmantel entstanden erst nach der allgemeinen Einführung der rauchlosen Treibmittel.

Vom Big Mac zu Twiggy

Das Kaliber der frühen Handfeuerwaffen unterlag zunächst keiner Norm. Es ergab sich vielmehr zufällig bei der Anfertigung des betreffenden Laufs. Jeder Laufschmied des 14. Jahrhunderts hatte da seine eigenen Vorstellungen. Daraus entstanden nicht unerhebliche logistische Probleme, denn zu jeder Waffe passte in der Regel nur eine »Kugel« mit entsprechendem Kaliber. Dementsprechend war der Schütze – ob nun Jäger oder Musketier – gezwungen, jeweils seine eigenen und just zu der betreffenden Waffe passenden Kugeln zu gießen.

David & Goliath (v. l.): .577 Snider und .17 Remington.

Dieses Tohuwabohu dauerte rund 200 Jahre bis zur Entwicklung des ersten Kalibersystems. Doch das half letztlich auch keinen Deut weiter. Zwar präsentiert sich heute ein bestimmtes Kaliber als auf den ersten Blick eindeutige Größe. Doch verbirgt sich dahinter in Wirklichkeit blankes Chaos, das den Jungjäger zur schieren Verzweiflung treiben kann. Die verschiedenen *Millimeterkaliber* – beispielsweise 7 mm – erscheinen verständlich und unproblematisch. Ebenso bereiten offenbar auch noch *Inch*-Kaliber – wie etwa .30 – keine Schwierigkeiten[1]. Wer sich aber nun vertrauensvoll mit Mikrometer oder Schieblehre über ein bestimmtes Projektil hermacht, glaubt, seinen Augen nicht trauen zu dürfen: So gut wie nie stimmt das ermittelte Kalibermaß mit der Angabe im Bodenstempel der Patronenhülse und auf der Verpackung überein: Statt 7 mm zeigt das Instrument beispielsweise 7,21 mm an und bei einem Geschoss Kaliber .30″ in Wirklichkeit .308″ – also statt zu erwartender 7,62 mm – den erheblich größeren Wert (7,82 mm) an.

Das Durcheinander wird noch unübersichtlicher durch solche Begriffe wie *Feldkaliber, Zugkaliber, Geschosskaliber, Unterkaliber* – ganz abgesehen von den etwas ominösen Kalibern der Glattlaufwaffen.

Die Steinzeit – und was danach kam

Das Wort »Kaliber« wurde in seiner auf Feuerwaffen bezogenen Bedeutung erst ab der zweiten Hälfte des 18. Jahrhunderts allgemein gebräuchlich. Unabdingbare Voraussetzung dafür war die allgemeine Einführung eines Kalibersystems sowie die technische Möglichkeit, ein Waffenrohr (und das entsprechende Geschoss) in einem definierten Kaliber herzustellen.

Erst zu Beginn des 16. Jahrhunderts verfügten die Laufschmiede über das für die Anfertigung von Waffenrohren eines bestimmten Kalibers erforderliche technische Wissen. Damit war die Zeit reif für ein exaktes Kalibersystem. Dieses schuf 1554 in Nürnberg der Vikar der Kirche St. Sebaldus, Georg Hartmann. Das einfache »Nürnberger Kaliber-System« bestand darin, das Rohrkaliber jeweils durch das Gewicht (in Pfund) einer Steinkugel auszudrücken, die exakt in die Bohrung passte. Demnach hatte beispielsweise eine »Metze«[2] (vom Mittelhochdeutschen »mezze« = Maß, Durchmesser) das Kaliber von 30 Pfund, eine »halbe Schlange« galt als »Zwölfpfünder« und eine »Handschlange« als »Halbpfünder«.

Bedauerlicherweise hatte die Sache einen Haken: Damals war das »Pfund«[3] zwar ein weit verbreitetes Gewichtsmaß, doch wog es keineswegs durch die Bank 500 Gramm. Allein in den zahlreichen deutschen Kleinstaaten, Reichs- und Hansestädten (vom europäischen Ausland ganz zu schweigen) herrschten zum Teil sehr unterschiedliche Vorstellungen. In Frankfurt am Main wog beispielsweise das »Pfund« nur 468, in Nürnberg dagegen 510 und in Wien gar 560 Gramm, wohingegen die Engländer einem »*Pound*« (Kürzel: lb[4] – auch heute noch – archaische 454 Gramm abverlangen.

Trotz der »pfundigen« Unterschiede führten die meisten Staaten über kurz oder lang das klerikale Kugelmaß des Nürnberger Vikars ein und behielten es allgemein – selbst als die Kugeln schon längst aus Blei oder Eisen gegossen wurden – bis ungefähr zur Mitte des 18. Jahrhunderts bei. Lediglich die Engländer mochten entgegen ihrem Hang zur Traditionspflege nicht in dieser Art Steinzeit bleiben; sie ersetzten das Nürnberger Steinmaß kurzerhand durch 1 lb Hüttenblei[5] als Bezugsgröße. Und das hatte Folgen, denn letztlich ging daraus auch das heute noch weltweit für Flinten gebräuchliche Kaliber-System hervor. Demnach ist – um in der Kanonen-Nomenklatur zu bleiben – beispielsweise eine Flinte Kaliber 10 ein Zehntelpfünder, denn die kalibergroße Kugel aus Hüttenblei wiegt 1/10 lb[6]

Kleinstes in diesem System ist das Kaliber 36, also ein 1/36-Pfünder. Seltsamerweise

---

1) Im anglo-amerikanischen Sprachbereich wird das Kaliber üblicherweise in Bruchteilen eines *Inch* (= 25,4 mm) angegeben (z. B..308"). Dabei stehen der Punkt für das bei uns übliche Komma und die „Gänsefüße" als Kürzel für *Inch*. Aus praktischen Gründen lässt man die Null davor einfach weg und nennt letztlich im Sprachgebrauch lediglich die Ziffern dahinter als Kaliber – im genannten Beispiel also »Kaliber dreihundertacht«.

2) Vom Mittelhochdeutschen *mezze* = Maß, Durchmesser.

3) Vom Lateinischen *pondus* = Gewicht.

4) Vom Lateinischen *libra* = Waage. Dabei wiegt 1 lb (= 454 g) 16 *Ounces* (Kürzel: oz; 1 oz = 28,4 g) beziehungsweise 7000 *Grains* (Kürzel: gr; grs; 1 gr = 0,0648 g).

5) So bezeichnet man völlig reines Blei, also ohne jeglichen Zusatz wie beispielsweise Zink, Arsen oder Antimon.

6) Insofern ist die Häufig in der Literatur anzutreffende Erklärung »Als Maßstab gilt die Anzahl der kalibergroßen Kugeln aus reinem Blei, die auf ein englisches Pfund .... geht« (so z.B. in Lampel/Mahrholdt *Waffenlexikon,* 7. Aufl. 1971, S. 251 f) nicht korrekt.

machen die Amerikaner in diesem Fall nicht mit: Sie drücken das Kaliber – statt in Gewichts-Bruchteilen – durch das nominelle Inch-Maß .410" (= 10,4 mm) aus.
Auch in den deutschen Landen verließ man ungefähr ab Mitte des 17. Jahrhunderts den »steinigen« Nürnberger Pfad und drückte das Kaliber von Handfeuerwaffen durch das kleinere Massemaß *Lot* in Blei aus, wobei ein Lot (Kürzel: L) 1/32 des jeweiligen Pfundes wog – in Bayern beispielsweise 15,6 Gramm, in Hessen 16,7 und in habsburgischen Landen 17,6 Gramm. Nach diesem Verfahren brachte die kalibergleiche Bleikugel einer »dreilöthige Püxe« in Bayern von 46,8 und in Österreich 52,5 Gramm auf die Waage[7] (entsprechend einem Durchmesser von 19,8 bzw. 20,4 mm). Die Kaliberbezeichnung für Flinten nach dem englischen System und für Zuglauf-Handfeuerwaffen in Millimetern setzte sich erst 19. Jahrhundert mit der Einführung der »modernen« Patronenmunition durch. In dieser Periode begann auch die sukzessive Kaliberverkleinerung der Jagdgeschosse für Büchsen von rund 20 bis auf das heutige Extrem von 4,3 mm.

Zug um Zug Verwirrung

Die oben dargestellten Kaliberbezeichnungen erscheinen im Prinzip halbwegs plausibel und verständlich. Umso verwirrender geht es bei den heutigen Waffen mit gezogenem Lauf zu: Mogelpackungen sind die Regel und bringen den Jungjäger – und nicht nur den – zur Verzweiflung. Was sich beispielsweise als »Kaliber 8 Millimeter« ausgibt, entpuppt sich beim Maßnehmen als 8,09, 8,22 oder gar 8,3 mm. Umgekehrt weisen die Patronen .22 Jet, .220 Swift, .221 Fireball, .222 Remington, .223 Remington, .224 Weatherby Magnum sowie .225 Winchester in Wirklichkeit allesamt dasselbe Kaliber auf, nämlich .224" = 5,69 mm, werden aber dennoch landläufig als »Kaliber 5,6 mm« bezeichnet. Mehr noch: Das Geschoss der 5,6 mm x 52R (.22 Savage) hat einen aktuellen Geschossdurchmesser von 5,84 mm und die 5,6 x 61 vom Hofe Super Express leistet sich mit effektiv 5,76 mm ebenfalls eine Extrawurst. Ähnlich schaut das Verwirrspiel bei den meisten anderen Kalibern aus: Die gleichkalibrigen Patronen .308 Winchester, .30-06 Springfield und .300 Weatherby Magnum werden zwar mit 7,62 mm x 54 und 7,62 mm x 63 sowie 7,62 mm x 72 »übersetzt«, doch das wirkliche Kaliber ist 7,84 mm. Bei den Dickwänsten geht es nicht anders zu: Was eindrucksvoll als .450 3¼" Nitro Express, .458 Winchester Magnum und .460 Weatherby Magnum daherkommt, hat in Wirklichkeit einen Geschossdurchmesser von .457" = 11,61 mm. Und die .404 Jeffery gibt sich auf Deutsch zwar als 10,75 mm x 73; das aktuelle Geschossmaß ist jedoch .419" = 10,7 mm.Die Abweichung des tatsächlichen Kalibers vom angegebenen Nominalwert hat vielerlei Ursachen: Aus unerfindlichen Gründen benutzt man häufig mal den maximalen Geschossdurchmesser (= *Geschosskaliber*), mal den diametralen Abstand zwischen den Zügen (= *Zugkaliber*) oder den diametralen Abstand zwischen den Feldern (= *Feldkaliber*) als Bezugsgröße und rundete dann den meist »krummen« aktuellen Wert auf ein optisch »glattes« Maß ab. Typische Bei-

7) Die Teilnehmerstaaten des 1833 gegründeten Deutschen Zollvereins führten 1856 als einheitliches Massemaß das Zoll-Pfund (Kürzel: Z) zu 500 g und das Zoll-Lot (Kürzel: L) zu 1/30 Z ein (also: 500 g = 1 Z = 1/30 L).

.22er-Geschwister (v. L.):.22 Jet; .220 Swift; .221 Fireball; 222 Remington.; .223 Remington.; .224 Weatherby; .225 Winchester.

spiele sind die 7 mm x 57 Mauser (Geschoss 7,25 mm) und die .30-06 Springfield (Geschoss .308"). Manche Hersteller geben bei Einführung einer neuen Patrone ihrem Produkt eine kosmetisch geschönte Kaliberbezeichnung, um den Unterschied zu einer konkurrierenden Munition hervorzuheben. Als Beispiel sei die klassische Großwildpatrone .375 H&H Magnum im Vergleich zur 378 Weatherby Magnum genannt – beide weisen einen Geschossdurchmesser von .375" auf.

Doch ganz abgesehen von derartigen Spitzfindigkeiten der ersten oder zweiten Stelle hinter dem Komma hat das jeweilige aktuelle Kaliber unter ballistischem und jagdlichem Aspekt eine gravierende Bedeutung: Je größer/kleiner das Kaliber – genauer: der Querschnittsdurchmesser in der Projektion zur Bewegungsrichtung – desto mehr/weniger Energie büßt das betreffende Projektil beim Durchdringen jeglicher Materie durch Überwinden der jeweiligen Reaktionskräfte (beispielsweise Luftwiderstand oder Zielwiderstand) seiner kinetischen Energie ein. Anders ausgedrückt: Unter sonst gleichen Bedingungen (Masse und Anfangsgeschwindigkeit) weisen Projektile mit kleinem

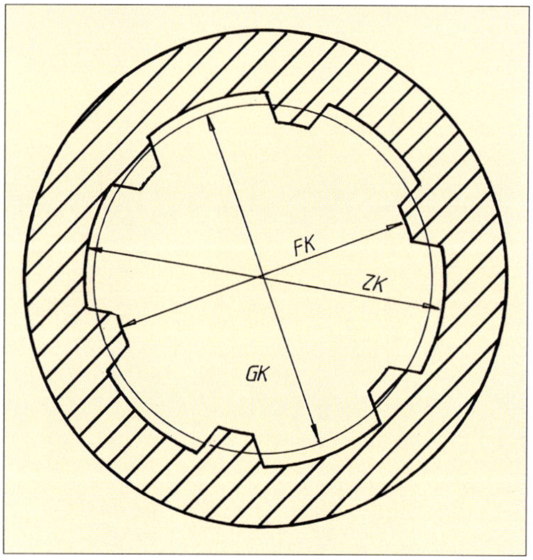

Zug-, Feld- und Geschosskaliber.

Querschnittsdurchmesser stets ein größeres Energiepotential auf, letztlich also ein größeres Durchdringungsvermögen und eine entsprechend flachere Flugbahn. Diese simplen Fakten gaben denn auch den Anlass für eine allgemeine und ständige Kaliberverkleinerung von 18 und mehr Millimetern seit Mitte der 1860er Jahre bis schließlich auf 4,3 und sogar weniger als 2,0 mm in der Zeit von 1950 bis ungefähr 1965. Dem Waidmann bescherte diese Entwicklung zahlreiche kleinkalibrige Patronensorten – zunächst in der Kategorie 6,5 mm wie beispielsweise die österreichische 6,5 mm x 54 Mannlicher-Schönauer und die schwedische 6,5 mm x 55. Die derzeit im Kaliber kleinste

Abgespeckt (v. l.):18 mm Milbank-Amsler; .17 HMR.

Jagdbüchsenpatrone, die .17 Remington (= 4,3 mm x 46), bläst ein 25 grs (= 1,6 g) leichtes Projektil mit eindrucksvollen rund 1230 Metern pro Sekunde aus dem Lauf. Doch damit ist dieser schnelle Knirps noch lange kein zuverlässiger Jagdpartner, denn sobald Schneeflocken oder Regentropfen seinen Weg kreuzen – von schwachen Flugbahnhindernissen wie etwa Gras- oder Getreidehalmen ganz abgesehen, nimmt er seinen Weg mehr oder weniger ausgeprägt abseits der vorgegebenen Bewegungsrichtung.

Wie schwer darf Blei sein?

Jahrhunderte lang ging alles gut: Niemand kam auf die Idee, dem Jagdgeschoss eine umweltschädliche Wirkung anzulasten. Doch Anfang der 1980er Jahre zeigte sich, dass in den USA in der Umgebung stark bejagter Gewässer in auffallend großer Zahl Enten verendeten.

Als Ursache machten die Toxikologen beim Gründeln aufgenommenes Bleischrot aus, das sich unter dem Einfluss der Magensäure in hochgiftiges Bleioxyd verwandelt. Diese Erkenntnis leitete eine neue Ära der Munitionstechnik ein. Nunmehr hieß es: »Blei? Brr-igitt – nur weg damit!« Ende der Bleizeit! Da half es überhaupt nichts, dass Graf Schönburg etwa 1984 vor laufenden TV-Kameras, anscheinend genüsslich, einen Löffel voll Bleischrot verspeiste. Selbstverständlich, ohne darob das Zeitliche zu segnen. Mit seinem spektakulären Selbstversuch wollte der Adelsmann die Harmlosigkeit des von den Chemikern mit dem Kürzel »pb« (vom lateinischen *plumbum* = Blei) bezeichneten Werkstoffs belegen. Inzwischen wird Bleischrot in zunehmendem Maß als Munitionskomponente verbannt und durch bestimmte Substitute verdrängt (wegen näherer Einzelheiten siehe Seite 233 ff).

Erst einmal als heimtückischer Entenkiller in Verruf geraten, fand sich plötzlich das Blei der Jagdgeschosse schlechthin an den Pranger gestellt. Die bei Enten beobachtete toxische Wirkung von Bleioxyd könnte, so die Sorge der Skeptiker, grundsätzlich auch beim Menschen auftreten, falls er ein mit bleihaltigen Projektilen erlegtes Wild verzehrt. Logischerweise – Blei ist schließlich Blei – macht dieses auf den ersten Blick eher harmlose Element insofern keinen Unterschied zwischen Mensch und Tier, zwischen Bleischrot und anderen bleihaltigen Projektilen.

Allein schon der bloße Anfangsverdacht, jeden Wildbret-Gourmet könne ein ähnlich grausames Geschick treffen wie die Schrot-Schlucker unter den Enten, brachte sogleich eine große und ziemlich rigide Antiblei-Lobby hervor und regte die Entwicklung bleifreier (= *leadless*) Geschosse an. Doch damit sind die Probleme keineswegs gelöst.

Die Bleifrei-Apologeten fühlen ihre Befürchtungen durch wissenschaftlich fundierte Gutachten bestätigt: Bleihaltige Projektile jedweder Art, also auch Teilmantelgeschosse, hinterlassen im Wildbret – ganz abgesehen von Splittern – schon allein durch bloßen Abrieb winzigste Bleispuren. Diese verwandeln sich in kürzester Zeit in die äußerst toxische Substanz Bleioxyd und vergiften insofern den Braten.

Schlimm, schlimm – sollte man meinen. Nichts liegt daher doch näher, als die »Bleizeit« möglichst rasch und endgültig zu beenden. Doch nein – Logik sucht man im Disput mit den Blei-Befürwortern meist vergebens.

Inzwischen hat sich die anfängliche Aufregung gelegt, zumal die Industrie – nicht nur, was Bleischrot betrifft – einige durchaus brauchbare Substitute anbietet (siehe auch Seiten 95 ff und 233 ff). Ganz abgesehen von der Toxizität geht es darum, solchen

Substituten durch Legieren ein ähnliches Spezifisches Gewicht zu verleihen, damit eine möglichst identische Ballistik sichergestellt ist.
Hierzu ein kleines Rechenexempel: Reines Blei wiegt 11,34 g/cm^3, das weniger plastische Eisen dagegen nur 7,8 g/cm^3. Dieser erhebliche Unterschied lässt sich durch Legieren mit Wolfram (19,1 g/cm^3) ausgleichen.
Doch gleichgültig, ob Eisen, Wolfram, Wismut, Zinn oder sonst was: Das Ende der Bleizeit von Schrot ist bereits gekommen. Bei den Büchsengeschossen tun sich dagegen Hersteller wie auch Jäger momentan noch schwer, anstelle des Bleis geeignete Substitute zu verwenden. In diesem Zusammenhang ist es gewiss kein Zufall, dass sich unter den modernen Projektile auch verschiedene Verbundkonstruktionen befinden. Sie brauchen einen Vergleich mit Monobloc-Geschossen aus Rotmetall durchaus nicht zu scheuen zumal sie auch bei großen Zielwiderstanden einen Großteil (meistens mehr als 90 %) ihrer ursprünglichen Masse beibehalten. Insofern steht für die nahe Zukunft kein toxikologisch motivierter »Bannstrahl wider das schädliche Blei« zu erwarten. Aber wer weis schon, was den unterbeschäftigten Ohrensessel-Praktikern noch einfällt.

Diesen kapitalen Grizzly erlegte der Australier Lewis Reid in British Columbia (Kanada) mit einem 160 grs (= 10,4 g) schweren Starkmantel-Geschoss (Woodleigh Weldcore) der Patrone .280 Remington.

Kapitel II

Ballistik

Der Grundsatz der Innenballistik:

Klau', schau wem

Bezogen auf Feuerwaffen beinhaltet Ballistik (vom griechischen βάλλειν [sprich: ballëin] = werfen, schleudern) die Gesamtheit der mehr oder weniger komplexen Vorgänge, denen ein Geschoss in der Zeitspanne vom Auslösen der Zündung bis zum völligen Stillstand unterliegt. Dabei unterscheidet man bekanntlich die Teilbereiche Innen-, Außen- und Zielballistik. Seinem Titel entsprechend befasst sich dieses Buch überwiegend mit dem zielballistischen Verhalten der für Jagdzwecke vorgesehenen Geschosse und ihrer Konstruktion. Dennoch werden auch verschiedene innen- und außenballistische Aspekte – soweit für die Zielwirkung besonders relevant – berücksichtigt.
Physikalisch gesehen ist Patronenmunition nichts anderes als eine simple Wärmekraftmaschine wie beispielsweise der herkömmliche Verbrennungsmotor eines Automobils: Durch den Abbrand des Treibmittels wird die freigesetzte chemische Energie in innere Energie der Verbrennungsgase sowie in Bewegungsenergie der sogenannten *Vorlage* umgewandelt.
Doch geht bedauerlicherweise während der Schussentwicklung im Lauf der größte Teil der freigesetzten Energiemenge verloren. Wenn 35 Prozent davon schließlich als Bewegungsenergie des Geschosses aus der Mündung kommen, gilt das bereits als sehr gutes Ergebnis. Denn Patronenmunition ist – energiepolitisch gesehen – ein miserabler Futterverwerter. Das ist just so, als würde man sein Frühstücksei auf der größten Platte des E-Herdes und noch dazu mit der höchsten Schaltstufe kochen – eine riesige und obendrein kostspielige Energieverschwendung.
Die Ballistiker drücken den Energiegehalt eines Treibmittels (auch Explosionswärme genannt) pro Gewichtseinheit in »Joule« oder »Kilojoule« (kurz: J oder kJ [1kJ = 1.000J]) aus, wobei der Wert je nach der Art des betreffenden Treibmittels zwischen rund 3,0 und 5,0 Kilojoule pro Gramm beträgt. So enthält beispielsweise ein Gramm eines bestimmten Nitroglycerin-Pulvers (kurz: NG)

Remingtons Sprinter (v. l.): .17 Rem.; .222 Rem.; 222 Rem. Mag.; .223 Rem.

von 3,6 kJ und dementsprechend eine Treibladung von 3,2 Gramm 11,52 kJ.

Die Leistung einer bestimmten Patrone oder Laborierung wird nach dem sogenannten *Innenballistischen Wirkungsgrad* beurteilt. Dieser Quotient zeigt (in Prozent) an, wie viel von der via Treibladung investierten Energiemenge (= Energie-*Input,* kurz: E_i) letztlich in Form kinetischer Geschossenergie (= Energie-*Output,* kurz: E_0) aus der Rohrmündung kommt. Insofern errechnet sich der Wirkungsgrad (kurz: E_w) entsprechend dem Ausdruck E_w (%) = E_0 (kJ) / Ei(kJ). Demnach ergibt sich bei einem *Input* von 30 kJ und einem *Output* von 10 kJ ein Wirkungsgrad von rund 33 Prozent.

Führt man diese *Input-Output*-Analyse im Vergleich verschiedener Munitionssorten durch, so zeigt sich, dass der Energieklau besonders kräftig bei Patronen für Zugläufe zuschlägt; vor allem die »heißen Öfen« weisen eine ausgesprochen dürftige Energie-Ausbeute vor. Hierzu einige typische Beispiele:

a) Die Büchsenpatrone .17 Remington (Schulter-Hülse), laboriert mit 22,5 Grains (grs) Pulver IMR 3031 und 25 grs leichtem Minigeschoss, liefert beim Verschuss aus einem 610 Millimeter langen Lauf bei einer Anfangsgeschwindigkeit von 1183 Metern pro Sekunde (m/s) einen ziemlich mickrigen Wirkungsgrad von rund 26 Prozent.
b) Die Remington-Laborierung R357R4 der Revolverpatrone.357 Magnum (glatte Hülse) schafft bei einer Lauflänge von 102 Millimetern und einem 158 grs schweren Geschoss vor 14,6 grs Pulver mit Ach und Krach mal gerade einen Wirkungsgrad von 24,6 Prozent – nicht gerade viel, auch wenn man den Verlust am Gasspalt zwischen Laufwurzel und Trommel berücksichtigt.
c) Noch trister schaut es bei der weiland deutschen Panzerbüchsen-Patrone TP 318 (= 7,92 x 94; Schulterhülse) aus: Treibladung 14,7 Gramm, Geschossmasse 14,5 Gramm; von dem gewaltigen Energieaufwand in Höhe von rund 52 kJ kommen aus der Mündung des 1085 Millimeter langen Rohrs letztlich nur 20 Prozent.
d) Die amerikanische Patrone XM 645 (5,77 x 57 mm; Schulterhülse) liefert ein weiteres prägnantes Beispiel für besonders sorglosen Umgang mit Energie: Das 0,661 Gramm leichte Pfeilgeschoss Kaliber 1,65 Millimeter(!) kommt – beschleunigt von 1,361 g Pulver – mit 1478 m/s aus dem Glattlauf. Aus dem gewaltigen Energieaufwand von 4,9 kJ resultieren letztlich 0,722 kJ Anfangsenergie. Der Wirkungsgrad von 15 % ist wirklich phantastisch.

e) Es geht aber auch anders, wie die Großwildpatrone .460 Weatherby Magnum (geringfügig geschulterte Hülse) belegt: Das 500 grs schwere Projektil wird von 126 grs IMR 4350 mit rund 11 kJ aus dem 660 Millimeter langen Lauf geblasen. Das macht – bei einem *Input* von 26 kJ einen Wirkungsgrad von immerhin 42 Prozent.
f) Bei den Glattlaufwaffen (Flinten) ist der Wirkungsgrad im Vergleich zum Zugflauf wegen des geringeren Ein- und Durchpresswiderstandes der Wirkungsgrad deutlich größer. Auch hierzu ein Beispiel: Patrone 12/70; vor einer Treibladung von 35,5 grs Ball Powder beträgt der Wirkungsgrad des 1 Ounce (= 28,4 g) schweren Flintengeschosses bei einer Lauflänge von 610 Millimetern immerhin knapp 54 Prozent.

Diese wenigen, aber sehr kennzeichnenden Rechenexempel machen eines deutlich: Wer schießt, ist im Grunde ein hemmungsloser Optimist, der einfach nicht wahrhaben will, dass seine Energie-Investition statt einer fetten Rendite nur Verluste einfährt. Niemand käme allen Ernstes auf den Gedanken, einen Hunderter gegen vierzig oder gar nur zwanzig Euro einzutauschen – es sei denn, er wollte Falschgeld in Umlauf bringen. Doch sind beim Schießen energiepolitische Überlegungen offenbar irrelevant. Das Motto heißt: »Zehn rein, drei raus«. Sich einen falschen Fuffziger andrehen zu lassen, gilt als chic und branchenüblich. Auf diese Weise werden gewaltige Energiemengen im wahrsten Wortsinn verpulvert, dass es nur so kracht. Besonders die sogenannten – mit dem Suffix »Magnum«, »Super«, »Ultra« oder einem sonstigen Quatsch-Begriff aufgepeppten – *Hochleistungspatronen* erweisen sich bei näherem Hinschauen als Mitglieder einer skrupellosen Energie-Mafia, die dem Geschoss während der Schussentwicklung unter allen möglichen Vorwänden Schutzgelder abpresst.

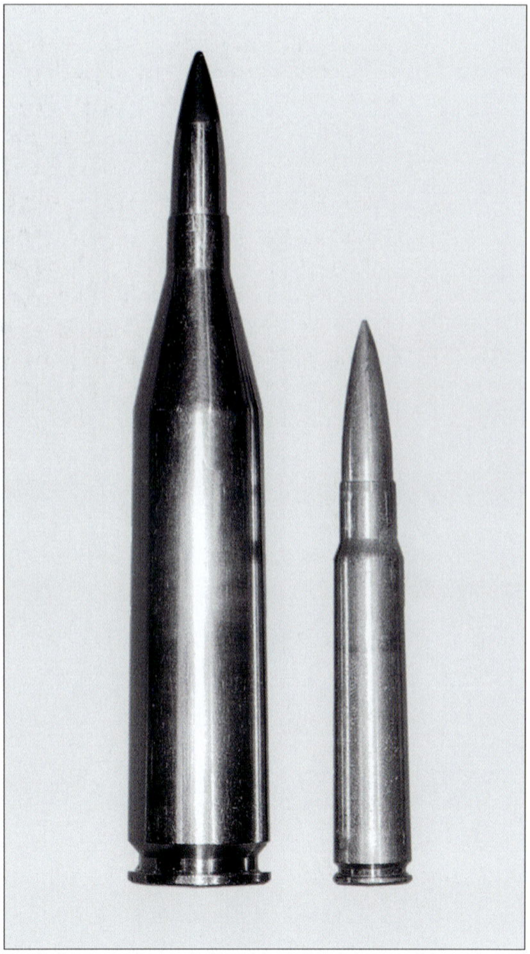

Kraftpakete (v. l.): 7,92 mm x 94 (TP 318) und 7,92 mm x 57 (SmK).

Wer aber sind diese Wegelagerer, Beutelschneider und innenballistischen Abzocker, die sich das größte Stück des Energie-Kuchens einverleiben und – übertrieben ausgedrückt – das Geschoss zu einer lahmen Ente machen? Wo also bleibt die verschwundene *Power*? Diese gravierenden

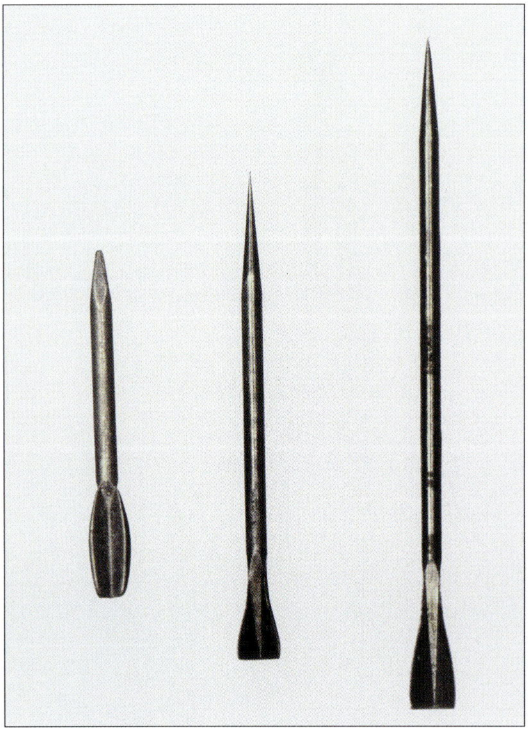

■ **Pfeilgeschosse (v. l.): 500 mg *XM 713* (26,5 mm); 518 mg *XM 144* (38 mm); 661 mg *XM 645* (53 mm).**

■ **Flechette-Patronen (v. l.): 5,6 mm *XM 110*; 5,6 mm *XM 216*; 5,6 mm *XM 144*; 5,77 mm *XM 645*.**

Fragen veranlassten bereits vor mehr als 100 Jahren den französischen Ballistiker Hubert Résal[1)] zu einer innenballistischen Energiebilanz. Deren Resultat sieht so aus: Zu jedem Zeitpunkt der Schussentwicklung ist die bis dahin durch den Treibmittelabbrand freigesetzte chemische Energie gleich der Summe aus der inneren (Druck)Energie der Verbrennungsgase und der Bewegungsenergie (= kinetische Energie) der sogenannten *Vorlage*. Letztere besteht (abgesehen von separaten Zwischenmitteln und anderen Behelfen) aus der Masse des Geschosses, des noch nicht abgebrannten Teils der Treibladung und der Moleküle der bereits entstandenen Gase.

Im Endeffekt heißt das: Je größer (bezogen auf die Geschossmasse) die Masse der Treibladung, desto mehr Energie wird für die Beschleunigung des noch nicht abgebrannten Pulvers und der entstandenen Gasmoleküle vergeudet. Diese Energiemenge steht also nicht mehr für die Geschossbeschleunigung zur Verfügung. Dies ist auch eine Erklärung dafür, weshalb Patronen mit großer Treibladung, wie beispielsweise die sogenannten *Hochrasanzpatronen* [siehe oben die Beispiele a) und c)], stets einen mehr oder weniger dürftigen innenballistischen Wirkungsgrad aufweisen.
Doch damit nicht genug: Nach Résal ent-

deckten andere Ballistiker[2), 3)] noch weitere Energie-Räuber. So wiesen sie am Beispiel der Munition 8 x 57 IS Mauser (Geschoss 10 g, Treibladung 3,2 g [Energiegehalt 11,5 kJ]) nach: Von den in diesem Fall abgezockten 67 Prozent (Wirkungsgrad also nur 33 Prozent) verschlingt allein die Erwärmung der Waffe und der Munitionskomponenten rund 27 Prozent; weitere sieben Hundertstel werden bei der Überwindung des Ein- und Durchpresswiderstandes verbraucht; das Verdrängen der im Lauf befindlichen Luft geschieht ebenfalls nicht »für umsonst« und schluckt ein weiteres Prozent; die Kompression und Beschleunigung der (noch nicht umgesetzten) Treibladung schlägt ebenfalls mit 7 Prozent zu Buche; die restlichen 25 Hundertstel gehen bei der Beschleunigung der Gasmoleküle zum Teufel und verpuffen mit deren Austritt aus der Laufmündung.

Diese Energiebilanz gilt selbstverständlich nur für das genannte Beispiel. Für andere Patronen und/oder Laborierungen kann sie völlig anders aussehen. Doch lässt der hier skizzierte enorme Verbrauch von rund 33 Prozent der eingesetzten Energiemenge allein für die Beschleunigung der Gase und der (noch nicht verbrannten) Treibladung die Problematik der – meist mit vollmundigen Superlativen aufgetakelten – sogenannten *Hochleistungspatronen* erkennen: Je größer die Treibladung (relativ zur Geschossmasse), desto miserabler ist generell der zu erwartende Wirkungsgrad.

Nebenbei: Der zu erwartende Wirkungsgrad einer bestimmten Laborierung lässt sich – grob über den Daumen gepeilt und ohne große Rechnerei – dem sogenannten *Ladungsverhältnis* (vergl. »Fachbegriffe« Seite 251) entnehmen. Bei der oben als Extrem genannten Munition TP 318 ergibt sich ein Wert von 14,7/14,5 = 1,014. Dagegen kommt beispielsweise die Lapua-Laborierung .308 Win. mit dem 12 Gramm schweren Forex-Geschoss von 2,9 Gramm Pulver N150 auf 0,242. Die Hochleistungsmunition .338 Lapua Magnum dagegen bringt es mit einer Treibladung von 5,7 Gramm bei einem 16,8 Gramm schweren Projektil auf ein Ladungsverhält-

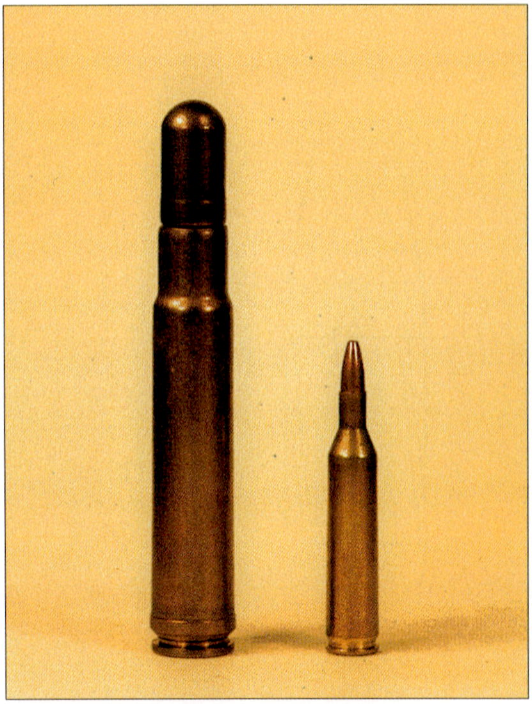

Muskelprotz: Patrone .460 Weatherby Magnum, daneben (r.) die zwar schnellere, aber völlig unretable .17 Remington.

1) H. Résal: *Recherches sur le mouvement des projectiles des armes à feu*, Paris 1864.
2) C. Cranz: *Lehrbuch der Ballistik*, 5. Aufl. Berlin, Bd. I 1925; Bd. II 1926; Bd. III 1927.
3) W. Lampel: *Jagdballistik*, 3. Aufl., Melsungen 1983.

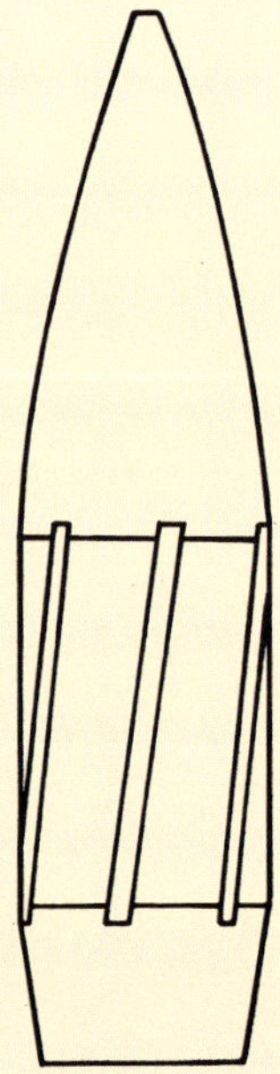

■ **In der Regel ist die eigentliche Führungslänge etwas größer als die Länge des Führungszylinders.**

■ **Das *Forex* (l.) benutzt Führungsbänder zum Vermindern des Reibungswiderstandes, das *TSX* baut dagegen auf Entlastungsnuten.**

nis von 0,446, während die .17 Remington (Geschoss 25grs, Treibladung 24 grs N203, v_0 = 1219 m/s) auf immerhin 0,96. kommt. Mehr noch: Aus einer erhöhten Geschossbeschleunigung resultiert unmittelbar (aufgrund der verstärkten axialen Stauchung und radialen Verformung) ein erheblich größerer Reibungsverlust während des Rohrdurchgangs. Besonders Geschosse mit langem Führungszylinder lassen den Reibungsverlust unter Umständen relativ hoch ansteigen. Dabei ist zu berücksichtigen, dass bei Drallgeschossen in der Regel die Länge des Führungszylinders etwas kleiner als die »Führungslänge« ist.

Diesen Reibungsproblemen begegnen einige Geschosse mit zwei oder drei auf dem Umfang des zylindrischen Teils – ähnlich wie bei Kanonenmunition – angeordneten »Führungsbändern«; diese sorgen einerseits für eine zuverlässige Drallübertragung, während auf der anderen Seite wegen der geringeren Oberfläche der Energieverlust drastisch reduziert wird (Beispiel: »Forex« von Lapua). Logischerweise haben eine oder mehrere, in die Zylinderoberfläche eingearbeitete sogenannte *Entlastungsnuten* im Prinzip die gleiche Wirkung (Beispiel: »Stopring«-Geschoss von Gehmann).

Überwiegend weisen moderne Zuglaufgeschosse einen Mantel aus einer Kupferlegierung auf (Tombak, Gilding, seltener Messing oder Neusilber). Im Vergleich zu den veralteten Hüllen aus Flusseisen haben diese Legierungsmäntel den großen Vorteil, dass sie die Kanten der Felder weniger schnell »abhobeln«, also letztlich insofern die Lebensdauer des Waffenrohrs verlängern. Allerdings gibt es da einen kleinen und nicht unerheblichen Schönheitsfehler: Die Legierungsmäntel hinterlassen im Zuglauf einen Abrieb (sogenannte *Laufverschmierung*), die regelmäßig mit einem chemischen Lösungsmittel (= *Solvent*) entfernt werden muss, weil sonst gegebenenfalls Gasdruckentwicklung und Trefferleistung erheblich beeinträchtigt werden. Vor allem bei Hochgeschwindigkeitsmunition erweist sich dieses Handicap als sehr lästig. Wer mit einem solch heißen Ofen wie beispielsweise der .17 Remington (= 4,3 x 46) waidwerkt, ist gezwungen, nach jeweils vier bis sechs Schüssen das Rohr gründlich zu »entkupfern«.

Seit mehreren Jahren versuchen die meisten bedeutenden Hersteller – darunter Olin/Winchester, Barnes, Nosler, Norma, Hornady, Speer – dem Metallabrieb durch die Beschichtung der Geschossoberfläche mit einem als Gleitmittel (= *Lubricant*) fungierenden dünnen Film aus einer chemischen Substanz zu begegnen. Meist handelt es sich dabei um Molybdändisulfid (kurz: Moly), das in einem Sprühverfahren auf die Geschossoberfläche aufgebracht wird. Doch die auf Moly gerichteten Erwartungen ließen sich anfangs in der Praxis nicht so recht erfüllen, weil sich die Beschichtung als nicht abriebfest erwies. Die gegenwärtige, zweite Generation hat diesen Mangel überwunden: Der Moly-Film wird in einem speziellen chemothermischen Prozess abriebfest mit der Geschossoberfläche verbunden.

Den neuesten Stand der Technik in dieser Richtung repräsentiert die von der US-Firma Barnes Bullets Inc. entwickelte und »LC« genannte blaue Beschichtung (Werbe-Slogan: *»Good-bye Moly – You're Old Technology«* = in etwa: Tschüss Moly, du gehörst zum alten Eisen); diese wird in einem speziellen Verfahren auf das einzelne Projektil gesprüht und in einem Infrarot-Ofen abriebfest (dies ein erheblicher Vorteil gegenüber der Moly-Beschichtung) gehärtet. Ein von Barnes veröffentlichter Bericht über Vergleichsversuche mit der Munition .300 Winchester Magnum (Lauflänge 61 cm) und bei Verwendung des Barnes-Geschosses »X-HP« liest sich denn auch recht eindrucksvoll:

Projektile mit abriebmindernder Oberflächenbeschichtung (v. l.): ***Ballistic Silvertip; Fail Safe; Partition Gold; XLC.***

1. Maximal-Gasdruck: Unbehandelt 4093 bar; mit Moly-Beschichtung 3947 bar; mit LC-Beschichtung 3635 bar.
2. Anfangsgeschwindigkeit bei Maximaldruck: Unbehandelt 904 m/s; mit Moly-Beschichtung 909 m/s; mit LC-Beschichtung 935 m/s.
3. Anzahl der für die völlige Beseitigung der Rückstände im Lauf erforderlichen Patches: Unbehandelt 19; mit Moly-Beschichtung 23; mit LC-Beschichtung 12.

Nebenbei: Lange vor Moly gab es in den frühen 1970er Jahren bereits Beschichtungen aus Teflon – allerdings sehr aufwändig, aber wenig effektiv. Bleigeschosse werden sogar seit Mitte der 1930er mit Kupferlegierungen galvanisiert. Und – zur Reduktion der Laufverschmierung – mit Kunststoff beschichtete Bleibatzen sind seit rund zehn Jahren gang und gäbe.

Wie das oben unter f) erwähnte Beispiel

Uralte Konkurrenten: ***Brenneke Standard*** **(l.), daneben der amerikanische »Fingerhut«.**

erkennen lässt, springen die internen Energieräuber mit Glattlaufgeschossen weniger rabiat um. Dies liegt vor allem an dem erheblich geringeren Ein- und Durchpresswiderstand und dem entsprechend kleineren Reibungsverlust. Üblicherweise arbeitet dieser Geschosstyp ebenfalls mit – meist schräg oder axial – auf dem Zylinderumfang angeordneten Führungsrippen beziehungsweise (je nach Sicht) Entlastungsnuten. Als typische Beispiele seien das »Brenneke« und das »Foster« genannt (siehe Seiten 196 ff und 211 ff). Einige Sorten versuchen sich mit je zwei radial und schräg angesetzten Führungsrippen (»Gualandi«) oder begnügen sich mit einer mehr oder weniger glatten Oberfläche (»Aquila«).

Bei unterkalibrierten Projektilen – gleichgültig, ob für Zug- oder Glattläufe bestimmt – ergibt sich eine gewisse Verminderung des Reibungsverlustes aus der materiellen Beschaffenheit des für die Beschleunigung benutzten Kunststoff-*Sabot* (Beispiele: .30-06/.22 »Accelerator«; Barnes »Expander SGS«).

Auch Lauflänge und Hülsenform arbeiten dem Energieklau nachhaltig zu. Magnumpatronen für Zugwaffen sind mit relativ langsam abbrennenden Treibmittelsorten laboriert. Dadurch soll der zu erwartende Maximal-Gasdruck auf dem zulässigen Niveau gehalten werden. So weit, so gut!. Doch – wie leicht einzusehen – setzt der völlige Abbrand der Treibladung während der Schussentwicklung eine Mindest-Lauflänge voraus. Ist der Lauf zu kurz, wird ein mehr oder weniger großer Teil der Ladung – für die Geschossbeschleunigung wirkungslos – aus der Mündung geblasen und produziert lediglich ein grelles Mündungsfeuer. Die »ideale« Lauflänge für Power-Laborierungen ist aus praktischen Gründen meist nicht realisierbar. Für »heiße« Büchsenpatronen gelten 65 Zentimeter Rohrlänge als Minimum; darunter – so die Faustregel – muss man pro Zentimeter »zu wenig« einen Energieverlust von einem Prozent in Kauf nehmen. Hier ein Beispiel: Das Geschoss einer bestimmten Laborierung kommt mit 2,0 Kilo-Joule aus einem 66-Zentimeter-Lauf. Unter sonst gleichen Bedingungen bringt es beim Schuss aus einem Stutzen mit 45 kurzem Rohr nur noch 1,65 kJ Anfangsenergie auf die Waage – also 21 Prozent weniger. Bei einem Revolver .357 Magnum ist der Unterschied zwischen einem Zwei- und dem üblichen Vier-Zoll-Lauf (= 51 bzw. 102 mm) noch dramatischer. Hinzu kommt hier noch der von Waffe zu Waffe unterschiedliche Energieschwund von bis zu 5 Prozent durch den »Gasspalt« zwischen Trommel und Laufwurzel.

Und dann ist da noch die Patronenhülse. Als Energie-Schmarotzer kann sie – abgesehen von der Erwärmung – unter Umständen sehr nachhaltig in Erscheinung treten: In großvolumigen Hülsen mit flacher Schulter und beträchtlichem Unterschied zwischen Hals- und Schulterdurchmesser staut sich beim

Abschuss der nicht verbrannte Ladungsteil vor der Schulter und wird von den Verbrennungsgasen stark komprimiert, so dass ein erheblicher Teil der freigesetzten Energie gegen die entsprechende Anlagefläche des Patronenlagers (statt gegen den Geschossboden) wirkt und für die Geschossbeschleunigung verloren geht. Ebenso stauen sich die dem unverbrannten Pulver nachfolgenden Verbrennungsgase an der Schulter und verursachen eine Erhöhung des Maximal-Gasdrucks. Insofern sind ungeschulterte Hülsen und solche mit steiler Schulter (= kleiner Schulterwinkel) vorzuziehen.

Formalien (v. l.): Patronen mit gerader (.600 Nitro Express); leicht (.378 Weatherby Magnum) und stark geschulterter Hülse (7 mm x 66 S.E. vom Hofe).

Die Außenballistik legt Wert auf Förmlichkeiten

Wenn das Geschoss, solchermaßen ausgeplündert, endlich die Laufmündung mit der Anfangsenergie E_0 passiert, gerät es sogleich in die nächste Falle: Da lauert der Luftwiderstand und fordert ebenfalls seinen Tribut. Denn vor der Geschossstirn entsteht ein mehr oder weniger stark ausgeprägter, der Geschossbewegung entgegengerichteter Staudruck, dessen Überwindung erheblich am Energievorrat zehrt und einen nachhaltigen Einfluss auf den Flugbahnverlauf hat. Mit diesem Problemkomplex beschäftigt sich die Außenballistik.

In diesem Zusammenhang muss man wissen: Beim Durchdringen sogenannter *fluider* (= fließbaren) Medien – wie etwa Luft, Wasser, biologisches Gewebe – muss ein Projektil ständig kleine Energiemengen aufwenden, um das Medium zu verdrängen. Physikalisch gesehen bedeutet diese Verdrängung: Das Geschoss erteilt den jeweils unmittelbar berührten Molekülen des durchdrungenen Zielmediums einen Impuls und überträgt ihnen dadurch einen winzigen Teil seiner kinetischen Energie. Wie unschwer einzusehen, ist die pro Weg/Zeiteinheit auf das Medium transferierte Energiemenge identisch mit einem Energieverlust des Geschosses. Dieser Vorgang endet erst, wenn die gesamte Energie (via Transfer auf das Medium) aufgebraucht ist und das Projektil zum Stillstand kommt.

Die Größe des Luftwiderstandes ist jedoch keineswegs – wie manch einer vermuten könnte – konstant, sondern das variable Ergebnis des sehr komplexen Zusammenwirkens verschiedener, als Parameter bezeichneter Einflussfaktoren. Deren wichtigste sind: Geschosskaliber (k) und -masse (m), Formfaktor (i) und die jeweilige Fluggeschwindigkeit (v_x).

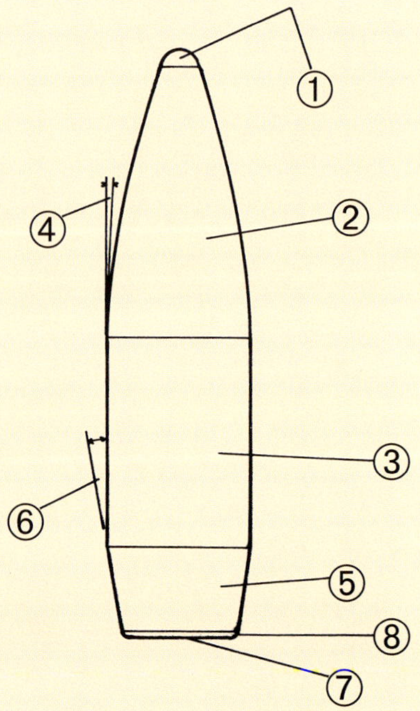

Teile & Benennungen am Büchsengeschoss: 1 = Spitze; 2 = Kopf; 3 = Führungszylinder; 4 = Einlaufwinkel; 5 = Heck; 6 = Heckwinkel; 7 = Boden; 8 = Bodenabschrägung.

In sehr vereinfachter Weise lässt sich mit Hilfe dieser Symbole der Energieverlust dE, den jedes Geschoss via Energietransfer auf das Medium Luft während freien Fluges pro Zeiteinheit erleidet, durch die Funktion:

(1) $dE = f(i\ v_x^2;\ k^2/m)$

darstellen. Darin ist k^2 im Grunde identisch mit dem Geschossquerschnitt q. Bekanntlich bezeichnet man die auf den Querschnitt bezogene Masse als Querschnittsbelastung , dargestellt durch das Symbol S. Also gilt:

(2) $S = m/q$.

Mit anderen Worten: Je größer die Masse und/oder kleiner der Querschnitt, desto größer die Querschnittsbelastung. Durch Einsetzen von (2) lässt sich (1) umformen in:

(3) $dE = f(v_x^2;\ i/S)$

Das aber bedeutet: Der Energieverlust, den ein Geschoss während des freien Fluges pro Wegeinheit erleidet, wächst insofern

a) quadratisch mit der jeweiligen Geschwindigkeit (je höher also die Anfangsgeschwindigkeit, desto größer der Wert von dE),
b) umgekehrt proportional mit der Querschnittsbelastung des betreffenden Projektils (je größer die Querschnittsbelastung, desto kleiner wird dE),
c) direkt proportional mit der Größe des Formfaktors (je größer/kleiner der Wert von i, desto stärker/geringer der Energieverlust).

Wie gesagt, handelt es sich bei den Funktionsausdrücken (1) und (3) um eine sehr vereinfachte Darstellung der Zusammenhänge. Die ballistische Wirklichkeit ist sehr viel komplexer. So kann sich beispielsweise der Einfluss der einzelnen Parameter im Zusammenspiel verstärken, vermindern oder neutralisieren. Dennoch ist es im Hinblick auf die Jagdpraxis hilfreich, einige Beispiele näher zu betrachten:

Querschnittsbelastung

- Kaliber 6,5 mm (= 6,7 mm), Querschnitt 10,5 mm²), Masse 10,0 g, Querschnittsbelastung 0,95 g/mm²;
- Kaliber 7 mm (= 7,25 mm), Querschnitt 41 mm²), Masse 10,0 g, Querschnittsbelastung 0,24 g/mm²;

- Kaliber .308" (= 7,82 mm), Querschnitt 48 mm^2; Masse 165 grs (= 10,7 g), Querschnittsbelastung 0,22 g/mm^2; bei 220 grs (= 14,3 g) beträgt sie dagegen 0,30 g/mm^2.

Formfaktor

Die Größe des jeweiligen Formfaktors ist nur empirisch zu ermittelten. Sie bezieht sich auf bestimmte variable Details (sogenannte *Parameter*) des jeweiligen Geschossprofils. Das sind vor allem: Form und Querschnitt der Stirn, Kopfform und Länge, Länge und Durchmesser (Kaliber) des Führungszylinders, Einlaufwinkel des Kopfes in den Führungszylinder, Heckform, Oberflächenbeschaffenheit.

Wie sehr das Geschossprofil die Größe des Formfaktors beeinflusst, zeigen nachfolgend einige von E. D. Lowry[4] in ausführlichen Experimenten ermittelte Werte:

- i = 0,60 bei sehr schlanken Profilen mit scharf ausgebildeter Stirn,
- i = 0,70 bei weniger schlanken Profilen mit scharf ausgebildeter Stirn,
- i = 0,85 bei weniger schlanken Profilen mit leicht abgestumpfter Stirn,
- i = 1,00 bei ziemlich stumpfen Profilen,
- i = 1,20 bei sehr stumpfen Profilen.

Diese Werte beziehen sich auf Vollmantelgeschosse mit glatter Oberfläche. Für Teilmantelgeschosse mit hervorragendem Bleikern und/oder Lochspitze, mit Scharfrand und anderen Oberflächen-Unebenheiten sind sie logischerweise größer. Die meisten Flintengeschosse und andere überwiegend zylindrische Profile (Beispiel: »Wadcutter«) lassen den Formfaktor ohne weiteres in Größenordnungen von i = 1,80 anwachsen.

Die Funktion (3) lässt deutlich den Einfluss von Formfaktor und Querschnittsbelastung auf den Energietransfer erkennen: dE = f (i/S). Demnach gilt: Je kleiner/größer unter sonst gleichen Bedingungen der Formfaktor und/oder je größer/kleiner die Querschnittsbelastung, desto geringer/stärker ist die Energieeinbuße.

Die meisten bedeutenden Hersteller charakterisieren in ihren Offerten die Geschosse, von der Querschnittsbelastung abgesehen, auch durch den mit C symbolisierten sogenannten *Ballistischen Koeffizienten.* Dabei handelt es sich letztlich um die Beziehung zwischen Formfaktor und Querschnittsbelastung:

(4) $C = S / i$ oder reziprok: $i / S = 1/C$.

Durch Einsetzen in (3) ergibt sich dann:

(5) $dE = f(v_x^2 / C)$,

Was nichts anderes besagt als: Je größer/kleiner bei einer gegebenen Geschwindigkeit vx der Wert des Ballistischen Koeffizienten, desto geringer/stärker ist der zum Überwinden des Luftwiderstandes erforderliche Energieverbrauch.

In aller Regel wird ein und derselbe Geschosstyp (Profil) eines bestimmten Kalibers mit mehren Massewerten angeboten. Die Querschnittsbelastung variiert dann gemäß (2) insofern direkt proportional mit der Geschossmasse.

Das gilt entsprechend (4) sinngemäß auch für den *Ballistischen Koeffizienten.* Dabei wird ein konstanter Wert des Formfaktors vorausgesetzt; in Wirklichkeit nimmt dieser jedoch mit steigender Masse wegen der dadurch bewirkten wachsenden Gesamt-

4) E. D. Lowry: *Exterior Ballistics of Small Arms Projectiles*, plublished by Olin Mathieson Chemical Corp. 1965.

Barnes *X-HP* in .308 (v. l.): 130; 150; 165; 180, 200 grs.

länge des betreffenden Geschosses geringfügig zu. Diese Zusammenhänge lassen sich am Beispiel unterschiedlich schwerer Ausführungen des Barnes-Geschosses »X-HP« Kaliber .308" demonstrieren[5]:

- X-HP/BT;
  m = 130 grs; S = 0.196; C = 0,374
- X-HP/FB;
  m = 150 grs; S = 0,226; C = 0,386
- X-HP/BT;
  m = 165 grs; S = 0,247; C = 0,505
- X-HP/BT;
  m = 180 grs; S = 0,271; C = 0,532
- X-HP/FB;
  m = 200 grs; S = 0,301; C = 0,550

Für ein bestimmtes Geschoss sind während des freien Fluges Formfaktor, Querschnittsbelastung sowie der Ballistische Koeffizient vorgegebene konstante Größen. Insofern wird die Größe des Energieverlustes dE beziehungsweise der Zielenergie E_z von der Höhe der jeweiligen Anfangsgeschwindigkeit v_0 bestimmt. Aus dem Energieverlust pro Weg/Zeiteinheit resultiert (via Transfer auf die Luftmoleküle) eine entsprechende Abnahme dv der Fluggeschwindigkeit. Daher die Faustregel: Je höher/niedriger die Anfangsgeschwindigkeit, desto größer/kleiner ist der Geschwindigkeitsverlust.

Eine sehr wichtige Rolle im Hinblick auf Luftwiderstand/Energieverlust kommt – via Formfaktor – dem Profil von Geschosskopf und -stirn zu. Als Kopf bezeichnet man den Bereich zwischen Führungszylinder und Stirn, wobei diese (auch Spitze genannt) quasi das »vorderste Ende« des Projektils bildet. Der Kopf weist in der Regel ein ogivales, seltener ein konisches Profil oder eine Kombination beider Arten auf. Ausschlaggebend für die aerodynamische Qualität des betreffenden Projektils ist insofern die Kopfhöhe bzw. -länge. Diese resultiert unmittelbar aus der Größe des Ogival-Radius´ bzw. des Konus-Öffnungswinkels: Je größer/kleiner der Radius oder je kleiner/Größer der Öffnungswinkel, desto länger/kürzer ist der Geschosskopf und entsprechend niedriger/höher der Strömungswiderstand.

Der unmittelbare Zusammenhang zwischen Formfaktor i und Geschwindigkeitsverlust dv (in Prozent der Anfangsgeschwindigkeit) zeigt sich am vergleichenden Beispiel verschiedener Laborierungen der Patrone .30-06 Springfield, Fabrikat Remington: Geschossmasse 180 Grains (= 11,7 Gramm), v_0 823 Meter pro Sekunde (m/s), E_0 3,95 kJ; auf die Distanz von 300 Yards (= 274

5) HP = *Hollow Point* = Lochspitze; BT = *Boattail* = konisches Heck; FB = *Flat Base* = flacher Boden; das »X« steht für die (von vorn gesehen) x-förmige Stirngestalt des deformierten Geschosses.

a)	Core-Lokt Soft Point (Rundkopf, herausragender Bleikern)	dv = 36-%	dE = 59-%
b)	Swift A-Frame (leicht abgestumpft, schlankes Profil)	dv = 25-%	dE = 43-%
c)	Core-Lokt Pointed Soft Point (schlankes Profil, leicht abgestumpft)	dv = 24-%	dE = 43-%
d)	Bronze Point (relativ schlankes Profil, scharfe Spitze)	dv = 23-%	dE = 40-%
e)	Nosler Partition (schlankes Profil, herausragender Bleikern)	dv = 20-%	dE = 36-%
f)	Nosler Ballistic Tip (schlankes Profil, scharfe Spitze)	dv = 18-%	dE = 34-%

Metern) ergeben sich für sechs verschiedene Geschosstypen deutlich unterschiedliche Geschwindigkeits- und Energieverluste:
In diesem Zusammenhang:
Man muss zwischen mehreren Arten des Ogivalgeschosses unterscheiden:

1. Bei der am meisten verbreiteten Form geht der Kreisbogen formschlüssig in den Führungszylinder über. Die Außenkante des Führungszylinders berührt also – in der Projektion betrachtet – den Kreisbogen im Übergangspunkt als Tangente. Diese Konstellation heißt daher *Tangenten-Ogival.*
2. Aus technischen Gründen (Patronenlänge, Magazin, Verschlussweg usw.) lässt sich die Kopflänge nicht durch Vergrößern des Ogivalradius nach Belieben vergrößern. Die Ingenieure der US-Firma Hornady lösten dieses Problem auf verblüffend einfache Weise: Zur Optimierung der aerodynamischen

Remington-Geschosse .308" in 180 grs (v. l.): *Core-Lokt Soft Point; Core-Lokt Pointed Soft Point; Extended Range Flat Base; Bronze Point.*

Eigenschaften benutzen sie zwar einen extrem großen Ogivalradius, lassen den Kreisbogen jedoch nicht formschlüssig in den Führungszylinder, sondern in einem kleinen Winkel übergehen – die Zylinderkante schneidet also als sogenannte *Sekante* den Kreisbogen. Dementsprechend nennt man diese Geschossform *Sekanten-Ogival.*

3. Kennzeichnend für das *Paraboloid-Geschoss* ist das parabelförmige Profil des gesamten vorderen Geschossteils (einschließlich Stirn). Diese etwa 1930 von E. A. vom Hofe für seine Patrone 7 x 73 Super Express entwickelte eigenwillige Variante lässt allerdings keinen aerodynamischen Vorteil relativ zu den anderen Ogival-Formen erkennen.

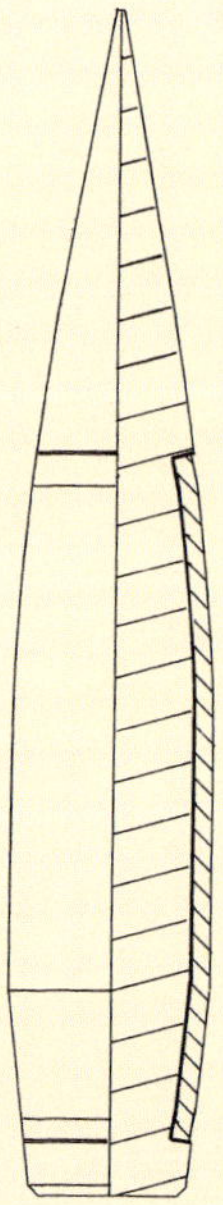

Das extrem schlanke CETME-Geschoss von 7,0 g besteht aus Aluminium und einer Führungshülse aus Kupfer.

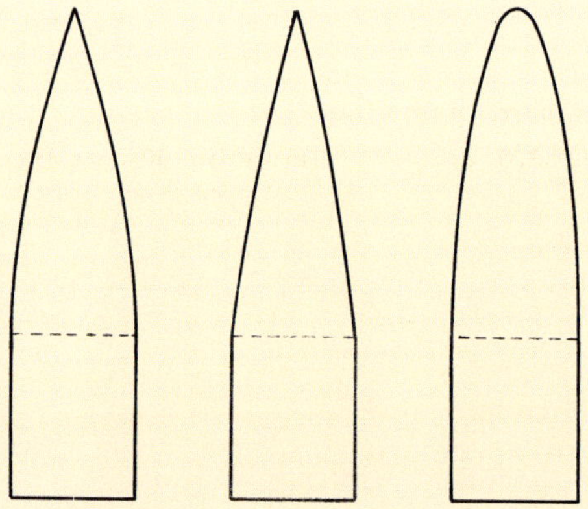

Kopfprofile (v. l.): Tangenten-Ogival (Tangent Ogive) mit tangentiellem Übergang; Sekanten-Ogival (Secant Ogive) mit winkligem Übergang; Paraboloid (Parabolic Ogive) mit parabelförmig formschlüssigem Übergang.

Bei genauerem Hinschauen zeigt sich, dass die sogenannten *Spitzgeschosse* in der Praxis meistens ein mehr oder weniger flaches oder *sphärisches* (= kugeliges) Stirnprofil mit einem Querschnitt von oft kaum einem Quadratmillimeter aufweisen.

Eine wirklich nadelscharfe, also flächenlose, Stirn findet sich (dies schon allein aus Gründen der Fertigungstechnik) nur äußerst selten an militärischen Vollgeschossen, so beispielsweise an dem von Dr. Voss entwickelten CETME-Geschoss[6].

Die Größe der Stirnfläche, auch *Meplat* genannt (vom französischen *méplat* = in etwa: Abplattung), hat auf das flug- und zielballistische Geschehen einen gravierenden Einfluss: Je größer ihr Querschnitt,

6) Kaliber: 7,62 mm; Länge: 40,5 mm; Masse: 7,0 g; Aluminium mit aufgepresstem Führungsteil aus Kupfer.

Die scharfspitzige und äußerst rasante 7,62 mm x 40 CETME (l.) im Vergleich mit der Standardpatrone 7,62 mm x 51.

desto stärker der gegen die Geschossbewegung wirkende Staudruck – desto größer ist also letztlich der Energieverlust.

In die Stirn mancher Jagdgeschosse ist ein Expansionsraum (sogenannte *Lochspitze*) eingearbeitet, eine mehr oder weniger breite und tiefe, zylindrische oder konische Öffnung. Dadurch soll eine möglichst schnell verlaufende Querschnittsvergrößerung beim Eindringen in ein Ziel erreicht werden. Wie leicht einzusehen, beeinträchtigt diese Öffnung je nach ihrer Breite das außenballistische Geschehen unter Umständen erheblich (ausgenommen sehr kleine Öffnungen mit einem Durchmesser von weniger als einem Millimeter; Beispiel: Barnes X-HP). Daher benutzten bereits in den 1930er Jahren zahlreiche Geschossfabrikate zur Verbesserung der Aerodynamik eine formschlüssig in den Expansionsraum eingesetzte ballistische Haube aus dünnem Blech (üblicherweise Kupfer oder Aluminium) mit abgerundetem oder spitzem Profil. Naturgemäß sind diese sogenannten *Hohlspitzgeschosse* etwas länger als die vergleichbaren Loch-Pendants und haben einen kleineren Stirnquerschnitt – doch ist ihr Zielverhalten faktisch identisch.

Gleichwohl sind die »Hohlköpfe« – ob mit oder ohne Haube – dennoch nicht nur positiv zu bewerten: Abgesehen von ihrer, gelinde gesagt, starken Zielwirkung (siehe Seite 96 ff) schlagen die relativ hohen Fertigungskosten zu Buche (bedingt vor allem durch Ausformen, Einsetzen und Anpressen der Haube in mehreren Produktionsgängen). Fertigungsbedingte Probleme mit der Rotationssymmetrie können ebenfalls auftreten. Dementsprechend wird dieser Geschosstyp heute nur noch von wenigen Herstellern angeboten.

In diesem Zusammenhang ist noch das Anfang der 1940er Jahre als Antwort auf die damals sehr beliebten europäischen Hohlspitzgeschosse von Remington herausgebrachte *Bronze Point* (kurz: BP) zu

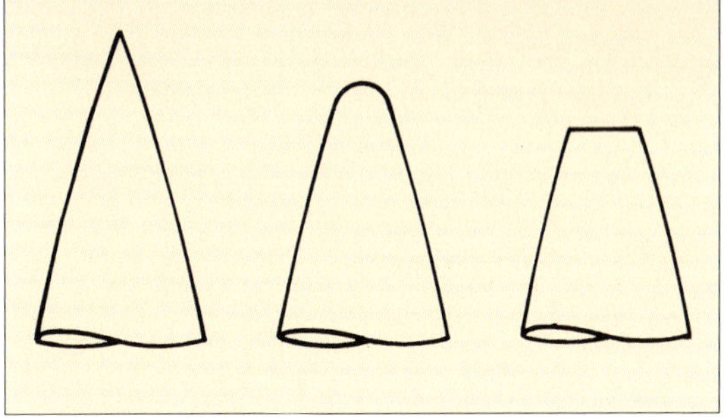

Stirnprofile von Spitzgeschossen (v. l.): Scharf; abgerundet; abgeflacht.

erwähnen. Sein charakteristisches Merkmal ist die formschlüssig in den Expansionsraum eingesetzte massive Spitze aus der relativ harten Kupferlegierung Bronze. Abgesehen von dem völlig anderen Zielverhalten (siehe Seite 86) bringt die im Wesentlichen konisch ausgebildete Bronze-Spitze zwar strömungstechnische Vorteile, doch gibt es auch bei diesem Geschosstyp Schwierigkeiten mit der Rotationssymmetrie und der Eigenpräzision. Kein Wunder also, dass heute nur noch wenige BP-Laborierungen gefertigt werden.

Inzwischen gibt es – nicht weiter überraschend – erheblich Besseres: Das ballistische Jagdgeschoss mit einer extrem großen Eigenpräzision, wie sie sonst nur Matchgeschosse vorweisen können. Den Anfang machte der US-Amerikaner John Nosler. 1984 brachte er das *Ballistic Tip* (= Ballistische Spitze) heraus. Im Wesentlichen handelt es sich dabei um ein zylindro-ogivales Lochspitz-Geschoss mit einem formschlüssig eingepassten, ziemlich spitzen, aus einem Polykarbonat bestehenden Kunststoff-Einsatz. Dieser dient zwar (wie der Spitzeneinsatz des Bronze Point) ebenfalls als Deformationsstarter, hat jedoch wegen seiner materialbedingt extrem geringen Masse so gut wie keinen schädlichen Einfluss auf Rotationssymmetrie und Eigenpräzision. Inzwischen haben die meisten bedeutenden Munitionshersteller das *Ballistic Tip* (teils unter dieser, teils unter anderer Bezeichnung) übernommen.

Der im Prinzip zylindrische Führungssteil (kurz: Führungszylinder) ist verantwortlich für die sichere Führung (bei Zugläufen auch für die Drallaufnahme) während des Laufdurchgangs und damit für die Schusspräzision. Insofern ist unter innenballistischem Aspekt eine möglichst große Zylinderlänge wünschenswert. Dem stehen jedoch ein größerer Reibungsverlust sowie ein höherer Spitzengasdruck entgegen.

Im Zusammenhang mit dem Geschossprofil ist der noch sogenannte *Scharfrand* zu erwähnen, jener – sehr wahrscheinlich - von Wilhelm Brenneke eingeführte, scharfkantig abgesetzte Übergang zwischen Geschosskopf und Zylinder. In einigen Fachbüchern wird dieser Anachronismus nach wie vor als unabdingbarer Vorteil dargestellt[7] und mit dem Hinweis begründet, der Scharfrand habe einen Stanzeffekt und liefere am Anschuss »Schnitthaar« und »schon vom Einschuss Schweiß«. Mag ja sein! Doch wird dadurch die Notwendigkeit, ein »angeflicktes« Wild nachsuchen zu müssen, in keinster Weise aufgehoben. Mehr noch: In der jagdlichen Praxis ist insofern ein signifikanter Unterschied gegenüber einem vergleichbaren glatten Geschoss nicht zu erkennen. Auf der anderen Seite beeinträchtigt die scharfe Kante – wie auch jede andere Unebenheit des Profils – via Formfaktor die Aerodynamik und verursacht während des freien Fluges einen nicht unerheblichen Energieverlust. Dieser Nachteil betrifft auch die meisten Flintengeschosse.

Bei Drallgeschossen geht das hintere Ende des Führungszylinders entweder unmittelbar in den Boden oder aber zunächst in ein wie auch immer geformtes Heck über. In der Regel weist der Geschossboden ein flaches oder *konkaves* (= nach innen gewölbtes), selten ein leicht *konvexes* (= nach außen gewölbtes) Profil auf. Diese mehr oder weniger geringfügigen Unterschiede sind meist fertigungsbedingt und haben keinen signifikanten Einfluss auf das ballistische

7) Lampel/Mahrholdt: *Waffenlexikon*, a.a.O. Seite 430.

Geschehen. Üblicherweise ist die Übergangskante vom Zylinder zum Boden etwas abgerundet, manchmal aber auch scharf abgesetzt (Beispiel: Remingtons *Extended Range*). Die »angefaste« Kante erleichtert dem Wiederlader das Geschoss-Setzen, ist aber ansonsten ohne Bedeutung.

Der Hokuspokus um das Geschossheck hat Tradition und geht auf das 1897 mit der französischen Patrone 8 x 50R Lebel eingeführte Vollgeschoss *Balle D* (so benannt nach dessen Erfinder, Colonel Desaleux) zurück. Das kegelstumpfförmige Heck faszinierte seitdem bis auf den heutigen Tag immer wieder die Konstrukteure. Die Folge: Kaum ein Büchsengeschoss produziert sich ohne die mehr oder weniger lange Abschrägung seines Hinterteils. Wilhelm Brenneke (er tat während des Ersten Weltkrieges Dienst auf einem Torpedoboot der kaiserlichen Marine) setzte mit seinen »Torpedo«-Geschossen noch eins drauf und verpasste seinem Torpedo-Universal- und Torpedo-Ideal-Geschoss ein völlig konisches Heck mit einem Öffnungswinkel von 90 Grad. Diese Heckform übernahm später Walter Gehmann für sein 8 Gramm schweres »Stopring-Geschoss« Kaliber 7 Millimeter.

Inzwischen sind das kegelstumpfförmige sowie das konische Heck mit dem Präfix »Torpedo« zum festen Bestandteil in der Bezeichnung von Jagdgeschossen geworden. »Torpedoheck« oder »Torpedo-S« klingt halt irgendwie exklusiv und suggeriert mehr *Power*. Die Feld-Wald-und-Wiesen-Literatur behauptet denn auch munter, die »hinten angespitzten« Projektile hätten einen geringeren Bodensog und demnach einen geringeren Energieverlust während des Fluges. Im Prinzip trifft das zwar zu. Doch ist der aerodynamische Effekt auf jagdliche Schussdistanzen recht gering. Beispiel: Patrone .30-06 Springfield; Fabrikat Remington; Geschossmasse 165 Grains (= 10,7 Gramm); v_0 853 Meter pro Sekunde; Geschoss »Pointed Soft Point Core-Lokt« (flacher Boden) sowie »InterLock Boat Tail« (Kegelheck); auf 274 Meter beträgt der Geschwindigkeitsunterschied (dv) 6 Prozent – nicht umwerfend viel mehr also. Erst bei Geschwindigkeiten unterhalb der Schallgrenze (also weniger als 340 m/s) macht sich die Auswirkung eines Kegelhecks gravierend bemerkbar.

Typische Formen des Geschosshecks (v. l.): Flach *(Flat Base)*; Kegelstumpf *(Boat Tail)*; konisch *(Cone Heel)*.

Auf der anderen Seite bietet das – wie auch immer geformte – Heck dennoch einige Vorteile: Beim »Torpedo«-Projektil liegt der Schwerpunkt vergleichsweise weiter vorn. Wegen der engen Beziehung zwischen Schwerpunktlage und Drallstabilisierung lässt sich dadurch unter Umständen die Schusspräzision verbessern. Mehr noch: Ein »Heckgeschoss« weist – bei ansonsten identischen Parametern – einen relativ kurzen Führungszylinder auf. Daraus resultieren ein geringerer Durchpresswiderstand und Maximalgasdruck. Dementsprechend werden üblicherweise vor allem Magnum-Patronen mit *»Boattail«*-Geschossen laboriert.

Alles in allem bietet das schlank konturierte Profil von Drallgeschossen mit völlig glatter

Oberfläche den geringsten Strömungswiderstand und mithin den kleinsten Energieverlust während des freien Fluges. Doch birgt diese optimierte Form – wie könnte es anders sein? – auch erhebliche Nachteile in sich: Je länger/kürzer der Kopf und je kleiner/größer die Stirnfläche, desto größer/geringer ist die Hindernisverträglichkeit. Mit anderen Worten: Während die langen Schlanken – insbesondere bei hoher Geschwindigkeit – schon von dünnen Zweigen, ja sogar Getreide- oder selbst Grashalmen aus der Bahn geworfen werden, erweisen sich die stumpfnasigen Dickerchen als unbeirrbare Partner, wenn es darum geht, vor dem eigentlichen Ziel noch Gesträuch durchdringen zu müssen. In diesem Zusammenhang ist die Bodenöffnung (sogenannter *Hohlboden*) zu erwähnen. Kennzeichnend für hiermit ausgestattete Jagdgeschosse ist der meistens vor dem Längsachsen-Mittelpunkt angeordnete Schwerpunkt; daher reagieren sie beim Kontakt mit einem Flugbahnhindernis weniger sensibel. Typische Beispiele bieten das Drallgeschoss »Forex« sowie das US-amerikanische Glattlaufgeschoss von Foster (Details hierzu in Kapitel III ab Seite 211).

Walzer oder Dirty Dancing?

Abgesehen vom Luftwiderstand und dem daraus resultierenden Energieverlust hat die Außenballistik auch einen großen Einfluss auf die Schusspräzision. Ausschlaggebend ist dabei die sogenannte *Flugstabilisierung*, die das Geschoss zwingt, einer bestimmten Bahn zu folgen und das Ziel im Haltepunkt zu treffen.

Tatsächlich bewegt sich nicht das gesamte – wie auch immer geformte – Geschoss (Ausnahme: Rundkugel) auf der parabelförmigen Flugbahn, sondern lediglich sein Schwerpunkt. Demnach bildet die Geschoss-Längsachse mit der Bewegungsrichtung stets einen kleinen »Anstellwinkel«. Die Luft strömt folglich das Geschoss nicht exakt senkrecht von vorn an, sondern in eben diesem Winkel und veranlasst insofern eine »Kippbewegung« um eine durch den Schwerpunkt verlaufende Querachse. Dabei konzentrieren sich die Luftkräfte im sogenannten *Luftangriffspunkt*.

Wie leicht zu erkennen, ist das Ausmaß dieser Hebelwirkung weitgehend von der Schwerpunktlage in bezug auf den Längs-

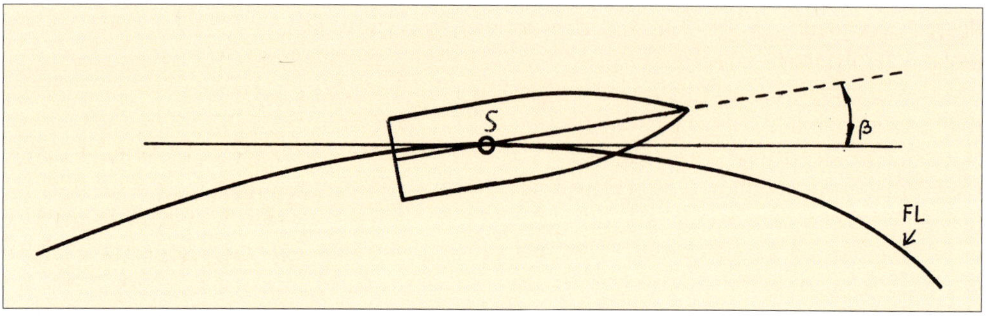

Lediglich der Geschoss-Schwerpunkt »S« folgt exakt der Flugbahn »FL«. In der Regel bildet die Geschosslängsachse mit der »Flugbahntangente« genannten Bewegungsrichtung einen Anstellwinkel »β«, so dass die Achse in diesem Winkel von der Luft angeströmt wird.

achsen-Mittelpunkt abhängig.
Der vordere Teil der für Büchsen und Kurzwaffen verwendeten Projektile (sogenannte *Drallgeschosse*) weist ein den aerodynamischen Erfordernissen mehr oder weniger angepasstes Profil auf. Das bedeutet: Bei diesen Geschossen befindet sich (in der Regel) der Schwerpunkt hinter dem Mittelpunkt der Längsachse, der Luftangriffspunkt hingegen davor. Folglich würde – ohne geeignete Gegenmaßnahmen – die (zunächst im Anstellwinkel) anströmende Luft den vorderen Teil der Geschossachse immer mehr aus der Bewegungsrichtung drängen, bis sich das Projektil schließlich überschlägt und mit dem Boden voraus fliegt. Naturgemäß ist diese Kipptendenz umso größer/kleiner, je weiter/dichter der Schwerpunkt hinter dem Achsenmittelpunkt liegt und je größer/kleiner der Abstand Schwerpunkt-Luftangriffspunkt ist.
Dem wirkt die – während des Laufdurchgangs durch das System der Züge und Felder – aufgezwungene Rotation um die Längsachse (= Drall) entgegen. Ohne hier auf Details einzugehen, lässt sich sagen: Der Drall verhindert ein Ausweichen der Geschossachse und stabilisiert deren Lage in Bezug auf die Bewegungsrichtung. Dieser, von den Ballistikern als »Drallstabilisierung« bezeichnete Effekt setzt jedoch voraus, dass die jeweilige Rotations(Drall)geschwin digkeit dem betreffenden Projektil (Masse, Schwerpunktlage, Gesamtlänge) entspricht. Als besonders heikel zeigen sich unter diesem Aspekt die aerodynamisch optimierten Projektile mit sehr langem und schlankem Ogival. Prinzipiell erweist sich jedes Zuviel (= Überstabilisierung) für die Trefferleistung als ebenso schädlich wie ein Zuwenig (= Unterstabilisierung).
Dies ist auch der Grund dafür, dass sich mit einer gegebenen Zuglauf-Waffe (= Drall- und Lauflänge) eine optimale Trefferleistung nur

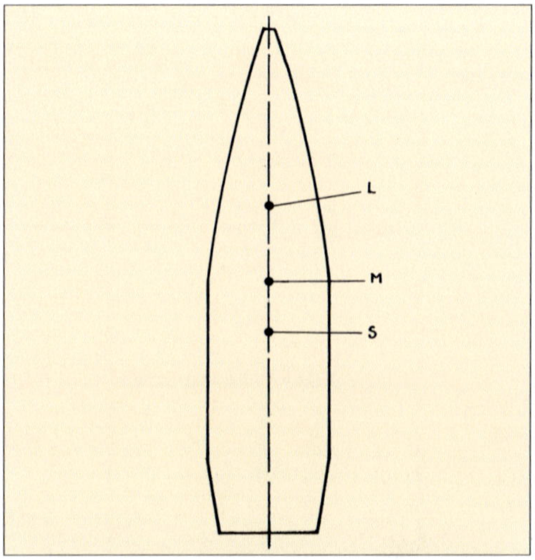

Beim Drallgeschoss liegt der Schwerpunkt »S« *hinter* dem Mittelpunkt »M« der Figurachse, der Luftangriffspunkt »L« hingegen *davor*. Die mit dem Anstellwinkel »β« im Punkt »L« angreifenden Luftkräfte erzeugen ein Drehmoment um eine durch »S« verlaufende Querachse, so dass sich das Projektil (ohne entgegenwirkende Maßnahmen) überschlägt und mit dem Boden voraus fliegt.

Unterschiedlich schwere Geschosse Kaliber .224" (v. l.): 40 grs *V-Max*; 52 grs *XLC*; 55 grs *Varmint Express*; 70 grs *TSX*.

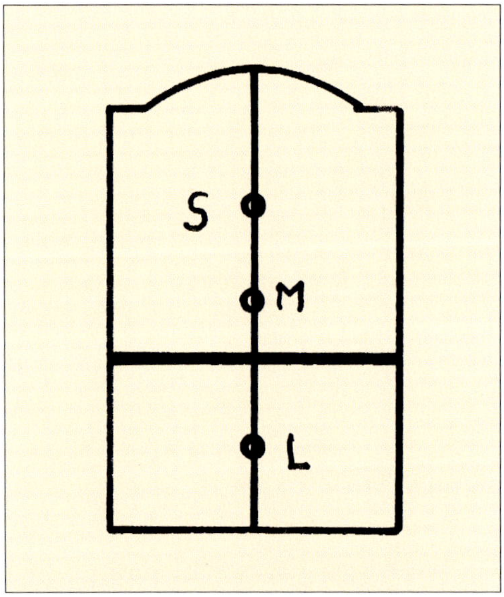

■ **Kennzeichnend für Flintengeschosse ist der *vor* der Achsenmitte »M« angeordnete Schwerpunkt »S«; der Luftangriffspunkt »L« befindet sich *dahinter*.**

in Kombination mit einer bestimmten Laborierung (Anfangsgeschwindigkeit, Geschoss) erreichen lässt. Daher werden zum Beispiel die vergleichsweise langen 70 grs (= 4,53 g) schwere Geschosse Kaliber .224" von einem 10"-Drall (= 254 mm) nicht hinreichend stabilisiert. Der sollte maximal 7" (= 178 mm) pro Umdrehung betragen.

Völlig anders das außenballistische Verhalten der Flintengeschosse. Unter ballistischem Aspekt handelt es sich hierbei um Projektile, die aus einem Glattlauf (im Gegensatz zum Zugrohr) abgefeuert und unmittelbar durch die Luftkräfte stabilisiert werden. Außerdem ist bei dieser Geschossart typischerweise der Schwerpunkt deutlich vor dem Längsachsen-Mittelpunkt angeordnet.

Hierbei gilt es zu berücksichtigen, dass Flintengeschosse ursprünglich für den jagdlichen Schuss im Nahbereich – bis ungefähr 40 Meter also – konzipiert wurden. Bislang gelten sie – dies über Jahrzehnte in der »Fachliteratur« kolportiert und kritiklos nachgebetet – als Aschenputtel, eine Art Notbehelf »für den Fall der Fälle«. Entsprechend der uralten »Wannseer Norm« von anno dunnemals gilt – auf 50 Meter – ein Streukreisdurchmesser von 10 Zentimetern als »hervorragend«, bis zu 20 Zentimetern immerhin noch als »gut«. Seltsamerweise lässt diese Hauruck-Beurteilung die betreffende Waffe (wie auch die Schießfertigkeit des betreffenden Schützen) unbeachtet.

Doch das hat sich inzwischen geändert: Die dicken Bleibatzen wollen nicht länger hinter den Drallgeschossen zurückstehen und streben zumindest auf die 100-Meter-Distanz eine adäquate Trefferleistung und Zielwirkung an. Der Anstoß für die Renaissance des Flintengeschosses und seine Verbesserung kam aus den USA: In elf dicht besiedelten Bundesstaaten ist dort wegen des großen Gefahrenpotentials die Jagd mit der weittragenden Büchse verboten. Die Munitions- und Waffenhersteller reagierten prompt. Kein Wunder also, dass Jahr für Jahr neue Flintengeschosse angeboten werden – teils umgefärbte alte Hüte, teils aber auch signifikante Neuerungen im Vergleich zu den etablierten Konstruktionen von Wilhelm Brenneke und John Foster, die sich bis vor kurzem noch in mehr oder weniger friedlicher Koexistenz den größten Part des Weltmarktes teilten.

Naturgemäß tun sich diese mehr oder weniger dicken Bleibatzen (im anglophonen Sprachbereich *Slug* genannt) mit der Flugballistik schwerer als ihre rotierenden Compadres. Das ist nicht weiter verwunderlich, denn wegen ihres aerodynamisch meist sehr ungünstigen Profils und ihrer geringen Querschnittsenergie verursachen *Slugs* einen relativ hohen Luftwiderstand

1. Patrone 12/70; Laborierung Winchester Super-X Rifled Slug

Masse	m	=	1 oz = 28,4 g
Querschnittsbelastung	S	=	0,11 g/mm^2
Querschnittsenergie	Eq_o	=	13,2 J/mm^2
Querschnittsenergie	Eq_{100}	=	4,9 J/mm^2
Verlust Querschnittsenergie	dE_q	=	63%
Formfaktor	i	=	1,8
Ballistischer Koeffizient	C	=	0,061
Anfangsgeschwindigkeit	v_0	=	487 m/s
Fluggeschwindigkeit	v_{100}	=	296 m/s
Geschwindigkeitsverlust	dv_{100}	=	39%

2. Patrone .30-06 SPRG; Laborierung Winchester Super-X Silvertip

Masse	m	=	180 grs = 11,7 g
Querschnittsbelastung	S	=	0,24 g/mm^2
Querschnittsenergie	Eq_o	=	82,5 J/mm^2
Querschnittsenergie	Eq_{100}	=	67,6 J/mm^2
Verlust Querschnittsenergie	dE_q	=	18%
Formfaktor	i	=	0,85
Ballistischer Koeffizient	C	=	0,28.
Anfangsgeschwindigkeit	v_0	=	823 m/s
Fluggeschwindigkeit	v_{100}	=	745 m/s
Geschwindigkeitsverlust	dv_{100}	=	9,5%

und werden dementsprechend unter energiepolitischem Aspekt in der Regel besonders stark zur Ader gelassen. Bereits auf die kleine Flugstrecke von 50 Metern – dies ein typisches Beispiel – büßen sie überwiegend 25 Prozent ihrer Anfangsgeschwindigkeit und rund 43 Prozent ihrer Anfangsenergie ein.

Schuld an dieser Misere sind – von Ausnahmen abgesehen – der verhältnismäßig große Querschnitt sowie die überwiegend »kantige« Konstruktion und die raue Oberfläche. Ein einfacher Datenvergleich einer Flinten- mit einer Büchsengeschoss-Laborierung auf der vorigen Seite macht dies deutlich.

Damit wird das ganze Dilemma herkömmlicher Flintengeschosse offensichtlich: Trotz ihrer relativ großen Masse weisen sie eine sehr viel geringere anfängliche Querschnittsenergie (im Beispiel gegenüber dem Büchsengeschoss um den Faktor sechs). Hieraus

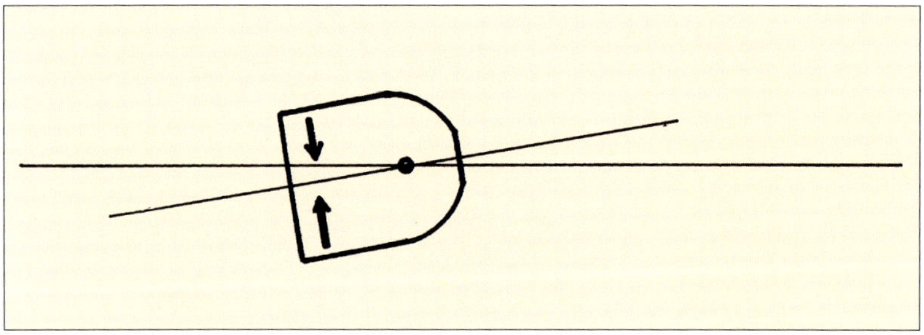

Das *Foster*-Geschoss liefert ein typisches Beispiel für die *Massestabilisierung*.

sowie aus dem vergleichsweise ebenfalls erheblich niedrigeren ballistischen Koeffizienten (im Beispiel um den Faktor 4,6) resultieren unmittelbar eine relativ starke Abnahme der Querschnittsenergie (hier um den Faktor 3,5) und der Geschwindigkeit (im Beispiel Faktor 4,1).

Konstruktionsbedingt erfolgt beim Glattlaufprojektil quasi eine »automatische« Flugstabilisierung durch die das Geschoss umströmende Luft. Im Einzelnen lassen sich dabei mehrere Möglichkeiten unterscheiden:

a) Am gebräuchlichsten ist die Massestabilisierung. Sie basiert im Wesentlichen auf einer Schwerpunktlage »S« möglichst dicht an der Stirnkante. Konstruktiv wird das üblicherweise durch eine weite und tiefreichende Bodenöffnung erreicht. Sobald der hintere Geschossteil aus der Bewegungsrichtung zu kippen beginnt, leiten die Reaktionskräfte der vorbeiströmenden Luft im Luftangriffspunkt »L« eine entgegengesetzte Kipptendenz ein (siehe Graphik Seite 49), bis auf der gegenüberliegenden Seite die gleiche Reaktion erfolgt und so fort. Dieses gedämpfte Hin-und-her-Pendeln erkennt man leicht an den meist nicht ganz kreisrunden Löchern auf der Anschuss-Scheibe. Das amerikanische Fingerhut-Geschoss von Foster liefert ein gutes Beispiel für die Massestabilisierung.

b) Die stabilisierende Wirkung der Luftkräfte lässt sich mit einem integrierten Heck aus leichtem Werkstoff (etwa Filz, Kork, Kunststoff) erheblich verbessern, weil sich auf diese Weise der Hebelarm »S – L« verlängert, so dass bei gleicher Geschwindigkeit der dämpfende Einfluss der Luftströmung verstärkt wird. Mehr noch: Die üblicherweise raue Oberfläche des »Stabilisierungshecks« (bei den

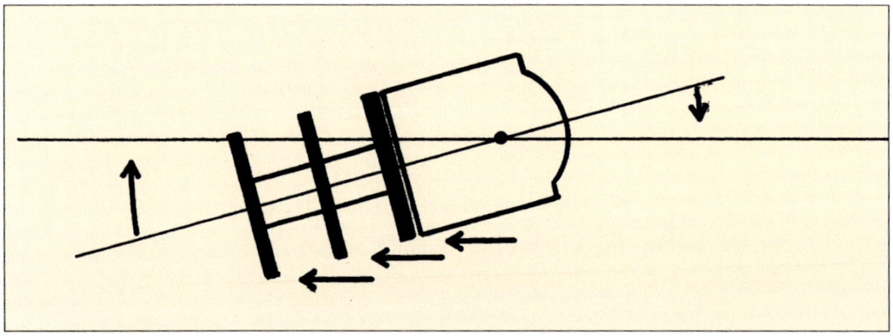

Das »klassische« *Brenneke* arbeitet überwiegend mit der *Widerstandsstabilisierung*.

Eine Abart der Widerstandsstabilisierung, die *Flügelstabilisierung*, benutzt die auf die Flügel wirkende Auftriebkraft zur Flugstabilisierung.

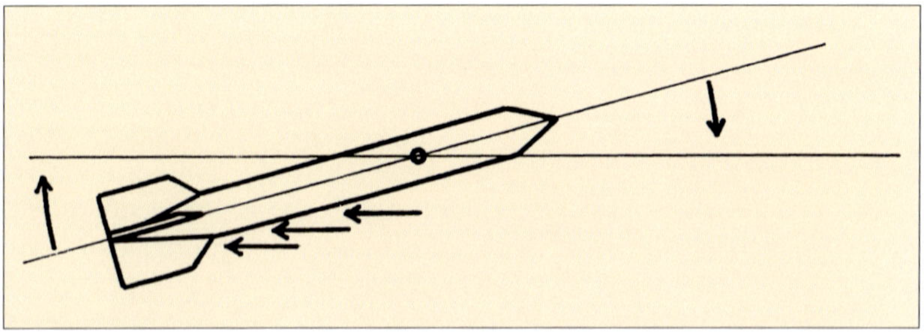

Konstruktionen aus Kunststoff besonders ausgeprägt) vergrößert den Strömungswiderstand und damit die Wirkung der Luftkräfte. Deswegen bezeichnet man diese Art der Einflussnahme auf das Flugverhalten als Widerstandsstabilisierung. Ein typischer Vertreter dieser *Slug*-Version ist das »klassische« Brenneke-Modell 1935.

c) Die Flügelstabilisierung ist eine spezielle Art der Widerstandsstabilisierung. Charakteristisch für diese Variante ist – abgesehen von der beträchtlichen Gesamtlänge – das mit meist vier Flügeln ausgestattete Heck. Diese – auch Flossen oder Finnen genannten – Flügel weisen insgesamt eine sehr große »Luftleitfläche« auf und bewirken einen dementsprechenden Dämpfungseffekt. Diese Stabilisierungsmethode – bei Militärmunition seit Jahrzehnten gang und gäbe – etabliert sich offenbar nunmehr auch auf dem Sektor der Jagdgeschosse – den Anfang machte das französische Pfeilgeschoss »Balle Sauvestre«.

d) Vor mehr oder weniger zylindrischen Geschossen mit großflächiger Stirn und scharf abgesetzter Schulter entsteht ein der Bewegungsrichtung entgegengerichteter Staudruck. Dieser wirkt symmetrisch auf die gesamte Stirnfläche, solange Geschossachse und Bewegungsrichtung (Flugbahntangente) kongruent sind. In der ballistischen Realität kommt eine derartige Idealsituation nur extrem selten vor, weil sich die Achsenlage (in Bezug auf die Bahntangente) ständig ändert und daher jedes Geschoss in einem entsprechenden Winkel angeströmt wird. Wie leicht einzusehen, resultiert hieraus eine asymmetrische Druckverteilung vor der Geschossstirn. In der Projektion betrachtet ist folglich der Druck an der nach vorn stehenden Schulterkante stärker als an

Geschosse mit großflächiger Stirn arbeiten (zusätzlich) mit der *Schulterstabilisierung* durch den an der Stirn entstehenden asymmetrischen Staudruck.

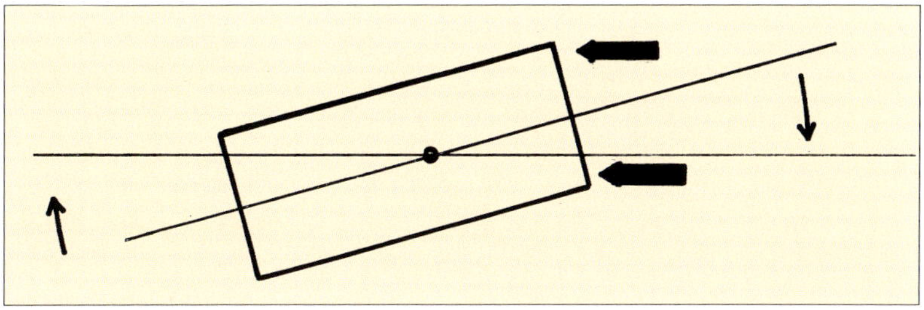

der zurückliegenden und erzwingt eine entgegengesetzte, also stabilisierende Bewegung der Geschossachse. Dieser Schulterstabilisierung genannte Effekt ist bei Geschossen dieser Art unabhängig von allen anderen Stabilisierungsmethoden (also auch bei Drallstabilisierung) zu beobachten. Als typische Beispiele seien das Flintengeschoss »Balle Blondeau« sowie das »Wadcutter« für Revolver genannt.

e) Und dann ist da noch das – angeblich - »drallstabilisierte« Glattlaufgeschoss. Dieser Gedanke hat von den frühen 1900er Jahren bis auf den heutigen Tag immer wieder den Erfindergeist beflügelt und die abenteuerlichsten Konstruktionen hervorgebracht. Doch was sich auf dem Reißbrett als spitzfindig und eindrucksvoll darstellt und schlussendlich auch patentiert wird, muss deswegen in der Praxis nicht unbedingt funktionieren. So erging es leider auch all den schönen *Slug*-Entwürfen dieser Art: Ausnahmslos alle blieben auf der Strecke. Das ist eigentlich kein Wunder, denn um diese fetten Burschen zum Rotieren zu bringen und ihre Massemträgheit zu überwinden, bedarf es erheblicher Kräfte. In Konsequenz arbeiten sämtliche in Realstücken vorhandenen Konstruktionen mit »Luftleitfläche« genannten Rippen, die – in einem bestimmten Winkel zu Längsachse – auf dem äußeren Umfang oder in einem axialen »Strömungskanal« angeordnet sind und über die anströmende Luft ein Drehmoment erzeugen sollen. Aus praktischen Gründen (Kaliber, Gesamtlänge) lassen sich jedoch bedauerlicherweise diese Leitflächen nicht so groß gestalten, dass die Luftkräfte einen wirksamen Drall zu erzeugen vermögen. Ergo: Die Bleibatzen drehen sich – falls überhaupt – viel zu langsam. Typische Beispiele für solche vergeblichen »Drehversuche« sind die Geschosse von Stendebach und Vitt (vergl. Seite 200 f und 210 f). Andere Entwürfe (unter anderen von Brenneke) versuchen, die Masseträgheit des *Slugs* durch ein integriertes »Turbinenheck« zu überlisten, das von den mit hoher Geschwindigkeit aus der Laufmündung strömenden Verbrennungsgasen beaufschlagt wird – doch auch diese Methode kann aus den oben genannten Gründen nicht funktionieren.

Die meisten Flintengeschosse sind mit einem integrierten Heck ausgerüstet und kontrollieren ihren Flug durch eine Kombination von Masse- und Widerstandsstabilisierung. Häufig kommt noch die Schulterstabilisierung hinzu. Das sehr exakt arbeitende und leicht zu handhabende Prinzip der Flügelstabilisierung wird hingegen derzeit bei Handfeuerwaffen-Kalibern noch selten (*Balle Flèche* und *Flechette*-Munition) angewendet.

Nebenbei: In Jägerkreisen findet sich häufig die Meinung, eine Mündungsverengung (= Choke) verbessere die Trefferleistung der Glattrohrgeschosse. Offenbar geht man dabei von der Vorstellung aus, dass beispielsweise ein *Full-Choke* (der ja die Schrotgarbe mehr zusammenhält und insofern eine bessere Deckung bewirkt) sich auch auf die Präzision von *Slugs* entsprechend positiv auswirke. Doch tatsächlich ist – durch die Bank – just das Gegenteil der Fall: Je größer die für den Schrotschuss hilfreiche Mündungsverengung, desto weiter die mit Einzelgeschossen erreichbaren Streukreise. Auf den Punkt gebracht: Mit einem Zylinderlauf liefert ein *Slug* die besten, mit Full-Choke-Lauf dagegen die miesesten Ergebnisse. Das kann nicht weiter verwundern; denn wie auch immer konstruierte kalibergroße Flintengeschosse werden beim Passieren selbst einer

Foster-**Geschoss vor (l.) und nach Verschuss aus einem** *Full-Choke*-**Lauf. Beachte die unsymmetrische Verformung.**

geringen Mündungsverengung stets mehr oder weniger radial verformt und kommen häufig mit exzentrischer Schwerpunktlage (und der entsprechend verschlechterten Präzision) aus der Mündung. Berücksichtigt man in diesem Zusammenhang, dass in den westeuropäischen Ländern die herkömmliche Glattlaufwaffe des Jägers aus entweder einer Doppelflinte oder einem Drilling (mit zwei Flintenläufen; meist Modified- & Full-Choke) besteht, ist insofern der nicht eben ermutigende Ruf des Flintengeschosses als »Notbehelf« in gewisser Weise begründet. Mehr noch: Meist sind zumindest die Doppelflinten nur mit einer eher dürftigen Zieleinrichtung (Korn, bestenfalls noch zusätzliches Hilfskorn) ausgestattet, so dass sich auch daraus Präzisionsprobleme ergeben – von der Geschicklichkeit des Schützen ganz zu schweigen. Mit anderen Worten: Flintengeschosse sind grundsätzlich stets zuverlässige Partner – wenn sie richtig behandelt werden. Selbstverständlich kann man von einem asymmetrisch geformten und gegebenenfalls auch noch mit *Lunken* (= Luftblasen) durchsetzten Bleiknubbel ebenso wenig eine passable Trefferleistung erwarten wie von einer Billigflinte, die im Wesentlichen aus einer Art Wasserleitungsrohr mit einem daran befestigten Stück Holz besteht. Auf der anderen Seite erweisen sich mit einem entsprechenden Lauf kombinierte Flintengeschosse zumindest im 50-Meter-Distanzbereich relativ zum Drallgeschoss als ebenbürtig.

Die bereits erwähnte restriktive Gesetzgebung in zumindest elf US-Bundesstaaten hat das *Slug* aus dem Dornröschenschlaf geweckt: Was hierzulande traditionell noch immer als »Notbehelf« angesehen wird, mutierte inzwischen zum drallstabilisierten *Hi-Tech*-Projektil, das sich mehr und mehr im 100-Meter-Bereich breit macht und erfolgreich mit etablierter Büchsenmunition konkurriert. Sämtliche bedeutenden US-Waffenhersteller liefern nunmehr für ihre Repetier- und Selbstladeflinten auch (mit mechanischer Visiereinrichtung und/oder Sockel für die Fernrohrmontage ausgestatte) gezogene Wechselläufe – die Flinte wird also zur Büchse, das Flintengeschoss zum Büchsengeschoss. Doch inzwischen bieten selbst europäische Firmen – wie Benelli, Fabarm, Franchi, Frankonia – Büchsen (darunter auch doppelläufige) in Flintenkalibern an.

Wohlverhalten und gute Wirkung – Zielballistik

Mit dem Aufprall des Geschosses auf das Ziel beginnt die – auch Terminalballistik genannte – Phase Zielballistik. Diese beinhaltet die mehr oder weniger komplexe Wechselwirkung zwischen Geschoss und Ziel, also die Gesamtheit der im Ziel ablaufenden Vorgänge vom Moment des Eindringens bis zum Stillstand des Projektils oder seinem Wiederaustritt. Insofern ist eine gewisse Kenntnis der terminalballistischen Vorgänge für die Beurteilung eines bestimmten Geschosses (Verhalten und Wirkung) unerlässlich – also: Leider noch ein wenig mehr von dem drögen Ballistikkram!

Während des freien Fluges büßt das Geschoss einen Teil seiner Anfangsenergie Eo beim Überwinden des Luftwiderstandes durch Verdrängen der Luftmoleküle ein. Wie oben bereits dargestellt, sind hierbei die Luftdichte, Geschossgeschwindigkeit und -masse sowie die Querschnittgröße sehr entscheidende Parameter.

Im Prinzip verhält sich jedes Projektil beim Durchdringen flüssigkeitshaltiger Ziele, wie beispielsweise biologisches Gewebe, sehr ähnlich wie in der Luft, allerdings mit dem Unterschied, dass jetzt der Zielwiderstand an die Stelle des Luftwiderstandes tritt und das Projektil unter dessen Einwirkung je nach Konstruktion – in Schussrichtung betrachtet – seine Querschnittsfläche erheblich vergrößert. Der Energietransfer auf das Ziel erfolgt (in Abhängigkeit von der jeweiligen Querschnittsgröße) wie gehabt durch Verdrängen der jeweils durchdrungenen Materie.

Aus dem Geschossverhalten (Querschnittsvergrößerung und dementsprechender Energietransfer) ergibt sich eine mehr oder weniger starke Wirkung auf das durchdrungene Ziel (= Zielwirkung). Diese besteht aus der direkten mechanischen Zerstörwirkung längs des Schusskanals sowie aus der hydro-

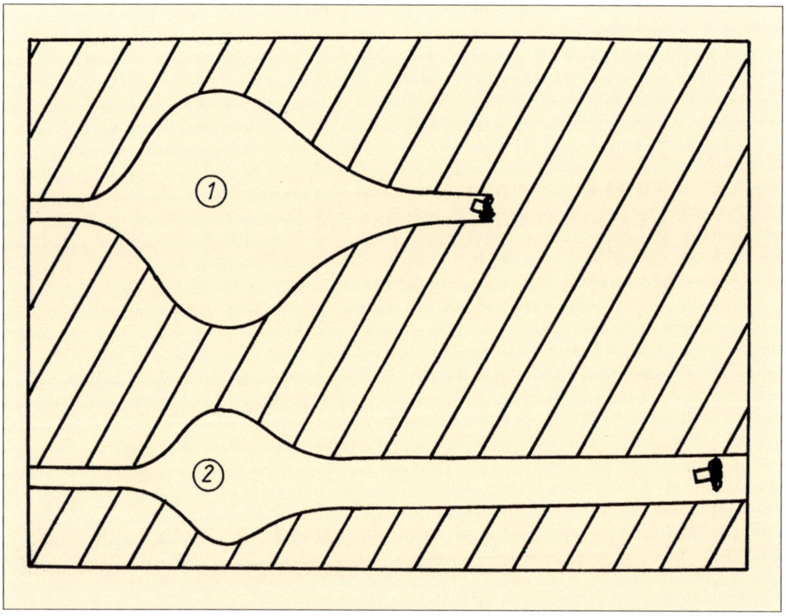

Querschnittsgröße und Energieabgabe eines Geschosses ändern sich mit (1) Ballistic Tip; (2) XLC Kaliber, Deformation und Zersplittern.

dynamischen und der nervösen Wirkung. Vom Zielwiderstand (Auftreffgeschwindigkeit und/oder spezifischer Widerstandswert) abgesehen resultiert das Verhalten eines jeden Geschosses aus dessen Konstruktionsdetails. Das bedeutet grundsätzlich: Je mehr ein bestimmtes Projektil aufgrund seiner geometrischen und konstruktiven Ausführung dazu neigt, seinen Querschnitt zu vergrößern, desto stärker ist seine Zielwirkung.

Die Verdrängung und ihre Folgen

Grundsätzlich vollzieht sich in einem Weichziel der Energietransfer durch Verdrängen der Flüssigkeitsmoleküle. Diese sind – quasi wie mit Gummibändern – im Gewebe elastisch miteinander verbunden. Insofern kann man sich den terminalballistischen Verlauf – etwas vereinfacht – gleichsam im Zeitlupentempo folgendermaßen vorstellen: Das eindringende Projektil erteilt den unmittelbar im vorderen Kopf/Stirnbereich berührten Molekülen einen »Impuls« und wendet dafür aus seinem Vorrat für jedes Molekül eine klitzekleine Energiemenge auf. Zunächst geschieht gar nichts: Die betreffenden Moleküle bewegen sich aufgrund ihrer »Masseträgheit« nicht vom Fleck, sondern speichern die durch den Impuls empfangene Energie als »potentielle« Energie. Erst nach Überwinden ihrer eigenen Masseträgheit setzen sie sich zentrifugal in Bewegung – die »potentielle« wird zur »kinetischen« Energie – und prallen früher oder später auf die Nachbarmoleküle. Diese erhalten ebenfalls einen Impuls und werden letztlich beschleunigt, so dass im Verlauf mehr und mehr ganze Molekülschichten beschleunigt werden.
Dieser Vorgang verläuft kontinuierlich, bis schließlich der dem einzelnen Molekül erteilte Impuls zu gering ist, um die eigene Masseträgheit zu überwinden. Letztendlich besteht also der Energietransfer eines Projektils in der zentrifugalen Beschleunigung der durchdrungenen Materiemoleküle.
Dadurch entsteht längs des Geschossweges eine von den verdrängten Gewebeschichten umhüllte Unterdruckzone. Die radiale Aus-

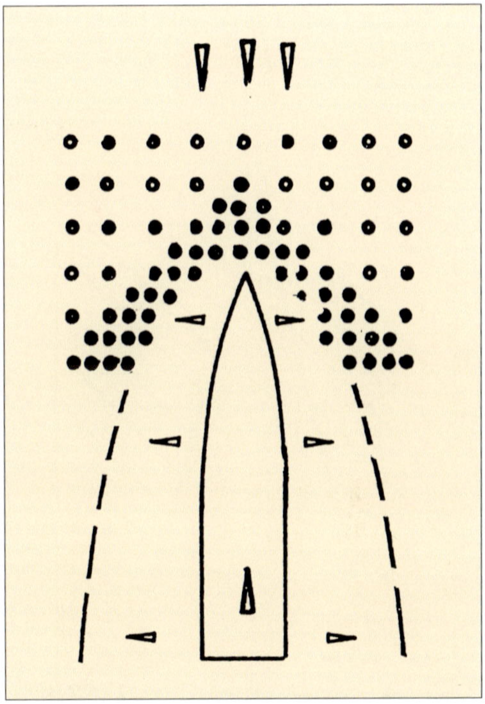

In biologischem Gewebe verdrängt das Projektil die mit der Spitze unmittelbar berührten Flüssigkeitsmoleküle zentrifugal. Dadurch überträgt es auf das einzelne Teilchen jeweils ein kleines Quantum seines Energievorrates. Die auf diese Weise beschleunigten Moleküle prallen schließlich auf ihre Nachbarn und verdrängen diese ebenfalls – und so fort -, so dass letztlich ganze Molekülschichten beschleunigt werden.

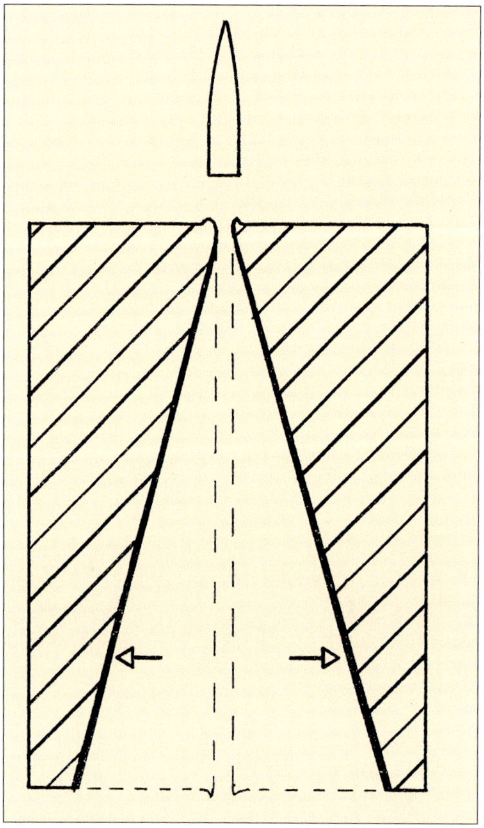

Die verdrängte Materie gerät wegen der Masseträgheit der Moleküle unter sehr hohen Druck. Gleichzeitig hinterlässt sie längs des Schusskanals eine Kaverne (die Temporäre Wundhöhle), in der ein sehr geringer Druck herrscht.

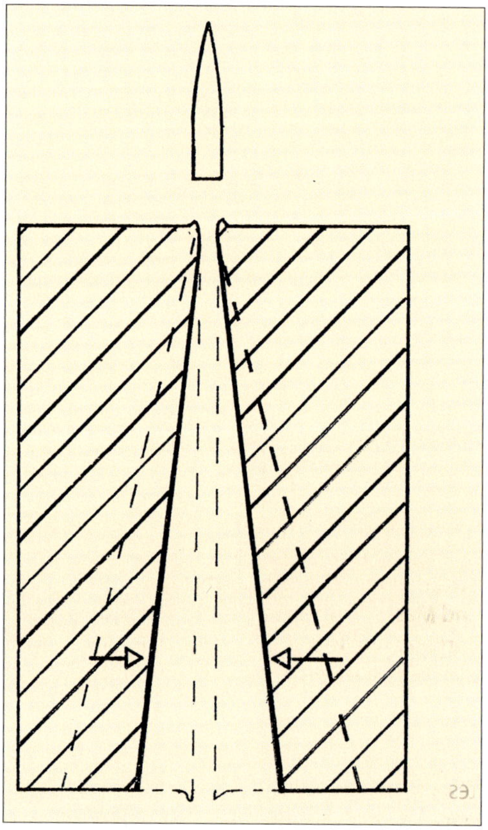

Nach wenigen Millisekunden endet der Verdrängungsprozess. Der Überdruck entspannt sich in umgekehrter Richtung - also zentripetal - in die Temporäre Wundhöhle. Diese fällt in sich zusammen, und die Moleküle prallen im Schusskanal auf einander und bilden eine Kompressionszone.

dehnung dieses Hohlraumes endet, wenn die beschleunigten Gewebeschichten für einen kurzen Augenblick zum Stillstand kommen. Dabei geraten sie unter sehr hohen Druck. Dieser entspannt sich naturgemäß in Richtung auf den Schusskanal, die sogenannte *Temporäre Wundhöhle* (= kurzzeitige Wundhöhle, auch »*Temporary Cavity*« genannt) stürzt zusammen. Die nunmehr entgegengesetzt beschleunigten Gewebeschichten prallen längs des Schusskanals aufeinander, um dann – aufgrund des dabei neuerlich entstehenden Überdrucks – wieder radial beschleunigt zu werden. Das Volumen des dabei entstehenden Hohlraums ist allerdings wegen des durch Überwinden der Masseträgheit der einzelnen Moleküle entstandenen Energieverlus-

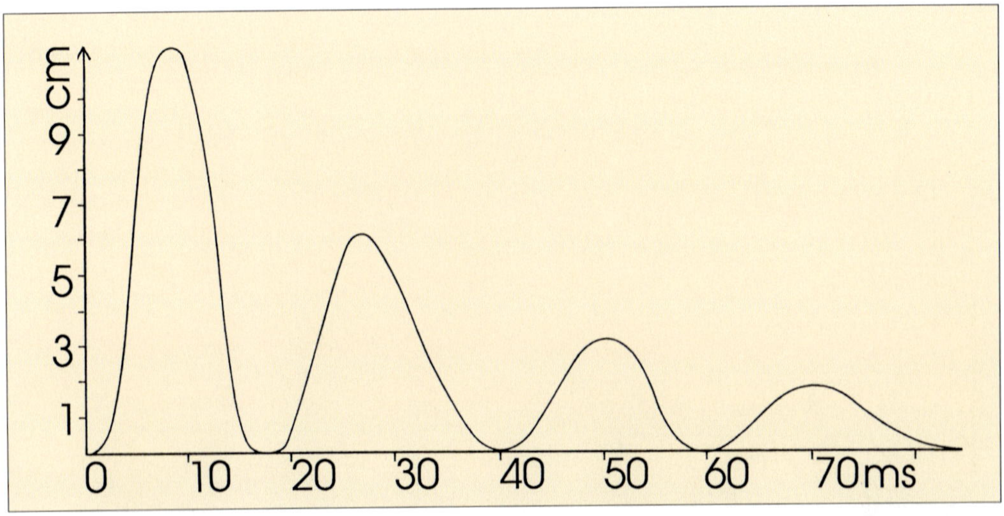

Sie entspannt sich entgegengesetzt – die Molekülschichten werden also wieder zentrifugal beschleunigt. Die Wundhöhle dehnt sich neuerlich (wegen des Energieverlustes durch Reibung und Masseträgheit allerdings deutlich weniger) aus. Schließlich fällt auch sie zusammen. Dieser Vorgang wiederholt sich (bei abnehmendem Höhlendurchmesser), bis die gesamte, durch das Geschoss transferierte Energie verbraucht ist.

tes erheblich kleiner als im Falle der temporären Wundhöhle. Auch dieser Hohlraum fällt wieder zusammen, und der – das *Pulsieren der Wundhöhle* – genannte Vorgang wiederholt sich mehrmals mit abklingender Amplitude, bis letztlich durch das Hin-und-Her der Moleküle die insgesamt transferierte Energie restlos verbraucht ist.

Der pro Einheit des Eindringweges transferierten Energiemenge entspricht jeweils eine bestimmte Querschnittsgröße der *Temporärern Wundhöhle.* Insofern ist für die Beurteilung des Geschossverhaltens die Ausdehnung der temporären Höhle von großer Bedeutung. Daher werden üblicherweise im Laborversuch geeignete homogene Medien – wie Gelatine, Plastilin oder ballistische Seife – beschossen, die auf Grund ihrer Konsistenz in etwa Muskelgewebe simulieren. Seife und Plastilin sind plastisch verformbar; die temporäre Höhle bleibt daher bestehen und lässt sich problemlos untersuchen. Gelatine ist dagegen elastisch (und transparent). Dementsprechend stürzt die temporäre Höhle wieder zusammen, doch bleiben sternförmig um den Schusskanal angeordnete Dehnungsrisse bestehen. Aus deren Länge lässt sich der Verlauf des Energietransfers rekonstruieren (sogenanntes *Risslängen-Verfahren*). In diesem Zusammenhang muss man wissen: Beim Beschuss eines überwiegend aus Flüssigkeit bestehenden Mediums bläht sich das betreffende Ziel aufgrund der radialen Beschleunigung der Flüssigkeitsmoleküle gleichsam zu einem Ball auf – daher die radial um den Schusskanal verbleibenden Risse im Zielmedium. Außerdem besteht die Möglichkeit, mit einer geeigneten Kamera die Gesamtheit der zielballistischen Vor-

Querschnitt durch einen beschossenen Gelatineblock. Beachte die (durch das Entstehen der Temporären Wundhöhle verursachten) radialen Dehnungsrisse.

gänge (Geschossverhalten, Energietransfer usw.) festzuhalten. Doch hiervon abgesehen haben die Ergebnisse solcher Simulationsbeschüsse den Vorteil, dass sie unter definierten Voraussetzungen erfolgen und somit jederzeit reproduzierbar sowie für das betreffende Geschoss typisch sind.

Die Menge der pro Wegeinheit in einem Weichziel transferierten Energie *dE* entspricht dem Energieverlust, den das Geschoss jeweils erleidet, Sie resultiert aus der Größe von Zielwiderstand W_z und Geschossquerschnitt q_x (als Projektion in der Bewegungsrichtung betrachtet). Dabei besteht ein unmittelbarer Zusammenhang zwischen Zielwiderstand auf der einen und Zielgeschwindigkeit v_z sowie dem spezifischen Widerstandswert Ws der durchdrungenen Körperpartien auf der anderen Seite: Je höher die Zielgeschwindigkeit und/oder der spezifische Widerstand, desto größer ist der Zielwiderstand. Anhand eines einfachen Experimentes lässt sich das leicht demonstrieren: Wenn man mit der flachen Hand auf eine Wasseroberfläche patscht (= niedrige v_z) passiert nichts, außer man bekommt einige Spritzer ab. Schlägt man hingegen mit äußerster Kraft zu (= hohe v_z), so verwandelt sich das ansonsten »weiche« Wasser sozusagen in Beton; das Ergebnis ist zumindest eine schmerzende Hand.

Berücksichtigt man, dass die Zielgeschwin-

Typischer Befund nach Beschuss eines Kombiziels (mit .308 Win./180 grs *Silvertip*: Unmittelbar nach Durchdringen des »Knochens« erfolgt zunächst ein sehr starker Energietransfer.

digkeit v_z quadratisch in die kinetische Energie eingeht, und führt man zudem noch die Geschossmasse m_x ein, so lassen sich diese funktionalen Zusammenhänge durch den einfachen Ausdruck:

(7) $dE = f(v_z^2; W_s; q_x/m_x)$

darstellen.

Der enorme Einfluss der Zielgeschwindigkeit auf den Energietransfer ist offensichtlich. Der Einfachheit halber soll zunächst jedoch v_z als Konstante angesehen werden.

Demnach variiert unter sonst gleichen Voraussetzungen der Energietransfer proportional mit dem spezifischen Widerstandswert und dem Geschossquerschnitt sowie umgekehrt proportional mit der Masse des betreffenden Projektils. Diese im Hinblick auf Geschossverhalten und Zielwirkung sehr wichtige Aussage ist näher zu erörtern.

Im Vergleich beispielsweise zu Gelatine repräsentiert ein Wildkörper ein ausgesprochen inhomogenes Weichziel. Er besteht zwar überwiegend aus Flüssigkeit, doch ist deren Gehalt in den einzelnen Körperpar-

Charakteristisch für das *X-HP* (Patrone: .308 Win./165 grs) ist die nahezu völlig gleichmäßig verlaufende Energieabgabe.

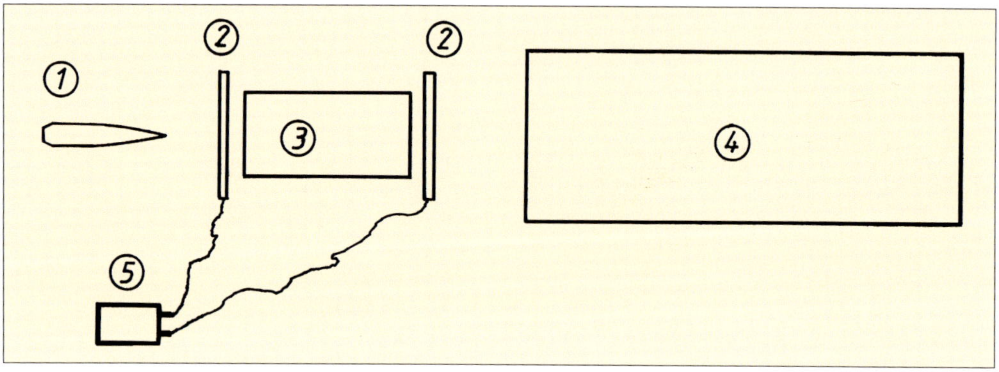

Versuchsanordnung beim Laborbeschuss: 1 = Geschoss; 2 = Lichtschranken; 3 = Gelatineblock (15 x 15 x 45 cm) gem. der Technischen Richtlinie der PFA; 4 = Wattekasten; 5 = Rechner.

tien (Muskulatur, Blutgefäße, Leber, Pansen, Knochengerüst et cet.) teilweise sehr unterschiedlich.

Insofern verläuft der Schusskanal unter Umständen durch Zonen mit sehr differierendem spezifischen Widerstandswert. Daher ist es, um praxisnahe Ergebnisse zu erhalten, bei Labortests sinnvoll, in das benutzte Zielmedium einen zur Simulation eines Knochentreffers geeigneten Gegenstand definierter Beschaffenheit in einem definierten Abstand hinter dem Einschuss einzubringen. Bewährt haben sich unter diesem Aspekt sechs bis acht Millimeter dicke Sperrholzscheiben, zumal die beim Durchschuss abgesprengten Fragmente ziemlich realistisch die für Knochentreffer typischen und als Sekundärgeschosse wirkenden Splitter simulieren.

Die Größe des spezifischen Widerstandswertes W_s variiert zwar im Einzelfall mit dem Verlauf des Schusskanals und der jeweils durchdrungenen Körperpartie. Doch kann sie aus eben diesem Grund unter ansonsten gleichen Bedingungen als halbwegs konstant angesehen werden. Im Gegensatz hierzu verändern sich der Querschnitt q_x und (in der Regel) auch die Masse m_x des betreffenden Geschosses je nach Profil und Konstruktion während des Zieldurchgangs meistens ganz beträchtlich. Vereinfacht lässt sich dies ausdrücken durch:

(8) $dE = f\,(q_x/m_x)$.

Wie unschwer zu erkennen, handelt es sich bei diesem Quotienten um den reziproken Wert der Querschnittsbelastung gemäß (2), so dass sich die wichtige Aussage ergibt: Je kleiner/größer die Querschnittsbelastung, desto größer/geringer ist der Energietransfer. Die unmittelbare Zielwirkung äußert sich in einer mehr oder weniger stark ausgeprägten Zone der mechanischen Zerstörung, welche das Geschoss im Wildkörper längs des Schusskanals hinterlässt. Sie besteht (im Querschnitt betrachtet) aus einem üblicherweise im Durchmesser mehr als kalibergroßen Hohlraum – in der Sprache der Ballistiker permanente = »bleibende Wundhöhle« – auch »*Permanent Cavity*« genannt –, der von einer relativ dicken Schicht aus erheblich zertrümmertem Gewebe umgeben ist.

Im Prinzip identische mechanische Zerstörspuren hinterlassen die aus Geschoss- und

Knochensplittern bestehenden Sekundärgeschosse. Insofern ist der Umfang der unmittelbaren Wildbretzerstörung in erheblichem Maß abhängig von der »eingebauten« Zerlegungstendenz – also letztlich von der Konstruktion – des betreffenden Projektils.

Apropos Einschuss: Der erfahrene Waidmann weiß, dass die Einschussöffnung häufig größer als das Kaliber des betreffenden Geschosses ist und außerdem einen etwas nach außen gestülpten Rand aufweist. Mehr noch: Bei Schnee finden sich am Anschuss auf der Einschussseite die Spuren einer mehr oder weniger ausgeprägten Ausspritzung von Decke- und Gewebepartikeln sowie Schweiß. Dieses Phänomen hat eine ziemlich einfache Erklärung: Dringt ein Projektil mit relativ hoher Zielgeschwindigkeit in ein Weichziel, so entspannt sich der Überdruck der verdrängten Gewebeschichten anfänglich nicht senkrecht vom Schusskanal fort, sondern – dem Gesetz des geringsten Widerstandes folgend – entgegen der Geschossbewegung, also in Richtung auf den Einschuss. Dabei werden Gewebe- und Flüssigkeitspartikel mitgerissen, die letztlich den erwähnten Befund verursachen. Dementsprechend findet man nach dem Beschuss von plastisch verformbaren Medien (z. B. Plastilin, Ton, Seife) einen mehr oder weniger trichterförmigen Einschuss vor. Dieser geht zunächst in einen mehr oder weniger kurzen und geraden sowie schmalen Schusskanal (*Narrow Channel* genannt) über, der seinerseits wiederum in die Temporäre Wundhöhle mündet (im Gegensatz zum Beschuss von Gelatine [= elastisch] fällt bei diesen Simulantien die Höhle nicht wieder zusammen).

Bei dieser Gelegenheit ist noch ein anderes Phänomen zu erwähnen: Wenn ein Geschoss einige Meter vor dem Ziel auf ein Hindernis – etwa einen dünnen Ast oder ein Schilfrohr – trifft, kann es geschehen, dass es sich überschlägt, deformiert oder sogar teilweise zerlegt. Der Einschuss ist dann meistens vergleichsweise groß und weist eine sehr ungleichmäßig Form auf. Vor allem leichte HV-Projektile der kleinen Kaliber (.17", .20", .224", .243" etc.) reagieren auf Flugbahnhindernisse sehr sensibel mit einer unzureichenden Wirktiefe; das Wild verendet häufig erst nach einer langen Flucht oder muss gar nachgesucht werden.

Die Größe des jeweiligen spezifischen Widerstandswertes W_s resultiert aus dem Verlauf des Schusskanals. In diesem Zusammenhang muss man berücksichtigen, dass – insbeson-

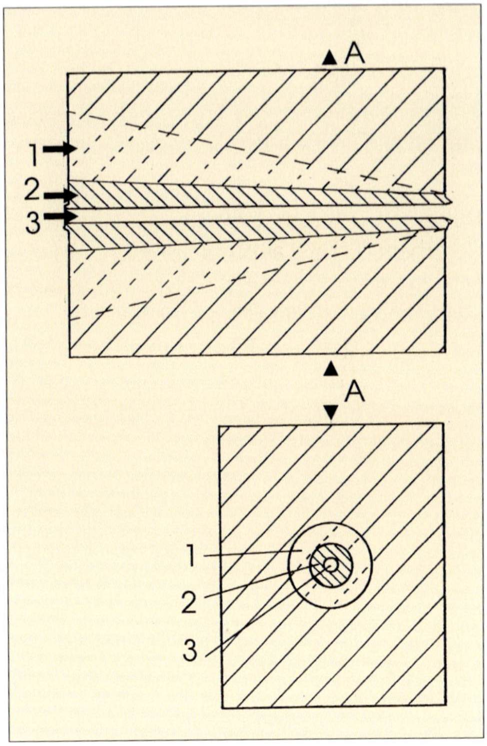

Unterschiede: 1 = Temporäre Wundhöhle; 2 = Permanente Wundhöhle; 3 = Schusskanal. Die untere Grafik entspricht einem Querschnitt durch die Ebene A – A in der oberen.

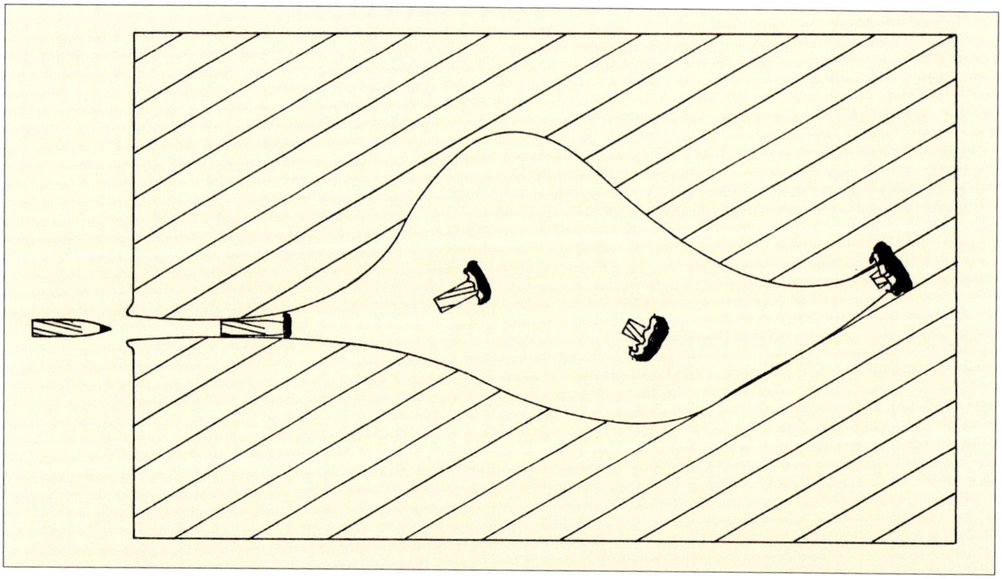

Sogenannter *Narrow Channel* (l.) sowie Temporäre Wundhöhle (in Abhängigkeit von Deformation und Pendeln des Geschosses). Beachte die nach außen gestülpte Einschussöffnung.

dere beim Schuss auf breit stehendes Wild (sogenannter *Kammerschuss*) – mit größter Wahrscheinlichkeit auf der Einschuss- und/oder der Ausschussseite Knochen getroffen werden. Gerade diese wichtige Tatsache bleibt bei der Beurteilung von Verhalten und Zielwirkung eines bestimmten Geschosses häufig unbeachtet. Insofern entsprechen die durch den Beschuss von reiner Gelatine oder ähnlicher Testmedien ermittelten Ergebnisse meist nicht der Realität und vermitteln ein falsches Bild.

Ein gewöhnliches Teilmantelgeschoss (ohne Loch- oder Hohlspitze oder einen sonstigen Zerlegungsstarter) verliert in einem reinen Weichziel während des Deformationsvorgangs einen mehr oder weniger großen Teil seiner Masse durch Abstreifen meist kleiner Partikel, die sich in der unmittelbaren Umgebung des Schusskanals ablagern. Der Umfang der mechanischen Zerstörwirkung hält sich – in Abhängigkeit von der jeweiligen Auftreffgeschwindigkeit des Projektils – in Grenzen. Ein Knochen im Schusskanal ändert diese Situation in der Regel dramatisch: Aufgrund der erheblich größeren Reaktionskräfte zerlegt sich ein Teil des Geschosses in relativ große Fragmente. Diese führen einen ihrer Masse entsprechenden Teil der Geschossenergie mit und bewegen sich (als Folge des Dralls) zentrifugal als sogenannte *Sekundärgeschosse* – mit zusätzlicher Zerstörwirkung – von ihrem Entstehungspunkt fort. Insofern vergrößern sie den Geschossquerschnitt erheblich. Aufgrund ihrer relativ geringen Masse werden sie nach einem mehr oder weniger kurzen Eindringweg »abgebremst« und sorgen für einen verstärkten Energietransfer. Mehr noch: Die beim Durchdringen eines Knochens entstehenden und via Energietransfer beschleunigten Splitter fungieren ebenfalls

als Sekundärgeschosse mit zusätzlicher Zerstörwirkung.
Erfolgt der Knochenkontakt (bei breit stehendem Ziel) auf der Einschuss-Seite, so zeigt der Befund nach dem Schuss auf leichtes und mittelstarkes Wild eine beträchtliche mechanische Zerstörwirkung. Meist sind Lunge und Herz mehr oder weniger zerstört und der Thoraxbereich (= Kammer) ist von Schweiß erfüllt, zudem finden sich längs des Schusskanals ausgedehnte Zonen zerstörten und mit Geschosspartikeln durchsetzten Gewebes. Typisch sind im Fall sogenannter *Hochrasanzmunition* außerdem mehr oder weniger großflächig ausgebildete Hämatome (sogenannte *Versulzungen*). Bei stark bemuskeltem und relativ dickhäutigem Wild (typische Beispiele: starker Keiler, Elch) dagegen reicht unter Umständen die Energie der Sekundärgeschosse und des Geschossrestes oft nicht aus, um lebenswichtige Organe zu erreichen und nachhaltig zu beschädigen – häufig ist eine Nachsuche erforderlich. Dieser Nachteil gab seiner Zeit den Anlass für die Entwicklung sogenannter *Spezialgeschosse,* die auch bei starker Beanspruchung einen erheblichen Teil ihrer Masse zusammenhalten, so dass eine ausreichende Eindringtiefe gewährleistet ist (typische Beispiele: TIG, H-Mantel, Starkmantel, Stopring, Partition). Üblicherweise weist der kompakte Rest dieser frühen »*Specials*« eine Masse 50 bis 60 Prozent auf. Doch das ist lange her. Teilmantelgeschosse der heutigen Generation bringen problemlos eine Restmasse von 80 und mehr Prozent auf die Waage.
Ein Knochentreffer ausschließlich auf der entgegengesetzten Seite verursacht aufgrund der Sekundärgeschossbildung meistens einen vergleichsweise großen Ausschuss, durch den außer Schweiß in mehr oder weniger großem Umfang Gewebe- und Knochenpartikel in Schussrichtung nach außen gesprengt werden. Besonders bei leichtem Wild (beispielsweise Rehwild) sind Ausschuss-Durchmesser von acht Zentimetern und mehr nicht ungewöhnlich. Manchmal finden sich außer einer großen noch mehrere kleine, von Subgeschossen erzeugte Austrittsöffnungen. Oft ist die Wildbretzerstörung so erheblich, dass der Wildhändler deswegen beim Ankauf Abzüge geltend macht, weil beispielsweise das Blatt nur noch für ein Ragout taugt. Nebenbei bemerkt lässt sich beim einem Knochentreffer auf der Ausschuss-Seite hinsichtlich der mechanischen Zerstörwirkung kein wesentlicher Unterschied zwischen einem gewöhnlichen Teilmantelgeschoss und einem der oben erwähnten frühen Spezialgeschosse feststellen.

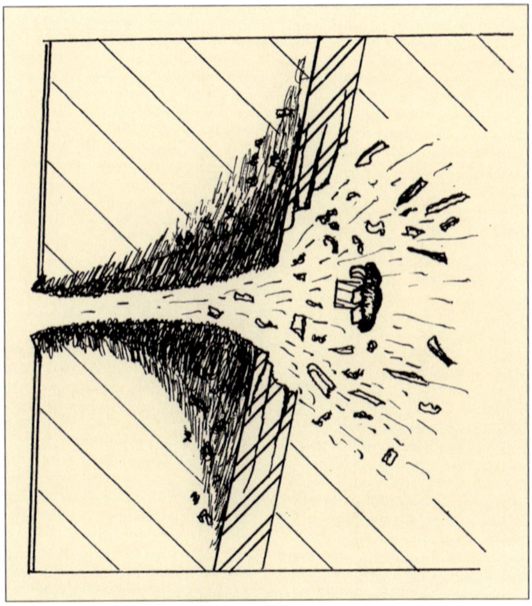

Bei einem Knochentreffer auf der Einschuss-Seite mit hoher v_z durchdringen Geschoss- sowie Knochensplitter mit zusätzlicher Zerstörwirkung die Körperhöhle des Wildes.

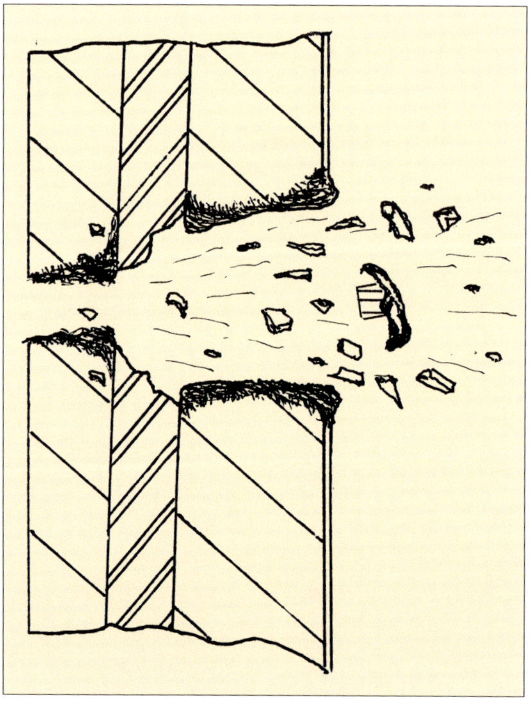

■ **Typischer Befund beim Knochentreffer eines vergleichsweise langsamen Geschosses auf der Ausschuss-Seite: Die Austrittsöffnung ist relativ klein.**

Mit zunehmender Zielgeschwindigkeit tritt neben der unmittelbaren mechanischen Zerstörwirkung als ein weiteres bedeutendes Element der Zielwirkung der durch die Beschleunigung der Flüssigkeitsmoleküle verursachte hydrodynamische Effekt in den Vordergrund. Das ergibt sich bereits aus der oben erfolgten Beschreibung der Temporären Wundhöhle. Durch die vom Energietransfer geprägte kurzzeitigen Ausdehnung dieses Hohlraumes wird das Gewebe stark überdehnt. Die Folge sind mehr oder weniger stark ausgeprägte Gewebezerreißungen und Einblutungen (= Hämatome). Die durch das Projektil radial beschleunigten Gewebeschichten verfügen bei hoher v_z über eine enorme kinetische Energie. Daher werden häufig auch nicht berührte Knochen in unmittelbarer Umgebung des Schusskanals zerbrochen.

Mehr noch: Verläuft der Schusskanal durch überwiegend mit Flüssigkeit gefüllte Organe (Leber, Milz, Pansen [vor allem nach dem Schöpfen] usw.), so wird dieses in der Regel nachhaltig beschädigt. Die völlig zerstörte Leber beispielsweise ist für viele Jägerinnen und Jäger gewiss keine neue Erfahrung. Die Erklärung dieses Phänomens ist denn auch einfach: Flüssigkeit lässt sich so gut wie nicht komprimieren. Als Folge davon sprengen die radial beschleunigten Moleküle die das betreffende Organ umgebende Gewebehülle, sobald der Druck deren Elastizität übersteigt. Dieser, manchmal auch als »Sprengwirkung« bezeichnete hydrodynamische Effekt beruht ausschließlich auf der Beschleunigung der Flüssigkeitsmoleküle bei hoher Zielgeschwindigkeit und ist insofern unabhängig von Konstruktion und Zielverhalten des betreffenden Projektils.

Nebenbei: Die »Sprengwirkung« lässt sich auf einfachste Weise experimentell durch den Beschuss eines mit Flüssigkeit gefüllten geschlossenen Behälters – etwa eine volle Bierdose oder ein Saftkarton – darstellen.

Bei dieser Gelegenheit ist noch ein besonderes Phänomen zu erwähnen, der »Einschuss-Ausschuss«. Mit wachsender Zielgeschwindigkeit verlagert sich der Energietransfer – unabhängig von der Geschosskonstruktion – mehr und mehr zur Einschussseite. In Folge dessen wird die Temporäre Wundhöhle kürzer und weiter, zudem wächst auch der Durchmesser der bleibenden Höhle, weil die Zone der Gewebezertrümmerung bzw. -zerreißung größer wird. Bei weiterer Steigerung der Auftreffgeschwindigkeit (auf beispielsweise 1200 m/s) wird schließlich die gesamte Energie auf kürzestem Eindringweg transferiert. Die entsprechend sehr starken Reaktionskräfte bewirken, dass sich die unter hohem Druck stehenden verdrängten Gewebeschichten der Geschossbewegung entgegen – also in Richtung auf den Einschuss – entspannen. Dabei werden in großem Umfang Gewebeteile und Schweiß sowie Partikel des unter dem Einfluss des enormen Staudrucks »zerbröselten« Projektils durch die Einschussöffnung nach außen gesprengt. Dies geschieht – unabhängig von der Beschaffenheit des betreffenden Geschosses – allein als Folge hoher Zielgeschwindigkeit. Der Befund zeigt typischerweise eine sehr breitflächig angelegte Einschuss-Ausschuss-Öffnung in Form eines sehr flachen Kegels mit unregelmäßigem und mehr oder weniger ausgestülptem Rand. Offenbar prallt der Großteil der freigesetzten Energie im wahrsten Sinn vom Ziel ab. In der Regel erleidet das Wild den Schocktod (Details zu diesem Thema weiter unten).

Bei der Jagd in den USA brachte der Verfasser beispielsweise einst drei *Whitetail Deer* (= Weißwedelhirsch) zur Strecke. Das breit stehende Wild wurde auf Entfernungen von ungefähr 50 bis 80 Metern mit der Wildcat-Patrone .22/.378 Weatherby Magnum (Vollgeschoss aus Duralium, Geschossmasse circa 1,3 g, Anfangsgeschwindigkeit rund 1350 m/s) beschossen. Der Durchmesser des jeweils rund 30 Millimeter tiefen Einschuss-Ausschusses schwankte zwischen rund 90 und 110 Millimetern. In allen drei Fällen verendete das Wild im Schuss. Schon allein diese Tatsache sollte Anlass geben, die nach wie vor in der Literatur kritiklos nachgebetete Mär vom »paarigen Schockreflex« zu überdenken.

Neben der mechanischen Zerstörwirkung durch das Geschoss selbst und dem hydrodynamischen Effekt lässt sich noch ein weiteres bedeutsames terminalballistisches Phänomen beobachten: Der tödliche Nervenschock, auch als »Schockeffekt« oder »nervöse« Wirkung bezeichnet, ist die Reaktion auf eine starke Reizung des vegetativen Nervensystems im Bereich hoher Zielgeschwindigkeiten. Kennzeichnend ist das Fehlen der unmittelbaren Beeinträchtigung lebenswichtiger Organe. Im Wesentlichen besteht dieser Effekt darin, dass durch einen Schock das als »Datenautobahn« zu den verschiedenen vitalen Organen (beispielsweise Herz oder Gehirn) fungierende Nervensystem außer Funktion gesetzt wird. Als unmittelbare Folge stellen die angeschlossenen Organe den Betrieb ein, die

Ein HV-Geschoss hinterlässt dagegen, als Resultat der mitgerissenen Splitter und Gewebepartikel, eine mehr oder weniger große Ausschuss-Öffnung.

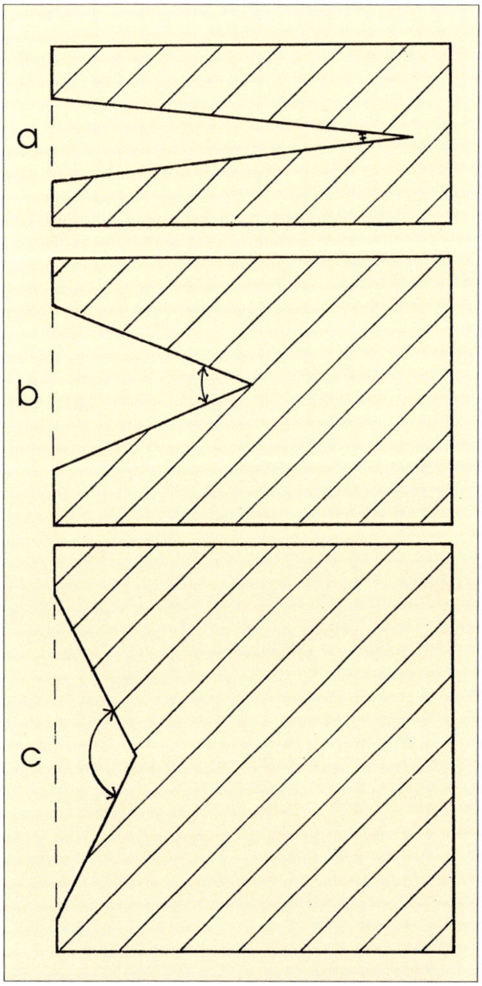

■ **Mit zunehmender v_z wachsen Öffnungswinkel und Durchmesser der Temporären Wundhöhle; deren Länge nimmt gleichzeitig ab.**

lebenswichtige Sauerstoffversorgung wird unterbrochen.

In Jägerkreisen wie auch in der Fachliteratur[8] findet sich häufig die – irrige – Ansicht, der Schocktod des Wildes trete bei Zielgeschwindigkeiten ab 800 m/s in Erscheinung (manche legen noch zu und gehen auf 900 m/s). Eine biologische Begründung für diesen kritischen Grenzwert bleiben die Verfechter dieser These schuldig wie dessen Nachweis in einem Test. Praktische Erfahrung zeigt im Gegenteil, dass der tödliche Nervenschock keineswegs eine bestimmte Höhe der Zielgeschwindigkeit voraussetzt.

Mit seinem 1949 erschienen Buch *Das Doppelte Lottchen* begeisterte der Schriftsteller Erich Kästner zahlreiche Jugendgenerationen. Mag sein, das Duo H. J. Langenbach und W. Lampel - Arzt der eine, Ballistiker der andere – hatten ähnliche Ambitionen als sie, 1961[9] den »Paarigen Schockreflex« in die Welt setzten, ein gleichermaßen mysteriöses wie seiner Zeit spektakuläres Phänomen der Zielballistik, das seitdem noch immer als der Weisheit letzter Schluss in der deutschsprachigen Literatur umhergeistert.

Das vegetative Nervensystem ist bekanntlich, bei Mensch wie Tier, für die linke wie die rechte Körperhälfte identisch, also »paarige«, angelegt. Hieraus folgern Langenbach/Lampel kurz entschlossen, Voraussetzung für eine tödlich verlaufende Schusswirkung durch Schock sei, dass durch »... ausreichenden Durchschlag und Tiefenleistung ...«[10] beide Seiten des Nervensystems quasi *gleichzeitig* in Mitleidenschaft gezogen werden.

8) Lampel/Mahrholdt: *Waffenlexikon*, a.a.O. Seite. 603.
9) Walter Lampel/Dr. H. J. Langenbach: *Geschosswirkung auf Wild...*; in Wild und Hund, 64. Jahrgg. Nr. 2/1961, Seite 41 ff.
10) Lampel/Mahrholdt: *Waffenlexikon*, a.a.O., Seite 351.

Als Ursache dieses »paarigen Schockreflexes« glauben sie, die dem Geschoss in flüssigkeitshaltigen Zielen mit sehr hoher Schallgeschwindigkeit (in Wasser – je nach Temperatur – 1403 bis 1563 m/s) vorauseilende »Stoßwelle« (auch als »Schockwelle« bezeichnet) ausgemacht zu haben. Sie beziehen sich hierbei auf die Mutmaßung, dass die Zielgeschwindigkeit »...erfahrungsgemäß (sic!) nur dann ihre Schockwirkung zuverlässig tut, wenn sie über 800 bis 850 m/s liegt«. Und weiter: »Vorstellbar wäre (sic!), dass bei diesen hohen Geschwindigkeiten.....die Nervenerregungen .....nicht mehr in einem unterscheidbaren zeitlichen Nacheinander ihre zugehörigen Nervenzentren in Rückenmark oder Gehirn erreichen, ... sondern als einseitiger übermächtiger Reiz von allen Seiten über den Organismus hereinbrechen«. Mit anderen Worten: Die durch die Stoßwelle irritierten Nerven liefern angeblich der Schaltzentrale so zu sagen eine Falschmeldung, die befiehlt daraufhin: Herzstillstand!, so dass das Wild im Knall verendet. Dennoch räumen die beiden Schock-Weisen ganz stiekum ein: »Aus welchem Grunde bei diesen Geschwindigkeiten eine kritische Grenze liegt, ist bis heute noch nicht eindeutig geklärt.«

Langenbach/Lampel basieren ihre vermeintliche Entdeckung auf der »...Beobachtung (sic!), dass bei Auftreffgeschwindigkeiten, die höher lagen als 800 bis 850 m/s, sich im Schusskanal um das Geschoss herum ein Hohlraum, eine Caverne, bildet.... (und) dass von den genannten Grenzgeschwindigkeiten an die Geschosse eine wesentlich stärkere biologische Wirksamkeit im Sinne eines Schocks entfalten......Demnach durfte zwischen der Cavernenbildung und der Schusswirkung ein Zusammenhang angenommen werden....«

Aus ihrer Fiktion folgern die Autoren: »Es ist nach solchen Überlegungen verständlich

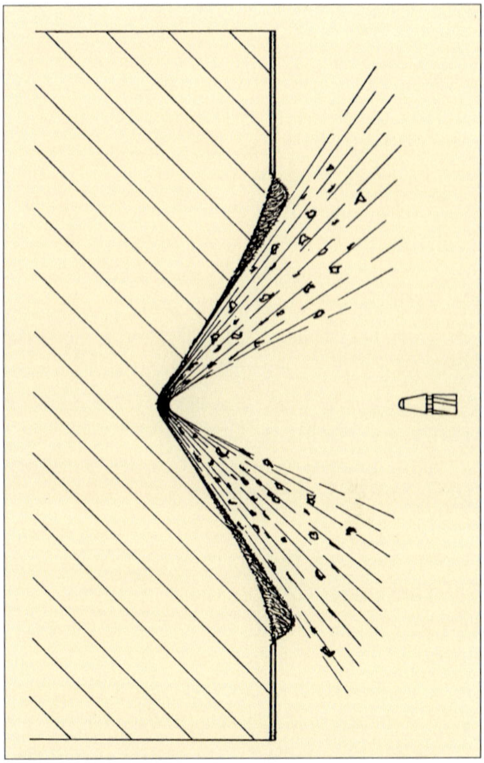

Bei extrem hoher Auftreffgeschwindigkeit (deutlich mehr als 1200 m/s) werden die Geschoss- und Gewebepartikel *entgegen* der Schussrichtung nach außen gesprengt. So entsteht der breitflächige *Einschuss-Ausschuss*.

(sic!), dass ein schwerer Nerven-, Muskel- und Organreiz....., der auf beide Körperhälften trifft, und damit auf das Nervensystem des gesamten Organismus wirksam wird, einen wesentlich stärkeren und rascheren Erfolg hat als eine nur halbseitige Beschädigung. Wir nennen das den ´paarigen Schockreflex´, und daraus leitet sich ab die jagdballistische These: Auch stärkste Reise lösen die erwünschte Schockwirkung nur unzuverlässig aus, wenn sie nicht als paariger Schockreiz gleichzeitig auf beide

Körperhälften wirksam werden«.
Der logische Umkehrschluss aus dieser angeblichen »Beobachtung« wäre: Ohne Grenz-Auftreffgeschwindigkeit von wenigstens 800 m/s keine Kaverne (sprich *Wundhöhle*), und ohne Kaverne keine Schockwirkung. - So weit der neuro-ballistische Zwilling, mit dem sich Jagd-Azubis wie auch Ausbilder nach wie vor herumplagen.
Ein erfahrener Jäger wird beim Lesen der zitierten Textstellen schnell stutzig. Da sind zum einen die zahlreichen Mutmaßungen wie beispielsweise »..vorstellbar wäre..« oder »..es scheint..«. Mehr noch: Wer nicht erst seit gestern waidwerkt, muss glauben, dass er zu den wenigen gehört, die – weiß der Teufel warum – fast nur Fälle erlebt haben, auf welche die paarigen Gedanken von Langebach/Lampel *nicht* zutreffen.
Langer Rede kurzer Sinn: In Wirklichkeit entpuppt sich Langenbach/Lampels Doppelschocker schlicht als Wunschdenken, um nicht zu sagen als Hokuspokus. Nicht nur wurde jemals, weder von seinen Erfindern selbst noch von sonst wem auch immer, ein reproduzierbarer Nachweis des »paarigen Schockreflexes« erbracht. Vielmehr scheint es sich hierbei um ein einzig und allein deutsches Phänomen zu handeln, das – selbst mehr als 40 Jahre nach seiner »Entdeckung« - in der ausländischen Fachliteratur nicht auftaucht. Mit anderen Worten: Es gibt keinen »paarigen Schockreflex«, sondern lediglich einen »nervösen Solozwilling«.
Logischerweise erfordert die gleichzeitige Irritation *beider* Hälften des Nervensystems nicht nur eine hohe Zielgeschwindigkeit, sondern auch einen extrem geringen Energietransfer – und damit Geschwindigkeitsverlust – während des Zieldurchgangs. Das aber lässt sich nur mit Vollmantel- und Vollgeschossen bewirken, die – ohne Querschnittsvergrößerung durch Deformation und Pendeln – den Wildkörper durchdringen. Eine feine Sache! Denn damit wäre endlich die Problematik der schier unübersehbar vielen und mehr oder weniger teuren Geschosskonstruktionen vom Tisch, wie denn auch die durch Geschossdeformation und -zerlegung verursachte Wildbretzerstörung kein Thema mehr wäre. Schön wär's, wenn nicht so viele Beispiele aus der ballistischen Praxis dem widersprächen.
Wie ist das beispielsweise mit dem während der Blattzeit auf rund 120 Gänge mit der Munition 6,5 x 65 breitseits beschossenen Erntebock, der trotz eines Bilderbuchtreffers (Herz, große Blutgefäße!) erst nach einer Fluchtstrecke von ungefähr 100 Metern verendet zusammenbricht? Hatte der zufällig einen »Stromausfall« in der einen Hälfte seines Nervensystems und kam insofern auf diese Weise sozusagen mit einem Mono-Schock davon?
Auf der anderen Seite das oben im Zusammenhang mit dem Einschuss-Ausschuss zitierte Beispiel der drei Weißwedelhirsche, die – völlig ohne »Durchschlag und Tiefenleistung« – zweifelsfrei ausschließlich an den Folgen eines Nervenschocks verendeten (ein Stück verharrte nach dem Treffer noch Sekunden in völliger Starre, ehe es auf der Stelle zusammenbrach). Offenbar hatte sich das nervöse »Doppelte Lottchen« in einen Solozwilling verwandelt, dem sein Pendant abhanden gekommen war.
Aus Kriegserfahrung ist hinlänglich bekannt, dass in Einzelfällen ein torsaler Durchschuss (ohne Knochen- und Organkontakt) beispielsweise mit einem 8-mm-Spitzgeschoss von dem Getroffenen lediglich als Schlag empfunden wurde, der ihn nicht daran hinderte, seine Aktivitäten zunächst fortzusetzen. Bei Berücksichtigung der paarigen Theorie führt dieser Befund zwangsläufig zu dem Schluss, das Opfer habe zuvor sozusagen »die Nerven verloren« und sich insofern

regelwidrig verhalten. Oder war zu der Zeit gar der »paarige Schockreflex« überhaupt noch nicht erfunden?

Ein vergleichbares Beispiel aus der Jagdpraxis: Ein breitstehendes Stück Rehwild wurde auf rund 40 Schritt mit Vollmantel-Spitzgeschoss bei einer Zielgeschwindigkeit von ungefähr 900 m/s beschossen. Statt entsprechend der Doppelschock-Theorie flugs am Anschuss zu verenden, flüchtete das Stück und konnte erst anderntags nach langer Nachsuche gestreckt werden.

Die oben im Zusammenhang mit dem innenballistischen Wirkungsgrad erwähnte Munition mit extrem schnellem und kleinkalibrigem Einzel-Pfeilgeschoss (= *Flechette*) ist aus Kriegserfahrung (Vietnam) dafür bekannt, dass in Einzelfällen sogar periphere Treffer einen tödlichen Nervenschock verursachten. Ergo: Einfacher Schockreflex!

Doch das Wirken des Solo-Schocks beschränkt sich offenbar keineswegs nur auf Hochgeschwindigkeitsprojektile. Da ist beispielsweise der Hase, der – auf gut 30 Schritt breit mit Schrot 3,5 mm beschossen – rolliert und im Knall verendet. Beim Abbalgen zeigt sich, dass alle sechs Trefferschrote auf der Einschussseite teils unmittelbar unter dem Balg, teils in der Muskulatur stecken. Im Gegensatz zu den zuvor genannten Fällen kommt dieser hier häufig genug vor, um durchaus als »Regel« bezeichnet werden zu können. Und dennoch: Hätte in der selben Situation ein Fuchs nicht einfach nur hohnlachend mit der Lunte gewunken?

Diese wenigen Beispiele stehen für zahlreiche andere. Sie alle repräsentieren mehr oder weniger sehr unterschiedliche jagdliche Situationen. Doch macht ihr Vergleich deutlich, dass sich der Schocktod weder mit der Höhe der Zielgeschwindigkeit noch mit der Länge des im Wildkörper zurückgelegten Geschossweges (»Durchschlag und Tiefenleistung«!) determinieren lässt. Vielmehr existieren offenbar – fern von allem »paarigen« Schnickschnack – sehr unterschiedlich große Grenzwerte, die sich aus der artspezifischen Sensibilität des vegetativen Nervensystems sowie aus dem jeweiligen biologischen Status (Körpergröße, Kondition usw.) des betreffenden Wildes ergeben und zum tödlichen Nervenschock führen.

Der weltweit anerkannte Spezialist der forensischen Medizin Sellier hat nachgewiesen[11], dass ein Nerv durch eine Stoßwelle gereizt wird, wenn deren Druckmaximum einen definierten Grenzwert überschreitet. Der Nerv reagiert auf den durch die Stoßwelle beigebrachten Reiz wie auf einen körpereigenen. Das Organ, auf welches der Nerv einwirkt, vermag nicht zu unterscheiden, ob der Nervenimpuls auf einer körpereigenen oder »fremden« Reizung basiert. Wird durch eine kräftige Stoßwelle das gesamte vegetative Nervensystem alteriert – und somit auch der für die Dämpfung der Herzfrequenz zuständige Nerv (*Parasympathicus*), so ist ein Herzstillstand die unmittelbare Folge.

Die Höhe des Druckmaximums der Stoßwelle ergibt sich aus der Geschwindigkeit des Energietransfers und dessen Parametern (Zielgeschwindigkeit, Veränderung des Geschossquerschnitts, Verlauf des Schusskanals im Wildkörper). Insofern könnte man in vereinfachter Ausdrucksweise sagen: Der Schocktod tritt auf, wenn der maximale Energietransfer pro Einheit des Eindringweges den kritischen Grenzwert überschreitet.

Unter diesem Gesichtspunkt sind vier der oben genannten Fälle leicht erklärt: Der

11) Karls Sellier: *Schusswaffen und Schusswirkungen I*, 2. Aufl. Lübeck 1982, S. 203 ff.

mit Vollmantelprojektil und vergleichsweise hoher Zielgeschwindigkeit getroffene Rehbock (nach der Duo-Theorie hätte er ja ebenfalls wie vom Blitz getroffen verenden müssen) erforderte eine langwierige Nachsuche, weil – bedingt durch den Verlauf des Schusskanals und die geringe Querschnittsvergrößerung – der relative Energietransfer zu gering war. Gleiches gilt letztlich auch für das Beispiel der Kriegserfahrung mit Vollmantel-Spitzgeschoss. Die *Whitetails* dagegen erlitten einen tödlichen Nervenschock als Folge der v_z- bedingt sehr starken Stoßwelle und trotz des extrem kurzen Eindringweges. Im Endeffekt sehr ähnlich die Wirkung der – hier beispielsweise erwähnten – Pfeilgeschosse: Sogleich beim Eindringen in ein Weichziel verbiegt sich das mit meist kaum mehr als 600 Milligramm (= 0,6 Gramm) extrem leichte Projektil zu einem »U« und überträgt dabei seine aus der Geschwindigkeit (v_0 = rund 1450 m/s; v_{300} = immerhin noch rund 1150 m/s) resultierende Energie gleichsam auf einen Punkt und produziert dadurch eine sehr kräftige Stoßwelle.

Die beiden anderen auf den ersten Blick etwas seltsam anmutenden Beispiele finden letztendlich ebenfalls eine recht simple Erklärung: Der Hase erlitt zweifelsfrei einen tödlichen Schock aufgrund einer mehrfachen (multiplen) und gleichzeitigen Reizung seines artspezifischen sehr sensiblen Nervensystems. Der mit 6,5 x 65 beschossene Erntebock »verdaute« den Nervenschock nur für wenige Sekunden (dies ebenfalls eine durchaus übliche Reaktion) aufgrund seines durch die Brunft beeinflussten biologischen Befindens. In Anbetracht der aufgeführten, zum Teil alltäglichen Beispiele aus der Jagdpraxis und der immerhin erstmals 1969 publizierten Forschungsresultate von Sellier ist es mehr als erstaunlich, dass dennoch nach wie vor der Jagd-Azubi mit dem offenbar nicht existenten »paarigen Schockreflex« malträtiert wird. Das beschossene Wild soll – so die allgemeine Forderung – möglichst ohne noch irgendwelche Qualen erleiden zu müssen, »blitzartig« verenden. Der Schocktod wäre da zweifellos das Ideal, zumal leider nicht jeder Jäger und jede Jägerin auch geübte und treffsichere Schützen sind. Der Gedanke, mit einer optimalen Kombination von Geschwindigkeit, Geschoss und Kaliber das Wild auf realistische Distanzen selbst bei einem schlecht platzierten Treffer im Knall verenden zu lassen, ist gewiss faszinierend und als eine alternative Möglichkeit zumindest weiterer Überlegungen wert. Gewiss: Konservative Gesinnung wird sich mit solch ketzerischen und dennoch konsequenten Ideen nicht abfinden mögen und empört »Waidgerechtigkeit« einfordern. Doch dann sei die Frage gestattet, was denn wohl weniger oder mehr »waidgerecht« ist: Das Wild bei hoher Wahrscheinlichkeit via Nervenschock zu töten oder es, bei ebenfalls hoher Wahrscheinlichkeit, sei es auch für eine noch so kurze Zeitspanne, seine auf »herkömmliche Weise« beigebrachten Schussverletzungen erleiden zu lassen – von der angeblich notwendigen Barbarei des »Krankwerdenlassens«, ehe mit der Nachsuche begonnen wird, ganz zu schweigen.

Anmerkung

Welche Zielgeschwindigkeit und welches Geschoss auch immer: Ausschlaggebend für das sofortigen Verenden des Wildes ist an erster Stelle der Verlauf des Schusskanals, letztlich also der Unterbruch der Sauerstoffversorgung des Gehirns durch nachhaltiges Beschädigen des Blutkreislaufs. Dies setzt eine für das betreffende Ziel ausreichende *Wirktiefe* voraus. Ein nervöser Effekt mag im Einzelfall, quasi als begleitendes Phänomen, hinzukommen, ist aber völlig unkalkulierbar.

»Alles Quatsch«, sagen die Schrapnell-

Fanatiker und verlangen blindlings an erster Stelle eine maximale *Wirkbreite* mit dem Argument »Hauptsache, das Stück bleibt am Anschuss – wie es herinnen ausschaut, ist eh Wurst«. Sie begründen diese Attitüde mit dem Hinweis auf mögliche »schlechte Treffer«, insbesondere bei der Drückjagd. Andere argumentieren, als Jagdgast keinen Verdruss durch eine etwa erforderliche Nachsuche verursachen zu wollen (mit dem Risiko, deswegen nicht wieder eingeladen zu werden).

Wie wäre es denn – diese Frage sollte gestattet sein -, wenn diese Herrschaften ein paar Euro mehr springen ließen und mit ihrer Büchse regelmäßig auf dem 100-Meter-Stand *und* auf den »Laufenden Keiler« trainieren würden, statt Nachsuche oder gar Verludern des Wildes dem benutzten Geschoss anzulasten? »Tu ich doch«, zetert der eine oder andere empört. Richtig! Nur nimmt er dann, aus Kostengründen, nicht seine .30-06 oder die 7 mm x 64, sondern beispielsweise die .22 Hornet. So kommt es dann, dass – aller Entwicklungstendenz zum Trotz - speziell für diesen Typ des »sparsamen Hubertusjüngers« vermehrt sogenannte *Teil-Zerlegungsgeschosse* mit oft vorfragmentierten Splittern auf den Markt gelangen. (Notabene: In Schweden bekommt nur einen Jahresjagdschein, wer zuvor mit seiner Büchse den Nachweis einer bestimmten Trefferleistung erbracht hat).

Seit langem schon sind unter technischen und ballistischen Aspekten optimierte Jagdgeschosse verfügbar. Alljährlich kommen neue und – meistens - bessere hinzu. Die vor 50 und mehr Jahren eingeführten »Spezialgeschosse« TIG, Starkmantel, H-Mantel usw. hatten es damals leicht, die herkömmlichen Teilmantelkonstruktionen an die Wand zu drücken. Doch nunmehr finden sie selbst sich in die hinteren Ränge gedrängt, weil es längst Besseres gibt und weil sich die Anforderungen an Jagdgeschosse nach dem neuesten Stand der Wissenschaft radikal geändert haben. Bedauerlicherweise wird diese Entwicklung oft schlicht ignoriert. Gegenüber Neuheiten ist man halt zurückhaltend – dies auch, weil der Informationsfluss mehr oder weniger dürftig ist. In den Vereinigten Staaten beispielsweise wird dagegen in der Regel jede Neuerung von der Jägerschaft zunächst aufgegriffen und nach jagdpraktischer Erprobung übernommen oder verworfen. Der europäische Jäger ist oft aufgrund seiner etwas konservativen und den Stand der Technik leugnenden Ausbildung viel weniger aufgeschlossen und experimentierfreudig. Er hängt sozusagen am Tropf der Tradition, klammert sich in geradezu rührender Treue an das »Altbewährte« und schreckt grundsätzlich vor jedweder Neuerung, mag sie auch noch so vorteilhaft sein, heftigst zurück. Ergo: Wer sein erstes Stück Schalenwild mit dem XYZ-Geschoss ohne Komplikationen erlegt hat, bleibt in vielen Fällen sein Leben lang dabei und ist blind und taub für jede Innovation. Die meisten europäischen Hersteller sind darob verständlicherweise sehr erfreut, weil sie ohne neuerliche und aufwändige Entwicklungsinvestitionen einen etablierten Markt bedienen können. Doch diese friedvolle und romantische Situation ist offenbar beendet, denn seit kurzem drängen unter zielballistischem Aspekt erheblich bessere Geschosskonstruktionen aus Übersee auf den Markt und finden in zunehmendem Maß Kunden, die sich nicht mehr mit von Bleipartikeln durchsetztem Wildbret, handtellergroßen Ausschüssen und entsprechenden Abzügen beim Wildhändler begnügen mögen. Insofern tun sich manche europäische Hersteller schwer, den Anschluss nicht zu verpassen. Falls sie nicht in aller Bälde signifikante Verbesserungen zu bieten haben, ist für sie der Zug abgefahren.

Aus unerfindlichen Gründen findet man häufig nach wie vor die irrige Auffassung vertreten, wesentlich für die Zielwirkung eines bestimmten Jagdgeschosses seien die »Vau-Null« und die daraus resultierende Anfangsenergie. Ausschlaggebend ist vielmehr (abgesehen von der via Verlauf des Schusskanals nachhaltigen Schädigung wichtiger Organe) grundsätzlich die Menge der tatsächlich übertragenen Energie sowie der völlig kontrollierte und dem jeweiligen Zielwiderstand angepasste Energietransfer längs des Schusskanals. Es kommt also letztlich auf das konstruktionsbedingt typische Zielverhalten des betreffenden Projektils an.

Kapitel III

Moderne Jagdgeschosse

A. Büchsengeschosse

Klassifikation der Büchsengeschosse

Die gebräuchliche Einteilung unterscheidet zwischen Blei-, Teilmantel- und Vollmantelgeschoss und fügt bestenfalls noch einige das Profil betreffende Details wie beispielsweise »Rundkopf, Torpedoheck« oder »Hohlspitze« hinzu. So weit, so gut! Doch bei näherem Hinsehen erweist sich eine Einstufung nach solchen Merkmalen als für die Jagdpraxis wenig tauglich, weil sie keine Angaben über das typische Zielverhalten des betreffenden Projektils enthält. Dabei ist es ja doch vor allem das typische Zielverhalten, welches die Einsatzmöglichkeiten eines bestimmten Geschosses kennzeichnet.

Daher erweist es sich als sehr viel hilfreicher, in der Klassifikation auszudrücken, ob das Projektil beim Durchdringen eines Wildkörpers typischerweise seine Form und/oder Masse beibehält oder variiert. Insofern lassen sich drei mögliche Kombinationen unterscheiden:

a) Form- und masseveränderliches Verhalten; derartige Projektile verformen sich und verlieren dabei einen mehr oder weniger großen Teil ihrer Masse.
b) Massestabil und formvariabel; diese Geschosse deformieren ohne Masseverlust.
c) Masse- und formstabil – irgendwelche effektiven Veränderungen finden nicht statt.

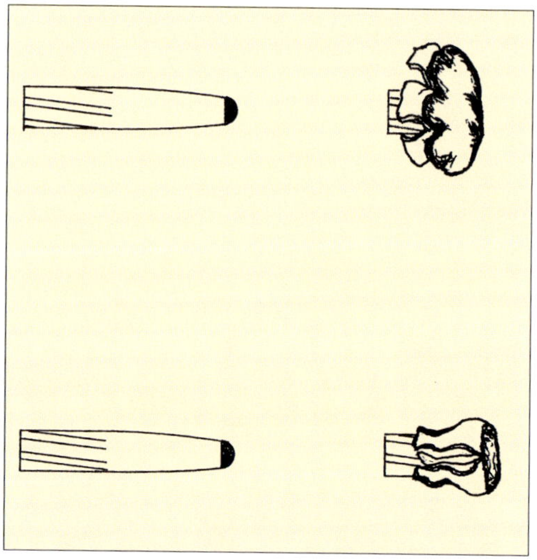

Gewöhnliche Teilmantelgeschosse vergrößern in der Regel ihren Durchmesser stärker als solche mit Deformationskontrolle.

Masse- und formveränderliche Geschosse

Meist handelt es sich bei dieser Kategorie um sogenannte *Teilmantelgeschosse* (Kürzel: TM). Bekanntlich sind sie dadurch gekennzeichnet, dass der Mantel – im Unterschied zum Vollmantelgeschoss – am Boden geschlossen, an der Stirn jedoch geöffnet ist, so dass in diesem Bereich der Bleikern freiliegt und in der Regel mehr oder weniger weit aus der Stirnkante ragt (daher die englische Bezeichnung *Soft Point* = Weichspitze, und die identische holländische *Sagte Punt*), mit der Mantelkante plan abschließt oder zurückgesetzt ist (= Lochspitze).

TM-Geschosse – gleichgültig, ob mit oder ohne Drall verschossen – werden in einem Wildkörper von den Reaktionskräften axial gestaucht, so dass sie sich dementsprechend radial ausdehnen und ihren Querschnitt vergrößern. Doch bleibt es nicht allein bei dieser Formveränderung, denn während des Zieldurchgangs büßen sie gleichzeitig auch einen mehr oder weniger großen Teil ihrer Masse durch Abstreifen und/oder Absplittern ein.

Die Folgen dieses charakteristischen Verhaltens liegen auf der Hand: Durch die radiale

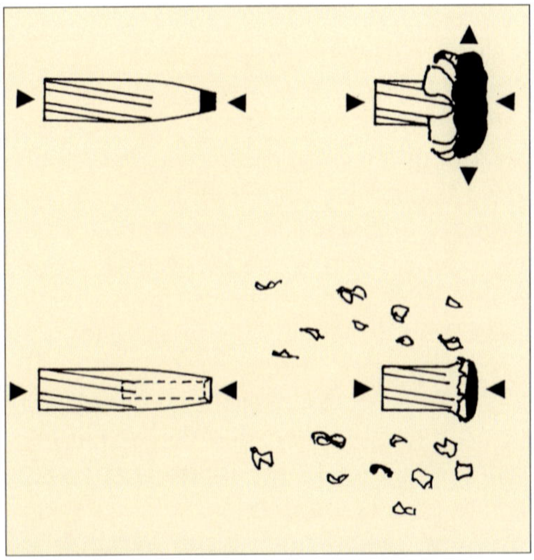

Durch Zerlegen kann sich der Querschnitt (in Schussrichtung gesehen) extrem vergrößern.

Deformation und das Absplittern vergrößert sich (bezogen auf das Geschosskaliber) der effektive Geschossquerschnitt (= Summe der Querschnitte sämtlicher Geschossteile in der Projektion in Schussrichtung) enorm. Dementsprechend nimmt die Querschnittsenergie (und damit das Durchdringungsvermögen) ab, während der Energietransfer beschleunigt wird. Im Extremfall (völlige Zerlegung = maximale Querschnittsvergrößerung) erfolgt der restlose Energietransfer auf einem sehr kurzen Eindringweg. Das Ausmaß von Deformation und Masseverlust hängt weitgehend von seiner Geschosskonstruktion auf der einen und der Größe des Zielwiderstandes auf der anderen Seite ab.

In der Literatur findet man zur näheren Charakterisierung die Bezeichnungen *Deformationsgeschoss* und Zerlegungsgeschoss. Bei näherem Hinschauen zeigt sich, dass diese beiden Begriffe im Grunde lediglich bestimmte Verhaltensweisen beschreiben: Demnach wäre unter Deformationsgeschoss ein Projektil zu verstehen, das beim Durchdringen eines Wildkörpers ausnahmslos zwar die Form verändert, jedoch seine Masse beibehält. Dagegen würde dann folgerichtig der Ausdruck Zerlegungsgeschoss auf diejenigen Varianten anzuwenden sein, die sich in einem Weichziel völlig zerlegen. In Wirklichkeit werden beide Begriffe jedoch recht willkürlich und ohne eindeutige Definition und Abgrenzung benutzt. So spricht man denn auch bei wenig Masseverlust prompt von *Deformations-* und, wann's a bisserl mehr ist, von *Zerlegungsgeschoss*.

Dieses Schema ist für eine Verhaltensklassifikation der TM-Geschosse untauglich und irreführend, zumal sich – je nach Konstruktion und Zielwiderstand – jedes Projektil anders verhält: Ein Geschoss, das sich bei-

In der Projektion (in Schussrichtung) gesehen vergrößert sich der Geschossquerschnitt in Abhängigkeit (v. l.) vom Kaliber sowie dem Grad der Deformation und der Zerlegung.

Multitalent Wilhelm Brenneke hat erheblichen Anteil an der Entwicklung des Jagdgeschosses.

spielsweise bei moderater Zielgeschwindigkeit noch als mehr oder weniger massestabil erweist, entpuppt sich bei hoher Auftreffgeschwindigkeit als veritables Schrapnell mit extrem großer Zerstörwirkung und gegebenenfalls unzureichender Eindringtiefe. Sogar Vollmantelgeschosse – vor allem im Kaliber .22″ (= 5,56 mm) – können bei hoher Auftreffgeschwindigkeit in einem Weichziel unter Umständen völlig »zerbröseln« (siehe Seite.184).

So bestand denn auch die Aufgabe der Erfinder vor allem darin, die in Anbetracht wechselnder Zielwiderstände auf den ersten Blick miteinander schier unvereinbaren Forderungen »maximaler Energietransfer«, »ausreichende Eindringtiefe« sowie »minimale Zerstörwirkung« in einer einzigen Konstruktion zu vereinen, also eine Art Universalgeschoss zu schaffen, das sich auch bei sehr unterschiedlichen Zielwiderständen völlig kontrolliert verhält und bei möglichst geringer Zerstörwirkung eine stets zuverlässige Zielwirkung gewährleistet. Doch das erwies sich, zumindest was Teilmantelprojektile betrifft, letztlich als ein schöner, aber nicht zu verwirklichender Traum.

Das jagdliche TM-Geschoss entwickelte sich erst nach und nach in den ersten Jahrzehnten des 20. Jahrhunderts. Das lag zum Teil an mangelnder Erfahrung, vor allem aber am damals noch nicht vorhandenen technischen *Know-how.* Zudem erwies es sich schon damals als schwierig, innen- und terminalballistische Aspekte unter einen Hut zu bringen. Folglich entstanden weltweit zahlreiche, zum Teil abenteuerliche Konstruktionsvorschläge, die überwiegend auch tatsächlich realisiert wurden – wenngleich oft nur für wenige Jahre. Denn meist konzentrierten sich die Erfinder lediglich auf ein einziges Problem, statt auf den gesamten Komplex. Als Beleg hier einige typische Beispiele deutscher Patente aus der Zeitspanne 1890 – 1910:

- Das *Legierungsmantel-Geschoss* von Multitalent Wilhelm Brenneke (ca. 1897) arbeitet mit einem Weichbleikern in einer Hartbleihülle, funktioniert also insofern bereits als eine Art Teilmantelgeschoss: Der weiche vordere Teil deformiert und sorgt für entsprechenden Energietransfer, während der hintere Teil von dem Mantel zusammenhalten wird.
- Das für damalige Verhältnisse recht aufwändige *Reifring-Geschoss* des Münchener Büchsenmachers Adolph Greiss (ca. 1908) bemüht sich ebenfalls um eine zuverlässige Kombination von Energietransfer und Tiefenwirkung: Die

■ **Brennekes *Ideal-Geschoss* beeinflusste die Energierabgabe durch einen Mantel aus Hartblei.**

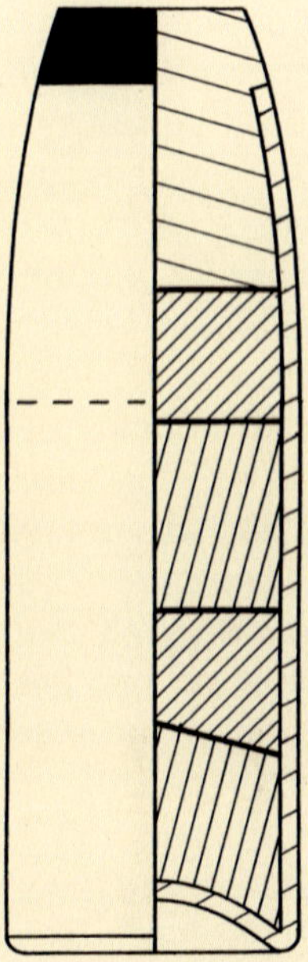

■ **Das *Teilkern-Geschoss* von Schrader arbeitet mit einem fünfteiligen Kern, der vordere aus Blei, die anderen aus Zinn.**

von einem Eisenschuh umhüllte hintere Hälfte des Bleikerns soll die Deformation beenden. Der ungefähr in der Mitte des vorderen Teils aufgepresste Führungsring aus Kupfer dient der Zentrierung während der Laufdurchgangs.

- Beim *Teilkern-Geschoss* (ca. 1907) von Robert Schrader besteht der Kern aus mehreren asymmetrisch geformte Zinnstücken hinter einem Frontteil aus Weichblei. Mit dieser aufwändigen Konstruktion soll eine maximale Zielwirkung und gleichzeitig eine verminderte Gefährdung des Hintergeländes im Fall eines Durchschusses erreicht werden (für damalige Verhältnisse ein bemerkenswerter Gesichtspunkt).

Diese und zahlreiche andere Vorläufer des modernen Jagdgeschosses ließen zwar den guten Willen ihrer Schöpfer erkennen, erwiesen sich aber dennoch in der Praxis nicht eben als das Gelbe vom Ei. Doch immerhin waren damit die ersten Schritte getan: Aus dem Umweg über verschiedene Zwischenschritte (wie beispielsweise Kupferschuh- sowie das Halbmantel-Geschoss (siehe Seite 21 f) und ähnliche Konstruktionen) ging schließlich – in zahlreichen Varianten – das Teilmantelgeschoss hervor. Einem bestimmten Erfinder lässt sich das TM nicht zuordnen, weil mehr oder weniger gleichzeitig in den meisten Ländern der westlichen Hemisphäre zahlreiche Tüftler faktisch identische Ideen hatten. Auf der anderen Seite verdanken etliche TM-Versionen ihre Existenz einzig und allein dem Bestreben einiger cleverer »Ingenieure«, durch praktisch völlig unbedeutende technische Änderungen bereits verbriefte Patentansprüche zu umgehen.

Das technische Konzept des herkömmlichen Teilmantelgeschosses beinhaltet etliche schwerwiegende Nachteile: Unkontrolliertes Zielverhalten, starke Zerstörwirkung insbesondere bei hoher Zielgeschwindigkeit, je nach Verlauf des Schusskanals und dem Grad der Zerlegung (Abnahme der Querschnittsenergie!) ungewisse und oft unzureichende Eindringtiefe, Abstreifen des Mantels. In zunehmendem Maß erscheinen Patronen und Laborierungen mit relativ hohen Anfangsgeschwindigkeiten auf dem Markt, so dass – via Zielwiderstand – die Problematik des unkontrollierten Zielverhaltens noch verstärkt wird.

Spätestens seit Beginn der 1930er Jahre kristallisierten sich aus dem ganzen Wust der Gedanken vieler schlafloser Erfindernächte einige bedeutende Geschosskonstruktionen heraus, die zum Teil auch heute noch produziert werden. Doch zunächst spaltete sich die Zunft: Die einen plädierten für eine möglichst starke Sofortwirkung (= 100 % Energietransfer), die anderen bestanden auf Ausschuss, Schnitthaar und Schweißfährte. Das hatte Folgen.

Zunächst versuchten die meisten TM-Geschosse, den Beginn und Verlauf des Deformations-/Zerlegungsprozesses über die Höhe des Mantels beziehungsweise die Länge des aus der Mantelstirn ragenden Bleikerns zu steuern: Je mehr Blei freiliegt, desto eher und heftiger setzen Querschnittsvergrößerung und Energietransfer ein. Bleispitzen haben aber bekanntlich den Nachteil, dass sie durch Transport, Fall oder Rückstoß (im Magazin) deformiert werden und insofern die Eigenpräzision des betreffenden Geschosses unter Umständen erheblich beeinträchtigen. Einige Hersteller umgehen dieses Problem, indem sie die Bleispitze in eine Hülle aus einem relativ harten Werkstoff verpacken (Beispiel: Winchesters Silvertip). Verschiedene »Schnellzerleger« sind aus gleichem Grund mit offener Lochspitze, einem massiven Einsatz oder einer »ballistischen Haube« ausgerüstet (Beispiel: H-Mantel). Andere Projektile verlassen sich darauf, die Querschnittsvergrößerung mit Hilfe der beim Anformen des Geschosskopfes auf der Mantelinnenseite entstehenden axialen Wülste zu regeln. Aus all diesen teilweise aufwändigen Maßnahmen resultiert dennoch nur ein ziemlich ungewisses und unkontrolliertes Zielverhalten.

Die überwiegende Anzahl der TM-Geschosse bemüht sich, den Energietransfer über die Beschaffenheit des Mantels zu steuern. Dabei spielt das Mantelmaterial eine erhebliche Rolle. Die frühen europäischen Jagdgeschosse sind überwiegend von einem Mantel aus Eisen-Tiefziehblech (= sogenannter *Stahlmantel*) umhüllt. Die gravierenden Nachteile: Weil relative spröde, neigt die Eisenhülle selbst zum Zersplittern, hält also insofern den Bleikern nicht gut zusammen. Mehr noch: Beim Laufdurchgang hobelt der relativ harte Mantel (auch wenn beispielsweise mit Nickel, Zinn, Neusilber oder Tombak plattiert) im Zuglauf die Kanten der Felder ab, so dass allmählich die sichere Geschossführung – und damit die Präzision – nachlässt.

Inzwischen haben sich allgemein Kupferlegierungen (Tombak, Gilding, seltener Messing oder Neusilber) als Werkstoff durchgesetzt und den Stahlmantel weitgehend verdrängt. Kupferlegierungen sind zähweich und dementsprechend plastisch verformbar. Daher können sich hiermit umhüllte Projektile besser dem jeweiligen Zielwiderstand anpassen und behalten einen vergleichsweise großen Teil ihrer ursprünglichen Masse bei.

Eine weitere Einflussmöglichkeit auf das Geschossverhalten bietet die Manteldicke. Durch die – von der Stirnkante ausgehend – zunehmende Wandstärke lassen sich Masseverlust und Querschnittsvergrößerung in gewissem Umfang kontrollieren: Die zunehmende Wandstärke des Mantels wirkt wie eine Deformationsbremse, so dass letztlich ein relativ schwerer Geschossrest mit entsprechendem Eindringvermögen übrigbleibt. Wer wann und wo als Erster diese Idee hatte, ist unbekannt. Inzwischen findet man dieses Prinzip mehr oder weniger ausgeprägt bei den meisten heutigen Teilmantelgeschossen angewendet.

Zahlreiche gewöhnliche TM-Geschosse leiden an dem Nachteil, dass die Reaktionskräfte während des Zieldurchgangs häufig den Mantel vom Bleikern abstreifen. Die zwangsläufigen Folgen: Völlig unkontrolliertes Verhalten des Kerns (verstärkte Deformation und Zerlegung) sowie erhebliche Verminderung des Durchdringungsvermögens. Dem begegnen die eher einfachen Geschosskonstruktionen mit einer auf dem Führungszylinder in den Mantel eingepressten tiefen radialen Nut. Diese erscheint dann auf der Innenseite als eine entsprechend hohe Wulst, die ihrerseits in den Kern gepresst ist und diesen festhält. Derartige Arretierungsnuten beeinträchtigen jedoch unter Umständen die Aerodynamik. Deswegen wird bei einigen heutigen Teilmantelgeschossen während des »Ziehens« des Mantels auf dessen innerem Umfang eine mehr oder weniger breite Wulst zur Arretierung des Kerns angestaucht (Beispiel: *Core-Lokt* = blockierter Kern).

Manche TM-Geschosse weisen im Bereich des zylindrischen Teils einen auffallend dicken Mantel auf (sogenannter *Dick- oder Starkmantel*). Mit diesem Konstruktionsprinzip lässt sich der Deformationsverlauf je nach Ausführung erheblich beeinflussen. Im Extremfall wird dadurch jeder weitere Verformung und Zerlegung verhindert, so dass eine relativ große Restmasse mit entsprechend hohem Durchdringungspotential bestehen bleibt. Nach diesem Prinzip arbeitet beispielsweise das Mitte der 1930er Jahre von der Firma Deutsche Waffen- und Munitionsfabriken (DWM) in drei Varianten (Blei-, Loch-, Hohlspitze) herausgebrachte *Starkmantelgeschoss.*

Verhältnismäßig häufig weisen TM-Geschosse unterhalb der Stirnkante eingearbeitete Kerben oder Einschnitte auf, über welche Querschnittsvergrößerung und Energietransfer kontrolliert werden sollen. Doch kann dieses Prinzip so richtig nur bei Monobloc-Projektilen funktionieren, nicht aber bei Teilmantelgeschossen, weil sich deren Mantel und Bleikern – je nach Zielwiderstand – mal so, mal so, aber meist unkontrollierbar verhalten. Nebenbei bemerkt: In den meisten Fällen sind diese Kerben überflüssig und reine Verkaufskosmetik, denn beim Anformen des Ogivals entstehen logischerweise auf der Mantelinnenseite axiale Falten, die automatisch die Funktion von Soll-Bruchstellen übernehmen.

Abgesehen vom Mantel wird das Zielverhalten der Teilmantelgeschosse selbstverständlich auch sehr nachhaltig durch die materielle und konstruktive Beschaffenheit des Kerns determiniert. Üblicherweise besteht dieser aus Blei, einem plastisch verformbaren Werkstoff, der insofern maßgebenden Einfluss auf die Querschnittsvergrößerung und den daraus resultierenden Energietransfer nimmt. Nur in Ausnahmefällen besteht der Kern aus reinem *Weichblei* (auch *Hüttenblei* genannt). In der Regel benutzt man durch Legieren mit Antimon (St), Arsen (As) und/oder Zinn (Sn) gehärtetes sogenanntes *Hartblei*: Je geringer/größer der Härtegrad, desto schneller/langsamer der Verlauf von Querschnittsvergrößerung und Energietransfer.

In Deutschland machte sich Wilhelm Brenneke als Erster die unterschiedlichen Härtegrade bereits bei der Konstruktion seines Bleimantelgeschosses (siehe Seite 121) zu Nutze. Er entwickelte die Idee von der Kombination verschieden gehärteter Bleisorten konsequent weiter zum sogenannten *Dop-*

pelkern-Prinzip (englisch: *Dual Core*): Der vordere Kernteil besteht aus kaum gehärtetem Blei, deformiert also (mit entsprechendem Energietransfer) relativ schnell, während der sehr harte hintere Teil weitgehend erhalten bleibt. Aus diesen Überlegungen gingen schließlich die klassischen Brenneke-Geschosstypen *Torpedo-Idealgeschoss* (TIG) und *Torpedo-Universalgeschoss* (TUG) hervor.

Außer diesen beiden Sorten arbeiten auch verschiedene andere Konstruktionen nach dem Doppelkern-Prinzip – manche Erfinder hatten ähnliche Gedanken wie Brenneke, manche kopierten sie.

Das duale Bleikern-Konzept zeigt deutlich, mit welch einfachen Mitteln sich das Zielverhalten des Teilmantelgeschosses deutlich verbessern lässt. Dies allerdings nur in Grenzen, denn im Bereich sehr hoher Zielwiderstände beginnt auch der hintere, harte Kernteil ein unkontrolliertes und »bröseliges« Eigenleben.

Etliche jagdlich erfahrene Erfinder hakten an diesem Punkt ein. Sie erkannten, dass ein wie auch immer gehärteter und umhüllter Bleikern sich letztlich meistens als unsicherer Kantonist erweist. Resultat dieser realistischen Einschätzung sind schließlich Projektile mit einem eingebautem »Zerlegungsstop«, das jedweden weiteren Masseverlust verhindert und einen definierten Durchschlagskörper mit ausreichendem Durchdringungsvermögen gewährleistet. Hier nur einige Beispiele:

- Das 1958 von Walter Gehmann nach zahlreichen Versuchen für die Hochrasanzpatronen 7 x 66 vom Hofe Super Express und 7 x 75R vom Hofe Super Express entwickelte *Stopring-Geschoss* beendet den Deformations/Zerlegungsverlauf durch einen ungefähr in der Geschossmitte angeordneten, den zweiteiligen Bleikern umschließenden Stahlring (siehe Seite 131 ff).
- Ungefähr zur gleichen Zeit hatte John Nosler im fernen US-Staat Oregon eine andere Idee: Sein inzwischen weltweit bekanntes und von den meisten international bedeutenden Munitionsherstellern verladenes »*Partition*« (= Abteilung) genanntes Geschosse (vergl. unten Seite 133 ff) weist als typisches Merkmal eine mit dem Mantel integrale und den Bleikern teilende Querwand auf, an welcher Deformation und Zerlegung des vorderen Geschossteils enden. Dieses Prinzip benutzen inzwischen auch andere Geschossfabrikate.

Das 1965 von Nosler speziell für Hochrasanzmunition Kaliber .224" (= 5,6 mm) herausgebrachte »Zipedo« kann man als konsequente Weiterentwicklung des »Partition« ansehen, bei welcher lediglich der hintere Teil des Bleikerns durch ein massives, mit dem Mantel integrales Heck (englisch: *Solid Base*) ersetzt ist. Da dieses Massivheck selbst härtester Beanspruchung widersteht, wird insofern eine maximale Eindringtiefe gewährleistet. Inzwischen nutzen auch andere Fabrikate dieses Konstruktionsprinzip.

Mit der wie auch immer gearteten »Zerlegungsbremse« lässt sich zwar ein erheblicher Teil der ursprünglichen Masse zusammenhalten (meist ungefähr 65 Prozent), doch der vordere Bereich zerbröselt mehr oder weniger unkontrolliert zu Sekundärgeschossen mit der Folge vermeidbarer und oft sehr bedeutender Zerstörungen am Wildkörper. Dies ergibt sich schon allein aus der unterschiedlichen Konsistenz von Kern und Mantel.

Doch seit kurzem gibt es wirkungsvolle Abhilfe: Mantel und Bleikern werden in einem chemothermischen Prozess untrennbar miteinander verbunden. Ein solches Verbund-Geschoss (englisch: *Compound Bullet*)

behält – je nach Manteldicke und Kernhärte – 80 bis 95 Prozent seiner ursprünglichen Masse bei und weist gegenüber den »altbewährten Spezialgeschossen« geradezu dramatische Vorteile auf: Bessere Kontrolle des Verhaltens bei variierenden Zielwiderständen; geringere Zerstörwirkung; erheblich größeres Durchdringungspotential. Streng-genommen ist das Verbundgeschoss ein – gelinde gesagt – uralter Hut aus der frühesten Kindheit des Teilmantelgeschosses; sogenannte *Mantelstecker* waren in den frühen Jahren des 20. Jahrhunderts gefürchtet und verursachten schwere, zum Teil tödliche Unfälle. Bereits damals hatten verschiedene Munitionstechniker den Gedanken, den Mantel mit dem Bleikern zu verlöten. Doch bot ihnen das technische Wissen keine Möglichkeiten, dieses Prinzip im Rahmen der Massenfertigung zu nutzen. Heute dagegen ist das sozusagen ein »Klacks«. Umso mehr muss man sich darüber wundern, dass diese – inzwischen sehr bewährte und seit langem in den USA, Australien und anderen Staaten als Standard angewandte – Technik von europäischen Herstellern noch immer zögernd benutzt wird.
Inzwischen sind – unter terminalballistischen Gesichtspunkten – die technischen Verbesserungsmöglichkeiten des Teilmantelgeschosses völlig ausgeschöpft: Die fest installierte Zerlegungsbremse, kombiniert mit dem im Mantel »eingelöteten« Bleikern, lässt offenbar bei diesem Geschosstyp keinen weiteren Fortschritt erwarten.
Nachfolgend werden bekannte Teilmantelgeschosse in typisierter Darstellung beschrieben. Die speziellen terminalballistischen Informationen basieren in der Regel auf Testbeschüssen eines Kombinationsziels (Gelatineblock [gemäß der Technischen Richtlinie der PFA] mit simuliertem Knochentreffer auf der Einschuss-Seite) mit der Patrone .308 Winchester.

1. Geschosse mit gewolltem Zerlegungseffekt

Kennzeichnend für Projektile dieser Kategorie ist die gewollte explosionsartige Energieabgabe durch faktisch völliges Zerlegen auf einem vergleichsweise kurzen Eindringweg selbst bei geringen Zielwiderständen. Dieses Zielverhalten wird meistens durch eine relativ weite und tiefe, stirnseitig eingearbeitete Öffnung (= Lochspitze) in Verbindung mit einer »weichen« Konstruktion (= dünner Mantel, weicher Bleikern) erreicht. Ein sehr typisches Beispiel dieser Geschossart bildet das TM-Lochspitz-Geschoss der Patrone .22 Winchester Magnum Rimfire (WMR).
Bei manchen Ausführungen ist dieser Hohlraum zur Verbesserung der Flugballistik durch eine formschlüssig eingepasste dünnwandige Metallhaube (= Hohlspitze) oder durch einen massiven, als Zerlegungsstarter fungierenden Einsatz aus Hartmetall oder Kunststoff verschlossen. Der Hintergedanke: Beim Aufprall pressen die Reaktionskräfte die Zielmaterie beziehungsweise den Zerlegungsstarter in den Expansionsraum und leiten so die mehr oder weniger umfängliche Zerlegung ein. Dieses Prinzip ist indessen keineswegs eine neuzeitliche Erfindung; es findet sich vielmehr bereits bei zahlreichen Gewehrmunitionen des vorigen Jahrhunderts.

D-Mantel-Geschoss (RWS/DNAG)

Ein einstmals »modernes« Geschoss dieser Art ist das in den 1930er Jahren von Walter Lampel erdachte und von RWS/DNAG bis circa 1974 hergestellte und verladene »D-Mantel«-Geschoss. Dabei steht das »D« für »doppelt«: Der relativ weiche Bleikern (mit tiefreichendem Expansionsraum) ist bis zur Stirnkante von einem dünnwandigen Kupfermantel umhüllt und im Führungsbereich

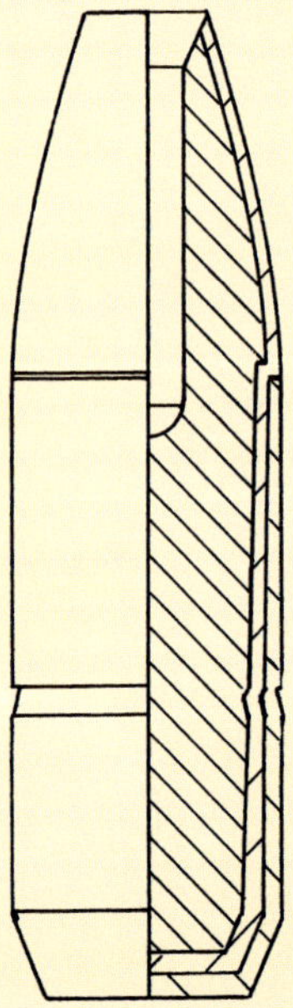

■ **Das *D-Mantel-Geschoss* weist eine außerordentlich zerlegungsfreundliche Konstruktion auf.**

von einem weiteren aus dünnem Eisenblech. Der vordere Teil zerlegt sich unmittelbar nach dem Eindringen explosionsartig in zahllose kleine und kleinste Partikel. Der Restkörper, falls er sich nicht durch Knochenkontakt ebenfalls auflöst, dringt noch eine mehr oder weniger kurze Strecke weiter in das Ziel, wobei aber häufig die Energie selbst bei leichtem Schalenwild nicht für einen Ausschuss reicht. Die extrem starke Zerstörwirkung dieser veritablen »Splittergranate« (Kaliber: 6,5; 7; 8 mm) gab zwar immer wieder Anlass zu heftiger Kritik, verhinderte jedoch über rund vier Jahrzehnte seltsamerweise keineswegs die Verwendung der D-Mantel-Munition.

Power-Lokt (PL/HP; Remington)

Dieses Zerlegungsgeschoss wurde speziell für die Jagd auf Raubwild der Stärke bis einschließlich Wolf entwickelt. Kennzeichnend für die Konstruktion sind der in einem elektrolytischen Verfahren auf den relativ weichen Bleikern allseitig aufgebrachte Tombakmantel, das zylindro-ogivale Profil sowie eine kleine konische Delle in der Stirnfläche. Typisches Zielverhalten: Unmittelbar nach dem Eindringen zerlegt sich das Projektil in relativ große Splitter, die sich als Sekundärgeschosse radial um dem eigentlichen Schusskanal ausbreiten und aufgrund ihrer geringen Masse ihre Energie mit entsprechend starker Sofortwirkung auf einem vergleichsweise kurzen Eindringweg (15 bis 20 cm) restlos abladen. Mit dem Power-

■ **Das *D-Mantel-Geschoss* ist bekannt und berüchtigt für seine außerordentlich starke Zielwirkung.**

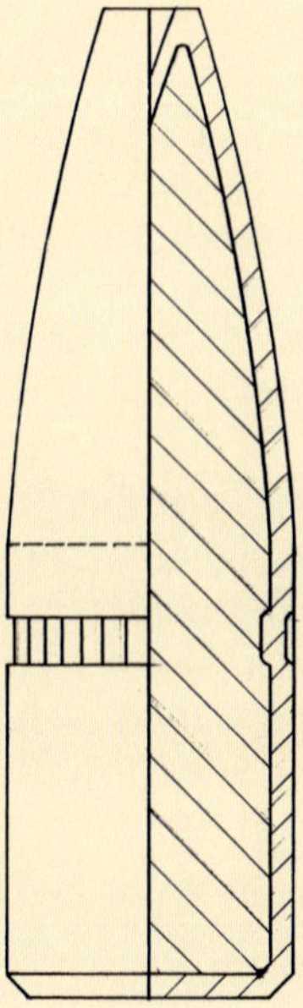

Typisch für das *Power-Lokt* sind der galvanisch aufgetragene Mantel ...

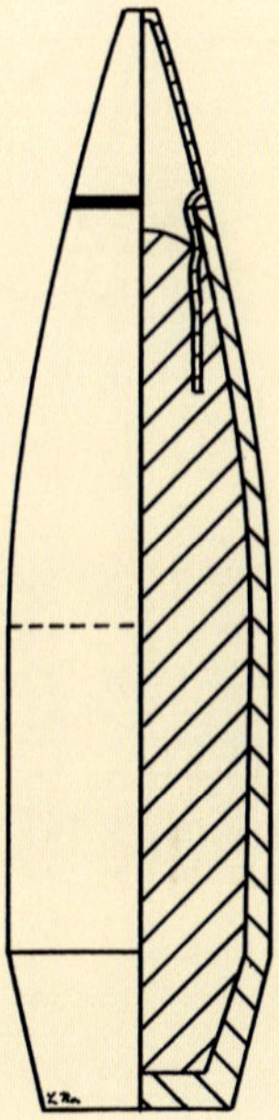

Das *Torpedo-S* von Sellier & Bellot macht zwar eine gute Figur, doch mangel es ihm an ausreichender Präzision.

Lokt laboriert Remington die Patronen .222 Rem.; .223 Rem.; .22-250 Rem. sowie .243 Win. Es ist aber zu erwarten, dass dieser Typ in absehbarer Zeit zugunsten der Sorten *V-Max* beziehungsweise *AccuTip* aufgegeben wird.

Torpedo-S (Sellier & Bellot)
Hierbei handelt es sich um ein dünnwandig ummanteltes (tombakplattiertes Eisenblech) zylindro-ogivales Projektil (in den Kalibern 7 und 8 mm) mit konischem Heck und formschlüssig eingepasster Haube aus Kupfer-

.... sowie die selbst bei geringem Zielwiderstand faktisch völlige Zerlegung.

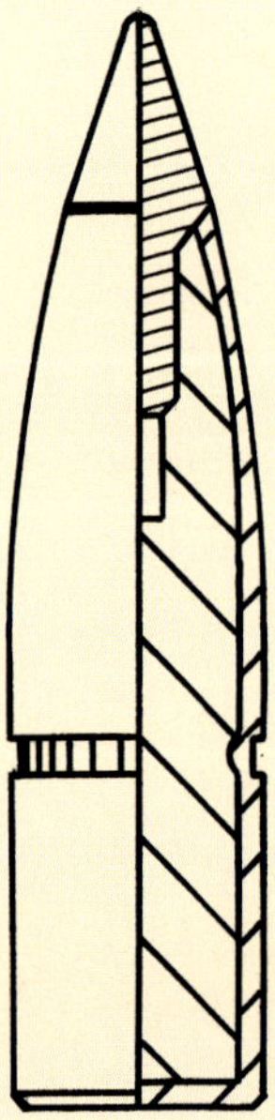

Das *Bronze-Point* zerlegt sich Dank seiner massiven Metallspitze…

blech sowie relativ weichem Bleikern. Wie aufgrund dieser technischen Kombination nicht anders zu erwarten, zerlegt sich das von Bellier & Bellot verladene *Torpedo-S* unmittelbar nach dem Eindringen in ein Ziel größtenteils wie ein Schrapnell und verursacht – ähnlich dem RWS-D-Mantel – enorme Wildbretzerstörungen. Ein weiteres Manko ist die sehr ungewisse Wirktiefe.

Doch abgesehen von alledem besteht der gravierendste Mangel dieses S&B-Torpedos in seiner vergleichsweise geringen Eigenpräzision. Insofern fehlt eine Eignung für weite Schüsse.

Bronze Point (BP; Remington)

Deformationsstarter in Form eines in die Geschossstirn eingesetzten Pfropfens aus Metall oder Hartholz sind olle Kamellen und finden sich bereits an Geschossen verschiedener Schwarzpulverpatronen des ausgehenden 19. Jahrhunderts. Das 1951 von Remington herausgebrachte *Bronze Point* (= Bronzespitze) stellt das erste moderne Projektil dieser Art dar. Es verbindet die Wirkung einer Lochspitze (schnell verlaufende Zerlegung) mit der einer ballistischen Haube (Verbesserung der Aerodynamik): In die tiefreichende Stirnöffnung des relativ dünn ummantelten (Tombak) zylindro-ogivalen Geschosses ist formschlüssig ein massiver Messingeinsatz (ursprünglich aus Bronze) eingearbeitet. Dessen vorderer Teil bildet

… in relativ große Splitter.

Noslers *Ballistic Tip* gelang es in kurzer Zeit, den Markt zu revolutionieren.

die scharf auslaufende Geschoss-Spitze, während der hintere, mehr oder weniger keilartig geformte beim Aufprall auf ein Ziel von den Reaktionskräften in den Geschosskörper getrieben wird und diesen auseinander sprengt. Die dabei entstehenden vergleichsweise großen Splitter breiten sich im Ziel radial in Schussrichtung aus und sorgen für einen sehr abrupten Energietransfer.

Die mechanische Zerstörwirkung ist gewaltig. Bedingt durch seine geringe Masse (meist kaum 40 %) kommt der Geschossrest nach relativ geringer Eindringtiefe zum Stillstand. So weit, so gut. Doch es hapert bei der Eigenpräzision. Denn es ist unmöglich, die – vergleichsweise schwere - Massivspitze so einzupassen, dass die Rotationssymmetrie gewahrt bleibt. Mit anderen Worten: Über mehr als 150 Meter sollte man besser nicht schießen.

Das *Bronze Point* ist speziell für die Bejagung von mittelstarkem Schalenwild wie beispielsweise Bergschaf, Damwild, Sikawild in offenem Gelände gedacht. Wegen der Präzisionsmängel und der Produktionskosten werden derzeit nur noch Laborierungen der Munitionen .270 Win. (130 grs = 8,4 g) und .30-06 SPRG (150 grs = 9,7 g sowie 180 grs = 11,7 g) angeboten.

Ballistic Tip (BT; Nosler)

John Nosler, ein erfahrener Hochwildjäger, erkannte sogleich die materialbedingte Problematik des *Bronze Point*. Er verpasste seinem *Solid Base* einen der Remington-Bronzespitze nachempfundenen Einsatz aus sehr hartem Kunststoff und nannte diese Variante *Ballistic Tip* (= Ballistische Spitze oder Haube; kurz: BT). Das neue, 1984 herausgebrachte Geschoss zeigt faktisch das gleiche Zielverhalten wie das *Bronze Point*, weist jedoch diesem gegenüber zwei entscheidende Vorteile auf: Die Herstellkosten sind deutlich geringer, vor allem aber legt es eine derartige Eigenpräzision an den Tag, das es sich gleichermaßen für Jagdzwecke wie auch als Matchgeschoss eignet. Und es ist gerade die hervorragende Präzision, die das *BT* in nur wenigen Jahren zum Verkaufsschlager werden ließ.

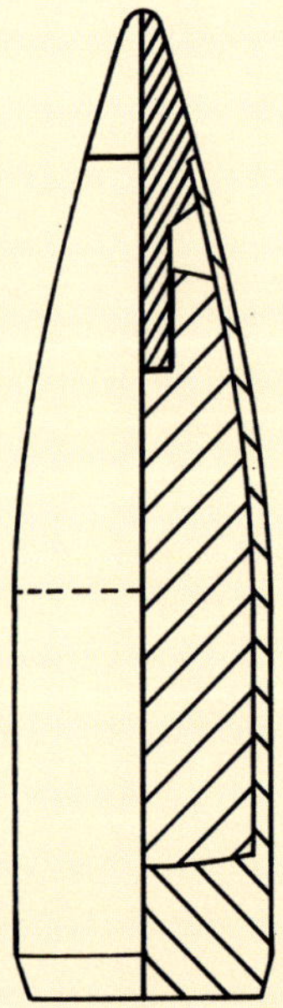

Es hat eine vergleichsweise weiche Konstruktion …

Im Unterschied zum *Bronze Point* erreicht das *Ballistic Tip* eine deutlich größere Wirktiefe. Beim Schuss auf breit stehendes leichtes und mittelschweres Wild entsteht fast immer ein Ausschuss. Dieser ist oft kaum zwei Kaliber groß, wenn der Geschossboden vom Kernrest abgestreift wird.

Inzwischen gibt es kaum einen bedeutenden Munitionshersteller, der nicht mit diesem Projektil laborierte Munition – teils mit identischer, teils mit anderer Bezeichnung – anbietet. Die US-Firmen A-Square, Federal, Hornady, Olin/Winchester sowie Remington gehören ebenso dazu wie die europäischen Hersteller bzw. Fabrikate Hirtenberger und Gehmann/vom Hofe. Nosler selbst bietet das »BT« in allen gängigen Kalibern und gebräuchlichen Gewichten an. Dabei ist das jeweilige Kaliber aus der Farbe der Kunststoffspitze ersichtlich: .224"/ 5,6 mm orange; .243"/6 mm purpur; .257"

… und zerbröselt daher schon bei geringem Zielwiderstand in kleine Partikel.

Beim *Ballistic Tip* werden die einzelnen Kaliber durch unterschiedliche Färbung der Plastikspitze gekennzeichnet.

blau; .264"/6,5 mm braun; .270" gelb; .284"/7 mm rot; .308"/7,62 mm grün; 8 mm blaugrau; .338" rotbraun; .358" beige; 9,3 mm oliv.

Ballistic Silvertip (BST; Winchester)

Der phänomenale Erfolg des *Ballistic Tip* veranlasste Olin/Winchester, sich mit Nosler in einer »*Combined Technology*« (= gemeinsame oder vereinigte Technologie; kurz:*CT*) genannten Verbindung zu arrangieren. Resultat ist unter anderen das von Winchester in den Kalibern .224", 6 mm; 257"; .270"; 7 mm; .308" und .338" verladene *Ballistic Silvertip* (BST), das im Hinblick auf Profil, Zielverhalten und Eigenpräzision mit Noslers BT völlig identisch ist. Die einzigen Neuerungen bestehen in der schwarzen Oberflächenbeschichtung mit einem als »Lubalox« bezeichneten Gleitmittel, das die lästigen Metallverschmierungen im Waffenrohr zu verringern hilft, sowie in der – dies an das traditionelle *Silvertip* anknüpfende Kosmetik – silbrigen Plastikspitze.

Abgesehen von der Oberflächenbeschichtung und der silbrigen Spitzenfarbe ist das *Ballistic Silvertip* völlig identisch mit dem *Ballistic Tip*.

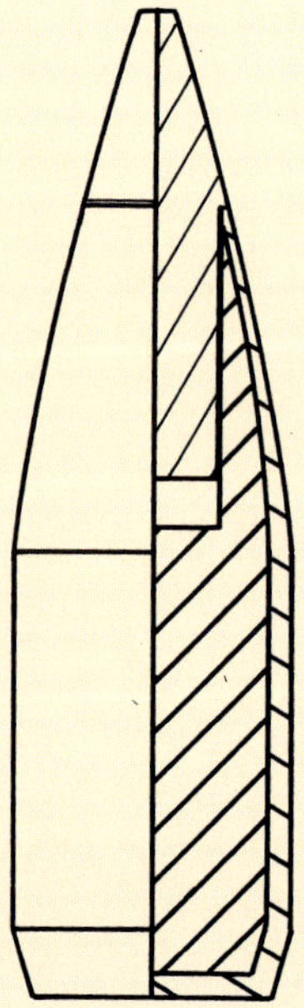

Hornadys *V-Max* ist vor allem für die Jagd auf kleines Schadwild vorgesehen.

V-Max (Hornady)

Mit dem Prinzip des *V-Max*[1] gelang Hornady ein Coup, der die Szene nachhaltig beeinflusste und offenbar auch weiterhin beeinflusst. Den Anstoß für die Entwicklung dieses neuen Geschosstyps gab vor allem die Jagd auf kleines Schadwild. Die üblicherweise auf Kleinwild und Raubzeug verwendeten Geschosse jedweder Couleur erweisen sich als mehr oder weniger untauglich. Das Bleigeschoss (gleichgültig, ob mit oder ohne Lochspitze) der auf diesem Sektor exzessiv benutzten Munition *.22 lr* liefert ein typisches Beispiel: Unbefriedigendes Zielverhalten; erhebliche Umfeldgefährdung bei Durchschüssen sowie durch Abpraller (Querschläger); allzu oft miserable Eigenpräzision.

Nicht um eine Bohne besser schaut es bei der Munition *.22 WMR* (= Winchester Magnum Rimfire) und all den anderen »Schonzeit«-Laborierungen und –Patronen aus.

Kurz entschlossen nahm sich Hornady das *Ballistic Tip* von Nosler vor und modifizierte es von Grund auf: Sehr dünner Tombak-Mantel gleichbleibender Stärke; Weichblei-Kern; sekanten-ogivales Kopfprofil; vergleichsweise geringe Masse (und dementsprechend extrem hohe v_z).

Die für das *V-Max* charakteristischen Eigenschaften zeigen sich besonders im Zielverhalten: Unmittelbar nach dem Eindringen in ein Weichziel zerstiebt es restlos (sieht man von dem Mantelboden ab) in winzige Partikel. Der Energietransfer erfolgt daher geradezu explosionsartig auf einem sehr kurzen Weg (je nach Kaliber und v_z 50 bis 120 Millimeter).

Ein weiteres Kennzeichen ist die ungewöhnliche Eigenpräzision dieses Projektils, die selbst den aufwändigen Matchgeschossen der Sportschützen Paroli bietet. Loch-in-Loch-Streukreise mit fünf Schüssen auf 100 Meter sind eher der Regel als die Ausnahme. Insofern erinnert das *V-Max* an einen »frisierten« VW-Käfer mit dem Motor eines Carrera unter der Haube: Obzwar unscheinbar von außen, in Wirklichkeit eine Rakete.

Die eigentliche Domäne des *V-Max* sind die mikro- und kleinkalibrigen Patronen mit extrem hoher Anfangsgeschwindigkeit und einer auf 100 und mehr Metern faktisch strichgerader Flugbahn. Hier einige typische Beispiele aus der Jagdpraxis: a) Winterfuchs: Distanz circa 160 Meter, Munition .223 Rem/40 gr; im Knall verendet, kein Ausschuss, also völlig verwertbarer Balg. b) Von einer auf knapp 100 Meter mit .17 HMR/

1) Der Buchstabe »V« steht für *Varmint* oder *Vermin*, den englischen Ausdrücken für Schadwild beziehungsweise Raubzeug. Das Additiv »Max« weist auf maximale Zielwirkung hin.

Es zerstäubt bereits auf einem sehr kurzen Eindringweg.

17 grs beschossenen Saatkrähe blieb – außer vielen Federn – kaum etwas übrig. c) Murmel-Bär: Entfernung reichlich 250 Meter; Laborierung .204 Ruger/40 gr; verendet sofort ohne Ausschuss.

Hornady liefert das *V-Max* als Wiederlade-Komponente, zum Teil mit Moly-Beschichtung, in 23 Ausführungen (Geschossmasse) und neun Kalibern von .17" bis 30". Außerdem bietet die Firma derzeit – in 20 Laborie-

Typisch sind die enorme Wirkbreite und die sehr geringe Wirktiefe.

Das *SST* ist robuster konstruiert als das *V-Max* und für die Jagd auf mittleres und starkes Wild vorgesehen.

rungen (Geschossmasse) – fabrikgeladene Patronen folgender Sorten an[2]: .17 Mach 2, .17 HMR, .204 Ruger, .22 Hornet, .222 Rem., .223 Rem., .22-250 Rem., .220 Swift, .243 Win. In diesem Zusammenhang: Mit den neuen Patronen *.17 HMR* sowie *.17 Mach 2* mischt Hornady gerade den Markt gewaltig auf.

Selbst wer nicht über eine ausgemachte Prophetengabe verfügt, kann erkennen, dass mit dem *V-Max* ein neues Kapitel speziell in der Geschichte der Geschosse für die Niederwildjagd beginnt.

Super Shok Tip InterLock (SST; Hornady)

Die Ambitionen von Firmengründer Joice Hornady galten vor allem der Entwicklung hochpräziser und aerodynamisch optimierter Geschosse. Seine Ideen, beispielsweise in Form des Secant-Ogive-Profils[3], erwiesen sich zukunftsweisend. Sohn (und jetziger Firmen-Boss) Steve setzt diese Tradition ebenso erfolgreich fort.

Strenggenommen handelt es sich bei dem *SST InterLock*[4] ebenfalls um eine weitere Ausführung des *Ballistic Tip* von Nosler (siehe Seite 87 ff). Von diesem unterscheidet es sich vor allem durch das *Sekanten*-Ogival und den sogenannten *InterLock-Ring*. Das *Sekanten*-Profil verschlankt gewissermaßen den Geschosskopf und verbessert insofern, wenngleich nur geringfügig, den *Ballistischen Koeffizienten* (kurz: *BC*) und damit die Aerodynamik. Hieraus resultiert, rein theoretisch, auf große Distanzen eine um möglicherweise zwei bis drei Prozentpunkte höhere Geschwindigkeit. Der *Interlock-Ring*, ein auf der Mantel-Innenseite im Bereich des Führungszylinders durch Anstauchen geformter radialer Wulst, soll verhindern, dass der Mantel während des Zieldurchgangs vom Kern abgestreift wird. Dank der roten Polymerspitze und der durch Anformen des Geschosskopfes auf der Mantel-Innenseite entstandenen lateralen und als Soll-Bruchstellen fungierenden sechs Rippen, zerlegt sich der Kopf sogleich nach dem Eindringen in ein Weichziel – je nach Zielgeschwindigkeit – auf einem Weg von 15 bis 20 Zentimetern. Infolge der im Führungsbereich deutlich größeren Manteldicke deformiert der Restkörper auf zwei bis drei Kaliber bei einer Restmasse von rund 40 bis 50 Prozent.

Logischerweise geht mit diesem typischen Zielverhalten des *SST* - vor allem im Kurzdistanz-Bereich - eine ganz erhebliche Zerstörwirkung einher. Beispielsweise hat man beim Schuss über 50 Meter mit der Laborierung .308 Win./150 grs SST auf einen breit stehenden Überläufer einen Ausschussdurchmesser bisweilen von fünf und mehr Zentimetern zu gewärtigen. Selbst wer dieses Verhalten als Nachteil empfindet, wird allerdings als deutliche Pluspunkte die bemer-

■ **Der Vorderteil zerlegt sich in kleine Fragmente.**

kenswert große Rasanz sowie die nicht minder beachtliche Eigenpräzision akzeptieren. Wie für die (meisten) auf dem *Ballistic Tip* basierenden Projektile gang und gäbe, liefert das *SST* beim Präzisionsbeschuss auf 100 Meter problemlos Fünfschuss-Streukreise von 25 und weniger Millimetern.

Die Charakteristik des *SST* zeigt, dass dieses Geschoss vor allem auf leichtes und mittelstarkes Schalenwild über Schussdistanzen von 150 und mehr Metern eingesetzt werden kann. Bei der Jagd auf *schweres* europäisches Wild sollte, wegen der vergleichsweise geringen Wirktiefe, auf jeden Fall eine Distanz von maximal 100 Metern eingehalten werden. Dem Gastjäger, der ganz besonders darauf bedacht sein muss, keine langwierige Nachsuche zu verursachen, ist dieses Geschoss selbstverständlich besonders willkommen. Und auch Forstbeamte, die im Revier häufig mit Sauen konfrontiert werden, haben die besonderen Qualitäten dieses Projektils erkannt.

Hornady liefert das *SST* als Wiederlade-Komponenten in den Kalibern .243"; .25"; 6,5mm; .270"; 7mm; .30"und .338" in insgesamt 14 Ausführungen (Masse) sowie die hiermit bestückten Patronen .243 Win., 6 mm Rem., .25-06 Rem., 270 Win., 7mm Rem.Mag., 308 Win., .30-06 SPRG, .300 Win.Mag. und .300 Weatherby Mag. Außerdem laborieren auch andere Munitionsfabriken ihrer Patronen mit dem *SST*, unter ihnen beispielsweise Sellier & Bellot.

AccuTip (AT; Remington)

Zunächst bezog Remingtons das *Ballistic Tip* direkt von Nosler und verlud es eine Zeit lang unter der Original-Bezeichnung. Doch das erwies sich als nicht profitabel genug, zumal sich Konkurrent Hornady mit den Sorten *SST* und *V-Max* so respektlos wie erfolgreich in

2) Siehe hierzu auch M. R. Rosenberger: *Jagdpatronen*, a.a.O.
3) Wegen Einzelheiten hierzu siehe oben Seite 44 ff.
4) Ursprünglich kam das Super Shock Tip *ohne* InterLock-Ring.

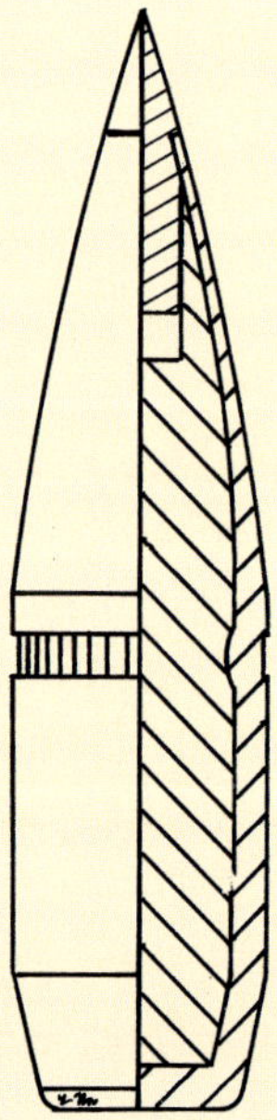

Beim *AccuTip* handelt es sich um Remingtons Variante des *Ballistic Tip* (abgesehen vom Mantelboden) ...

... mit auffallend ähnlichem Zielverhalten.

den Markt drängelte. Deshalb beschlossen die Remington-Leute, ihr eigenes Süppchen zu kochen. Sie nahmen von diesem und jenem ein paar Zutaten, mixten sie gut durch und hatten schlussendlich, was sie dann als *AccuTip* herausbrachten (aus dem englischen *Accuracy* [= Präzision] und *Tip* [= Spitze] zusammengebasteltes Kunstwort).

Um das gleich vorwegzunehmen: Abgesehen von der – euphemistisch als »golden« bezeichneten – Farbe der Polymerspitze, besteht weder technisch noch ballistisch gegenüber dem *Ballistic Tip* und dem *V-Max* ein wie auch immer gearteter Unterschied.

Unmittelbar nach dem Aufprall auf ein Weichziel zerlegt sich das *AccuTip*, in Abhängigkeit von der jeweiligen Zielgeschwindigkeit, mehr oder weniger stark (die Varmint-Ausführung explodiert regelrecht), so dass die Energie auf einem relativ kurzen Eindringweg transferiert wird. Als unvermeidliche Folge ergeben sich großflächige Hämatome und exzeptionelle Zerstörungen. Beim Einsatz des *AccuTip-V* (üblicherweise in mikro- und kleinkalibrige Patronen mit sehr hoher Anfangsgeschwindigkeit verladen) beträgt die Wirkbreite 60 bis 80 Millimeter.

Wie alle anderen vergleichbaren Geschosse dieser Kategorie, zeichnet sich das *AccuTip* durch eine ungewöhnlich große Eigenpräzision aus. Insofern kann es sich ohne weiteres selbst mit den besten und teuersten Match-Projektilen anlegen. Daneben – und als mindestens ebenso bedeutend – weist es ein aerodynamisch optimiertes Profil auf. Insofern handelt es sich zweifellos um ein hochqualifiziertes Weitschuss-Projektil. So weit, so gut. Doch erhebt sich, vor allem in Anbetracht des typischen Zielverhaltens, die Frage nach dem Sinn. *What is it good for?* Zumindest für übliche europäische Jagdverhältnisse lässt sich kein echter Bedarf erkennen es sei denn, der »Anwender« bevorzugt auf seinem Teller Faschiertes in Form von Frikadellen oder

Ćevapčiči an Stelle eines veritablen Bratens. Dagegen schaut die Sache bei dem *AccuTip-V* völlig anders aus.
Remington laboriert mit dem *AccuTip* derzeit zehn Patronen: .243 Win., .260 Rem., .270 Win., .270 WSM, .280 Rem., 7 mm-08 Rem., 7 mm Rem.Mag., .30-06 SPRG, .300 WSM; .300 Win.Mag. und .308 Win. Mit dem aktuellen Schnellzerleger *AccuTip-V* bestückt werden derzeit zehn Patronen: .17 Mach 2, .17 HMR, .17 Rem., .204 Ruger, .221 Fireball, .222 Rem., .223 Rem., .22-250 Rem. sowie .243 Win.

Lion Load (LL; A-Square)
Kupfermantel; relativ weicher Bleikern; überwiegend zylindrisches Profil mit halbkugeligem Kopf. Aufbau und Profil sorgen dafür, dass sich dieses ursprünglich für die Jagd auf Großkatzen entwickelte Spezialprojektil sogleich nach dem Aufprall nahezu vollständig in vergleichsweise große Fragmente zerlegt, welche das Ziel als Sekundärgeschosse großflächig bis in die vitalen Organe durchdringen und die gesamte Energie restlos transferieren. Die Wirkung ähnelt insofern der einer mit 8-mm-Postenschrot laborierten Patrone Kaliber 12 oder 10 auf kurze Entfernung.
Das *Lion Load*, ein Produkt der US-Firma A-Square, ist Bestandteil derer Geschoss-Serie »Triade«[5] und wird in den meisten gebräuchlichen sowie ausgefallenen Kalibern zwischen .338" (= 8,6 mm) und .600" (= 15,5 mm) verladen und steht auch als Wiederladekomponente zur Verfügung.

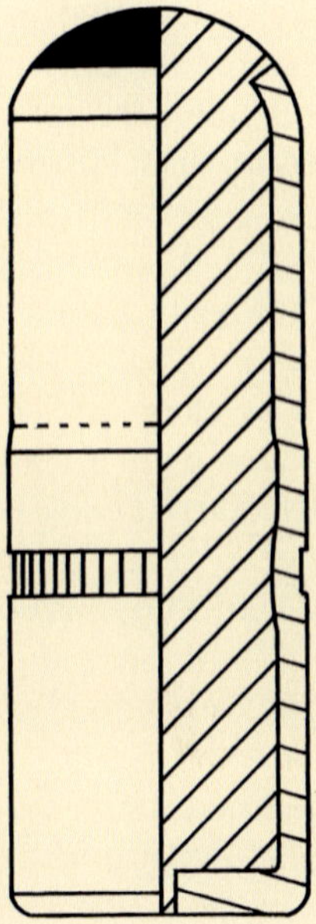

Lion Load ist konstruktionsbedingt (weicher Bleikern, dünner Kupfermantel) besonders zerlegungsfreundlich.

2. Bleifreie Teil-Zerlegungsgeschosse

Im Grunde gab und gibt es auf dem Gebiet der Jagdgeschosse nur wenige wirklich *innovative* Entwicklungen. Die meisten beschränken sich darauf, die eine oder andere »Fremdidee« auf patentrechtlich nicht gesicherte Einzelheiten abzuklopfen, um diese dann zu kombinieren und flugs als »eigene« Gedanken auszugeben. Und, was die heutigen bleifreien Projektile betrifft, hält mancheiner schon allein das

5) Die Triade (= Dreiheit) besteht in einem bestimmten Kaliber jeweils aus den Geschosstypen *Lion Load, Dead Tough* und *Monolithic Solid,* die – obzwar unterschiedlich konstruiert – gleiche Masse und Form sowie (zumindest in einem gewissen Distanzbereich) eine identische Flugbahn und Treffpunktlage aufweisen.

Fortlassen des Bleikern offenbar für eine veritable Erfindung. Das gilt besonders für die aus Kupfer oder einer Kupferlegierung bestehenden *Teil-Zerlegungsgeschosse*. Bei näherem Hinschauen erweisen sich diese ganz und gar nicht als *die* Novität, die zu sein sie frech behaupten. Tatsächlich handelt es sich hierbei um eine Modifikation des bleifreien und massestabilen Deformationsgeschosses (siehe ab S.159). Sie zerlegen sich zu einem mehr oder weniger großen Teil in meist wenige und vergleichsweise große Splitter, die sich mit erblicher Zerstörwirkung zentrifugal um den Schusskanal ausbreiten (ähnlich wie die vorfragmentierten Splitter von Granathüllen zur Bekämpfung sogenannter *Weichziele*).
In Wahrheit findet sich der Grundgedanke des *Teil-Zerlegungsgeschosses* bereits in den 1930er Jahren, nur dass diese noch mit einem Bleikern arbeiten. Das seinerzeit von der Rheinisch-Westphälischen Sprengstoff AG (RWS) herausgebrachte Modell *H-Mantel* (siehe unten Seite 123) liefert ein typisches Beispiel.
Die – während der jüngst vergangenen Jahre in einigen europäischen Staaten (darunter Deutschland und Frankreich) – in verschiedenen Ausführungen aufgetauchten *Teil-Zerlegungsgeschosse* entpuppen sich als ein Zugeständnis an jenen Teil der Jägerschaft, der sich (Lampel sei Dank!) nach wie vor an der Forderung nach »Splitterwirkung« orientiert. Auch bei einem schlechten Treffer, so deren Begründung, solle das beschossene Wild in Folge der starken Zerstörwirkung am Anschuss gebannt werden. Vor allem Forstbeamte, die häufig mit untrainierten und schlecht schießenden Jagdgästen zu tun haben und anschließend durch stundenlange Nachsuchen beansprucht werden, freuen sich über solche Schrapnellgeschosse[6]. Inzwischen wittern einige europäische Konstrukteure und Produzenten bei dieser Klientel eine interessante Marktlücke und bieten die Teil-Zerleger in verschiedenen Ausführungen an:

GPA

Das von der französischen Firma Cartouches Sologne produzierte *GPA* (kurz für *Grande Puissance d'Arrêt* = großes Aufhaltevermögen) besteht aus einer Kupferlegierung und wird auf einer automatischen Spindeldrehbank hergestellt. Seine wesentlichen äußeren Merkmale bestehen aus den, üblicherweise, vier Entlastungsnuten auf dem Umfang, einem als Doppelkonus ausgebildeten Kopf sowie der stark abgeflachten Spitze. In diesen Punkten faktisch mit dem *FIP* (siehe unten Seite 173) identisch, unterscheidet es sich jedoch unter konstruktivem Aspekt ganz erheblich: Es arbeitet mit einem offenen Expansionskanal, in dessen trichterförmiger Mündung drei oder vier breite Steuerkerben eingepresst sind.
Beim Aufprall auf ein Weichziel expandiert der Kopf zunächst, in üblicher Manier. Die sich dabei bildenden drei beziehungsweise vier Fahnen rollen nach hinten, um dann (am Ende des Expansionskanals) abzubrechen und als Sekundärgeschosse die Wirkbreite erheblich zu vergrößern. Man sollte erwarten können, dass die Zerlegung des vorderen Teils weitgehend (besonders im Hinblick auf Form und Masse der Splitter) kontrolliert verläuft. Leider ist das nicht der Fall. Das kann auch nicht anders sein, weil die

6) Dieses Problem scheint uralt zu sein. Der bekannte Jagdschriftsteller Walter Frevert, weiland Oberforstmeister, beschäftigt sich in seinem Buch *Rominten*, 10. Auflage, Seite 97 f, ausführlich hiermit.

erwähnten Steuerungskerben *allein* nicht für halbwegs gleichförmige Splitter zu sorgen vermögen. Diese weisen dementsprechend eine sehr abweichende Masse und Energie auf mit dem Resultat einer mehr oder weniger großen Wirkbreite.

Im Idealfall hält der mehr oder weniger zylindrische Geschossrest noch ungefähr 60 Prozent der ursprünglichen Masse, so dass er nur eine entsprechende Wirktiefe erreichen kann.

Aus dem konstruktionsbedingten Zielverhalten resultiert eine nicht unbeträchtliche Zerstörwirkung, also just, was moderne Monobloc-Geschosse typischerweise vermeiden wollen. Insofern repräsentiert das *GPA* - so auch andere kürzlich aufgetauchte Sorten, wie beispielsweise *HDB-Drückjagd* und *Bionic Yellow* - einen Rückfall in die Hackfleischmentalität des vergangenen Jahrhunderts: Hauptsache das Stück liegt,

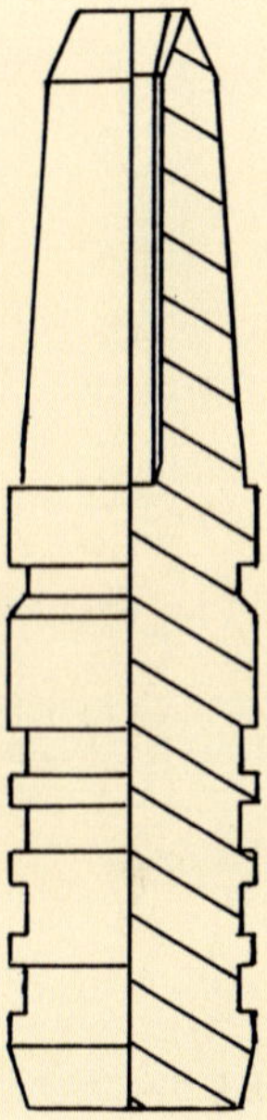

Der Expansionskanal des *GPA* ...

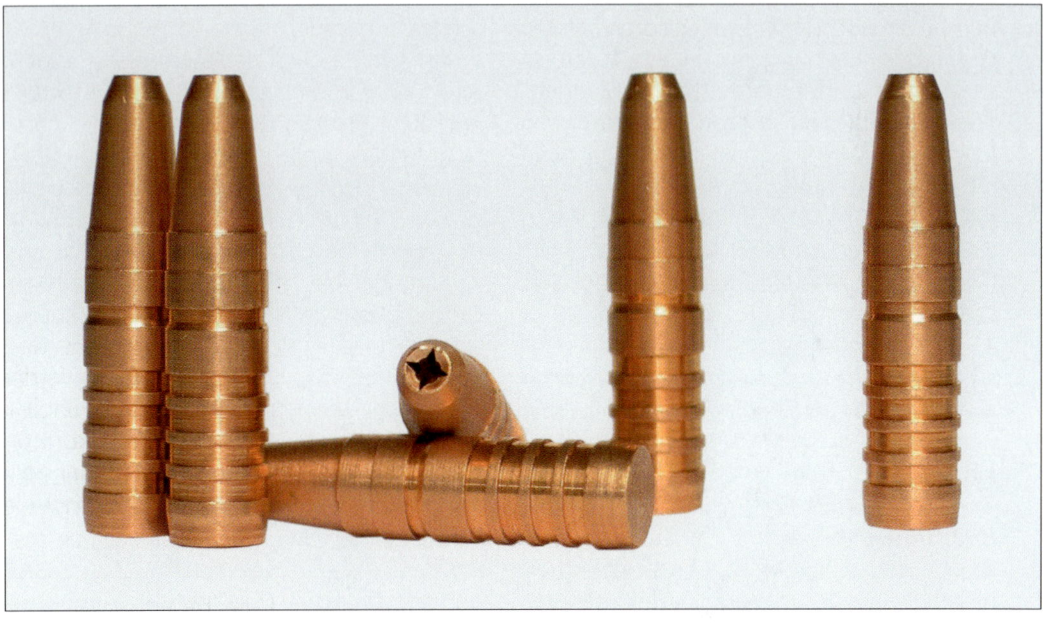

... mündet in einer trichterförmigen Öffnung mit (meist) vier Steuerkerben,

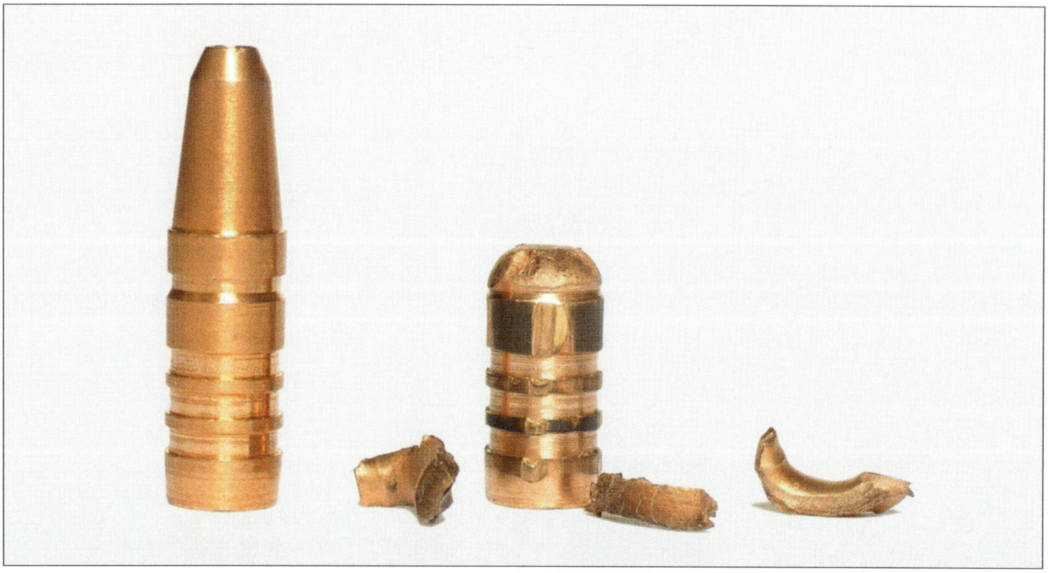

... die ein Zerlegen des Geschosskopfes in große Splitter bewirken.

egal, wie zerhackt und zermatscht es herinnen ausschaut. Die Propagandisten solcher Geschosse heben ungeniert die »...auch bei schlechten Treffern hohen Tötungseigenschaften...« hervor. Warum, so muss man ketzerisch fragen, auf der Drückjagd dann nicht gleich 8-mm-Postenschrot?
Nebenbei bemerkt kommt das *GPA* in so ziemlich allen bekannten Kalibern von .243" (= 6 mm) bis hinauf zu den etwas dickeren Brocken .577" (= 14,8 mm) und .600" (= 15,75 mm). Bedauerlicherweise schweigt sich der Hersteller darüber aus, bei welcher Gelegenheit vor allem die beiden zuletzt genannten Sorten eingesetzt werden sollen.

HDB-Drückjagd
Die im schwäbischen Althengstett beheimatete Firma Reichenberg Spezialgeschosse kam unlängst mit einer als »Drückjagd« bezeichneten Variante ihres *HDB* (siehe unten Seite 99) bezeichneten Jagdgeschosses heraus, deren vorderer Teil sich in der bereits beschriebenen Weise zerlegt und für einen entsprechend beschleunigten Energietransfer sorgt.
Ursprünglich unter der Bezeichnung *HDB-TZ* (für: *HDB-Teil-Zerlegungsgeschoss*) eingeführt, besteht der auf einer Drehbank gefertigte Geschosstyp »Drückjagd« aus Kupfer; in seinen Kopf ist ein abgerundeter Deformationsstarter aus Aluminium eingesetzt. Sichtbares äußeres Kennzeichen (und insofern *einziges* Unterscheidungsmerkmal gegenüber dem *HDB*) ist die einen Millimeter tiefe, auf dem Umfang des Geschosszylinders eingearbeitete vierkantige Ringnut; sie sorgt dafür, dass vom Geschosskopf gebildeten Fahnen abbrechen und sich als vergleichsweise kompakte Sekundärgeschosse auf den Weg machen. Der grau erscheinende Überzug aus Molybdändisulfid soll dem Verkupfern des Laufs entgegenwirken.

... während das *Magnum Drückjagd Kegelstumpf* ohne Alu-Stöpsel auskommt.

Weil sich diese Konstruktion in der Praxis als ziemlich unzuverlässig erwies, verpasste Michael Reichenberg dem *HDB* ein stark abgeflachtes Stirnprofil, so dass eine Zerlegung des Kopfteils auch bei vergleichsweise geringen Zielwiderständen gewährleistet ist. Das Zielverhalten dieser, *HDB-DR* genannten, »platten« Version hängt allerdings sehr von der jeweiligen Auftreffgeschwindigkeit ab. Die aktuelle Ausführung namens »Magnum Drückjagd Kegelstumpf« lässt - aus welchen Gründen auch immer - den Alu-Stöpsel fort und präsentiert sich als Lochspitzgeschoss mit dreikantiger Öffnung.

Doch wie auch immer bezeichnet: Bei jeder dieser drei Ausführungen zerlegt sich im Ziel der Frontteil in drei unregelmäßig geformte und verschieden schwere Splitter, die – inso-

Das *HDB-DR* weist eine stark abgeflachte Stirn mit Expansionsstarter auf, ...

■ **Kennzeichnend für das *HDB-TZ* ist eine tiefe Soll-Bruchnut auf dem Umfang. Sie sorgt dafür, dass die nach hinten aufgerollten Fahnen vom Geschosskörper abbrechen.**

fern dem *GPA* ähnlich – die Wirkbreite erhöht. Der mehr oder weniger zylindrische Geschossrest soll für eine ausreichende Wirktiefe und Ausschuss sorgen. Zielverhalten und sowie Zerstörwirkung sind faktische

■ **Die *KUHS* genannte Variante verzichtet auf die Moly-Beschichtung.**

■ **Reichenbergs Teilzerleger von vorn (v. l.):** *HDB-TZ; HDB-DR; Magnum Drückjagd Kegelstumpf; KUHS.*

identisch mit der des oben beschriebenen französischen GPA.
Michael Reichenberg und seine Mannen mochten sich indessen mit dem *Magnum Drückjagd* nicht zufrieden geben: Sie entwickelten weitere Spezialgeschosse mit ähnlichem Zielverhalten. So etwa das *KUHS* (nein, das ist nicht etwa der modernisierte Plural von *Kuh*, steht vielmehr für *Kupfer-Hohlspitze*). Im Gegensatz zum *Magnum Drückjagd* fehlt die Moly-Beschichtung. Außerdem hat die Öffnung der Lochspitze einen runden Durchmesser, weist also keine ausgeprägten Sollbruchstellen auf. Dementsprechend erfolgt die Zerlegung mehr oder weniger unkontrolliert.
Irgendwelche besonderen jagdlichen Vorteile lässt das *KUHS* nicht erkennen. Und die wenigen Cents Ersparnis im Vergleich zu den anderen »Drückebergern« machen den Kohl auch nicht fett.

Jaguar
Bei diesem Namen denkt man unwillkürlich an die bekannte Automarke, speziell an Jerry Cottons roten Flitzer Modell *E-Type*, zumal das Geschoss neben dem Namen auch ein dem Logo der Luxuskarosse sehr stark ähnelndes Symbol verwendet. Laut Website-Information weist sich eine Firma »German-Pecision-Ammunition« als Hersteller/Lieferant dieses Geschosses und damit laborierte

Munition aus. Dahinter verbirgt sich das deutsche Unternehmen Huf GmbH & Co, KG, Ingelheim. Beim »Jaguar« handelt es sich im Wesentlichen um ein bleifreies Teil-Zerlegungsgeschoss, das laut Herstellerangabe aus einer speziellen Kupferlegierung besteht und auf einer automatischen CNC-Drehbank gefertigt wird. Typische Merkmale des *Jaguar* sind das vergleichsweise lange Ogival, der darin bis zum zylindrischen Teil reichende relativ enge und tiefe Expansionskanal (ohne Steuernuten) sowie die drei auf dem Umfang angeordneten und etwas eigenwillig geformten Führungsringe (von der Herstellfirma aus unerfindlichen Gründen »Ogiv-Ring« genannt). Mit Hilfe dieser, aus der Artillerie bekannten, Konstruktion möchte *Jaguar* einen geringeren Reibungsverlust während des Laufdurchgangs und damit eine entsprechend höhere Anfangsgeschwindigkeit erreichen. Doch davon abgesehen: Diese Führungsringe haben letztlich den gleichen Effekt wie die sogenannten *Entlastungsnuten*, mit denen die meisten anderen, aus Hartmetall bestehenden Monobloc-Geschosse ausgestattet sind, um den Ein- und Durchpresswiderstand im Waffenrohr, und damit den Spitzengasdruck zu reduzieren. Insofern besteht zwischen *Jaguar* und anderen vergleichbaren Teil-Zerlegern überhaupt kein Unterschied.

Konstruktions- und materialbedingt (Kopfform , Expansionskanal, Legierung) zerlegt sich der Kopfteil üblicherweise willkürlich in zahlreiche, mehr oder weniger große, Splitter, die für eine recht intensive Wirkbreite (und einen entsprechenden Schredder-Effekt) sowie einen sehr effektiven Energietransfer sorgen. Der faktisch zylindrische Rest enthält in der Regel noch rund 65 Prozent der ursprünglichen Geschossmasse. Offenbar werden Verlauf und Grad der Zerlegung über den Durchmesser des Expansionskanals gesteuert. Dem um zwei Jahre

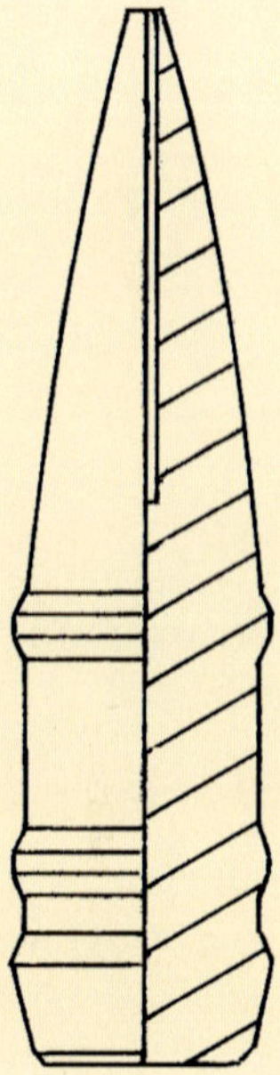

Das *Jaguar* kommt mit tiefen Expansionskanal und mehreren Führungsbändern auf dem Umfang daher.

Es zerlegt sich mehr oder weniger willkürlich, ...

■ **... wobei der Durchmesser des Expansionskanals eine Rolle spielt (hier: .308" 142 grs (l.) und 131 grs).**

älteren französischen *GPA* unter zielballistischen Aspekten ähnlich, liefert auch das Gegenstück beim Schuss auf starkes Wild oft (in Abhängigkeit von der Zielgeschwindigkeit) kein Ausschuss. Insofern kann man in den ebenfalls rasch zerbröselnden Krallen des deutschen *Jaguar* - von patriotischen Gesichtspunkten abgesehen - keinen Vorteil erkennen.

Derzeit sind die *Jaguare* in diesen Sorten verfügbar: 7 mm (= .284") / 7,6 g (= 117 gr); 7,62 mm (= .308") / 8,5 g (= 131 gr) und 9,2 g (= 142 gr); 8 mm S (= .323") / 9,9 g (= 153 gr); 9,3 mm (= .366") / 12,2 g (= 188 gr); 9,5 mm (= .375") / 14,0 g (= 216 gr).

Außerdem offerieren die Huf-Leute einige gängige, mit dem Jaguar laborierte Patronensorten an: 7 mm x 57 (R); 7 mm x 64 (65 R); .308 Win.; .30-06 SPRG; .30 R Blaser; .300 WSM; .300 Win. Mag.; .300 W'by Mag.; 8 mm x 57 IS (IRS); 8 mm x 68S; 9,3 mm x 62; 9,3 mm x 64; 9,3 mm x 74 (R); sowie .375 H&H Mag. Andere Kaliber, im Bereich von .416 bis hinauf zu .500, befinden sich angeblich im Entwicklungsstadium. Indessen bleibt abzuwarten, ob es dem *Jaguar* gelingt, sich in der freien Wildbahn zu behaupten.

Bionic Yellow

Zwillinge, besonders die eineiigen, haben es so an sich: Oft zeigen sie die selben Charakterzüge und erfahren ein sehr ähnliches Geschick. Um sie unterscheiden zu können, werden sie meist unmittelbar nach der Geburt beispielsweise mit einem abweichend gefärbten Armband gekennzeichnet. Das gilt im Prinzip auch – dieser Vergleich mag gestattet sein – für das von RUAG Ammotec herausgebrachte Geschoss-Zwillingspaar *Bionic*, allerdings mit dem Unterschied, dass beide Sorten nicht durch ein Armband, sondern durch die Färbung ihrer Plastikspitze identifiziert werden; gelb (*yellow*) die eine, und schwarz (*black*) die andere.

Der Eine oder Andere erblickt in dem »Gelbköpfen« möglicherweise eine späte Reaktion auf die während der letzten Jahre im Zuge der Globalisierung stark veränderte Marktsituation. Mit größter Wahrscheinlichkeit wendet sich dieses Projektil an den nicht zu unterschätzenden, traditionell »xenophobisch« eingestellten Teil der Jägerschaft, der auf »Splitterwirkung« à la *H-Mantel* beharrt und sich gegen moderne bleifreie, massestabile Deformationsgeschosse stemmt. Um diese Klientel nicht zu verlieren, entwickelte RUAG kurzerhand die *Bionic*-Zwillinge. Sie unterscheiden sich – abgesehen von der Farbe ihrer Kopfbedeckung sowie der thermotechnischen Behandlung des Werkstoffs (Messing) - weder im äußeren Erscheinungsbild noch in der Konstruktion, zeigen aber dennoch deutlich abweichende Charaktere (von RUAG auf Neudeutsch *»Dual Tec«* genannt).

Während die Ausführung »Schwarzkopf« ohne Masseverlust in einem Weichziel deformiert, verhält sich die »Lady in Gelb« in der bekannten Weise wie ein Schrapnell: Dank des spröden Charakters der verwendeten Werkstoff-Legierung zerlegt sich der Kopfteil in zahlreiche Splitter. Aus der hierdurch

verursachten Querschnittsvergrößerung (in Schussrichtung gesehen) resultiert auf relativ kurzem Eindringweg ein plötzlicher und starker Energietransfer. Der, faktisch zylindrische, Geschossrest bewegt sich meist nicht richtungsstabil und liefert aufgrund seiner vergleichsweise auf knapp 55 Prozent des ursprünglichen Wertes reduzierten Masse eine entsprechend geringerer Wirktiefe.
Ein kritischer Blick belehrt uns also, dass es sich beim »Bionic Yellow« lediglich um eine bleifreie (und insofern aktualisierte) Ausführung des seit Generationen bewährten Hackfleischers »H-Mantel« handelt. Der Unterschied besteht lediglich darin, dass man beim Genuss des Wildbrets nicht auf Bleiresiduen, sondern unversehens hin und wieder auch auf Messingsplittern herumkaut.

An der umlaufenden Ringnut der Sorte *Yellow* brechen die entstehenden Fahnen ab. Der zylindrische Geschossrest steht als Durchschlagskörper zur Verfügung.

3. Herkömmliche Teilmantelgeschosse

Das Zielverhalten dieser Projektile hängt hauptsächlich von der Größe des jeweiligen Zielwiderstandes ab, verläuft jedoch in Relation zu den oben (Seite 83 ff) beschriebenen Sorten in der Regel deutlich moderater. Das terminalballistische Geschehen wird überwiegend durch die materielle Beschaffenheit von Kern und Mantel (Härtegrad, Plastizität usw.) bestimmt. Typischerweise schwanken Querschnittsvergrößerung, Masseverlust und Zerstörwirkung eines bestimmten Geschosses dieser Art direkt-proportional und das Durchdringungsvermögen umgekehrt-proportional mit dem Zielwiderstand. Insofern ergibt sich – besonders im Zusam-

Die unlängst von RUAG eingeführten bleifreien *Bionic*-Zwillinge *Yellow* (l.) und *Black*.

Bleibäuche unter sich.

menhang mit sogenannter *Hochgeschwindigkeitsmunition* – eine gewisse Einschränkung der Einsatzmöglichkeiten.

Zu dieser Geschoss-Kategorie gehört – mit Abstand – die überwiegende Mehrzahl aller jagdlichen Drallgeschosse mit Bleikern. Allerdings bestehen zum Teil erhebliche Unterschiede im Hinblick auf Kopfform, Länge des hervorragenden Bleikerns, Innenkonstruktion et cetera. Ihre Ausführungspalette umfasst neben den Standardsorten die (derzeit recht aktuellen) Verbund-Geschosse und ebenso die, wie auch immer ausgeführten, Varianten mit geteiltem Bleikern; mit Loch-, Hohl- oder Kunststoffspitze; mit dünnem oder dickem Mantel (aus allen möglichen Werkstoffen); mit oder ohne Soll-Bruchstellen, Entlastungsnuten, Führungsbändern und anderen, meist unbedeutenden, Kinkerlitzchen. Insofern bitte ich den Leser um Nachsicht, wenn er just ein ganz bestimmtes Projektil nicht dargestellt findet. Schon allein aus Platzgründen kann hier lediglich ein Teil der enormen Anzahl verschiedener Varianten beschrieben werden.

Game King (Sierra)

Tombakmantel; relativ weicher Bleikern; konisches Heck; schlankes Ogival. Entsprechendes Zielverhalten. Der Hersteller, die

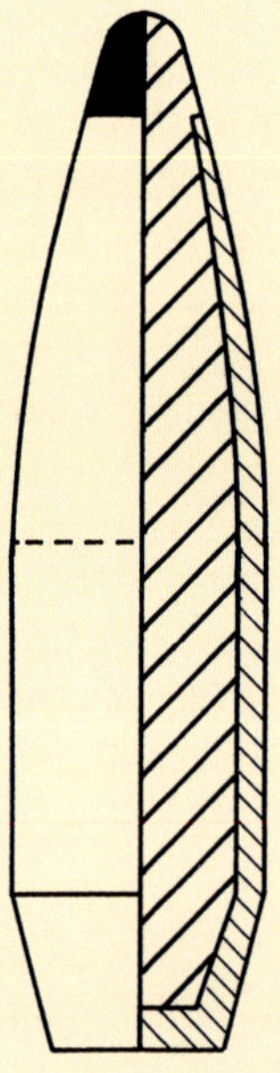

Das wegen seiner ungewöhnlich großen Eigenpräzision sehr bewährte *Game King* …

■ **... behält ungefähr 60 % seiner Masse, wobei manchmal der Mantel vom Kern gestreift wird.**

US-Firma Sierra, ist weltweit bekannt für ihre mit Computerunterstützung optimierten Geschosse von höchster Eigenpräzision. Insofern lässt sich das *Game King* (GK) gleichermaßen erfolgreich für Wettkampf- und Jagdzwecke einsetzen.
Material- und konstruktionsbedingt hat es bereits auf 15 bis 20 cm durch Zerlegen eine vergleichsweise starke Zielwirkung. Das Energiepotential des Geschossrestes – die Masse beträgt in der Regel nur noch um die 60 % – reicht allerdings beim Schuss auf starkes Schalenwild oft nicht aus, um das Stück im Knall verenden zu lassen, zumal sich nicht eben selten der Bleikern vom Mantel trennt. In Abhängigkeit von der jeweiligen Zielgeschwindigkeit bilden sich Hämatome noch vertretbarer Größe. Abgesehen von einem Knochentreffer auf der dem Schützen abgewendeten Seite ist der (durch den Bleirest verursachte) Ausschussdurchmesser selten größer als zwei bis drei Kaliber. Daher beschränkt sich der Einsatz auf den Bereich bis einschließlich mittelstarkem Schalenwild.
Besonders bei der Jagd auf entfernt stehende Feldrehe sowie auf Gamswild am Berg hat sich das *Game King*, verglichen mit anderen herkömmlichen Teilmantelgeschossen; wegen des zuverlässigen Zielverhaltens in Verbindung mit der unüblichen Präzision sehr bewährt und der Konkurrenz den Rang abgelaufen. Hersteller und Handel reagieren entsprechend. Insofern ist es kein Wunder, wenn sich zahlreiche Laborierungen der meisten gängigen Büchsenpatronen, mit dem *GK* bestückt, auf dem Markt befinden – darunter beispielsweise die Marken Federal (FC), Hirtenberger (HP), Sellier & Bellot (S&B), Gehmann, Keppler, Frères, Romey (WR) - Büchsenpatronen in allen gängigen Kalibern von .224″ (= 5,6 mm) bis .375″ (= 9,5 mm).

Hi-Shok (Federal)

Ein ziemlich betagter Klassiker unter den Teilmantel-Konstruktionen, ist dieses Pro-

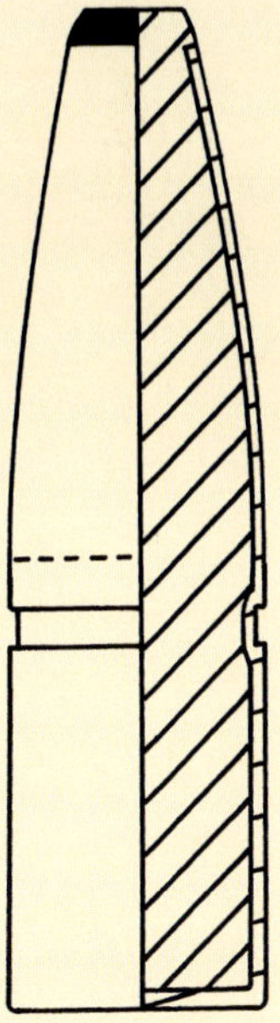

■ ***Hi-Shok*** **hält, was der Name verspricht.**

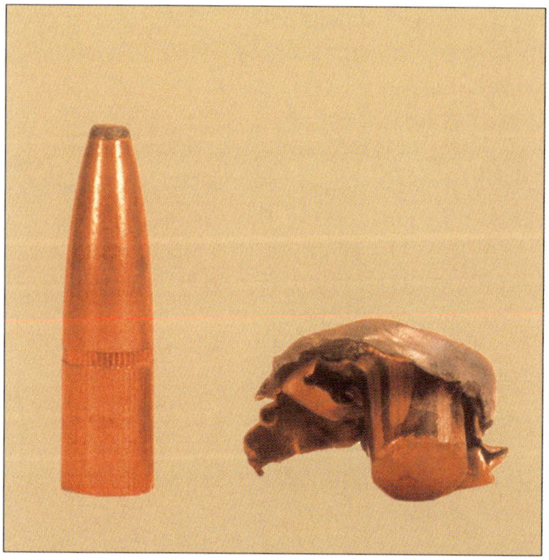

Bereits auf kurzem Eindringweg erfolgt aufgrund der raschen Querschnittsvergrößerung eine starke Energieübertragung.

jektil – wie auch die Bezeichnung *Hi-Shok* (= starker Schock) besagt – für einen möglichst rasch beginnenden starken Energietransfer vorgesehen. Die Kombination von relativ dünnem Tombakmantel sowie weichem Bleikern mit einer kurze und abgeflachten Spitze bewirken das für dieses Geschoss typische Zielverhalten.
Bereits bei geringem Zielwiderstand vergrößert sich der Querschnitt durch Verformen und Zerlegen auf ein Vielfaches auf einem relativ kurzen Eindringweg. Insofern eignet sich dieser »Oberschocker« nur für leichtes und dünnhäutiges Wild. In der Regel hinterlässt der Geschossrest (meistens ungefähr 50 % der ursprünglichen Masse) selbst beim Schuss auf breit stehendes, mittelschweres Wild von rund 80 bis 100 kg einen Ausschuss. Bei Knochenkontakt und hoher v_z ist die Zerstörwirkung beträchtlich.

Federal Cartridge Co. (FC) bestückt mit dem *Hi-Shok* eine große Palette gängiger Patronen in den Kalibern von .224" (= 5,6 mm) bis .44" (= 11,2 mm). Man kann aber davon ausgehen, dass diese preiswerten Standard-Laborierungen in absehbarer Zeit zu Gunsten der verschiedenen derzeit von Federal verladenen modernen Geschosstypen aufgegeben werden.

Alaska (Norma)

Auch dies ein weltweit bewährter *Evergreen,* der allmählich unter dem Druck der jüngeren Geschossgenerationen in der Mottenkiste mit der Aufschrift »alt + bewährt« verschwindet: Vernickelter, im vorderen Bereich etwas dünner gehaltener Flusseisenmantel; Kern aus Hartblei; Flachkopf mit kurzer Bleispitze.
Traditionell wie seine Konstruktion ist auch das Zielverhalten dieses, an erster für die

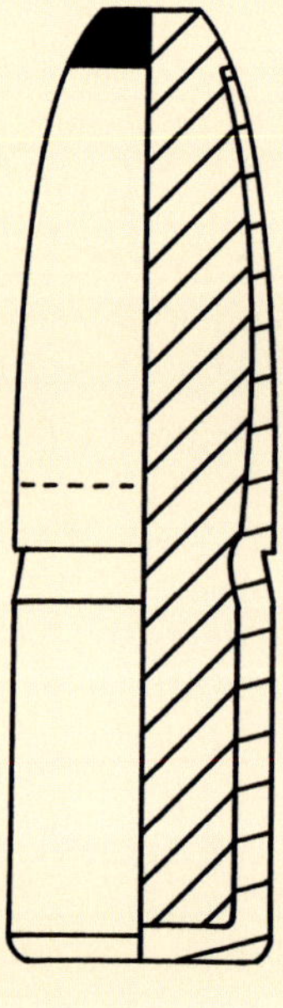

Normas *Alaska* verkörpert die traditionelle europäische Konstruktion mit Flusseisenmantel.

Selbst bei einem Knochentreffer beträgt seine Restmasse noch gut 60 %.

Kegelspitz (Dynamit Nobel)

Bis Mitte der 1960er Jahre dümpelte der europäische Markt für Jagdgeschosse gemütlich vor sich: Jeder war's zufrieden, die *Claims* abgesteckt, die renommierten Geschossmarken (wie beispielsweise TIG und H-Mantel) hockten mehr oder weniger selbstverliebt auf ihren – einstmals wohlverdienten - Lorbeeren. Doch dann kamen John Nosler und Walter Gehmann mit völlig neuen Konzepten heraus. Zudem drängelten sich Winchester und Remington in den europäischen Markt. Die hiesigen, einstmals bedeutenden Munitionshersteller waren dennoch überrascht und reagierten – wie so oft – etwas später und wenig innovativ.
Ein typisches Produkt dieser Reaktionsphase, das *Kegelspitz-Geschoss (KS)* - in Österreich ursprünglich etwas abfällig »Kaas-G'schoß« genannt – erschien Mitte der 1960er Jahre mit lauter Fanfare. Vom Hersteller und des-

Jagd auf Elch konzipierten Veteranen: In der Regel erfolgt auf den ersten 20 cm Eindringweg auch bei vergleichsweise geringen sowie mittleren Zielwiderständen ein relativ starker und schnell verlaufender Energietransfer bei noch vertretbarer Zerstörwirkung. Das Energiepotential des Geschossrestes (in der Regel rund 65 %) liefert auf leichtes und mittelschweres Wild stets einen Ausschuss; bei starkem Wild ist jedoch in kritischen Situationen die Eindringtiefe nicht immer ausreichend.
Wie die meisten anderen Munitionshersteller ist auch Norma Precision AB (NP) im Begriff, das Laborieren »eigener« Geschosstypen zu Gunsten fremder Entwicklungen einzuschränken. Dennoch werden mit dem Projektil nach wie vor verschiedene Patronensorten in Kalibern zwischen 6,5 und 9,3 mm bestückt.

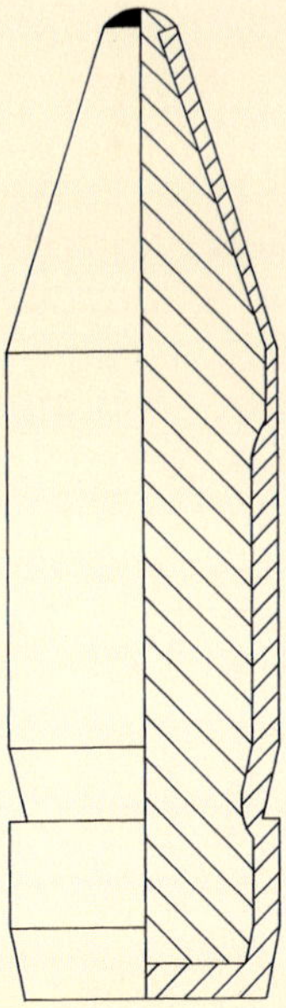

Charakteristisch für das *KS* ist der relativ dünn ummantelte konische Kopf.

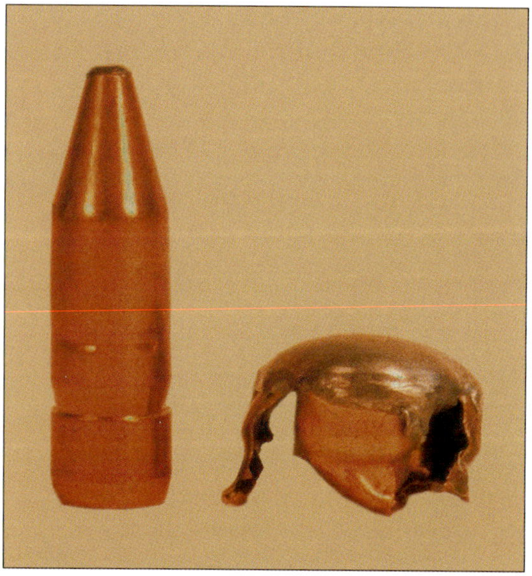

Der auf rund zwei Kaliber vergrößerte Geschossrest hat noch etwa 55 % der ursprünglichen Masse.

sen Wanderpredigern als Non-plus-ultra hochgelobt, repräsentierte das *KS* den Versuch, dem (modifizierten) *Starkmantel*-Geschoss der damaligen Industriewerke Karlsruhe/Augsburg (IWKA) Paroli zu bieten. Bei Lichte betrachtet beschränken sich seine typischen Merkmale auf unbedeutende Kleinigkeiten:
Zylindro-konisches Profil; Gildingmantel (im Kaliber 5,6 mm ursprünglich Flusseisen); kurze Bleispitze; im Führungsbreich verstärkter Mantel. Abgesehen von dem etwas unüblichen Profil (das gegenüber der herkömmlichen Ogivalform überhaupt keine signifikanten Vorteile bietet), unterscheidet sich das KS im Zielverhalten kaum von vergleichbaren Konstruktionen. Himmel – fast hätte ich es vergessen: Dem *KS* fehlt der, traditionell, von den deutschen Ballistik-Schamanen als unabdingbar beschworene »Scharfrand«.

Beim Beschuss eines Kombiziels vergrößert sich der Durchmesser des Restkörpers (Masse ca. 55 %) auf üblicherweise rund 1,8 Kaliber; der Großteil des Energietransfers erfolgt – je nach Kaliber – auf den ersten 15 bis 20 cm Eindringweg; die Eindringtiefe bis zum Stillstand des Geschossrestes beträgt 38 cm (Laborierung .308 Win./165 gr). Die Firma RUAG Ammotec (einst Handfeuerwaffen-Munitionssegment der Dynamit Nobel AG) laboriert mit dem KS verschiedene gängige europäische Patronen in den Kalibern zwischen 5,6 und 9,3 mm sowie einige Patronen in Inch-Kalibern (.243 Win., .270 Win., .308 Win., .30-06 SPRG, .300 Win. Mag., .30 R Blaser sowie .375 H&H Mag.).

Silvertip (ST; WCC/Winchester)
Kennzeichnend für diesen, in den frühen 1940er Jahren von der US-Firma Western Cartridge Company (WCC) eingeführten

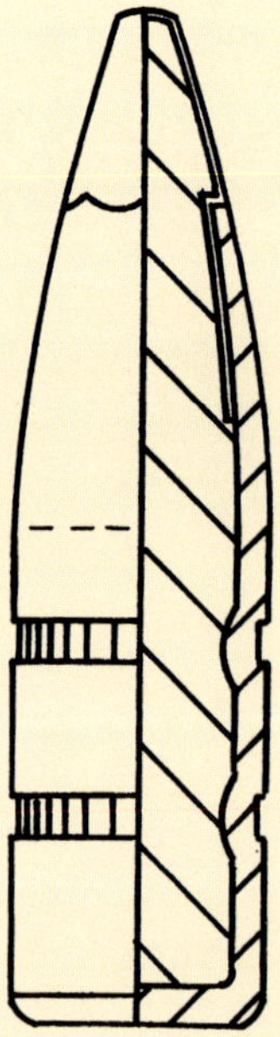

Das deutliche Kennzeichen des *Silvertip*, die von Alu-Folie umhüllte lange Bleispitze, ...

Klassiker unter den Teilmantelgeschossen ist die vergleichsweise lange, in Aluminium-Folie verpackte Bleispitze (daher der Name *Silvertip* = Silberspitze). Die Alu-Hülle verhindert weitgehend sonst übliche Beschädigung der Geschoss-Spitze durch Rückstoß, Repetieren, Fall usw.
Typisch ist ferner das Zielverhalten dieses Projektils: Der zähweiche und vergleichsweise dicke Gildingmantel hält den Geschosskörper gut zusammen, so dass bei mittleren Zielwiderständen relativ zu anderen vergleichbaren Ausführungen eine relativ große Restmasse für die Tiefenwirkung erhalten bleibt. Beim Beschuss eines Kombiziels mit .308 Win./180 grs beispielsweise beträgt die Masse des Geschossrestes (Durchmesser ca. 2,5 Kaliber) immerhin 75 %. Insofern lässt das Energiepotential in den Kalibern ab .30" (= 7,62 mm) eine Verwendung auch auf starkes Schalenwild zu. Die mechanische Zerstörwirkung hält sich im Vergleich zu ähnlichen Geschosstypen in Grenzen. Der Ausschussdurchmesser bewegt sich (kein Knochentreffer auf der Ausschussseite vorausgesetzt) in der Regel in der Größenordnung von drei bis vier Zentimetern.
Inzwischen zählt auch das, seit Generationen bewährte, *Silvertip* (kurz: *ST*) zu den Kandidaten, die mehr oder weniger diskret ausgemustert werden und in zunehmendem Maß aus den »*Charts*« verschwinden. Derzeit bietet Olin/Winchester nur noch insgesamt neun, mit dem *Silvertip* bestückte Laborierungen in .250 Sav., .270 Win., 308 Win., .30-06 SPRG, .348 Win. und .358 Win. an.

... sorgt für eine zuverlässige Wirkung auch bei geringem Zielwiderstand.

Ausführungen des *Silvertip* Kaliber .308" in (v. l.): 150; 180; 220 grs.

Silvertip Boattail (ST/BT; WCC/Winchester)

Ansonsten identisch im Hinblick auf Aufbau und Zielverhalten unterscheidet, sich diese ungefähr 1991 herausgebrachte Variante von der oben beschriebenen Standardaus-

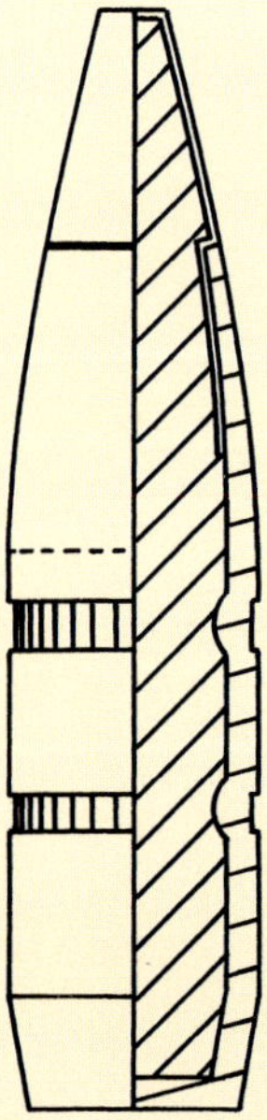

Die vor einigen Jahren eingeführte Version *Silvertip Boattail* weist bei faktisch unveränderter Konstruktion ein schlankeres Profil auf als die ältere Ausführung mit flachem Boden (l.).

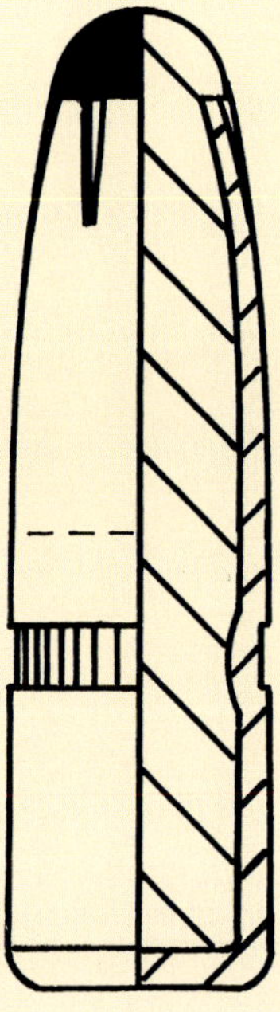

Kennzeichen des *Power Point* (hier in .308"/180 grs) sind der relativ dicke Mantel sowie fünf Stirnkerben.

führung lediglich durch das mit Computerhilfe optimierte Profil (schlankerer und längerer Kopf, Sekanten-Ogival, konisches Heck) und die daraus resultierende verbesserte Aerodynamik und Eigenpräzision.
Das Zielverhalten ist mit dem des gewöhnlichen flachbodigen *Silvertip* identisch. Insofern repräsentiert das in die Patronen .270 Win., .280 Rem., .308 Win. und .30-06 SPRG verladene *ST/BT* eine Verbindung von Jagd- und Wettkampfgeschoss für etwas größere Schussdistanzen. Diese, im Hinblick auf die Erfordernisse des üblichen Jagdbetriebes, eher unbedeutenden Vorteile konnten nicht verhindern, dass das *ST/BT* bereits nach kurzer Zeit wieder aufgegeben wurde.

Power Point (PP; Winchester)

Vor allem bei den US-Jägern gilt das robuste und unkomplizierte *Power Point* (PP) seit Jahrzehnten als zuverlässiger und anspruchsloser Kumpel, der sich Dank seines stumpfen Profils auch im buschigen Gelände durch Flugbahnhindernisse nicht so leicht vom vorgesehenen Weg abbringen lässt. Hartbleikern; Gildingmantel mit nach hinten zunehmender Dicke sowie fünf Kerben unter der Stirnkante; Rundkopfprofil mit verhältnismäßig langer Bleispitze.
Ganz offenbar führte Winchester dieses Geschoss in Konkurrenz zu Remingtons *Core-Lokt RN* (siehe Seite 111 f) ein. Von irrelevanten technischen Unterschieden abgesehen, sind beide Sorten im Hinblick auf das Zielverhalten völlig identisch (Restmasse meist rund 80 %). Winchester bietet insgesamt 30 verschiedene, mit dem *Power Point* bestückte Laborierungen der gebräuchlichsten Patronen von .223 Rem. bis .375 Win. an.

Supreme Power Point Plus (PP-Plus; Winchester)

Diese neue Version des *Power Point* unter-

In einem Kombiziel deformiert das *PP* auf rund zwei Kaliber (Restmasse ca. 75 %).

scheidet sich von der älteren – bei ansonsten identischer Konstruktion – durch das deutlich schlankere Kopfprofil. Abgesehen von der auf diese Weise verbesserten Aerodynamik (flachere Flugbahn plus größere Zielenergie) setzt der Deformationsprozess etwas verzögert nach den ersten zwei bis drei Zentimetern Eindringweg ein. Das kann sich vor allem beim Schuss auf starkes Schalenwild als vorteilhaft erweisen, weil das Maximum des Energietransfers mehr im Bereich der vitalen Organe erfolgt. Ein weiteres Novum des PP-Plus ist die mit Molybdändisulfid (kurz: Moly) beschichtete Oberfläche. Dieses »Gleitmittel« verringert den Reibungsverlust während des Laufdurchgangs; vor allem aber vermindert es die für Projektile mit Kupferlegierungsmantel typische und ziemlich lästige »Laufverschmierung« ganz erheblich. Derzeit werden neun verschiedene Laborierungen wichtiger Patronensorten mit diesem Projektil angeboten.

Core-Lokt Round Nose (CL/RN; Remington)

Remington Arms Company brachte in den 1940er Jahren das zunächst als Spezialgeschoss in Konkurrenz zu den einfachen Teilmantelkonstruktionen und zum *Silvertip* gedachte *Core-Lokt* (in etwa: blockierter Kern) heraus. Typische Konstruktionsmerkmale: Tombakmantel mit nach hinten zunehmender Wandstärke; mehr oder weniger zylindro-sphärisches Profil mit relativ langer Bleispitze; fünf Kerben in der Stirnkante leiten das Aufspreizen des Mantels ein. Bei mittleren Zielwiderständen bleiben bis zu rund 80 % der ursprünglichen Masse als kompakter Körper erhalten; üblicherweise hat der Geschossrest einen Querschnittsdurchmesser von etwa

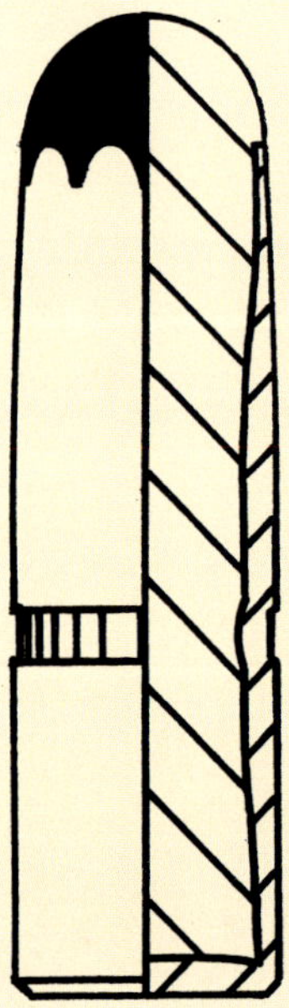

■ **Remingtons *Core-Lokt*. Die Mantelverdickung kontrolliert die Deformation und verhindert ein Herausrutschen des Bleikerns.**

zwei Kalibern.

Charakteristisch für das Zielverhalten sind der sofort nach dem Aufprall beginnende heftige Energietransfer sowie das beträchtliche Eindringpotential bei relativ geringer Zerstörwirkung. Wegen des stumpfen Profils liegt der Schwerpunkt nur knapp hinter der Längsachsenmitte; hieraus resultiert eine vergleichbar geringe Hindernisempfindlichkeit beim Schuss in vegetationsreichem Gelände. Dieser als zuverlässiger Kumpel des Jägers bewährte Oldtimer wird derzeit von Remington noch in 13 Laborierungen verschiedener Patronensorten der Kaliber .308″ (= 7,62 mm) bis .35″ (= 8,9 mm) angeboten.

Core-Lokt Pointed Soft Point (CL/PSP; Remington)

Hierbei handelt es sich um Remingtons Verkaufsschlager seit Jahrzehnten. Vom oben

■ ***Core-Lokt* Kaliber .308″/220 grs vor und nach Kombiziel-Beschuss.**

■ **Ausführungen des *Core-Lokt* Kaliber .308″ (v. l.): 220 grs *Soft Point*; 180 grs *Soft Point*; 180 grs *Pointed Soft Point*.**

■ **Im Vergleich mit dem *Core-Lokt* verlaufen Deformation und Energietransfer schneller.**

■ ***Extended Range Flat Base,* ein Versuch Remingtons, die Aerodynamik zu verbessern.**

beschriebenen CL/RN unterscheidet sich diese Variante durch das erheblich schlankere Kopfprofil und die sehr kurze, abgeflachte Bleispitze. Aus der aerodynamisch günstigeren Form resultieren ein geringerer Geschwindigkeitsverlust und mithin eine flachere Flugbahn. Konstruktionsbedingt setzt der Energietransfer erst nach einer gewissen Eindringtiefe ein, doch ist ansonsten das Zielverhalten faktisch identisch mit der des CL/RN (Restmasse bis max. 80 %). Mit dieser schlanken Core-Lokt-Version bestückt Remington derzeit immerhin 31 Laborierungen gängiger Patronen von .243 Win. bis .35 Rem.

Extended Range Flat Base (ER/FB; Remington)

Winchesters Lieblingskonkurrent, Remington Arms Co. (RA), mochte selbstverständlich nicht abwarten, ob sich das *Silvertip/*

■ **Remingtons .308er in 180 grs (v. l.):** *Soft Point; Pointed Soft Point; Extended Range Flat Base; Bronze Point.*

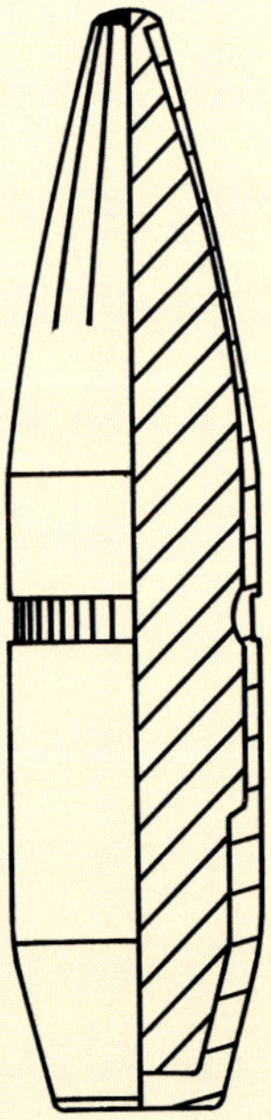

■ Das *ER/BT*, ein aerodynamisch und zielballistisch verbessertes *ER/FB*, ...

■ ... deformiert typischerweise auf rund anderthalb Kaliber.

BT möglicherweise einen kleinen Anteil am ohnehin geschlossenen Markt erobern würde. Flugs buken sie, 1992, ihre eigenen Semmeln und nannten diese »*Extended Range*« (= größere Reichweite; kurz: *ER*). Flacher Boden (= *Flat Base*); Tombakmantel; sehr kurze Bleispitze; aerodynamisch optimiertes Kopfprofil (Sekantenogival). Auch dies einer von verschiedenen ähnlichen Versuche, unter ansonsten identischen Bedingungen eine flachere Flugbahn und größere Zielenergie sowie eine bessere Eigenpräzision zu erreichen.
Typisch für die konstruktionsbedingte Zielwirkung sind der verzögerte, dann jedoch stark – mit entsprechender Zerstörwirkung – einsetzende Energietransfer sowie der relativ große Masseverlust und das daraus resultierend geringe Durchdringungspotential, das bestenfalls noch für mittelstarkes Wild ausreicht – bei einer Restmasse von meist deutlich weniger als 70 % kein Wunder. Insgesamt gelangten 13 Laborierungen in verschiedenen Kalibern von .243" (= 6 mm) bis .308" (= 7,62 mm) auf den Markt.

Extended Range Boat Tail (ER/BT; Remington)

Von der zuvor beschriebenen unterscheidet sich diese ER-Variante durch das konische Heck und die damit erreichte Schwerpunktverlagerung nach vorn. Ein weiteres Merkmal ist der im hinteren Bereich verstärkte Mantel, der für erheblich größere Restmasse (meist rund 80 %) und eine deutlich größere Eindringtiefe sorgt (bemerkenswert ist in diesem Zusammenhang die unverkennbare Ähnlichkeit mit Hornadys »InterLock« siehe Seite 116). Die Auswirkung des ER-Geschossprofils lässt sich exemplarisch beim Vergleich zweier Laborierungen der Munition .30-06 SPRG zeigen: Geschossmasse 165 grs (= 10,7 g); Anfangsgeschwindigkeit

v_0 = 850 m/s.
Geschoss (1) Core-Lokt PSP;

v_{274} = 624 m/s; E_{274} = 2,1 kJ.
Geschoss (2) Extended Range Boat Tail; v_{274} = 672 m/s; E_{274} = 2,4 kJ.

Demnach weist das ER/BT auf diese Distanz eine um immerhin 14 % höhere Zielenergie auf. Derzeit werden mit diesem Projektil zehn verschiedene Patronen (von .243 Win. bis .300 Weatherby Mag.) laboriert. Remington änderte inzwischen die etwas vollmundige Bezeichnung *Extended Range* um in die etwas schlichtere *Pointed Soft Point, Boat Tail* (= Teilmantel spitz, konisches Heck).

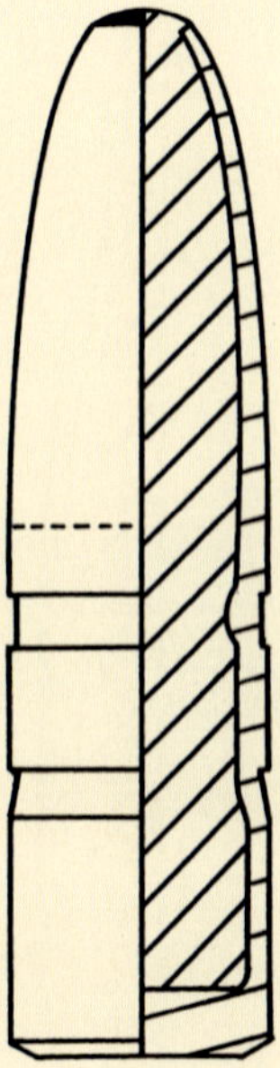

Bewährte Hausmannskost für das Waldrevier - das *Mega*.

Mega (Lapua)
Gildingmantel; relativ harter Bleikern; stumpfes zylindro-ogivales Profil mit sehr kurzer Bleispitze. Von anderen vergleichbaren Konstruktionen unterscheidet sich diese durch den im vorderen Führungsbereich verstärkten Mantel. Dieser fungiert insofern als eine Art Zerlegungsbremse, so dass ein großer Teil der ursprünglichen Geschossmasse (in der Regel mehr als 80 %) als kompakter Durchschlagskörper mit einem entsprechenden Eindringvermögen erhalten bleibt.
Bei Testbeschuss eines Kombiziels vergrößert sich der Querschnittsdurchmesser des Geschossrestes üblicherweise auf rund zwei Kaliber; der Energietransfer erfolgt längs des Weges im Ziel bemerkenswert gleichmäßig. Insofern eignet sich das *Mega* für die Jagd auf alles europäische Schalenwild. Zudem ergibt sich aus dem stumpfen Profil eine deutliche Unempfindlichkeit gegenüber Flugbahnhindernissen. Das kann unter Umständen – beispielsweise in buschigem Gelände – für den jagdlichen Erfolg von großer Bedeutung sein. Lapua bietet derzeit elf Mega-Laborierungen folgender Patro-

Konstruktion und Profil sorgen für geringe Hindernisempfindlichkeit und gleichmäßiges Zielverhalten.

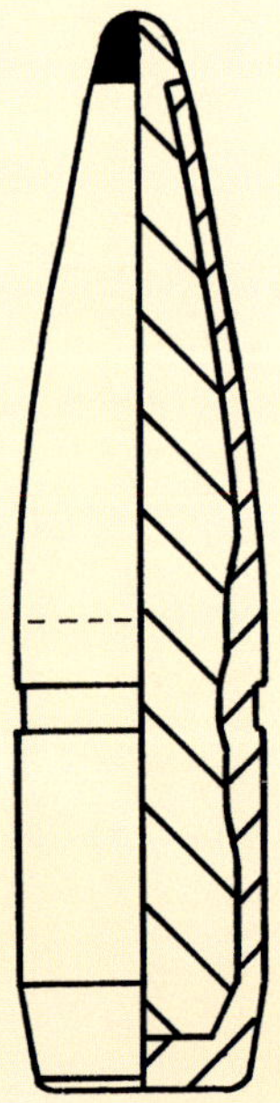

■ Das *Mira* repräsentiert gewissermaßen die schlanke Schwester des *Mega*.

■ In einem Kombiziel beginnt der Energietransfer weniger heftig als beim *Mega*.

nen an: .243 Win., 6,5 x 55, .270 Win., 7 x 57, 7 x 64, 7 mm Rem. Mag., .308 Win., 7,62 x 53R, .30-06 SPRG, .300 Win. Mag. und 9,3 mm x 62.

Mira (Lapua)

Das *Mira* von Lapua repräsentiert quasi ein finnisches Pendant zu den oben dargestellten Bemühungen von Winchester und Remington, die Aerodynamik einer bereits vorhandenen Geschosskonstruktion durch ein schlankeres Ogival zu verbessern und so ein paar Meter-pro-Sekunde zusätzlich herauszukitzeln. Abgesehen von diesem modischen Verschlanken der Konfiguration sind Konstruktion und Zielverhalten dieses Projektils identisch mit der des *Mega*.

Die schlankere Form verleiht dem *Mira* - über große Schussdistanzen - eine vergleichsweise flache Flugbahn. Allerdings erhöht sich dadurch auch die Hindernisempfindlichkeit. Als ein weiteres Manko erweist sich die Bleispitze, die leicht durch Fall oder Stoß beschädigt wird und so die Eigenpräzision beeinträchtigen kann. Üblicherweise deformiert sich das Mira auf einen Querschnittsdurchmesser von rund 1,8 Kalibern bei einer Restmasse von circa 80 Prozent – Mit Mira werden von Lapua die Patronen .270 Win., .308 Win., .30-06 SPRG, .300 Win. Mag., .338 Win. Mag. sowie .338 Lapua Mag. geladen.

InterLock Secant Ogive (Hornady)

Der Geschosstyp *Secant Ogive Spire Point* (in etwa: Spitzgeschoss mit Sekanten-Ogival [siehe oben Seite 44]), seit Jahrzehnten unverkennbares Markenzeichen des prominenten US-Herstellers Hornady, kommt in einer modifizierten Konstruktion: daher: schlankes Kopfprofil; konisches Heck; Hartbleikern; Tombakmantel mit acht internen, durch Anformen des Ogivals bewirkte Sollbruchstellen im Kopfbereich. Wesentlichstes Kennzeichen ist die auf der Mantelinnenseite angeformte Ringwulst, die ein Abstreifen des Mantels vom Kern verhindern soll und auch dem Projektil seinen Namen *Interlock* (= miteinander verzahnt) gab.

Doch trotz dieser Verkaufskosmetik bleibt das für Teilmantelgeschosse dieser Art charakteristische Zielverhalten: Relativ starker Energietransfer durch Querschnittsvergrößerung (bereits bei mittlerem Zielwiderstand vergrößert sich der Durchmesser des kompakten Geschossrestes – Masse in der Regel rund 75 % – auf reichlich zwei Kaliber). Insofern ist beim Schuss auf leichtes und mittelschweres Schalenwild stets eine zuverlässige Wirkung zu erwarten.

Aufgrund seines aerodynamisch optimierten Profils weist dieses Geschoss eine bemerkenswert große Eigenpräzision auf: 25 mm Streukreis auf 100 m (fünf Schuss) sind, eine einwandfreie Waffe vorausgesetzt, durchaus nicht ungewöhnlich. Insgesamt bietet Hornady 30 Varianten dieses Geschosses in allen populären Kalibern von 6 mm/.243" bis .375" an sowie mehr als 25 Laborierungen gängiger Patronensorten von 6 mm Rem. über 7 x 57 Mauser bis .375 H&H Mag.; zahlreiche *InterLock Secant Ogive* stehen inzwischen auch mit Moly-Beschichtung zur Verfügung.

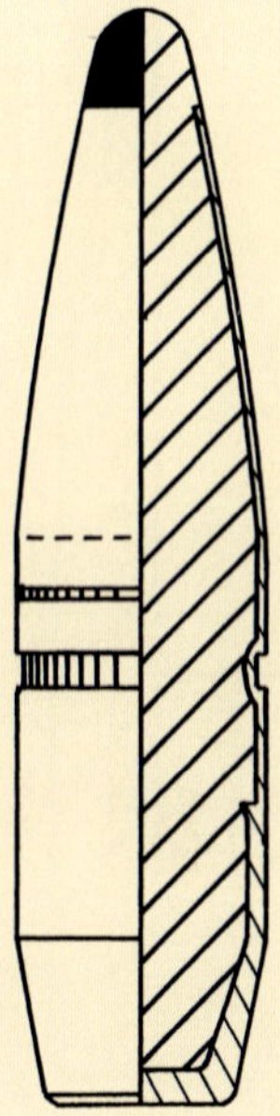

Hornadys *InterLock Secant Ogive*. Beachte das schlanke Kopfprofil sowie die angeformte Ringwulst.

InterLock Round Nose (Hornady)

Diese Version des *InterLock* ist für die Jagd in dicht bewachsenen Revieren vorgesehen, wo Flugbahnhindernisse in Form von Zweigen, Getreidehalmen, Röhricht usw. zu gewärtigen sind. Von dem mehr stumpfen Pofil abgesehen sind Konstruktion und Zielverhalten prinzipiell mit dem des *InterLock Secant Ogive* identisch (Restmasse meist 80 %). Hornady offeriert diese Sorte den Selbstladern unter den Jägern in rund 20 Varianten in den Kalibern von .243" bis .375".

Selbst bei einem Weichschuss erfolgt eine rasche Querschnittsvergrößerung verbunden mit einem heftigen Energietransfer.

■ Das *Vulkan* wird durch die flache Stirn (ohne herausragende Bleispitze) gekennzeichnet.

■ Konstruktionsbedingt eignet sich das *Vulkan* besonders für die Jagd auf starkes europäisches Wild.

Der aus der Mantelstirn hervorragende Bleikern erweist sich – vor allem bei den sogenannten Spitzgeschossen – häufig als Ursache für schlechte Trefferleistung: Wer genau hinschaut, findet die Bleispitze nicht gerade selten durch Transport, Fall oder Rückstoß mehr oder weniger stark deformiert. Unter ungünstigen Umständen entsteht dadurch eine exzentrische Schwerpunktlage, das Geschoss bewegt sich »querbeet« und trifft dann meist überall, nur nicht auf den Haltepunkt. Dem versuchen zahlreiche heutige Konstruktionen dadurch zu begegnen, dass der Bleikern gar nicht oder nur wenig aus der Mantelstirn ragt.

Vulkan (Norma)
Zweifellos handelt es sich bei dem schwedischen *Vulkan* um ein bewährtes Elchgeschoss. Und auch hierzulande hebt mancher Scharzwildjäger die zuverlässige Zielwirkung dieses Geschosstyps lobend hervor. Der Gildingmantel weist eine nach hinten zunehmende Wandstärke auf; typisch sind ferner der Hartbleikern sowie das ogivale Kopfprofil mit abgeflachter Stirn. Besonderes äußeres Kennzeichen ist die über dem Bleikern eingebördelte Stirnkante des Mantels.
Abgesehen vom Ausschluss einer möglichen Beschädigung durch Stoß oder Fall, wird durch diese Konstruktion erreicht, dass Querschnittsvergrößerung und signifikanter Energietransfer je nach Auftreffgeschwindigkeit erst nach drei bis fünf Zentimetern Eindringweg einsetzen. Üblicherweise vergrößert sich der Querschnittsdurchmesser in einem Kombiziel (Knochentreffer auf der Einschuss-Seite) auf ungefähr 2,2 Kaliber; die Energie der mit durchschnittlich 85 % verhältnismäßig großen Masse des Geschossrestes reicht allemal für eine zuverlässige Zielwirkung auch auf starkes europäisches Schalenwild. Bemerkenswert gering ist die Zerstörwirkung im Umfeld des

Schusskanals.
Norma Precision AB laboriert mit dem Vulkan verschiedene gängige europäische Büchsenpatronen in den Kalibern 6,5; 7; 8 und 9,3 mm, sowie einige Sorten in Inch-Kalibern (.280 Rem.; .300 Win. Mag.; .30-06 SPRG; .308 Win; .308 Norma Mag.).

Super Hammerhead (Sako)
In gewisser Weise könnte man das *Hammerhead* als das finnische Pendant des schwedischen *Vulkan* bezeichnen. Besonderes Kennzeichen ist die im Mantel um knapp einen Millimeter zurückgesetzte Stirn des Bleikerns. Der dadurch entstandene kleine Hohlraum beschleunigt den Deformationsvorgang.
Im Übrigen weist das Super Hammerhead, die schlankere Version von Sakos *Hammerhead*, die für moderne Teilmantelgeschosse typischen Konstruktions- und Verhaltensmerkmale auf: Zylindro-ogivales Profil mit konischem Heck, zunehmende Wandstärke des Gildingmantels im Bereich des relativ kurzen Kopfteils, Deformation auf durchschnittlich 1,8 Kaliber Querschnittsdurchmesser, Restmasse (Kombiziel) knapp 75 %; die Wildbretzerstörungen halten sich in Grenzen. Das Durchdringungsvermögen des Restkörpers reicht beim Schuss auch auf breit stehendes starkes Schalenwild für eine sichere Wirkung. Derzeit steht dieses Projektil lediglich im Kaliber .308" (= 7,62 mm) mit einer jeweiligen Masse von 155 grs (= 10,1 g) und 180 grs (= 11,7 g) zur Verfügung.

Plastspitz (Norma)
Hinter dieser etwas krausen, dem deutschsprachigen Norma-Katalog entnommenen Bezeichnung verbirgt sich ein zylindro-ogivales Projektil mit einem kugeligen, gelben Kunststoffeinsatz als Spitze. Weitere Kennzeichen: Plattierter Mantel aus Eisenblech

Typischerweise ist beim *Super Hammerhead* der Bleikern etwas zurückgesetzt, so dass (ähnlich wie bei Matchgeschossen) eine Lochspitze entsteht.

In einem Kombiziel verformt sich das *Super Hammerhead* auf knapp zwei Kaliber (Restmasse rund 75 %).

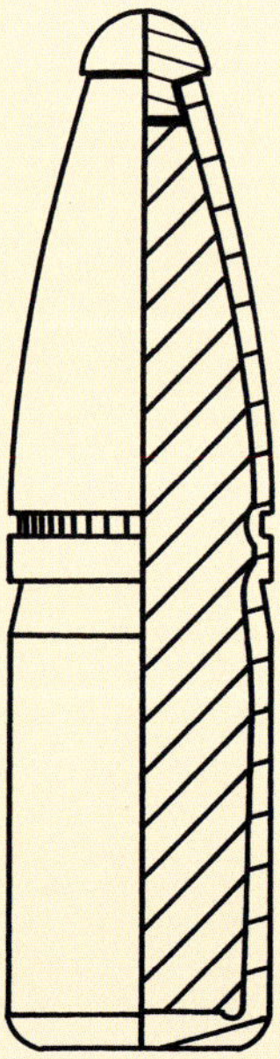

■ **Plastspitz, im Prinzip ein gewöhnliches Teilmantelgeschoss mit kugeligem Kunststoffeinsatz.**

(mit nach hinten zunehmender Wandstärke). Im Grunde ist »Gelbköpfchen« ein alter Hut, der bereits in den 1980er Jahren unter dem Akronym *Silverblixt* auftauchte, aber außerhalb Skandinaviens kaum wahrgenommen wurde.

Entsprechend dem typischen Zielverhalten handelt es sich hier um ein ganz gewöhnliches Teilmantelgeschoss, das keine signifikanten Vorteile bietet: Masse des Geschossrestes meist rund 60 %, Querschnittsdurchmesser bei Knochenkontakt auf der Einschussseite knapp zwei Kaliber.

Aus dem Zielverhalten ergibt sich ein relativ geringes Durchdringungspotential; insofern eignet sich das Geschoss nicht für den Schuss auf starkes Schalenwild. Der Plastikeinsatz soll laut Herstellerinformation lediglich eine Beschädigung verhindern. Norma laboriert mit diesem »Plastikvogel« derzeit noch neun verschiedene Patronen von 7 mm Rem. Mag. bis 9,3 x 74R.

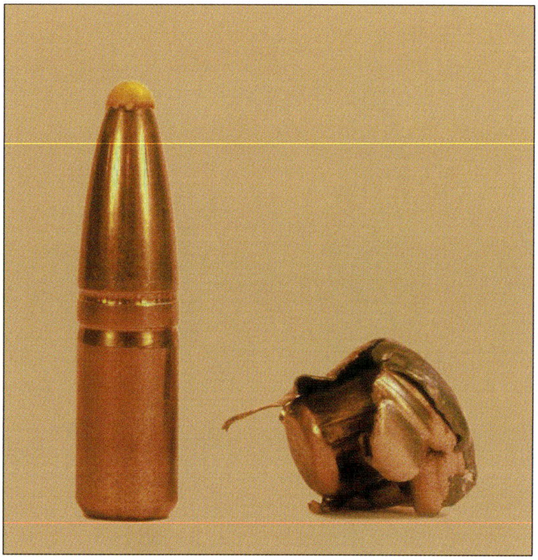

■ **Es vergrößerst im Kombiziel seinen Durchmesser auf knapp zwei Kaliber bei einer Restmasse von ca. 60 %.**

4. Geschosse mit kontrollierter Masse- und Formveränderung

Die von vornherein für eine Zerlegung vorgesehenen Sorten ausgenommen, haftet allen herkömmlichen Teilmantelgeschossen der gravierende Nachteil des unkontrollierten Zielverhaltens an: Die Masse des Restkörpers und damit auch das Durchdringungspotential sind überwiegend zufallsbedingt und ergeben sich jeweils aus der Größe des Zielwiderstandes und dem Verlauf des Schusskanals. Das ließ einigen jagdlich erfahrenen Erfindern keine Ruhe. Sie entwickelten Geschosse, die sich auch bei großen Zielwiderständen zumindest in einem gewissen Rahmen kontrolliert verhalten. Grundsätzlich lassen sich insofern mehrere Konstruktionsprinzipien unterscheiden: Zweiteiliger Kern aus verschieden hartem Blei; signifikant dicker Mantel im Führungsbereich; integrierte Zerlegungsbremse; massiver, mit dem Mantel integraler Geschossteil.

Zu den Pionieren in dieser Richtung zählt zweifellos Wilhelm Brenneke. Er verbesserte das oben bereits erwähnte »Bleimantel«-Geschoss konsequent bis zur Perfektion der inzwischen legendären Konstruktionen TIG (*Torpedo-Ideal-Geschoss*) und TUG (*Torpedo-Universal-Geschoss*). Beider wesentliches Kennzeichen ist der aus zwei unterschiedlich harten Bleilegierungen bestehende Kern sowie das, daraus resultierend typische Zielverhalten: Der vordere (weiche) Teil zerlegt sich auch bei relativ geringem Zielwiderstand und sorgt für einen starken anfänglichen Energietransfer, während der hintere (harte) Geschossrest für die Wirktiefe zur Verfügung steht. Nach diesem verblüffend einfachen Doppelkern-Prinzip (englisch: *Dual Core*) arbeiten auch verschiedene andere Geschosstypen.

Doch was unter technischem Aspekt recht plausibel klingt, erweist sich in der Jagdpraxis längst nicht immer als tadellos, weil das tatsächliche Zielverhalten auch der »Doppelpack«-Konstruktion in aller Regel weitgehend vom jeweiligen Zielwiderstand – und damit von Treffpunktlage und Verlauf des Schusskanals – beeinflusst wird. Der vergleichsweise »weiche« Vorderteil verhält sich wie ein typisches Zerlegungsgeschoss (siehe oben Seite 83 ff). Die unmittelbar nach dem Aufprall einsetzende starke und in die Breite gerichtete Zerstörwirkung macht sich - vor allem bei Knochenkontakt – besonders beim Schuss auf so leichtes Wild wie Reh unangenehm bemerkbar. Kein Wunder also, wenn zahlreiche Waidgenossinnen und –genossen mehr und mehr diesem Geschosstyp den Laufpass geben und sich anderen Ausführungen zuwenden.

Ahnengalerie (v. l.): Brennekes *Legierungsmantel-Geschoss*, daneben frühe Entwürfe mit Teilmantel, aus denen dann letztlich das *TIG* sowie das *TUG* hervorgingen. Ob die »Pickelhaube« als patriotisches Attribut zu deuten ist, sei dahingestellt.

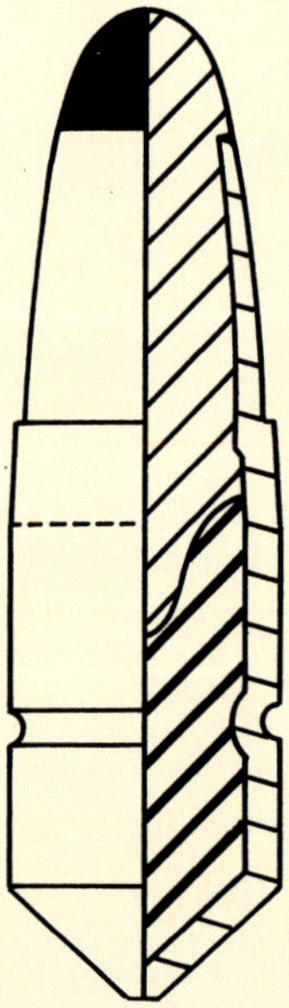

Das inzwischen legendäre *TIG*. Der vordere (weiche) Kernteil ragt mit einer Art Zapfen in den hinteren.

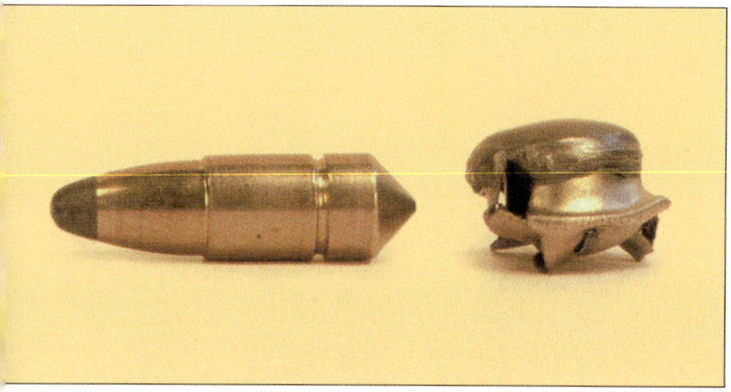

Einst ein echter Trendsetter, kann sich das *TIG* auch heute noch auf eine beachtliche Kundschaft verlassen.

Torpedo-Ideal-Geschoss (TIG; Brenneke)

Aus den zahlreichen Versuchen von Wilhelm Brenneke ging schlussendlich das - für den damaligen Stand der Technik – revolutionäre Doppelkern-Geschoss aus zwei unterschiedlich harten Bleiteilen hervor.

Lange Zeit dominierte der Geschosstyp *TIG* (Kürzel für: *Torpedo-Ideal-Geschoss*) wegen seines im Vergleich mit damaligen Konstruktionen deutlich besseren Zielverhaltens den europäischen Markt. Inzwischen jedoch – bedauerliches Geschick der meisten Stars – verblasst der einstige Ruhm[7].

Die Charakteristika des *TIG* sind: Nickelplattierter Mantel aus Flusseisen mit relativ großer Dicke im Führungsbereich; der vordere (weiche) Kernteil ragt mit einer Art Zapfen in den hinteren; eine radiale Einschnürung des Mantels beendet den Zerlegungs- bzw. Deformationsvorgang; zylindro-ogivales Profil mit Kegelheck[8] und Scharfrand[9], relativ lange kugelige Bleispitze. Das typischerweise mehr oder weniger zylindrische Profil des *TIG* wurde in den Kalibern ab .308" (= 7,62 mm) im Zeitverlauf dem des *TUG* angepasst.

Je nach Zielwiderstand zerlegt sich der vordere Teil mehr oder weniger mit entsprechend raschem Energietransfer und starker Splitterwirkung. Nach Knochenkontakt auf der Einschuss-Seite beträgt die Restmasse regelmäßig rund 60 % bei einem Querschnittsdurchmesser von ungefähr 1,9 Kaliber. In Anbetracht des massebedingt relativ geringen Eindringpotentials des Restkörpers eignet sich das *TIG* vor allem für den Schuss auf leichtes und mittleres Schalenwild. Ins-

7) Nebenbei: Bis 1972 wurde das *TIG* (und ebenso das *TUG*) von den DWM/IWKA in Lizenz gefertigt und danach von Dynamit Nobel/RUAG Ammotec. Seit deren Lizenzvertrag kürzlich auslief, ist die Brenneke GmbH der alleinige berechtigte Hersteller. RUAG schert sich jedoch den Teufel darum; sie produziert und vermarktet die beiden »Brennekes« - wenngleich mit anderer Nomenklatur – nach wie vor.

gesamt stehen derzeit rund zwölf *TIG*-Laborierungen in den Kalibern 7 mm; .270" (= 7,04 mm); .308" (= 7,62 mm) und 8 mm zur Verfügung.

Torpedo-Universal-Geschoss (TUG; Brenneke)

Vom *TIG* unterscheidet sich das *TUG* lediglich durch die »härtere« Konstruktion: Der weiche Vorderteil ist erheblich kürzer, der härtere Kernteil ragt mit einem Kegel in den weicheren. Alles in allem ergibt sich daraus eine größere Restmasse (bei Anwesenheit von Knochen im Schusskanal meist 70 %; Durchmesser rund 1,7 Kaliber) mit größerem Eindringvermögen. Insofern ist das TUG an erster Stelle für starkes Wild vorgesehen und wird derzeit noch in acht Laborierungen angeboten (Kaliber: .308"; 9,3 mm und .375").

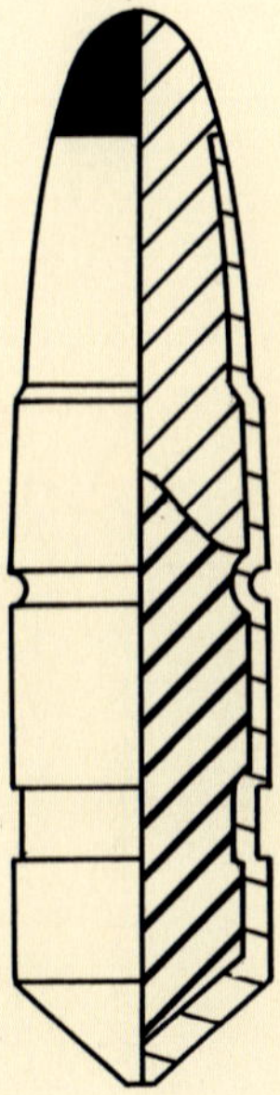

Kennzeichen des *TUG* ist der relativ lange und in den »Weichkern« ragende harte Heckteil.

H-Mantel (DNAG/RUAG)

Dieser Klassiker, einst ebenfalls unter den »Spezialgeschossen« eingestuft, wurde während der 1930er Jahre von Walter Lampel in Konkurrenz zu den Brenneke-Projektilen entwickelt und ursprünglich von der Firma Rheinisch-Westfälische Sprengstoff-Actien-Gesellschaft (RWS) in mehreren Ausführungen hergestellt: Blei-, Loch, Hohlspitze. Heute bietet die in der RUAG aufgegangene Dynamit Nobel AG (DNAG) lediglich eine Ausführung mit abgerundeter Haube aus Kupferblech an.
Die wichtigsten Merkmale: Zylindro-ogivales Profil; zwei unterschiedlich harte Bleikernteile; im Kopfbereich dünner und ab dem

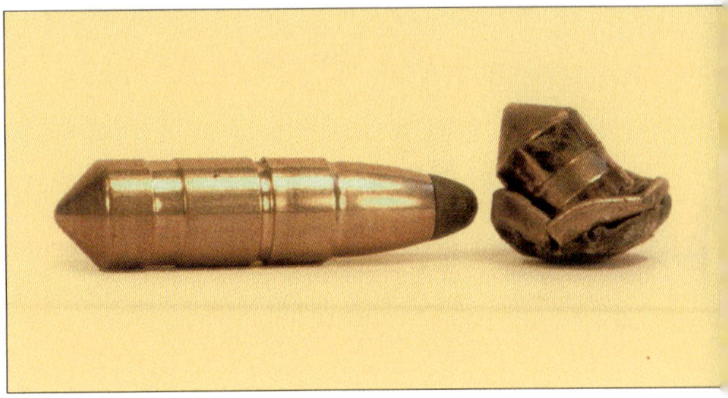

Der Vorderteil des *TUG* zerlegt sich meist sehr schnell und hinterlässt eine relativ große Ausschussöffnung.

8) Vor Beginn seiner Laufbahn als Büchsenmacher tat Wilhelm Brenneke auf einem Torpedoboot der Kaiserlichen Marine Dienst. Möglicherweise resultiert hieraus die – zwar werbewirksam, aber ansonsten unrealistische – Bezeichnung »Torpedo« bzw. »Torpedoheck«.

9) Gerüchte wollen wissen, der *Scharfrand* sei eine Brenneke-Erfindung. Tatsächlich findet sich dieses Detail bereits an verschiedenen früheren Bleigeschossen anderer Konstrukteure.

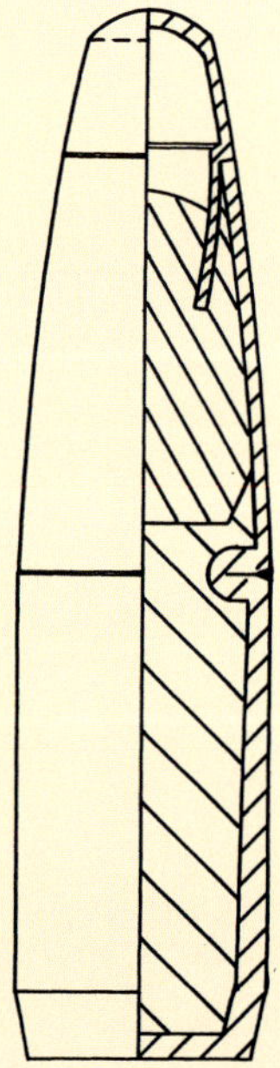

Dank seiner speziellen Konstruktion zerlegt sich ...

... der Kopf des *H-Mantel* sogleich nach dem Aufprall in kleinste Partikel. Der übriggebliebene zylindrische Rest (Masse ca. 65 %) erreicht eine gewisse Wirktiefe.

Übergang vom weichen zum harten Kern längs des Führungszylinders dicker Mantel aus Gildingmaterial; die tiefe Einschnürung des Mantels am Übergang verleiht dem Schnittprofil (bei einiger Phantasie) eine H-förmige Gestalt und liefert insofern die Bezeichnung »H-Mantel«. Bereits im Bereich geringer Zielwiderstände zerlegt sich der weiche Vorderteil unter starker Energieabgabe und Zielwirkung in winzige Partikel. Der fast zylindrische Geschossrest (Masse rund 65 %) durchdringt – sich meist überschlagend – das Ziel. Aufgrund seines Zielverhalten eignet sich dieses Projektil für alles europäische Schalenwild. Doch gemessen am Stand der Technik ist das H-Mantel nur mehr ein Auslaufmodell und teilt damit das Schicksal zahlreicher anderer »Spezialgeschosse«. Dementsprechend bietet RUAG nur noch insgesamt zwölf mit dem H-Mantel laborierte Patronen in den Kalibern von 7 mm bis 9,3 mm an.

ProAMM (Pretoria Metaalperswerke)
Dieses Doppelkerngeschoss der südafrikanischen Firma Pretoria Metaalperswerke (PMP) unterscheidet sich von anderen, nach dem gleichen Prinzip arbeitenden Brenneke-Sorten vor allem durch den relativ langen Hartkernteil. Daraus ergibt sich eine mit reichlich 80 % relativ große Restmasse (Kombiziel-Beschuss) bei einem Querschnittsdurchmesser von rund 2,2 Kaliber. Eine ungefähr in Höhe der Geschossmitte eingearbeitete Verstärkung des Gildingmantels verhindert, dass dieser von dem Bleikern abgestreift wird. Doch wie auch immer betrachtet: Bei einer Bewertung fällt einem eher der Titel »frecher Klau« als »Innovation« ein.
Bedingt durch die vergleichsweise lange und stumpfe Bleispitze; erfolgt auf den ersten ungefähr 18 cm Eindringweg ein starker Energietransfer; aufgrund seiner Masse weist der Geschossrest ein erhebliches Durchdrin-

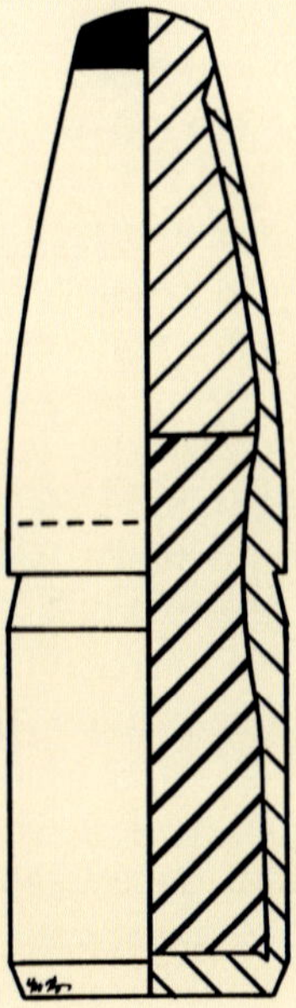

Wesentlichstes Kennzeichen des *ProAMM* ist – ähnlich der Brenneke-Konstruktion - der Bleikern aus verschieden harten Bestandteilen.

Trotz des auf den ersten Blick Aufbaues ist sein Zielverhalten (nach Kombizielbeschuss Durchmesser zwei Kaliber, Restmasse ca. 80 %) sehr gleichmäßig.

gungspotential auf. Insofern lässt sich mit dem ProAMM erfolgreich alles europäische Schalenwild bejagen. Die zur Verfügung stehenden 15 Laborierungen betreffen die hierzulande wichtigsten Patronensorten der Kaliber von .243″ (= 6 mm) bis .308″ (= 7,62 mm).

Grand Slam (GS; CCI/Speer)

Typische Merkmale dieses vom renommierten US-Hersteller Speer/Blount verladenen Projektils sind: Gildingmantel mit zunehmender Wandstärke im Kopfbereich; zylindro-ogivales Profil mit abgeflachter Stirn und kaum herausragendem Kern. Bei der ursprünglichen Ausführung besteht Letzterer aus zwei unterschiedlichen Teilen (der hintere ist durch Legieren mit fünf Prozent Zink [Zn] und Antimon [Sb] gehärtet). Eine auf der Innenoberfläche angestauchte Ring-

***Grand Slam* - Prinzipskizze; man beachte den Doppelkern.**

Das *Grand Slam* von CCI/Speer (hier in .308"/180 grs) ist bekannt für seine große Restmasse von 70-75 % und eine zuverlässige Zielwirkung – Hämatome und erhebliche Wildbretzerstörung eingeschlossen.

wulst arretiert den hinteren Kernteil.
Die aktuelle Version verzichtet – offenbar aus Kostengründen – auf Ringwulst und Doppelkern-Konstruktion. Sie benutzt ein »*Hot-Core*« genanntes Verfahren, bei dem der Bleikern nicht, wie üblich, in den Mantel gepresst, sondern in geschmolzenem Zustand (daher der Name *Hot Core* (= erhitzter Kern) mit sehr hohem Druck eingespritzt wird. Im Endeffekt behält diese Sorte des *Grand Slam* selbst bei einem Knochentreffer noch rund 80 % seiner Masse bei (Durchmesser rund zwei Kaliber). Hieraus resultieren großes Durchdringungspotential und vergleichsweise geringe Zerstörwirkung. Dementsprechend eignete sich das *Grand Slam* nicht besonders für die Jagd auf leichtes Schalenwild.
Insgesamt fertigt Speer 13 Sorten des *Grand Slam* in den gängigen Kalibern von 6 mm bis .375". In der »NITREX« genannten Munitionsserie laboriert Blount Inc. inzwischen zehn Patronensorten in den Kalibern 7 mm bis .375« mit diesem Projektil.

Doppelkern (DK; DNAG/RUAG)
Das vom Hersteller als *Doppelkern* (kurz: *DK*) bezeichnete Büchsengeschoss repräsentiert die vierte, von der RUAG (vormals DNAG), angebotene Variante mit geteiltem Bleikern (neben *TIG, TUG, H-Mantel*). Es weist ein dem *KS* (siehe Seite 107) nachempfundenes zylindro-konisches Profil mit sehr kurzer Bleispitze auf. Konstruktives Kennzeichen sind unter anderen der im Kopfteil dünne, im Bereich des Führungszylinders vergleichsweise dicke Gildingmantel; der hintere (gehärtete) Teil des Bleikerns steckt in einem von vorn aufgesetzten Näpfchen aus dünnem Gildingblech.
Während des Eindringvorgangs zerlegt sich

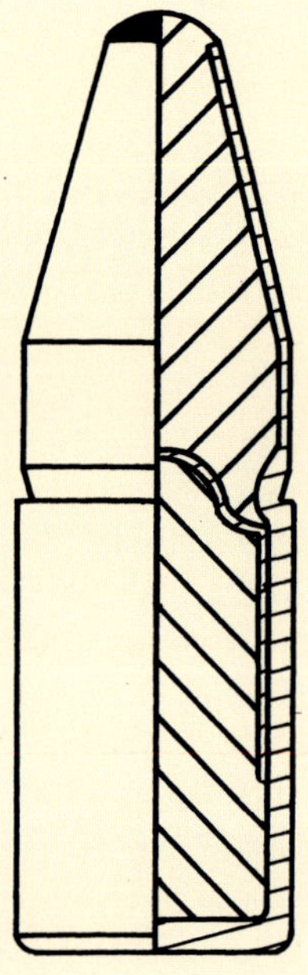

Das *Doppelkern* - eine Art zweieiiger Zwilling des *KS* - verpackt seinen hinteren Kernteil in einem Gilding-Näpfchen.

der vordere Teil des *DK* vergleichsweise schnell und mit starker Energieabgabe auf einem kurzen Eindringweg. In diesem Zusammenhang soll – so der Wunsch des Erfinders – der Mantel an der scharfkantigen radialen Einschnürung abreißen. Das klappt allerdings keineswegs immer. Der Restkörper des *DK* (Masse rund 65 %, Durchmesser 1,5 Kaliber) erinnert denn auch oft an den eines gewöhnlichen Teilmantelgeschosses mit entsprechender Wirktiefe. Vor allem auf dem deutschsprachigen Markt gelang es diesem Projektil, eine gewisse Klientel zu für sich zu gewinnen.

Das DK wird in zwei Kalibern (7 mm/10,0 g; 7,62 mm/10,7 g) hergestellt und in die Patronen 7 x 57R; 7 x 64; 7 x 65R; .308 Win.; .30-06 SPRG.; .30R Blaser und .300 Win.Mag. verladen.

Abgesehen vom Bleikern kontrollieren einige – in der Literatur als *Starkmantel* (oder *Dickmantelgeschoss* bezeichnete) Projektile das Zielverhalten über den Mantel: Im Kopfbereich ist er vergleichsweise dünn ausgeführt und fördert hierdurch einen raschen Energietransfer. Der auffallend dick ummantelte Teil dagegen deformiert selbst bei hohem Zielwiderstand so gut wie nicht. Der Großteil seiner Masse bleibt als kompakter Körper erhalten. Dementsprechend weisen *Dickmantel*-Geschosse relativ zu den »normale« Teilmantelsorten eine deutlich größere Wirktiefe auf. Auf den ersten Blick besteht hinsichtlich des angestrebten Zielverhaltens eine gewisse Ähnlichkeit mit dem Doppelkern-Projektil. Doch in der Praxis haben »Dickmantels« meistens die besseren Karten.

Wer wann und wo diesen Geschosstyp tatsächlich entwickelt hat, ist nicht bekannt. Hierzulande waren es die Deutschen Waffen- und Munitionsfabriken (DWM), die Mitte der 1930er Jahre offenbar erstmals ein solches Projektil auf den Markt brachte.

Doppelkern: viel zu viel Aufwand in Anbetracht einer Restmasse von ca. 65 %.

Starkmantel (1. Version; DWM)

Die erste, *Starkmantel*-Geschoss genannte, DWM-Version weist einen mit Neusilber plattierten Tomkakmantel auf. Drei gleich schwere Varianten (lange Bleispitze, Lochspitze, Aluminium-Hohlspitze) sind bekannt.

Der dünnummantelte Teil zerlegt sich je nach Zielwiderstand größtenteils, während selbst bei starker Beanspruchung noch ein kompakter Restkörper mit einer Masse von rund 65 % und einem Durchmesser von ungefähr 1,5 Kalibern erhalten bleibt, der eine beträchtliche Eindringtiefe garantiert. In zahlreiche Patronen der Kalibern 7, 8 und 9,3 mm verladen, galt dieser Geschosstyp seiner Zeit als das Non-plus-ultra besonders für die Jagd auf mittelstarkes bis starkes Hochwild, weil – im Gegensatz zur herkömmlichen TM-Konstruktion – Ausschuss und reichlich Schweiß die Regel sind. In

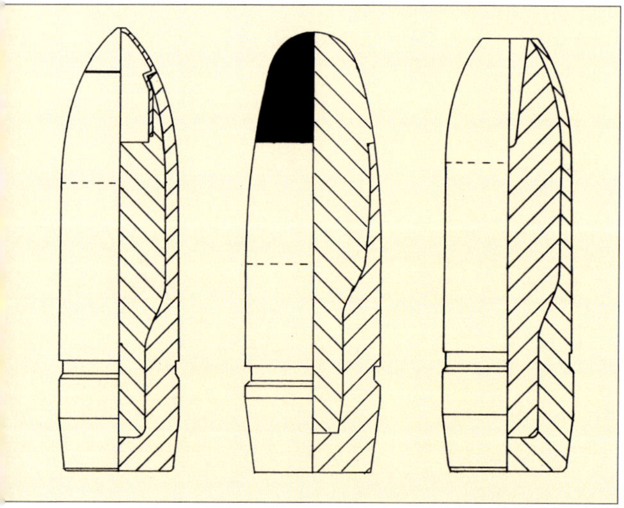

Die verschiedenen Ausführungen des ersten *Starkmantelgeschosses* der DWM aus den 1930er Jahren weisen einen im hinteren Teil eine auffällige Mantelverdickung auf.

seinen Erinnerungen hebt Walter Frevert[10] die zuverlässige Wirkung dieses Projektils besonders hervor.

Starkmantel (2. Version; DWM/MEN)
Aus verschiedenen Gründen, darunter die (aus der beträchtlichen radialen Versteifung im Führungsbereich resultierende) geringe Liderfähigkeit, änderten die DWM ab Anfang der 1960er Jahre die Mantelkonstruktion[11]: Der starkwandige Teil ist deutlich dünner und länger. Diese insofern »weichere« Ausführung wurde nach Auflösung der DWM von der Firma Metallwerk Elisenhütte Nassau (MEN) übernommen und (ausschließlich mit Bleispitze) und in den Kalibern 7; 8 und 9,3 mm für die Jagd vor allem auf europäisches Wild gefertigt. Durch das »Verschlanken« des Mantels schwächte sich bei dieser zweiten Ausführung die Durchdringungsleistung ab: Das Zielverhalten unterscheidet sich kaum von vergleichbaren Projektilen, wie beispielsweise dem Core-Lokt.
Inzwischen hat sich MEN aus dem Geschäft mit Jagdmunition zurückgezogen. Daher ist auch das *Starkmantel*-Geschoss der beschriebenen zweiten Ausführung längst wieder vom Markt verschwunden, zumal es ihm nicht gelang, eine ökonomisch interessante Klientel zu begeistern. Allerdings hat sein Name die Zeitläufte überdauert und kennzeichnet heutzutage ein weltweit sehr verbreitetes Projektil (siehe Seite 140 ff).
Ganz nebenbei: Das Prinzip des *Dickmantel-*

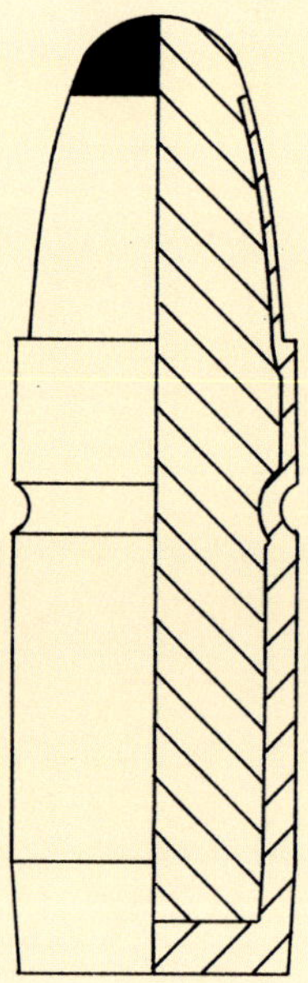

Erst rund 30 Jahre später änderten die DWM ihre Starkmantel-Konstruktion und gaben dem Projektil einen im hinteren Bereich deutlich dünneren Mantel.

10) Walter Frevert: *Rominten; a, a. O.*
11) Gemäß dem *Industrie-Werke Karlsruhe* (IWK) am 13.9.1962 erteilten Patent DBP 1072515.

Geschosses wird derzeit von verschiedenen anderen Konstruktionen – wie beispielsweise *Scirocco* und *AccuBond* - verwendet.

Zipedo (Nosler)
Aus fertigungstechnischen Gründen ließ sich einstmals das *Partition*-Prinzip nicht auf die Geschosswinzlinge im sehr verbreiteten Kaliber .224" (= 5,7 mm) anwenden. Bekanntlich weisen herkömmliche Teilmantelprojektile dieses Kalibers einen schwerwiegenden Mangel auf: Bei hoher Zielgeschwindigkeit zerbröseln sie unmittelbar nach dem Aufprall völlig unkontrolliert und dringen daher »mangels Masse« nicht immer bis zu den vitalen Organen vor. Und beim Berühren selbst kleinster Flugbahnhindernisse – wie etwa Getreidehalme oder gar dünnes Reisig – können sie sich schlicht »auflösen«. Vor diesem Hintergrund entwickelte John Nosler Mitte der 1960er Jahre das *.22" Zipedo* (Masse 55 grs = 3,6 g). Wesentliche Merkmale: zylindro-ogivales Profil mit kugeliger Bleispitze; der relativ dünne Tombakmantel geht in ein rund 4,5 mm hohes und unterkalibriertes Bodenstück über, auf dessen Umfang zwei Führungsringe angeordnet sind. Auf diese Weise wird in diesem Bereich der Ein- und Durchpresswiderstand (als Folge der radialen Versteifung) vermieden.
Zwar hat das *Zipedo* – selbst wenn in solch »heißen Öfen« wie .22-250 Rem. oder .220 Swift verladen – beim Schuss auf leichtes Wild, bis einschließlich Reh, eine ausreichende Eindringtiefe, doch hapert es ganz erheblich bei der Eigenpräzision. Mit anderen Worten: Nosler gab dieses Projekt nach kurzer Zeit wieder auf und widmete sich anderen Projekten zu.

Solid Base Boat Tail (SB/BT; Nosler)
Zwar erinnert das *Solid Base* (= Massivboden) auf den ersten Blick an das *Zipedo*, doch bei genauerem Hinschauen bemerkt

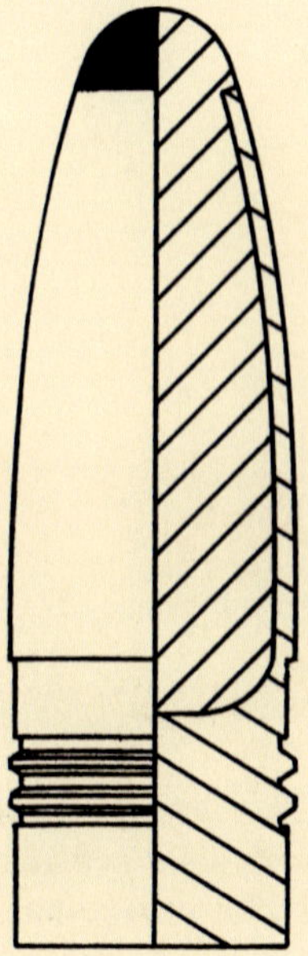

***Zipedo*, Noslers Versuch, das Zielverhalten der Geschosse Kaliber .224" zu verbessern.**

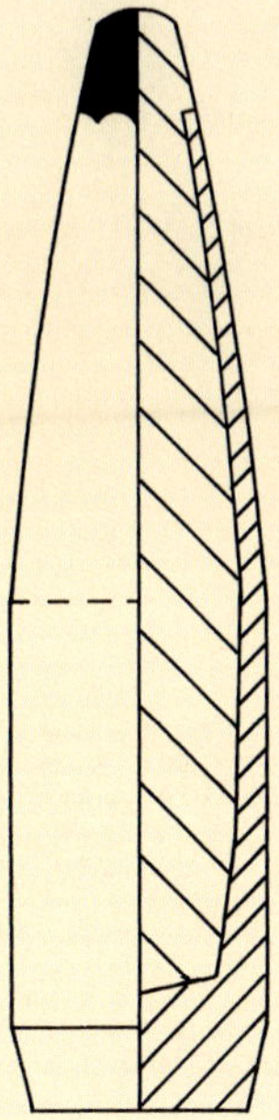

Aus dem Prinzip des *Zipedo* ging schließlich das prominente *Solid Base* hervor, ...

■ **... das sich wegen seines kontrollierten Zielverhaltens auf leichtes und mittelschweres Wild sehr bewährt hat.**

■ **Noslers Dreier (v. l.):** ***Solid Base; Ballistic Tip; Partition.***

man, dass es sich letztlich um ein modifiziertes *Partition* handelt, dem der hintere Teil des Bleikerns fehlt. John Nosler hatte dieses Geschoss Ende der 1960er Jahre nach dem *Zipedo*-Prinzip als preiswerte Alternative zu seinem inzwischen schon legendären *Partition* (siehe Seite 133 ff) entwickelt. Typische Merkmale sind die nach hinten stetig (von rund 0,25 auf 1,25) zunehmende Wandstärke des Tombakmantels sowie der massive konische Heckteil (= *Boat Tail*). Dieser bildet denn auch (neben dem geschlossenen Boden) das einzige äußerliche Unterscheidungsmerkmal.

Konstruktionsbedingt weist das *SB/BT* das gleiche Zielverhalten wie der Vorderteil des *Partition* auf: Müheloses Anpassen an unterschiedlichste Gegebenheiten. Je nach Zielwiderstand vergrößert es seinen Querschnittsdurchmesser auf ungefähr 1,6 bis 2 Kaliber. Meist wird das Bodenstück von dem noch vorhandenen Teil des Bleikerns abgestreift. Die Restmasse beträgt üblicherweise rund 50 %. der ursprünglichen. Hieraus resultiert selbstverständlich, bei gleichem Energietransfer und entsprechender biologischer Wirkbreite, eine deutlich geringere Wirktiefe.

Zunächst war das *Solid Base* in faktisch allem gängigen Kalibern von.224" (= 5,7 mm) bis.308" (= 7,62 mm) verfügbar. Doch der umtriebige John Nosler ließ es dabei nicht bewenden. Ihm ging es untern anderen darum, die Eigenballistik des *SB* deutlich zu verbessern. Vor diesem Hintergrund entstand schließlich das etwa 1984 eingeführte *Ballistic Tip* (siehe Seite 87), ebenfalls ein Trendsetter und auch mehr als 20 Jahren in punkto Präzision weltweit nach wie vor ungeschlagen. Dennoch laboriert Federal Cartridge Co. (FC), offenbar aus ökonomischen Gründen, auch jetzt noch die gängigsten Patronensorten mit dem *Solid Base*. Nebenbei bemerkt: Mit dem Prinzip des massiven Heckteils arbeitet im Prinzip beispielsweise auch die aktuelle Ausführung des *Bear Claw* von Trophy Bonded Bullets (siehe Seite 142).

■ **Walter Gehmann nahm – wie sonst nur wenig andere – einen außerordentlichen Einfluss auf die internationale Entwicklung der Jagdmunition. Der Weltmeister und 24-fache Deutsche Meister im Gewehrschießen ist Inhaber zahlreicher Patente.**

5. Geschosse mit festem Deformationsstop

Manche Konstrukteure misstrauten dem Doppelkern wie auch dem Dickmantel als einzige Kontrollmittel und bauten in den Bleikern einen Deformationsstop ein, der jeglichen weiteren Masseverlust beenden und insofern das Eindringvermögen garantieren soll. Hier die wichtigsten Ausführungen:

Stop-Scheibe / Stopring (W. Gehmann)
Bereits in den 1950er Jahren experimentierte Walter Gehmann mit verschiedenen, von ihm entwickelten Jagdprojektilen für die Patronen *7 x 66* und *7 x 75R vom Hofe Super Express* (*SE*). Darunter befand sich auch das sogenannte »*Stop-Scheiben-Geschoss*. Dessen Kennzeichen besteht in der gut anderthalb Millimeter dicken *Stop-Scheibe* aus Tombak, die zwischen zwei unterschiedlich harten Bleikern-Teilen angeordnet ist (siehe *Partition* Seite 133).
Schließlich kam Gehmann der Gedanke, als Deformationsstop einen ungefähr in der Geschossmitte installierten Stahlring zu verwenden. Zunächst ordnete er diesen Stopper außen, also *auf* dem Mantel, an. Doch erwies sich das, schon allein aus fertigungs-

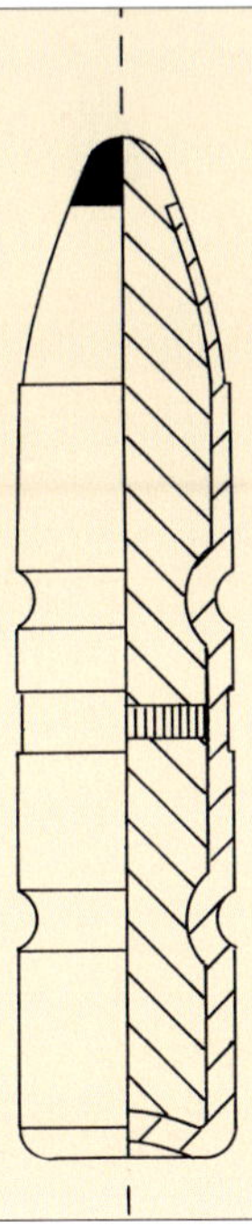

■ **Gehmanns frühes Geschoss mit *Stop-Scheibe*.**

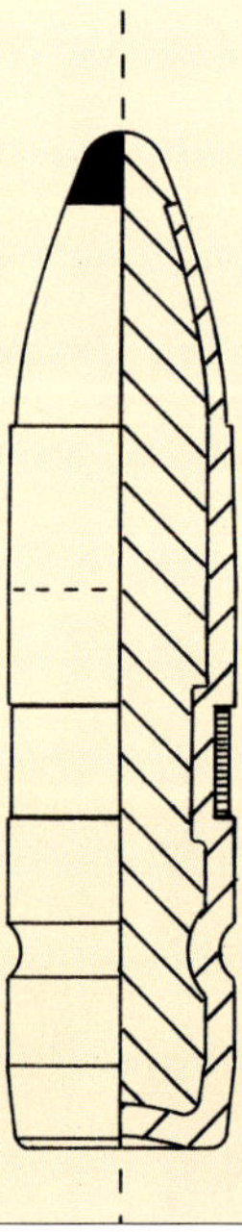

Der *externe Stopring* als nächster Entwicklungsschritt.

technischen Gründen, als ziemlich unrealisierbar. Daher verlegte Gehmann – nach umfangreichen Tests mit Ringhöhen von bis zu vier Millimetern - seinen »Verlobungsring « kurzerhand nach innen und schuf so letztlich das (1962 herausgebrachte)*Torpedo-Stopring-Geschoss* (= ToSto) Kaliber 7 mm mit einer Masse von 8 g. sowie die mit 11 g erheblich schwerere Version.

Das wesentlichste Merkmal dieser Konstruktion besteht aus dem kleinen Stahlring, welcher in einem Weichziel den Deformationsvorgang abrupt beendet. Auf diese Weise ist für eine kompakte Restmasse von rund 70 % und ein entsprechendes Energiepotential gesorgt. Der im Kopfbereich dünn gehaltene Gildingmantel geht am Beginn des Führungsteils in eine deutlich größere Wandstärke über. Hierdurch wird das Zielverhalten ebenfalls weitgehend kontrolliert.

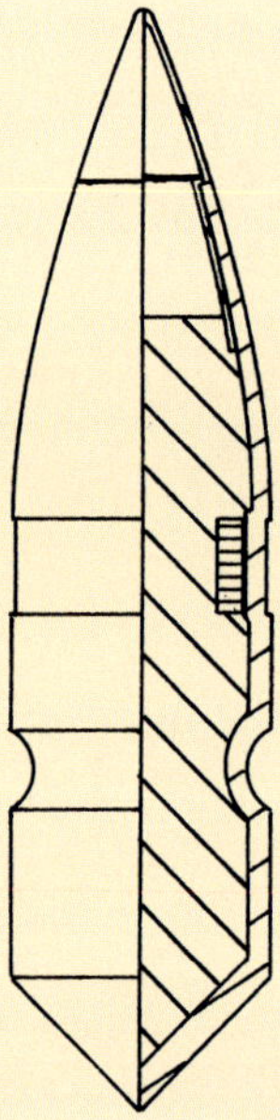

Das 8,0 g schwere *ToSto* in 7 mm. Beachte die Hohlspitze.

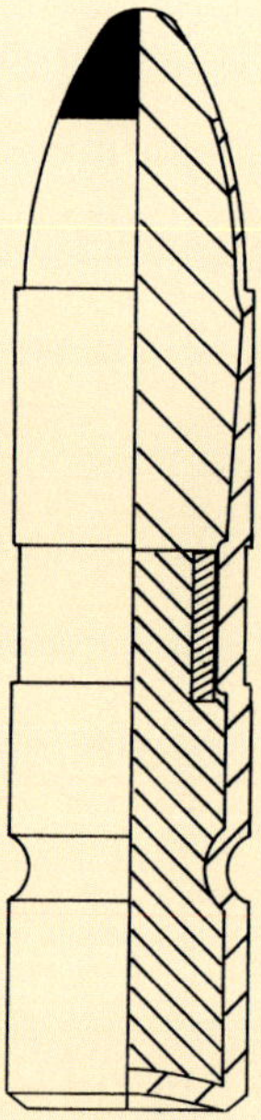

Letzte Version des *Stopring*-Geschosses 7 mm/ 11 g. Beachte den geteilten Bleikern.

Typischer *Stopring*-Befund nach Treffer mit hoher v_z. Beachte die Querschnittsgröße (Restmasse ca. 65 %).

Die zwei bekannten Ausführungen unterscheiden durch Profil, Masse, Zielverhalten und Verwendungszweck: Die 8-Gramm-Variante – vor allem für den Schuss auf leichtes und mittelstarkes Schalenwild über größere Distanzen vorgesehen – weist ein aerodynamisch günstiges Profil mit scharf auslaufender Alu-Hohlspitze und Kegelheck auf; dem Aufbau entsprechend reagiert das Geschoss selbst bei geringerem Zielwiderstand ausreichend für einen starken anfänglichen Energietransfer.

Die mit elf Gramm deutlich schwerere Version zeigt als äußeres Kennzeichen ein kurzes und stumpfes Kopfprofil mit herausragendem (und geteiltem) Bleikern. Konstruktionsbedingt verteilt sich der anfänglich heftige Energietransfer auf einen vergleichsweise längeren Eindringweg; auch ist die Energie des Restkörpers erheblich größer. Insofern ist dieses Projektil speziell für starkes und sehr starkes Schalenwild konzipiert.

Seit die IWKA die Fertigung von Jagdmunition – und somit auch des *Stopring*-Geschosses – eingestellt hatten, lässt Gehmann seine *vom-Hofe*-Patronen mit zahlreichen anderen Geschosstypen laborieren, so beispielsweise mit dem *Woodleigh Weldcore* (Starkmantel) sowie mit dem *Ballistic Tip* (siehe Seite 140 & 87 ff).

Nosler Partition (NP; Nosler)

Als John Nosler 1960 sein *Partition* (= Abteilung) bezeichnetes Projektil herausbrachte, ahnte er gewiss nicht, hiermit einen Meilenstein in der Geschichte des Jagdgeschosses gesetzt und einen Trendsetter geschaffen zu haben. Kaum ein anderes modernes Geschosskonzept kann für sich einen derart epochalen Einfluss auf das Entwicklungsgeschehen beanspruchen[12].

Das Besondere an diesem äußerlich völlig »normal« erscheinenden Geschoss ist die mit dem Tombakmantel fest verbundene Querwand, die den Bleikern ungefähr in Höhe des Übergangs vom ogivalen zum zylindrischen Bereich teilt. Der wesentliche Effekt: Zunächst steuert die nach hinten zunehmende Mantelstärke in Abhängigkeit vom jeweiligen Zielwiderstand den Deformationsverlauf bei rasch anwachsendem Energietransfer längs der ersten 20 bis 25 cm des Eindringweges. Mit Erreichen der Querwand endet der Deformationsvorgang. Der Restkörper hält je nach Kaliber noch eine Masse von 65 bis 70 % und setzt seinen Weg bei gleichmäßigem Energietransfer fort. Beson-

12) Erst Jahrzehnte später gelang Coni und Randy Brooks, Eigentümer die US-Firma Barnes Bullets Co., mit ihren ebenso modernen wie spektakulären »massestabilen Deformationsgeschossen« ein ähnlicher Coup (siehe auch Seite 162 ff)

John Nosler, leidenschaftlicher Jäger, avancierte vom Gemüsehändler zu einem der erfolgreichsten Geschosskonstrukteure. Er beeinflusste die Entwicklung des heutigen Jagdgeschosses sehr nachhaltig.

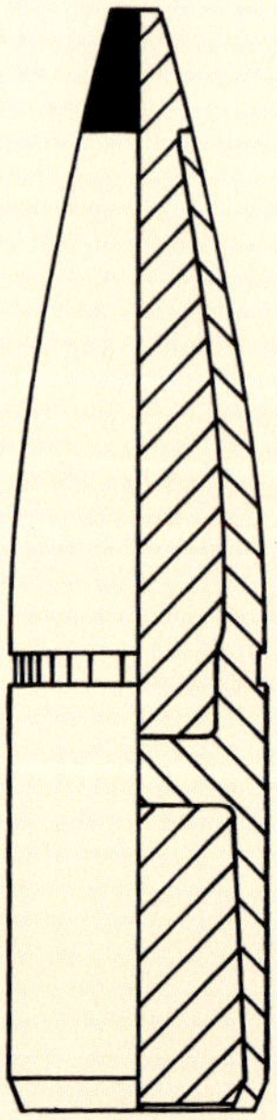

Das *Partition*, mit seiner integralen Querwand und der nach hinten zunehmenden Manteldicke, leitete die Ära des modernen Jagdgeschosses ein.

Gleichmäßig verformtes *Partiton* Kaliber .224"/60 grs nach Kombiziel-Beschuss mit v_z rund 950 m/s.

ders die große Anpassungsfähigkeit an unterschiedliche Zielwiderstände, die relativ geringe mechanische Zerstörwirkung sowie die große Eindringtiefe ließen das *Partition* zum Star unter den modernen Büchsengeschossen mit Bleikern werden.

Anfangs nur ein Geheimtipp für Wiederlader, wurde das *Partition* für lange Zeit zunächst einzig und allein von dem schwedischen

Wie groß auch immer Kaliber sowie Zielwiderstand: Deformation und Zerlegung ...

Munitionshersteller Norma (NP) vor allem in die meisten *Weatherby*-Patronen verladen. Erst in den 1980er Jahren brachte die österreichische Firma Hirtenberger einige Laborierungen gängiger Patronen mit dem *Nosler Partition* heraus. Inzwischen führen die meisten bedeutenden Munitionshersteller mit dem *Partition* laborierte Patronen in allen gängigen Kalibern von 224"/5,7 mm bis .375"/ 9,5 mm in ihrem Sortiment.
Für die Jagd auf leichtes Schalenwild - beispielsweise Reh – hat sich die mit dem 60 grs (= 3,9 g) schweren *NP*-Geschoss bestückte Patronen .223 Remington im Vergleich mit den herkömmlichen Teilmantel-Konstruktionen wegen der geringeren Zerstörwirkung und der deutlich größeren Wirktiefe sehr bewährt. Selbst bei einem Knochentreffer mit hoher Geschwindigkeit auf der Einschuss-Seite entsteht in der Regel ein Ausschuss von rund drei Kalibern.

... des *Partition* enden an der Querwand, so dass stets eine bestimmte Restmasse erhalten bleibt.

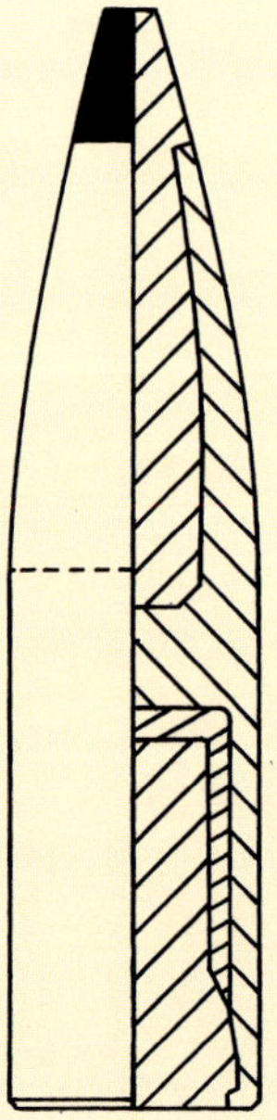

Die Variante *Partition Gold*. Beachte den dickeren Mantel sowie das Näpfchen im hinteren Teil.

Hieraus ergeben sich eine größere Restmasse (etwa 90 %) und Wirktiefe.

Partition Gold CT (Nosler/Winchester)

Etwa Mitte der 1990er Jahre vereinbarten Olin/Winchester und Nosler eine *Combined Technology* (kurz: CT = gemeinsame Technologie) genannte Zusammenarbeit auf dem Sektor der Entwicklung und Fertigung von Jagdgeschossen. Hieraus ergeben sich bei Winchester einige abweichende Ausführungen bereits existenter Nosler-Geschosse so auch das bereits dargestellte *Ballistic Silvertip CT* (siehe Seite 89).

Eine weitere, *Partition Gold* genannte und ausschließlich von Winchester laborierte Sorte unterscheidet sich vom Original-*Partition* in einigen Punkten:von John Noslers ursprünglichem Konzept: Dickere und mehr nach vorn verlegte Querwand (dadurch mehr Restmasse); größere Mantelstärke im hinteren Kopfbereich (dadurch noch bessere Kontrolle des Deformationsablaufs); Umhüllung des hinteren Bleikerns mit einem Stahlblech-Näpfchen (das verhindert eine durch Aufbauchen verursachte unkontrollierte Querschnittsvergrößerung während des Laufdurchgangs und – daraus resultierend – einen exzessiven Gasdruck); Oberflächenbeschichtung mit »Lubalox« (zur Verminderung der Laufverschmierung und des Reibungsverlustes während des Rohrdurchgangs).

Alles in allem bietet diese Winchester-Variante des *Partition* bei ansonsten identischem Zielverhalten mit einer konstruktionsbedingten Restmasse von meist 90 % eine maximale Eindringtiefe. Beachte die abweichende Form des deformierten Projektils. Derzeit bietet Winchester mit dem *Partition Gold CT* laborierte Munition im Rahmen der »Supreme«-Serie in .270 Win., 7 mm Rem. Mag., .300 Win.Mag., .30-06, .308 Win., .338 Win.Mag. und .45-70 Government an.

CDP (Blaser)

Die Vorteile des *Partition*-Prinzips kann man unter anderem daran ermessen, dass sich auch ein europäischer Erfinder zu einer möglichen »Weiterentwicklung« angeregt fühlte. Was letztlich dabei herausschaut, nennt sich auf »Denglisch«: *Controlled Deformation Process* (auf gut Deutsch schlicht »Kontrollierter Verformungsverlauf«). Derzeit für Rechnung der Isnyer Firma Blaser von RUAG gefertigt, präsentiert sich dieses kurz und griffig als *CDP* bezeichnete Projektil bei genauerem Hinsehen lediglich als – ein wenig flapsig ausgedrückt – ein »*Partition* mit eingebeulter Wand«. Vier intern eingearbeitete konzentrische Längsriefen (dies ein weiteres Merkmal) kontrollieren das Entstehen von vier gleichmäßigen »Fahnen«, die sich nach hinten auf den Führungszylinder rollen. Die eingedellte Querwand soll die radiale Versteifung an dieser verhindern.

Doch all dieser Schickimicki macht aus dem *CDP* noch lange kein wirklich innovatives Jagdgeschoss. Selbst kleinkarierte Erbsenzähler bestätigen, dass hinsichtlich des Zielverhaltens kein gravierender Vorteil gegenüber John Noslers mehr als 30 Jahre älterem *Parition* zu erkennen ist – sieht man vom Entstehen der vier mehr oder weniger gleichmäßig geformten Fahnen und dem um rund 30 % höheren Preis für *CDP* Laborierungen ab. Ansonsten funktioniert das *CDP* ebenso funktioniert zuverlässig.

Inzwischen bietet Blaser Patronen 6,5 mm x 57 R; 7 mm x 65 R; .308 Win.; .30-06 SPRG sowie 9,3 mm x 62 mit *CDP*-Geschoss an.

Nebenbei bemerkt: Eine dem *Partition* auf den ersten Blick verblüffend ähnliche Konstruktion befindet sich seit etlichen Jahren unter der Bezeichnung *A-Frame* im Handel (Einzelheiten siehe Seite 155 ff).

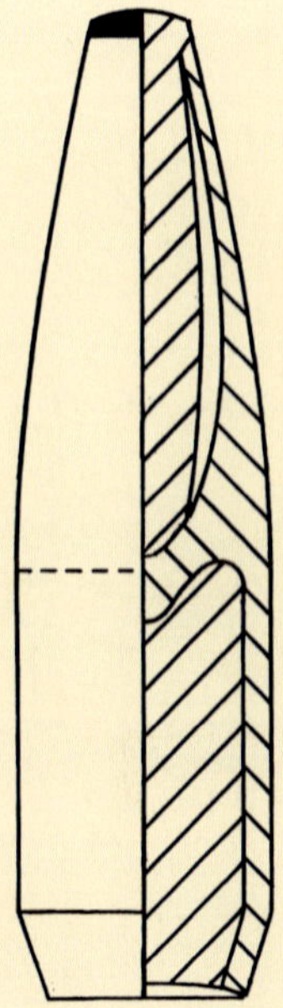

Das europäische *CDP*, ein typischer Nosler-Abkömmling, mit vier internen Soll-Bruchstellen und eingedellter Querwand.

Typischerweise bildet das *CDP* vier nach hinten gerollte Fahnen (Restmasse ca. 85 %).

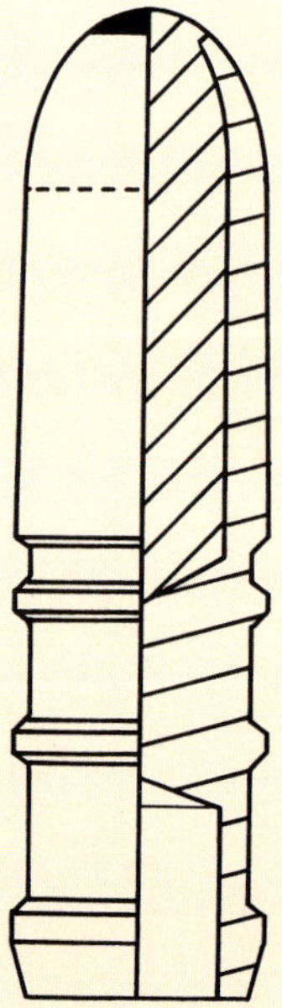

Das *Forex*, eine weitere europäische Abart des *Partition*, geht eigene Wege: Fast zylindrisches Profil, sehr dicke Querwand, Hohlboden.

Das Zielverhalten des *Forex* wird weitgehend von der gleichmäßigen Deformation und der Restmasse (wenigstens 85 %) bestimmt.

Forex (Lapua)

Manch einer mag denken: »Na und? Ein *Partition* mit Rundkopf und hinten nix-was dran. Geht den Finnen etwa das Blei aus?« Bei näherem Hinschauen erkennt man indessen, dass sich das von Lapua gefertigte und verladene *Forex* keineswegs damit begnügt, ein Dasein als modifizierte *Partition*-Kopie zu fristen. Vielmehr hat sich der Erfinder durch das Partition-Prinzip offenbar lediglich anregen lassen und auf dieser Grundlage sein eigenes Konzept entwickelt: Überwiegend zylindrisches Profil mit kugeligem Kopf und kaum hervorragendem Bleikern; relativ dicker Tombakmantel (mit vier externen Soll-Bruchstellen unterhalb der Stirnkante), der hinter der Längsachsenmitte in ein massives Bodenstück mit zylindrischer Öffnung übergeht (daher vor der Achsenmitte liegender Schwerpunkt); drei schmale integrale Führungsringe auf dem Umfang sorgen für eine sichere Drallaufnahme während des Laufdurchgangs sowie für einen geringeren Ein- und Durchpresswiderstand sowie einen entsprechend niedrigeren Spitzengasdruck. Bedingt durch Schwerpunktlage und Profil erweist sich dieses Geschoss als verhältnismäßig unempfindlich gegenüber Flugbahnhindernissen und eignet sich insofern besonders für die Jagd in buschigem Gelände, also beispielsweise im typischen Waldrevier. Die aus dem stumpfnasigen Profil auf der Drückjagd resultierenden Vorteile gegenüber schlanken Spitzgeschossen brauchen nicht erst besonders herausgestellt zu werden. Beim Beschuss eines Kombiziels mit simuliertem Knochentreffer auf der Einschuss-Seite zeigt das *Forex* den typischerweise völlig gleichmäßig verlaufenden Energietransfer. Dies zusammen mit der relativ großen Restmasse – durchschnittlich 85 % und bei einer Vergrößerung des Querschnittsdurchmesser auf rund 1,7 Kaliber – bewirkt letztlich eine große Wirktiefe.

Seinem, offenbar charakteristischen, Zielverhalten entsprechend, erweist sich das Projektil als besonders geeignet für die Jagd auf starkes Hochwild. Derzeit bietet Lapua Forex-Laborierungen der Patronen .308 Win., .30-06 SPRG, 7,62 x53R Russ., .338 Lapua Mag. und 9,3 mm x 62 an. Dementsprechend reichen die Einsatzmöglichkeiten von mittelstarkem bis zu starkem Schalenwild (einschließlich starker, schussharter Antilopen wie Oryx, Kudu usw.).

6. Verbundgeschosse

Als wesentliches Manko der meisten Teilmantelgeschosse gilt ihr unkalkulierbares Verhalten vor allem bei hoher Zielgeschwindigkeit. Die hieraus resultierenden Nachteile – mehr oder weniger starker Masseverlust, exorbitante Zerstörwirkung, ungewisse Wirktiefe etc. – versuchen zahlreiche Hersteller durch so genanntes *Bondern*[13)] zu eliminieren. Solche *Verbundgeschosse* (= *Bonded Bullets*) erschienen während der letzten Jahre in steigender Zahl auf dem Markt. Hierbei handelt es sich zum Teil um etablierte Typen, wie beispielsweise Remingtons Veteran *Core-Lokt* (die Verbund-Version nennt sich *Core-Lokt Ultra*), zum Teil auch um neue Konstruktionen (Beispiel: Noslers *AccuBond*).
Im Grunde ist das ein alter Hut. Die Idee entstand verschiedentlich bereits Ende des 19. Jahrhunderts, in den Kindertagen des Teilmantelprojektils. Damals geschahen nicht eben selten fatale Unfälle, weil während der Schussentwicklung der Bleikern aus dem Mantel rutschte. Blieb dieser als berüchtigter »Mantelstecker« unbemerkt im Lauf zurück, war für den nächsten Schuss die Katastrophe vorprogrammiert: Der, durch das Hindernis im Rohr verursachte, exzessiv hohe Gasdruck ruinierte die Waffe, schlimmstenfalls hatte auch der Schütze erhebliche Verletzungen zu beklagen. Einige damalige Erfinder versuchten, diesem Übel durch *Auflöten* des Geschossmantels beizukommen - ein zwar naheliegender, aber mit den seiner Zeit verfügbaren technischen Mitteln im Rahmen einer Massenproduktion nicht realisierbarer Gedanke. Erst rund 90 Jahre später entwickelte die australische Firma Woodleigh Bullets ein für die Massenproduktion von Verbundgeschossen geeignetes Verfahren. Inzwischen arbeiten auch die Geschosse anderer Hersteller mit dem Verbundprinzip. Dank ihrer beträchtlichen Vorteile gegenüber den herkömmlichen Konstruktionen – Restmasse selbst bei starkem Zielwiderstand 75 bis 90 Prozent, geringere Zerstörwirkung, größere Wirktiefe – gewinnen sie zunehmend an Boden.
Neben dem deutlich besseren Zielverhalten hat die wachsende Beliebtheit der Verbundgeschosse schlechthin noch einen völlig anderen beachtlichen Grund: Wegen der plastischen Verformbarkeit der Bleikerns weisen Mantelgeschosse jedweder Art relativ zu bleifreien Monobloc-Projektilen eine erheblich geringere radiale Steifheit auf. Folglich haben sie, *ceteris paribus,* beim Abschuss einen kleineren Ein- und Durchpresswiderstand und verursachen einen niedrigeren Gasdruckverlauf[14)].

13) Vom Englischen *to bonder* = binden, verbinden. Durch *Bondern* werden Bleikern und Mantel in einem speziellen Verfahren untrennbar mit einander verbunden.
14) Inzwischen haben die meisten »Bleifreien« dieses Problem eliminiert.

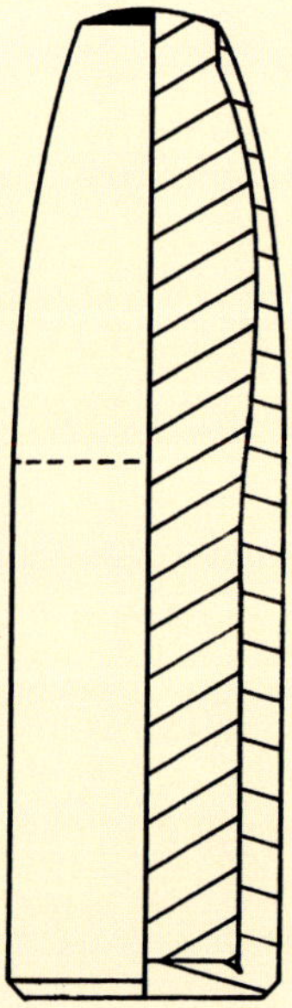

■ Prinzipskizze des *Weldcore*-Geschosses.

■ Das im deutschen Sprachraum als *Starkmantel* bezeichnete *Weldcore* (hier: in.308"/180 grs) deformiert auf reichlich zwei Kaliber; Restmasse etwa 90 %.

Weldcore (Woodleigh)

Wer noch nie von Woogleighs *Weldcore* (Kunstwort aus dem englischen *to weld* = schweißen und *core* = Kern) gehört hat, befindet sich keineswegs allein auf weiter Flur. Kein Wunder. Denn dieser Geschosstyp kommt ohne das kakophone Trompetengetöse der Werbung und ohne auffälliges Design daher und schaut eher unscheinbar »normal« aus. Dennoch gelingt es ihm auch hierzulande eine täglich wachsende Klientel für sich zu gewinnen.

Die im australischen Murrabit, Bundesstaat Victoria, beheimatete Firma Woodleigh Bullets existiert seit Anfang der 1980er Jahre. Sie spezialisierte sich zunächst auf die Fertigung von Geschossen für Großwildpatronen. Hiermit traf sie in eine kommerziell interessante Marktlücke, nachdem das englische Traditionshaus Kynoch die Fertigung der »dicken Brummer« eingestellt hatte und dementsprechend ein großer Bedarf zur Versorgung der zahllosen vorhandenen Büchsen bestand. So erlangte Woodleigh bald weltweit einen guten Leumund als Produzent erstklassiger Jagdgeschosse. Doch Geoff McDonald, Gründer und Inhaber des Unternehmens sowie selbst ambitionierter Jäger, war – aus den sattsam bekannten Gründen – mit der Zielballistik seiner Teilmantelgeschosse nicht zufrieden. Also machte er sich zusammen mit seiner Truppe an die Arbeit. Nach schier endlosem »Studieren und Probieren« schaute dann schlussendlich, 1988, eben jenes *Weldcore* heraus, das sich mit der Geschwindigkeit eines Steppenbrandes auf dem Markt ausbreitete und inzwischen von zahlreichen international bedeutenden Munitionsherstellern – wie beispielsweise Federal, Norma, Kynamco Ltd. (Nachfolger von Kynoch) - laboriert wird. In Deutschland ist es vor allem die Firma Wolfgang Romey, die überwiegend das *Weldcore* unter der Bezeichnung *Starkmantel*[15] verlädt (unter anderen auch in die von ihr vertriebene DWM-Munition sowie in die vom-Hofe- und in Frères-Patronen). Für den Wiederlader bietet Romey die gesamte umfangreiche Kaliber-Palette an.

Abgesehen von seiner Verbundkonstruktion präsentiert sich das *Weldcore* als typisches Teilmantelprojektil ohne irgendwelche Spitzfindigkeiten. Sein Mantel besteht aus der als »Gilding« bekannten Kupferlegierung mit einem Zink-Anteil von 10 % (CuZn 90/10). Zwei Ausführungen mit abweichendem Profil sind verfügbar: Rundkopf (= *Round Nose;* kurz: RN) mit aus dem Mantel herausragender Bleispitze; die Flachkopf-Variante (= *Protected Point*; kurz: PP) kommt ohne Bleispitze[16].

Typischerweise vergrößert das *Weldcore* seinen Querschnitts-Durchmesser auf rund zwei Kaliber. Hierbei büßt es – je nach

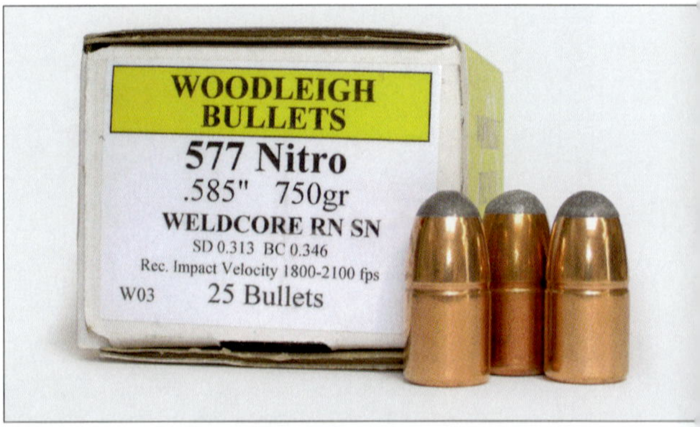

Großwildjagd ist die eigentliche Domäne des neuen *Starkmantel* …

Größe des Zielwiderstandes – 10 bis 25 % seiner ursprünglichen Masse ein. Verglichen mit herkömmlichen Teilmantelgeschossen verlaufen Querschnittsvergrößerung und

… es steht in faktisch sämtlichen Kalibern von .264" (6,5 mm) bis .700" (17,8 mm) zur Verfügung.

15) In diesem Zusammenhang muss man wissen, dass Romey den sogenannten *Firmenmantel* der früheren DWM (= Deutsche Waffen- und Munitionsfabriken) und auch die seiner Zeit eingetragene Bezeichnung *Starkmantel* erworben hat.

16) Die Bleispitze wird leicht durch Stoß oder Fall beschädigt; das betreffende Geschoss verliert dadurch möglicherweise seine Rotationssymmetrie und damit seine Eigenpräzision. Auf der anderen beginnt seine Deformation bereits unmittelbar nach dem Aufprall, während die bei der PP-Version erst nach kurzem Eindringweg geschieht. Wegen seines etwas günstigeren *Ballistischen Koeffizienten* hat das PP-Geschoss unter sonst gleichen Bedingungen auf große Distanzen eine entsprechend höhere v_z.

Jack Carter, Gründer der texanischen Firma Trophy Bonded Bullets (TBB), entwickelte das *Bear Claw* genannte Projektil in zwei Ausführungen.

Energietransfer in der Anfangsphase sehr viel weniger abrupt mit dem Resultat einer deutlich geringeren Zerstörwirkung und Hämatombildung.

Derzeit bietet Woodleigh das *Weldcore* in 40 Kalibern von .264"/6,5 mm bis .700"/ 17,8 mm in reichlich 90 verschiedenen Gewichtsklassen an. Damit werden neben den Standard-Munitionen auch die zahlreichen klassischen Großwildpatronen[17] versorgt. Schon allein diese enorme Angebotspalette, zumindest bis auf den heutigen Tag von keinem anderen Teilmantelgeschoss jedweder Ausführung erreicht, spricht eine deutliche Sprache. Wie bereits erwähnt, dauerte es noch mehr als ein Jahrzehnt, ehe die etablierten Munitionshersteller unter dem Eindruck sukzessiv wegbrechender Absatzzahlen in einer Art Panikreaktion das Prinzip der Verbundkonstruktion übernahmen, um teils ihre uralten Geschosstypen aufzupeppen, teils neue Konzepte zu offerieren.

Bear Claw (TBB)

Verdruss über mangelhafte Gegenstände und Situationen wirkte stets anregend auf den Erfindergeist. So auch im Fall des Texaners Jack Carter. Der leidenschaftliche Großwildjäger ärgerte sich zu wiederholten Malen über die Unzulänglichkeit (Masseverlust und ungewisse Wirktiefe) der verfügbaren Geschosse. Kurz entschlossen ging er das Problem persönlich an und entwickelte, was er, nach etlichem Testen und Verbessern, schließlich 1990 *Bear Claw* (= Bärenklaue) nannte.

Und weil er schon mal an der Arbeit, schuf Carter gleich zwei Ausführungen: mit massivem Heckteil à la *Solid Base* die eine und als »Dickmantel«-Konstruktion die andere. Doch letztlich unterscheiden sich beide Sorten im Hinblick auf Kontur und Zielverhalten grundsätzlich nicht. Der einzige konstruktionsbedingte Unterschied ist innenballistischer Art: Die Massivboden-Version weist einen kürzeren Führungszylinder auf, folglich auch einen geringeren Ein- und Durchpresswiderstand sowie einen entsprechend geringeren Maximal-Gasdruck. Daher wundert es nicht, dass sich schon innerhalb weniger Jahre diese Form des *Bear Claw* durchsetzte.

17) Siehe hierzu auch Manfred R. Rosenberger: *Jagdpatronen*, 1. Auflage Stuttgart 2005, ab Seite 207.

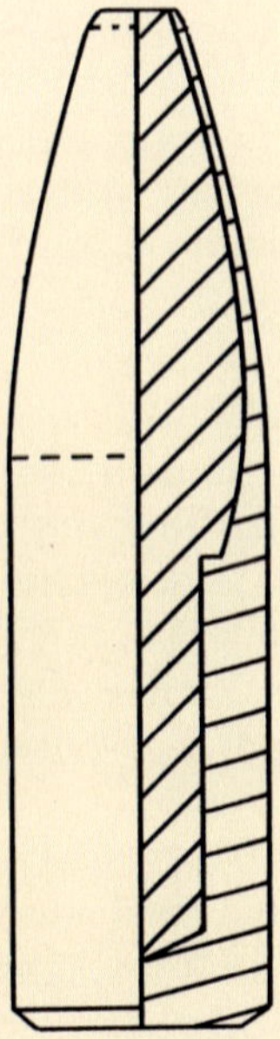

■ **Eine Art *Stark-mantel*Geschoss, ...**

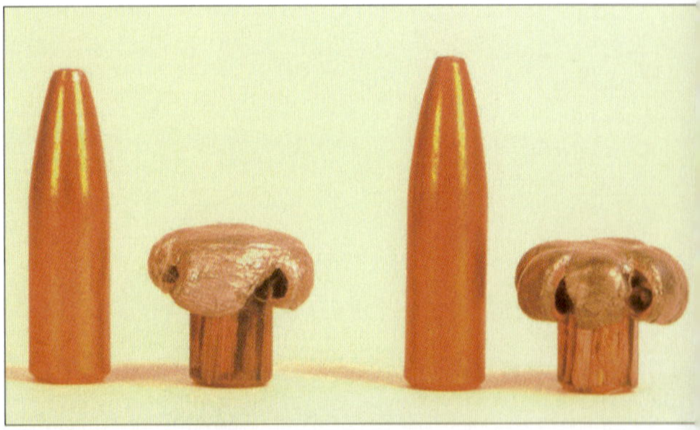

■ **... das meistens rund 90 % seiner ursprünglichen Masse beibehält.**

Das zylindro-ogivale Profil mit abgeflachter Stirn (Mantel und Bleikern formschlüssig) sind die wesentlichen äußeren Kennzeichen des *Bear Claw*. Der aus der Kupfer-Legierung T*ombak* (CuZn 95/5) bestehende »Mantel« ist – dies das wesentliche Charakteristikum – mit dem Bleikern durch Bondern untrennbar verbunden (weshalb sich Carters in Houston, Texas, beheimatete Firma »Trophy Bonded Bullets« [kurz: TBB] nennt). In Folge dessen deformiert es selbst bei starker Beanspruchung (hohe v_z und/oder Knochenkontakt) stets bemerkenswert gleichmäßig auf 2 bis 2,3 Kaliber bei einem Masseverlust von meist kaum mehr als fünf Prozent und liefert so eine maximale Wirktiefe. Dies wie auch die vergleichsweise geringe Wildbretentwertung verhalf dem »Bärenklau« rasch zu Ansehen.

Das *Bear Claw* zählt zu den ersten Jagdgeschossen in Verbundkonstruktion und

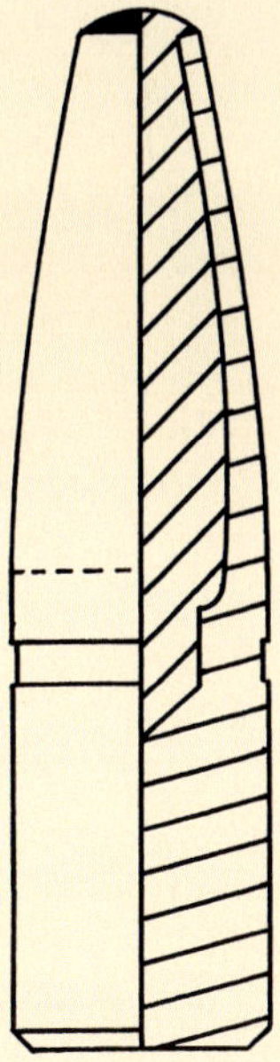

■ **Die Variante mit massivem Boden verhält sich fast identisch, weist aber nach dem Durchdringen eines Kombizieles in der Regel noch ungefähr 95 % Masse auf ...**

... insofern beträgt der Masseverlust weniger als 5-% – mit der Folge maximaler Eindringtiefe bei sehr geringer Zerstörwirkung.

hat inzwischen den herkömmlichen Sorten einen beachtlichen Marktanteil abgejagt. Mittlerweile liefert Federal ungefähr 30 mit dem *Bear Claw* bestückte Laborierungen gängiger Patronen in den Kalibern .224" (= 5,6 mm) bis hinauf zu .470" (= 11,9 mm). Erwähnenswert sind in diesem Zusammenhang die TBB-Labrierungen (jeweils 55 grs = 3,6 g) in .223 Remington, .22-250 Remington und .220 Swift. Vor allem Rehwild-Jäger freuen sich über die sehr viel zuverlässigere Zielwirkung im Vergleich mit den herkömmlichen Teilmantelprojektilen.

Torpedo-Optimal-Geschoss (TOG; Brenneke)

Es war höchste Zeit. Die uralten, in den 1920er Jahren von dem umtriebigen Munitions-Pionier Wilhelm Brenneke ersonnenen Geschosstypen »TIG« und »TUG« (siehe oben Seite 122 ff) treten schon seit langem auf der Stelle, weil sie quasi auf ihrem eigenen Rauschebart stehen und ihre einstmals begeisterte Klientel Tag für Tag wegbricht. Mehr noch: Zusätzlich Erschwert wird die Marktsituation offenbar, weil RUAG dem Vernehmen nach *TIG* und *TUG* ohne rechtlichen Grund produzieren und der Firma Brenneke insofern mit deren ureigenen Hausmarken konkurrieren. Mit anderen Worten: Ein wenig Aktualisieren nach dem neusten Stand der Wissenschaft erwies sich als zwingend notwendig. So machte sich das in Langenhagen, bei Hannover, domizilierende Traditionshaus Brenneke KG an die Arbeit und präsentierte 2003 auf der IWA mit dem *TOG* (Kürzel für *Torpedo-Optimal-Geschoss*) das völlig neue und zeitgemäße Konzept eines Brenneke-Jagdbüchsengeschosses.

Gewiss taten sich die Brenneke-Ingenieure bei der Entwicklung des *TOG*, einem komplizierten Spagat zwischen Tradition und Fortschritt, schwer. Einerseits musste das äußeres Erscheinungsbild der TIG/TUG-

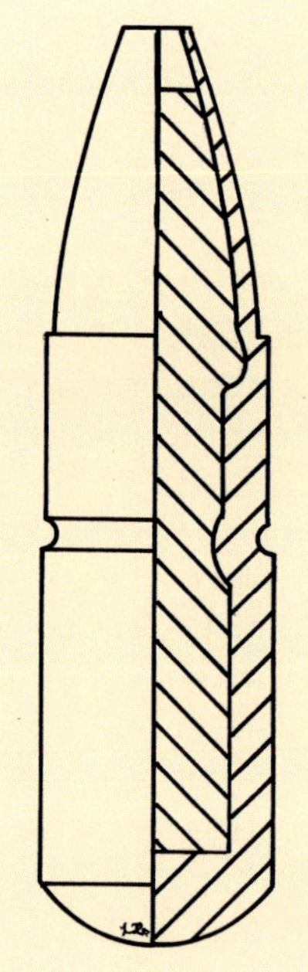

Brennekes Neuling *TOG* hat, ...

... von einigen scharfen Kanten abgesehen, mit der Sippe *TIG/TUG* nichts mehr gemein; es deformiert ohne exorbitanten Zerstöreffekt.

Generation möglichst erhalten bleiben, um die treue Brenneke-Kundschaft nicht zu verschrecken. Auf der anderen Seite galt es, das Projektil nach dem neuesten Stand der Wissenschaft zu konzipieren und damit die Marktposition möglichst auszubauen.

Was da aus der Patronenhülse herausschaut, erinnert tatsächlich – zumindest auf den ersten flüchtigen Blick – an das gewohnte Bild: Kurzer ogivaler Kopf (allerdings mit offener Lochspitze) vor einem deutlich ausgebildeten Scharfrand am Übergang zum zylindrischen Teil. Bei näherem Betrachten zeigen sich allerdings bereits die Unterschiede gegenüber den *TIG/TUG*-Klassikern: Der Mantel besteht nicht mehr aus dem recht spröden Eisenblech, sondern aus Gilding, einer Kupferlegierung von meist CuZn 90/10. Hinzu kommt: Das von Wilhelm Brenneke weiland erfundene - und jagdballistisch völlig irrelevante - konische »Torpedoheck« ist zu einer winzigen Warze geschrumpelt.

Doch als viel bemerkenswerter erweist sich die Innenarchitektur des *TOG*:

Die einst epochale Doppelkern-Konstruktion (vorn weich, hinten hart) hat ein ganz normaler einteiliger Bleikernabgelöst. Dann ist da noch die auffällige Manteldicke im Führungsbereich. Und die erinnert sehr, sehr stark an die modernisierte (und noch bis Ende der 1980er Jahre von MEN verladene) Ausführung des *Starkmantel-Geschosses* der DWM (siehe oben Seite 127 ff). *Déjà vu!* Allerdings gibt es – und davon beißt keine Maus einen Faden ab - einen gravierenden Unterschied: Sehr zum Vorteil des Anwenders ist das *TOG* nach dem Verbund-Prinzip konstruiert.

In der Jagdpraxis treten die Vorteile des *TOG* gegenüber den veralteten Sorten *TUG* und *TIG* deutlich zu Tage: Vergleichsweise geringe Zerstörwirkung aufgrund des kontrollierten Verlaufs von Deformation und Energietransfer; erheblich verbesserte Wirktiefe Dank des geringen Masseverlustes von durchschnittlich, auch bei Knochenkontakt, nur rund zwölf Prozent. Das ist, verglichen mit den legendären Brennekes (35 – 45 Prozent) und den anderen hier verbreiteten Konstruktionen, ohne Zweifel ein sehr deutlicher Fortschritt. Derzeit ist das *TOG* in den Kalibern .284"/7 mm; .308"/7,62 mm; .323"/9 mm S; .366"/9,3 mm und .375" verfügbar.

Dead Tough (A-Square)

An erster Stelle für die Jagd auf große Antilopen – wie beispielsweise Kudu, Eland, Oryx, Hartebeast - konzipiert, nimmt das Anfang der 1990er Jahre von der US-Firma A-Square herausgebrachte *Dead Tough* (= Totschläger) Dank seines faktisch zylindrischen Profils und seiner besonders robusten

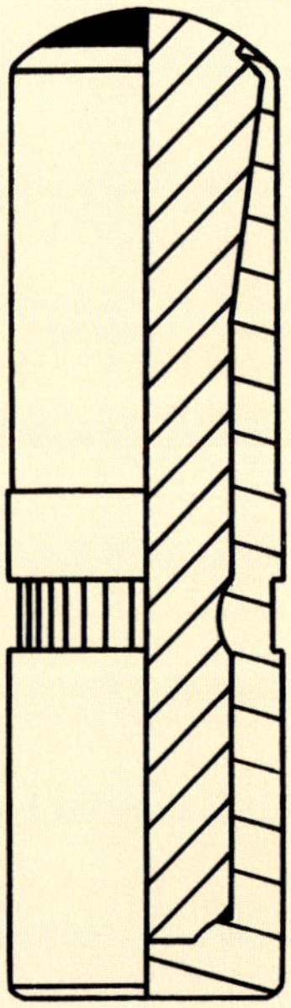

Das stumpfe Profil des *Dead Tough* bewirkt sogleich nach dem Aufprall einen erheblichen Energietransfer, ...

... während die sehr robuste Konstruktion das Projektil zusammenhält und so für große Wirktiefe sorgt.

Konstruktion unter den Teilmantelgeschossen eine hervorragende Position ein. Das kurz als *DT* bezeichnete Geschoss benutzt typischerweise einen sehr dicke Messing-Mantel, der - durch ein chemo-thermisches Verfahren mit dem Hartblei-Kern untrennbar verbunden – den Deformationsprozess steuert. In diesem Zusammenhang spielen Form und Konstruktion des vergleichsweise kurzen Geschosskopfes eine wichtige Rolle: Der in diesem Bereich über dem Bleikern eingebördelte Mantel sorgt dafür, dass der Deformationsprozess verzögert, also erst nach einem mehr oder weniger langen Eindringweg, einsetzt.

Aus den genannten konstruktiven Einzelheiten des *DT* resultiert ein besonders zuverlässiges Zielverhalten: Wegen der verzögerten Deformation beginnt der Energietransfer nicht schon beim Aufprall, sondern erst im Inneren des Zieles, und verläuft dann sehr gleichmäßig längs des Schusskanals. Selbst bei großem Zielwiderstand (Treffer auf starke Knochen, hohe Zielgeschwindigkeit) büßt das Geschoss maximal 15 Prozent seiner Masse ein. Dies und der Querschnittsdurchmesser von 1,5 bis 1,8 Kalibern liefert die Voraussetzung für ein bemerkenswert großes Durchdringungspotential.

A-Square laboriert mit dem *Dead Tough* alle gängigen Patronen und ausgefallenen Sorten von .30-06 Springfield bis .600 Nitro Express. Selbstverständlich sind die Geschosse auch als Wiederlade-Komponenten verfügbar. Hieraus darf aber nicht auf eine allgemeine Verwendbarkeit dieses Geschosstyps geschlossen werden. Es ist – das sei nochmals hervorgehoben – für die Jagd auf Großwild vorgesehen, wo maximale Wirktiefe als unbedingtes Muss gilt. Auf europäische Jagdverhältnisse übertragen, taugt es insofern nur für den Einsatz auf starkes Rot- und Schwarzwild sowie Elch.

A-Squares *Triade* genannte Geschossfamilie, hier in .500"/600 grs, (v. l.): *Lion Load; Dead Tough; Monolithic Solid.*

Nebenbei: Das *Dead Tough* ist Bestandteil von A-Squares Geschosstrio »Triad« (die beiden anderen sind *Lion Load* und *Monolithic Solid* [siehe auch Seiten 95 f & 188 f]). Die drei Projektile unterscheiden sich zwar konstruktiv, weisen aber das gleiche Profil sowie die gleiche Masse auf und können insofern gegebenenfalls wechselweise ohne Ändern des Haltepunktes eingesetzt werden.

Oryx (Norma)
Lange bevor andere europäische Hersteller überhaupt einen Gedanken an Verbundgeschosse verschwendeten, brachte die prominente, im schwedischen Åmotfors beheimatete, Firma, Norma Precision AB in Form des *Oryx* ein Jagdgeschoss dieser Art heraus, das – trotz seiner afrikanischen Namensgebung – an erster Stelle auf die typischen Erfordernisse europäischer Reviere ausgerichtet ist, also die Jagd auf Rehe bis hinauf zu schwerem Schalenwild. Im Prinzip handelt es sich hierbei um ein herkömmlich profiliertes Ogivalgeschoss mit abgeflachter Stirn und

Aus dem weichen, aber gebonderten Bleikern des *Oryx* ...

... ergibt sich Dank des sich rasch vergrößernden Querschnitts eine starke Energieabgabe.

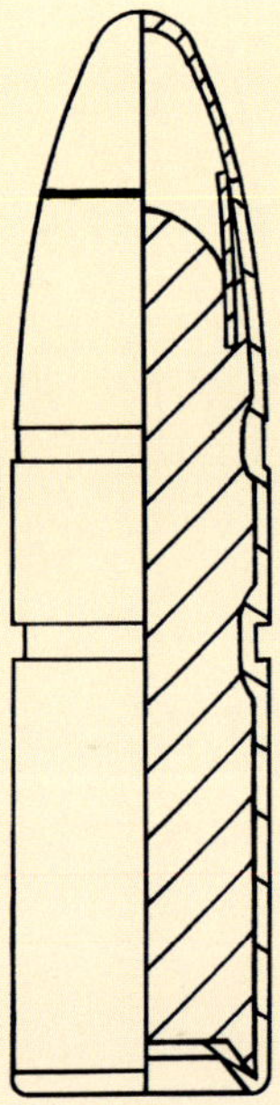

Das Konterfei des *Evolution* erinnert ein wenig an den Veteranen *H-Mantel*, ist aber ...

formschlüssiger Mantel- und Kernkante. Der Gilding-Mantel – nach hinten zunehmende Dicke – ist mit dem vergleichsweise weichen Bleikern gebondert.

In Folge dieser Konstruktions-Charakteristik erweist sich das *Oryx* im Rahmen der beabsichtigten Einsatzmöglichkeiten als sehr anpassungsfähig. Je nach Zielwiderstand (v_z , Verlauf des Schusskanals, Wildstärke) vergrößert es seinen Querschnittsdurchmesser auf rund anderthalb bis drei Kaliber, behält aber dennoch 85 bis 90 Prozent seiner Masse bei. Hieraus ergibt sich naturgemäß eine vergleichsweise größere Wirkbreite. Dementsprechend verläuft der Energietransfer etwas schneller und stärker, und die *Temporäre Wundhöhle* erreicht einen größeren Querschnitt.

Im Vergleich mit anderen, »härteren«, Verbundgeschossen (und erst recht den Monobloc-Sorten) expandiert das *Oryx* selbst bei leichtem Wild (beispielsweise Reh) sowie bei einem zufälligen Weichschuss stets ausreichend für eine zuverlässige Zielwirkung, während sich auf der anderen Seite die mechanische Zerstörwirkung deutlich geringer gestaltet als bei vergleichbaren nicht-gebonderten Projektilen. Manch einer erblickt hierin einen Vorteil.

Derzeit (Stand 2006) laboriert Norma mit dem *Oryx* 16 Patronensorten von 6,5 mm x 55 bis 9,3 mm x 74R, darunter auch die neue .300 WSM.

Evolution (RUAG)

Der Name dieses kürzlich von RUAG Ammotec eingeführten Projektils weckt gewisse Erwartungen. Das dem lateinischen Verb *evolare* (= hervorfliegen, sich herausentwickeln) entlehnte Wort *Evolution* suggeriert quasi Fortschritt. Und das Erscheinungsbild des neuen Projektils erinnert denn auch auf den ersten Blick stark an das, ziemlich verstaubte, *H-Mantel* (siehe Seite 123). Diese

Anmutung ist nicht von der Hand zu weisen: Das *Evolution* (in der RUAG-Nomenklatur kurz *EVO*) kommt ebenfalls mit abgerundeter Hohlspitze aus Kupferblech, vernickeltem Mantel und zylindro-ogivalem Profil. Bei einem zweiten und mehr kritischen Blick zeigt sich indessen der Unterschied: Der Mantel besteht aus zäh-weichem Tombak (CuZn 90/10) und nicht aus sprödem, zum Splittern neigendem und auf die Dauer den Lauf ruinierendem Eisenblech; der, nunmehr einteilige, Bleikern ist mit dem Mantel »verlötet«; und dann gibt es als Leckerli mal wieder den blödsinnige Scharfrand. Na ja: Die Bekleidungsindustrie schwatzt uns ja auch immer wieder im wahrsten Wortsinn alte Schlapphüte als neueste Ausschwitzung auf.

Seinen Namen wortwörtlich genommen, präsentiert sich das *Evolution* gegenüber dem berüchtigten Hackfleischmacher *H-Mantel* als echter Fortschritt. Konstruktionsbedingt expandiert es, unabhängig von Wildstärke und v_z, auf maximal rund zwei Kaliber. Der Masseverlust hält sich, wie bei Verbundgeschossen üblich, im Bereich von 10 bis 15 Prozent. Dementsprechend ist auch die Wildbretentwertung vergleichsweise gering.

Im Vergleich mit anderen Verbundkonstruktionen, wie beispielsweise Remingtons *Core-Lokt Ultra* oder Swifts *A-Frame* (siehe unten Seiten 149 & 155 f), lassen sich indessen aber keinerlei Vorteile erkennen. Fast könnte man denken, beim *Evolution* handele es sich um einen Irgendwer, der beim Berlin-Marathon dem Hauptfeld mühsam hinterherhechelt.

Core-Lokt Ultra Bonded (Remington)

Seit mehr als 60 Jahren Remingtons Flaggschiff, hat das *Core-Lokt* (siehe oben Seite 112 ff) seine Zuverlässigkeit in der Jagdpraxis millionenfach bestätigt. So war es

■ **... sehr abweichend konstruiert und verhält sich entsprechend anders.**

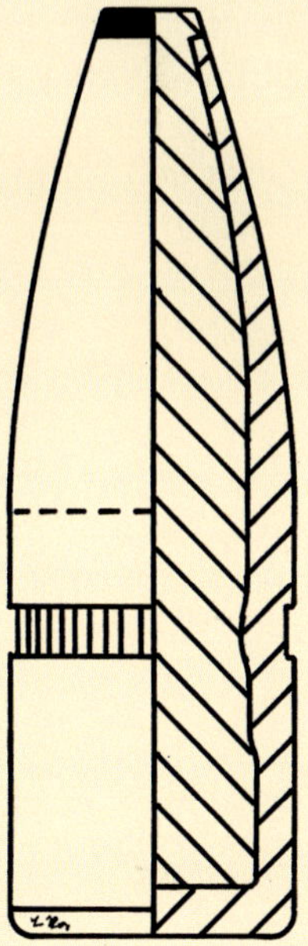

■ **Hinter dem Namen *Core-Lokt Ultra Bonded* verbirgt sich Remingtons bekanntes *Core-Lokt PSP* mit einem wesentlichen Unterschied: Das auch *CLUB* genannte Modell ...**

■ **... weist eine Verbundkonstruktion und damit ein noch kontrollierteres Zielverhalten auf.**

denn an der Zeit, über Verbesserungsmöglichkeiten nachzudenken. Als das Resultat solcher Überlegungen präsentierte sich 2001 auf der SHOT Show[18] ein neues, *Core-Lokt Ultra Bonded* (kurz: *CLUB*) genanntes, Geschosskonzept.

Obgleich von außen kaum zu unterscheiden, weichen beide Sorten erheblich von einander ab: Da ist zunächst die Verbundkonstruktion des *CLUB*, die schon für sich das Zielverhalten erheblich verbessert. Mindestens so positiv wirkt sich indessen der völlig revidierte Mantel aus. Er besteht zwar ebenfalls aus Tombak, ist aber im Kopfbereich erheblich dicker. Der im Führungsbereich ausgeformte sehr breite und kräftige Wulst dient als zusätzliches Kontrollorgan für das Zielverhalten.

Dank seines schlanken Profils, der formschlüssig ausgebildeten Spitze (ohne herausragenden Bleikern) sowie des relativ dicken Mantels dringt das *Core-Lokt Ultra Bonded* zunächst eine kurze Strecke in das Ziel ein, bevor der Deformationsprozess (und damit der Energietransfer) einsetzt. Daher entstehen auf der Einschuss-Seite faktisch keine Hämatome. Im weiteren Verlauf vergrößert sich der Querschnittsdurchmesser, je nach Zielgeschwindigkeit (Schussdistanz!), auf rund 1,8 bis 2,3 Kaliber. Der Energietransfer längs des Schusskanal erfolgt gleichmäßig und ohne exorbitante Zerstörwirkung. Das deformierte Projektil erreicht bei einer Restmasse von 80 bis 95 % stets eine vergleichsweise große Wirktiefe.

Gewiss wäre es übertrieben, die Konstruktion des *CLUB* als besonders ideenreich und dem neuesten Stand der Wissenschaft entsprechend zu bezeichnen. Immerhin liefert es jedoch ein gutes Beispiel dafür, mit welch einfachen Veränderungen sich die Leistung eines etablierten Büchsengeschosses signifikant verbessern lässt. Ob das von der traditionell etwas xenophobisch eingestellten Jägerschaft überhaupt wahrgenommen wird, erscheint zumindest zweifelhaft.

Derzeit laboriert Remington mit dem *CLUB* ein Sortiment 14 verschiedener Patronen der mittelkalibrigen Kategorie von .243 Win. bis .338 Win. Mag., darunter auch die neuen Typen[19] 7 mm Rem. Ultra Mag., 7 mm Rem. SAUM, .300 Rem. Ultra Mag. sowie .300 Rem. SAUM.

18) Dieser alljährlich in Las Vegas zelebrierten größten Messe (das Kürzel steht für **S**hooting **H**unting **O**utdoor **T**rade; in etwa: Handel mit Schießsport-, Jagd- und Freizeitbedarf) entspricht die, ebenfalls jährlich, in Nürnberg veranstaltete IWA (= **I**nternationale **W**affen-**A**usstellung).

19) Siehe auch Rosenberger: *Jagdpatronen, a.a.O.*

20) Einzelheiten siehe oben Seite 39 ff.

Scirocco Bonded (Swift)

Die US-Firma Swift Bullets war schon immer für innovative Jagdgeschosse gut. Erinnert sei in diesem Zusammenhang an das spektakuläre *A-Frame* (siehe Seite 155 ff), das heute von mehreren bedeutenden Munitionsherstellern verladen wird. Mit dem *Scirocco* gelang den Swift-Jungs offenbar ein weiterer Coup. Äußeres Kennzeichen des *Scirocco* (sprich: Schirocko; so heißt in Italien ein besonders heftiger Südostwind) sind das sehr schlanke Profil [Secant Ogive[20)]] sowie die schwarze Polymer-Spitze. Hieraus resultieren ein relativ großer *Ballistischer Koeffizient* und somit ein geringer Geschwindigkeits- beziehungsweise Energieverlust bei Schüssen über große Distanzen. Als entscheidend für die typische Zielwirkung hingegen erweisen sich die »eingebauten Extras«: der im Führungsbereich extrem dicke Tombak-Mantel und die gebonderte Konstruktion. Man beachte in diesem Zusammenhang die verblüffende Ähnlichkeit mit Hornadys *InterBond* (siehe Seite 154 ff).

Beim Aufprall fungiert der Kunststoffeinsatz in bekannter Weise als Deformationsstarter. Dennoch expandiert der, relativ dünn ummantelte, Kopfbereich vergleichsweise langsam, so dass sich der Energietransfer in der Anfangsphase weniger abrupt vollzieht. Im weiteren Verlauf wird der Deformationsprozess, von der Verbundkonstruktion abgesehen, durch den Dickmantel kontrolliert. Im Endeffekt expandiert daher das *Scirocco* in einem Wildkörper selbst bei stärkster Beanspruchung auf höchstes 2 bis 2,3 Kaliber; dies bei einem Masseverlust von maximal 10 %.

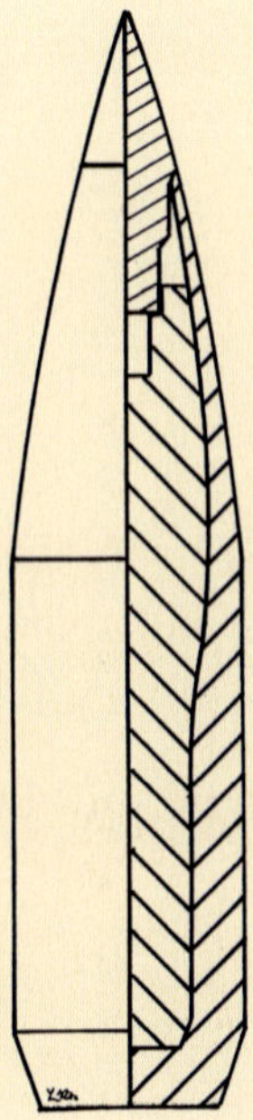

Abgesehen von der Verbundkonstruktion kennzeichnen die Polymer-Spitze sowie der dicke Mantel das *Scirocco*.

In einem Kombiziel deformiert es (bei einer Restmasse von rund 80 %) in der Regel auf etwa zwei Kaliber.

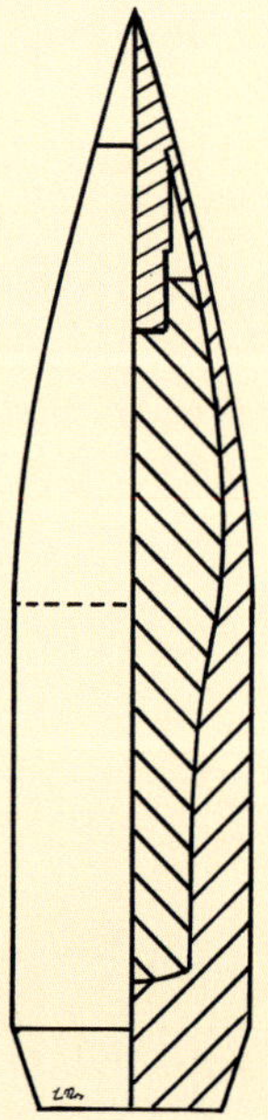

■ **Das *AccuBond* unterscheidet sich vom *Scirocco* im Prinzip lediglich durch den massiven Boden.**

■ **Sein Zielverhalten ist entsprechend ähnlich.**

Schon allein im Hinblick auf das Zielverhalten (geringe Wildbretentwertung, große Wirktiefe) bietet das *Scirocco* unter den Verbundgeschossen mit größter Wahrscheinlichkeit das überhaupt erreichbare Optimum. Hinzu kommt noch – das *Ballistic Tip* lässt grüßen – seine ungewöhnlich große Eigenpräzision: Fünfschuss-Streukreise von 25 mm auf 100 m sind keine Ausnahmen. Insofern kann es nicht weiter verwundern, dass die Munitionshersteller in zunehmendem Maß ihr Munition mit dem *Scirocco* bestücken. So bietet beispielsweise Remington zehn Laborierungen der Patronen .243 Win., .270 Win., 7 mm Rem.Mag., .30-06 SPRG, .308 Win., .300 Win.Mag. und .300 Rem. Ultra Mag. an. Und Norma sowie Lapua sind mit mehreren Sorten ebenfalls dabei. Im Niederwildrevier mit weit entfernt stehenden Feldrehen wie auch bei der Jagd am Berg, wo große Schussdistanzen eher die Regel sind (von starkem Wild ganz zu schweigen) , ist das *Scirocco* in seinem eigentlichen Element.

AccuBond (Nosler)

Besonders mit seinen Geschosstypen *Partition* und *Ballistic Tip* (siehe oben Seiten 133 ff und 87 ff) gelang es John Nosler, die Entwicklung des Jagdgeschosses nachhaltig zu beeinflussen. Beide gelten legendäre Vorbilder für zahlreiche heutige Sorten. Bei dem erst vor zwei Jahren (als Noslers Antwort auf das *Scirocco*) eingeführten *AccuBond* handelt es sich letztlich um eine Weiterentwicklung des *Ballistic Tip*. Abweichend weist jedoch der Mantel im Führungsbereich eine deutlich größere Wandstärke auf. Außerdem sind, wie auch der Name besagt, Kern und Mantel durch Bondern untrennbar mit einander verbunden.

Konstruktionsbedingt wie auch Dank des härteren Bleikerns zeigt das *AccuBond* (Kennzeichen: *weiße* Polymer-Spitze) im Vergleich zum »Stammvater« selbstverständlich ein

In .308"/200 grs eignet sich das *AccuBond* besonders für die Jagd auf mittelstarkes und starkes europäisches Wild.

völlig anderes Zielverhalten: Es deformiert zu einem regelmäßig geformten Pilz. Bei starker Beanspruchung (hohe v_z, Knochenkontakt) erreicht es einen nur knapp zwei Kaliber messenden Querschnitts-Durchmesser bei einer Restmasse von ungefähr 80 %. Der – geringe - Unterschied zu dem grundsätzlich sehr ähnlichen *Scirocco* (siehe Seite 151 ff) resultiert aus der differierenden Kernhärte und der abweichenden Höhe des dick ummantelten Teils.

Derzeit liefert Nosler das *AccuBond* als Komponente in den Sorten .270"(.277")/140 grs, 7 mm (.284")/160 grs, .30"(.308")/200 grs, .338"/225 grs sowie .375"/260 grs.

AccuBond CT (Winchester)

Olin/Winchester arbeitet seit etlichen Jahren mit Nosler im Rahmen eines »*Combined Technology*« (kurz: *CT*) genannten Programms zusammen (siehe hierzu auch *Partition Gold* [Seite 136] und *Ballistic Sil-*

Winchesters *AccuBond CT* unterscheidet sich lediglich durch die rote Spitze und den Lubalox-Überzug vom *AccuBond*.

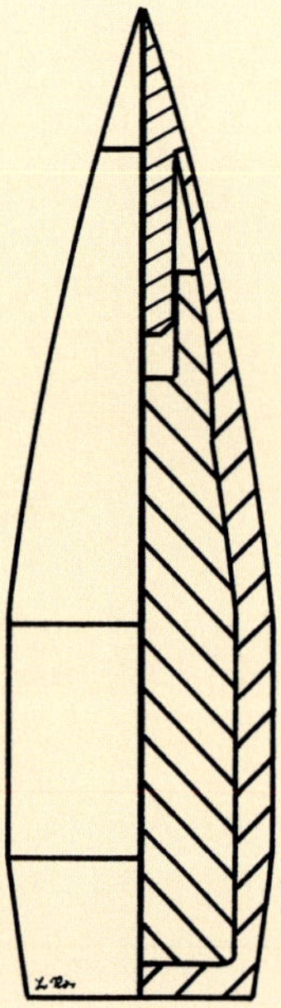

Die konstruktive Ähnlichkeit des *InterBond* mit dem *Scirocco* ist nicht zu übersehen.

vertip [Seite 89]). Sie fertigen das neue Nosler-Geschoss mit »Lubalox«-Beschichtung unter der Bezeichnung *AccuBond CT* und laborieren hiermit seit 2005 die Patronen .270 Win., .270 WSM, 7 mm Rem. Mag., 7 mm WSM, .30-06 SPRG, .300 Win. Mag., .300 WSM sowie .338 Win. Mag. Aus unerfindlichen Gründen weichen sie mit einer *roten* Spitze von Noslers Kennzeichnung ab.

InterBond (Hornady)

Hornady MfgCo. in Grand Island, US-Bundesstaat Nebraska, seit eh und je als Hersteller hochpräziser Jagdgeschosse bekannt, lieferte kürzlich mit dem *InterBond* ebenfalls einen Beitrag zum Verbundgeschoss ab. Äußerlich unterscheidet es sich vom *SST* (siehe oben Seite 92 f) lediglich durch dessen geriffelte *Crimp*-Nut: Völlig identisches Secant-Ogive-Profil, konisches Heck, rote Polymer-Spitze.

Sehr im Gegensatz zum dünn ummantelten Zerlegungsgeschoss *SST* kommt das *InterBond* mit einer Art Dickmantel aus vergleichsweise steifem Gilding, der bis in den Kopfbereich ragt und die anfängliche Deformation abbremst. An dieser Stelle liegt ein Vergleich mit Swifts *Scirocco* und Noslers *AccuBond* nahe, die einen zwar dickeren, aber weicheren Tombak-Mantel aufweisen. Im Hinblick auf das Zielverhalten resultieren aus solchen Spitzfindigkeiten allerdings keine signifikanten Unterschiede: Das *InterBond* deformiert, selbst bei hoher Zielgeschwindigkeit und Knochenkontakt, auf maximal 2,5 Kaliber bei einer Restmasse von gut 90 %. Ganz wie seine unmittelbaren Konkurrenten, ist das schlanke und scharfspitzige *InterBond* an erster Stelle für weite Schüsse im offenen Gelände und entsprechende HV-Patronen gedacht. Das ergibt sich schon allein aus dem relativ hohen Wert des *Ballistischen Koeffizienten* (beispielsweise 0,480

Auch das Zielverhalten erweist sich als fast identisch.

für die Version .308/180 grs) und der hieraus resultierenden großen Rasanz. Im Waldrevier kann sich unter Umständen - in Form von schlechten Treffern oder Fehlschüssen - seine Hindernisempfindlichkeit unangenehm bemerkbar machen.
Die oben dargestellte Ausführung des *InterBond* ist derzeit als Komponente in den Kalibern .270, 7 mm, .30 und .338 verfügbar. Ferner liefert Hornady momentan, mit diesem Geschoss laboriert, die Patronen 7 mm Remington Mag. (139 & 154 grs), 7 mm Weatherby Mag. (154 grs), .30-06 SPGG (150 & 165 grs), .300 Winchester Mag. (150 & 165 grs) sowie .300 Weatherby Mag. (150 grs). Neu im Sortiment, und für die Großwildjagd vorgesehen, ist eine Teilmantel-Rundkopf-Variante des *InterBond* in der Kalibern .375/300 grs, .416/400 grs und 450/500 grs sowie die hiermit bestückte Patrone .458 Lott.

A-Frame (AF; Swift)

Hinter diesem etwas kryptischen Namen verbirgt sich ein weiterer, Mitte der 1980er Jahre von der im US-Bundesstaat Kansas ansässigen Firma Swift Bullet Co. herausgebrachter, *Partition*-Abkömmling, der sich mittlerweile in aller Welt ganz schön breit machen konnte. Sein Entstehen belegt, wie manche Erfinder zu Werke gehen, um letztendlich auf der Basis fremder Ideen der staunenden Welt eine »Innovation« präsentieren zu können. Um hinsichtlich des *Partition* Noslers wesentlichsten Patentanspruch zu umgehen, versah der Erfinder des *A-Frame* (= in etwa A-förmige Gestalt) zunächst kurzerhand die (verstärkte) Querwand mit einer mehr oder weniger engen zentralen Durchbohrung, die er anschließend wieder mit einer Kupferniete verschloss. Später ließ Swift die – ohnehin praktisch bedeutungslose – Niete fort und begnügt sich seitdem

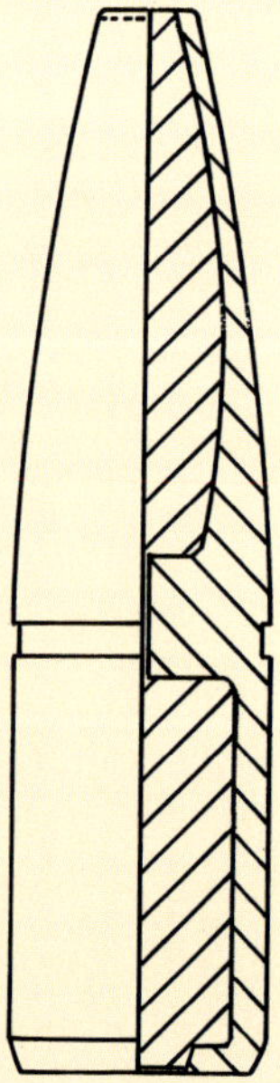

Die US-Firma Swift kombinierte Noslers *Partition*-Idee mit einer Verbundkonstruktion. Die »vernietete« Querwand half ihr, die bestehenden Patentansprüche zu umgehen. Das -*Frame* genannte Ergebnis ...

(um Noslers Patentansprüchen zu genügen) mit einer äußerst kleinen Durchbohrung der Querwand. Von derartigen Spielereien abgesehen, ist jedoch die Verbundkonstruktion das wesentliche Kennzeichen des *A-Frame*. Die neueste Variante kommt außerdem *ohne* herausragenden Bleikern aus.

Ergebnis dieser robusten Konstruktion ist ein sehr regelmäßiges Zielverhalten bei erstaunlich geringem Masseverlust von fünf und weniger Prozent sowie entsprechend großem Eindringpotential. Typischerweise baucht sich der hintere Teil bei hohem Zielwiderstand (als Folge der Masseträgheit des Bleis) deutlich auf (vergleiche auch *Partition Gold* Seite 136).

Besonders für die Jagd auf starkes Schalenwild sowie Großwild vorgesehen, wird dieses Projektil derzeit von Remington in 13 Laborierungen der Patronensorten von .270 Win. bis .416 Rem. Mag. im Rahmen ihrer Muntionsserie »Premier Safari Grade« sowie von Norma in deren »TXP Trophy Line« in sieben Patronensorten von 6,5 x 55 Swedish bis .458 Win.Mag. verladen. Außerdem laboriert Norma zahlreiche Weatherby-Patronen mit dem *A-Frame*. Lapua bietet mit diesem Projektil bestückte Laborierungen in .308 Win. sowie .338 Lapua Mag. an.

... hält selbst bei starkem Zielwiderstand ca. 95 % der Originalmasse. Beachte den aufgestauchten Geschossrest.

Massestabile Deformationsgeschosse

Spätestens seit Einführung der Kombination eines Deformationsstops mit dem »verlöteten« Verbundmantel s sind offenbar die zielballistischen Verbesserungsmöglichkeiten für das Teilmantel-Jagdgeschoss völlig ausgeschöpft. Gewiss ist nicht zu erwarten, dass sich das Zielverhalten eines Bleikernprojektils noch mehr steuern lässt. Eine Restmasse von 90 % und mehr in Verbindung mit geringster mechanischer Zerstörwirkung und maximaler Eindringtiefe, wie sie von einigen Entwicklungen der neuesten Zeit geboten werden, lassen einen ernsthaft fragen, wieso denn überhaupt noch »normale« TM-Geschosse hergestellt und verwendet werden (von sinnvollen Ausnahmen abgesehen). Sachliche Gründe können es wohl kaum sein, sondern eher ein durch Tradition sowie durch fehlende Information verursachtes »Beharrungsvermögen«, das

Die tödlichsten Pilze.

manchen Jäger daran hindert, eine Erprobung moderner TM-Geschosse mit einem garantiert besseren Zielverhalten – wie beispielsweise das *A-Frame* und das *Bear Claw* (siehe Seiten 155 sowie 142) – zumindest in Erwägung zu ziehen.

Der logische nächste Entwicklungsschritt nach der Kombination von Deformationsstop und Verbundmantel ist das ohne Masseverlust arbeitende Deformationsgeschoss, welches dennoch seinen Querschnitt völlig kontrolliert und dem jeweiligen Zielwiderstand angepasst in der Weise vergrößert, dass sowohl der Verlauf des Energietransfers als auch das Durchdringungspotential stets ausreichen, um das betreffende Wild ohne vermeidbare Zerstörwirkung im Knall verenden zu lassen.

Üblicherweise besteht ein massestabiles Deformationsgeschoss – auch *splitterfrei verformbares Monobloc-Geschoss* genannt – aus Kupfer oder einer Kupferlegierung (wie beispielsweise Tombak, Gilding) oder einem anderen zäh-weichen, plastisch verformbaren Werkstoff. Doch mit dem Material allein ist es nicht getan. Vielmehr ist zusätzlich eine in dem Kopf installierte Einrichtung erforderlich, die einerseits selbst bei geringem Zielwiderstand eine ausreichende Querschnittsvergrößerung einleitet, die aber andererseits den Deformationsverlauf stets völlig unter Kontrolle hält und insofern den Energietransfer steuert. Bei den heutigen Jagdgeschossen dieser Art besorgt das eine enge, in den Kopfbereich eingearbeitete und sich meist über die gesamte Kopfhöhe erstreckende Bohrung, Expansionskanal genannt. Mehrere – in der Regel vier – im Expansionskanal (ausnahmsweise auch auf dem äußeren Umfang des Geschosskopfes) axial angeordnete Soll-Bruchstellen sorgen für ein Aufspreizen in völlig gleichmäßige Fahnen, die sich widderhornartig aufrollen und der Stirn das Aussehen eines Kronenfräsers verleihen. Der Expansionskanal kann einen als *Deformationsstarter* fungierenden Pfropfen aus Metall oder Kunststoff enthalten. Beim Aufprall auf ein Ziel pressen die Reaktionskräfte diesen in den Kanal und stauchen ihn axial; der dadurch entstehende radial – also zur Seite gerichtete – Staudruck bewirkt letztlich das Aufspreizen des Geschosskopfes. Bei den Sorten mit offenem Expansionskanal übernimmt die mit hohem Druck in die Öffnung gepresste Zielmaterie diesen Part mit gleichem Effekt.

Im Vergleich mit anderen Jagdgeschossen bietet das massestabile Deformationsgeschoss gewaltige Vorteile: Der maximale Stirndurchmesser (rund zwei Kaliber) wird in der Regel bereits nach einem kurzen Eindringweg erreicht und ändert sich dann – auch bei großem Zielwiderstand – nicht mehr. Mit anderen Worten: Ein massestabiles Deformationsgeschoss passt sein Verhalten problemlos selbst sehr unterschiedlichen Zielwiderständen an. Dementsprechend verläuft der Energietransfer längs des Schusskanals völlig gleichmäßig. Wegen seiner konstanten Masse erreicht dieses Projektil eine extrem große Eindringtiefe. Ein weiteres Kennzeichen ist die stets symmetrische Verformung. Teilmantelprojektile hingegen weisen typischerweise eine mehr oder weniger unregelmäßig deformierte Stirnfläche auf. Sie bewegen sich dementsprechend in einem Ziel unkontrolliert, neigen verstärkt zum Taumeln und verursachen insofern letztlich eine relativ große permanente Wundhöhle. Ganz im Gegensatz hierzu bohrt sich das massestabile Deformationsgeschoss (wegen der schnellen Rotation um seine Längsachse) regelrecht durch das Ziel und hinterlässt selbst bei Knochenkontakt extrem geringe Wildbretzerstörungen – der Ausschuss ist selten größer als vier Kaliber.

Eine gewisse Problematik in Zugrohrwaffen ergibt sich allerdings aus der, metallurgisch bedingten, radialen Steifigkeit und somit geringen Liderfähigkeit der Hartmetallprojektile. Im Gegensatz zu den bleihaltigen sogenannten *Weichkerngeschossen* lassen sie sich während des Laufdurchgangs auf Grund ihrer Härte so gut wie nicht verformen. Beim Einschneiden der Züge kann das Geschossmaterial kaum in die Züge ausweichen. Hieraus resultieren ein vergleichsweise hoher Ein- und Durchpresswiderstand und damit ein, vermeidbar, relativ großer Arbeitsgasdruck. Die Geschosskonstrukteure begegnen dem meistens mit sogenannten *Entlastungsrillen* oder auf dem, unterkalibrierten, Umfang des Führungszylinders angeordneten *Führungsringen*. Insofern ist dieses – von den Gegnern immer wieder hochgespielte Manko ausgeräumt.

Und dann ist da noch die in diesem Zusammenhang von Ohrensessel-Praktikern gern vorgebrachte Behauptung, die massestabilen Deformationsgeschosse hinterließen im Waffenrohr Metallrückstände. Richtig! Doch trifft dies ebenso für mit Tombak, Gilding, Neusilber sowie plattiertem Eisen ummantelte Weichkerngeschosse zu, ist also kein spezielles Problem der Vollgeschosse.

Wer daran gewöhnt ist, dass selbst ein Schwarzkittel oder ein starkes Rotwild – wenngleich mit großflächigen Hämatomen belastet und inwendig stark faschiert – auch bei einem miserablen Treffer am Anschuss bleibt, wird von Deformationsgeschossen zunächst enttäuscht sein. Sie geben ihre Energie mehr oder weniger gleichmäßig längs ihres Weges ab – daher die vergleichsweise geringen Gewebeeinblutungen (= Hämatome) – und setzen für eine »Sofortwirkung« eine nachhaltige Beschädigung vitaler Organe, also einen »guten« Treffer, mithin einen geübten Schützen, voraus. Leider – und das muss stark betont werden – fehlt vielen Jägern der vertrauensvolle Kontakt zu ihrer Büchse. Sie geben jedes Jahr drei oder gar fünf Schüsse ab – und damit basta. Ein regelmäßiges Schießtraining auf den »Laufenden Keiler« absolvieren sie (aus Kostengründen) meist nicht mit ihrer auf der Jagd geführten Büchse, sondern mit einer .22 Win. Mag oder einer .22 Hornet. Kein Wunder, dass dann auch einer Drückjagd nicht in der Lage sind, einen Schuss »richtig« anzutragen.

Die ersten Geschosse dieser Art kamen mit speziellen Deformationsstartern auf den Markt. Ein Deformationsstarter besteht aus einem Stöpsel, der in den axialen Expansionskanal eingesetzt wird. Beim Aufprall wird er von den Reaktionskräften in die Höhlung gepresst und gestaucht, so dass ein radial wirkender Druck entsteht und das Aufspreizen eingeleitet wird. Nach diesem Prinzip arbeiteten schon die ersten massestabilen Deformationsgeschosse.

ABC (Hirtenberger)

Das ungewisse und unbefriedigende Zielverhalten der gängigen Teilmantelgeschosse bewogen den Laibacher (Slowenien) Jäger und Ingenieur **Frančе Avćin** zu umfangreichen Versuchen, für die er die Hirtenberger Patronenfabrik (Österreich) interessieren konnte. Ergebnis war, 1976, das erste, *ABC* genannte massestabile Deformationsgeschoss (hinter dem Kürzel verbirgt sich die Bezeichnung »**Avćin** Bulleted Cartridge« – also: Patrone mit **Avćin**-Geschoss). Charakteristisch für dieses im Wesentlichen auf einem Drehautomat aus einem massiven Tombakwerkstück gefertigte Projektil ist neben dem zylindro-konischen Profil und der stumpfen kugeligen Stirn der relativ weite, im Querschnitt nahezu quadratische Expansionskanal mit einer Bleifüllung.

Dank seiner Konstruktion ist das *ABC* äußerst anpassungsfähig in Bezug auf unterschiedlichste Zielwiderstände. Es erreicht selbst bei vergleichsweise geringer Beanspruchung

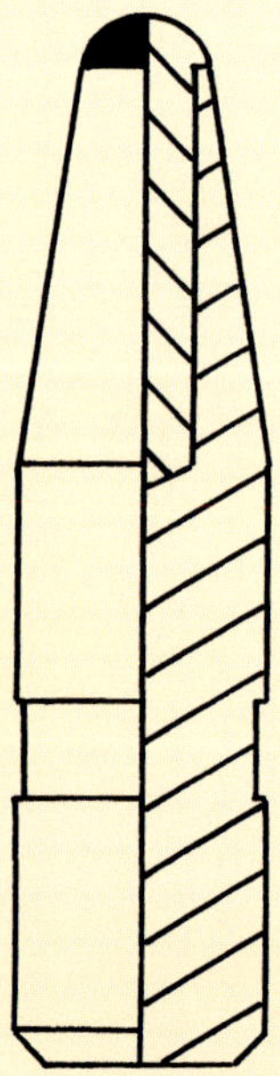

Alles begann mit dem Hirtenberger *ABC*, das einen Deformationsstarter aus Blei benutzt.

Es repräsentiert das erste brauchbare Deformationsgeschoss aus Tombak.

problemlos die vorgesehene maximale Querschnittsvergrößerung; dabei gehen 10 bis 15 % der Masse (= Anteil des Bleipfropfens) verloren. Bemerkenswert ist in diesem Zusammenhang die außerordentlich gleichmäßige Verformung des Geschosskopfes in vier widderhornartig nach hinten aufgerollte und in Drallrichtung abgebogene Fahnen. Sie vergrößern den Stirndurchmesser typischerweise auf rund zwei Kaliber.

Ohne allen Zweifel repräsentiert das *ABC* einen außerordentlich wichtigen Pionier auf dem Weg zum modernen bleifreien Deformationsgeschoss. Obzwar es sich – zumindest unter zielballistischem Aspekt – in rund 30 Jahren im Vergleich mit herkömmlichen Teilmantelgeschossen vor allem bei der Jagd auf mittelstarkes und starkes europäisches Wild als die deutlich bessere Wahl bewährt hat, schaffte es das Hirtenberger Vertriebsmanagement nicht, diesem Projektil den ihm gebührenden Platz auf dem Markt zu erobern. Hinzu kommt noch die unzureichende patentrechtliche Absicherung; daher konnte sich nur wenige Jahre später ein faktisch identisches Geschoss, das *SFS* (siehe unten) auf dem europäischen breit machen. Nachdem unlängst RUAG die Hirtenberger Patronenfabrik geschluckt hatte, war das Schicksal des *ABC* endgültig besiegelt: Die RUAG-Leute ließen es als lästigen Konkurrenten ihrer eigenen Produkte rasch in der Versenkung verschwinden.

SFS (Schrägflächen-Scharfrandgeschoss; MEN)

Diese Konstruktion tauchte rund acht Jahre nach dem ABC auf. Bei genauerem Hinschauen erkennt man leicht, dass zwischen beiden Sorten keine grundsätzlichen, sondern lediglich unbedeutende Unterschiede existieren: So besteht der Deformationsstarter aus einem kurzen und relativ leichten Kupferstöpsel; die vier Soll-Bruchstellen befinden sich (als sogenannte *Schrägflächen*) auf der Außenseite des (etwas kürzeren) Kopfes; außerdem ist der Übergang vom Kopf zum Zylinder scharfkantig abgesetzt (Scharfrand); die Restmasse beträgt 97 %. Die Herstellung des Geschosskörpers erfolgt ebenfalls auf einem Drehautomaten.

Hierzu muss man wissen: Der Erfinder des *SFS*, Hans-Ludwig Schirnecker, damals beheimatet in Röns (Vorarlberg), arbeitete in der ersten Hälfte der 1970er Jahre eine zeitlang bei der Hirtenberger Patronenfabrik (HP). Seiner Übersiedlung nach Deutschland folgten dort ab Ende 1975 zahlreiche Patentanmeldungen, darunter auch diejenige, deren Rechte ungefähr 1981 vom bundeseigenen Metallwerk Elisenhütte Nassau (MEN) unter anderen in Form des später *Schrägflächen-Scharfrandgeschoss* genannten Projektils erworben und verwirklicht wurden.

Ansonsten weisen *SFS* und *ABC* unter gleichen Bedingungen (Zielwiderstand) ein völlig identisches Verhalten auf und eignen sich für die gleichen Verwendungszwecke. Beide teilen auch das gleiche Schicksal einer – unverständlicherweise – eher geringen Akzeptanz durch die Jägerschaft. MEN fertigte das *SFS* eine Zeit lang im Kaliber .308" (Masse 154 grs = 10,0 g) und laborierte damit die Patronen .30-06 SPRG und .308 Win.

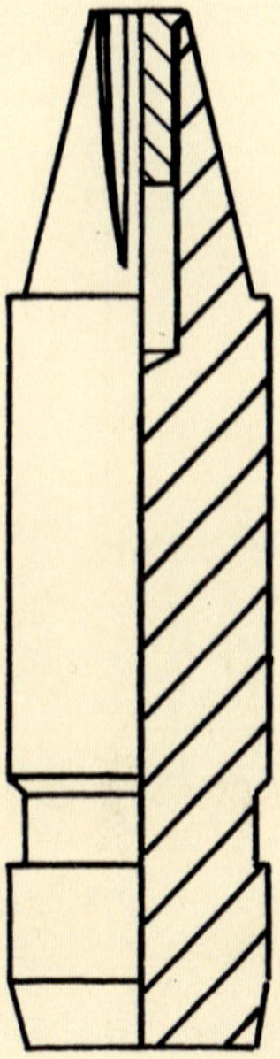

Das *SFS*, grundsätzlich eine *ABC*-Variante, benutzt vierfach nach außen verlegte Soll-Bruchstellen.

SF (Schrägflächengeschoss; MEN)

Eines schönen Tages Ende der 1980er Jahre entschied sich die Führung von MEN, aus Kostengründen das *SFS* zu ändern und den jagdpraktisch ohnedies völlig bedeutungslosen *Scharfrand* aufzugeben. Weitere Neuerungen sind die abgerundete Spitze und die Oberflächenbeschichtung mit Molybdändisulfid. Das Zielverhalten dieses, nunmehr schlicht als »Schrägflächengeschoss« (kurz: *SF*) bezeichneten Projektils ist mit dem des *SFS* identisch.

Es zeigt aber ansonsten ein identisches Zielverhalten.

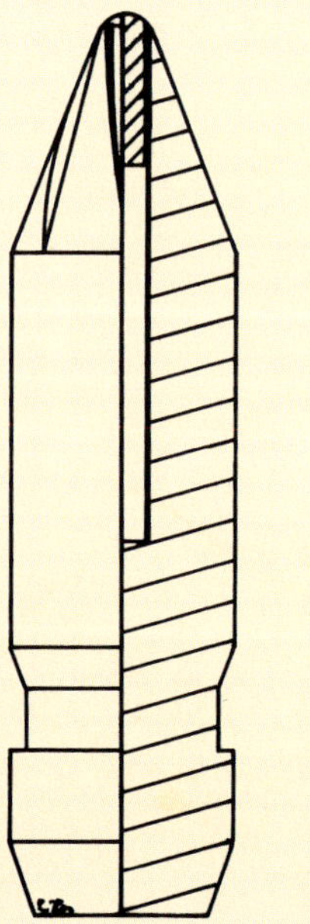

Das später von MEN eingeführte *SF* verzichtet auf den überflüssigen Scharfrand.

Barnes X-HP

Erfolgreiche Erfindungen zeichnen sich in der Regel durch Unkompliziertheit aus. Die Barnes-Geschosse liefern hierfür ein ausgezeichnetes Beispiel. Die heute in American Fork, US-Bundesstaat Utah, beheimatete Firma Barnes Bullets genießt seit Jahrzehnten weltweit einen guten Ruf als Hersteller hochwertiger Massiv-Jagdgeschosse aus Kupfer beziehungsweise Messing. Das durch Firmengründer Fred Barnes vermittelte Wissen über diese Werkstoffe und die entsprechenden Maschinen sowie seine jagdpraktischen Erfahrungen animierten Randy Brooks, seit 1974 Inhaber und Chef der Firma Barnes, zur Entwicklung eines eigenen *massestabilen* Deformationsgeschosses[21)] aus faktisch reinem (99 %) Kupfer.

Bemerkenswert in diesem Zusammenhang: Bevor er die Firma übernahm, verdiente Randy Brooks seinen Unterhalt mit dem Anfertigen exklusiver Sättel und sodann im Geschäft mit Indianerschmuck. Anfangs warf die noch recht kleine Barnes Bullets Co. wenig ab. Daher verdingte sich Randy für eine Zeit lang im Nebenjob als Team-roper[22)], um den täglichen Bedarf seiner Familie zu sichern. Doch nach und nach nahm das Unternehmen immer mehr Fahrt auf und konnte bereits 1976 erheblich vergrößert werden.

Mit seinem Projekt eines bleifreien und massestabilen Deformationsgeschosses verfolgte Randy zwei wesentliche Ziele: Zum einen galt es, unter dem Gesichtspunkt des Zielverhaltens die gravierenden Nachteile des herkömmlichen Teilmantelgeschosses[23)] zu beseitigen. Bei dem zweiten und nicht minder wichtigen Aspekt ging es darum, die Stückkosten im Vergleich zu den zum Teil äußerst aufwändig gefertigten archaischen Teilmantelgeschossen – wie beispielsweise *Silvertip* (Winchester), *H-Mantel* (Dynamit Nobel) und *TIG* (Brenneke) - deutlich zu minimieren.

Ergebnis dieser Vorgaben war schließlich das 1989 eingeführte Barnes-Geschoss *X-HP* (*X-Bullet Hollow Point* = X-Geschoss mit Lochspitze), dem es gelang, den friedlich vor sich hindösenden Markt der »guten alten Tanten« wie kein anderes quasi über Nacht

21) So werden Geschosse bezeichnet, die sich im Ziel zwar deformieren, aber – im Gegensatz zu den *masseveränderlichen* Sorten (hierzu zählen beispielsweise die meisten herkömmlichen Teilmanteltypen) ihre Masse faktisch unverändert beibehalten und deswegen eine entsprechend größere Wirktiefe haben.

Cony & Randy Brooks, Inhaber und Betreiber der Barnes Bullets Co. Randy, entwickelten das *X-HP*.

nachhaltig zu revolutionieren und eine neue Ära des Jagdgeschosses einzuleiten. *X-Bullet*, für Barnes eingetragene Handelsmarke ™, bedeutet die radikale Abkehr von den tradierten Konstruktionskonzepten und eine geradezu dramatische Optimierung des Zielverhaltens. Die Bezeichnung *X-Bullet* (= X-Geschoss) bezieht sich auf das, von vorn betrachtet, x-förmig anmutende Aussehen des deformierten Projektils[24].

22) *Rope* nennt man in der Cowboy-Szene des amerikanischen Westens das zum Einfangen von Rindern und Pferden benutzte Wurfseil (der hierzulande gebräuchliche »Lasso« ist eine Erfindung von Karl May) und dementsprechend einen *Roper* den mit einem *Rope* arbeitenden Cowboy. Das Einfangen eines starken und obendrein gefährlichen Stieres besorgt ein aus zwei *Ropern* bestehendes Team. Der eine - *Headder* - fängt den Stier am Kopf (= *Head*), während dessen konzentriert sich der andere - *Heeler* - auf die Hinterhufe (= *Heels*). Beiden müssen sehr aufeinander abgestimmt arbeiten, um das betreffende Rind problemlos von den Beinen zu holen.

23) Bekanntlich verhalten sich Teilmantelgeschosse (Verbundkonstruktionen ausgenommen) in einem Weichziel recht willkürlich: Sie neigen zum Zerlegen, verursachen unnötige Wildbretentwertung, deformieren ungleichmäßig, bewegen sich nicht eben richtungsstabil und erreichen nur eine relativ geringe Wirktiefe.

24) Offenbar, weil der Name *X-Geschoss* so schön griffig ist, wenden ihn inzwischen manche deutsche Stückeschreiber hemmungslos auf jedwedes Projektil an, das – gleichgültig, ob mit oder ohne Weichkern – für Silvester-Bleigießer und andere Spökenkieker irgendwie an ein X erinnern könnte.

Die von vorn gesehen x-förmige Anmutung des deformierten Projektils gab den Namen.

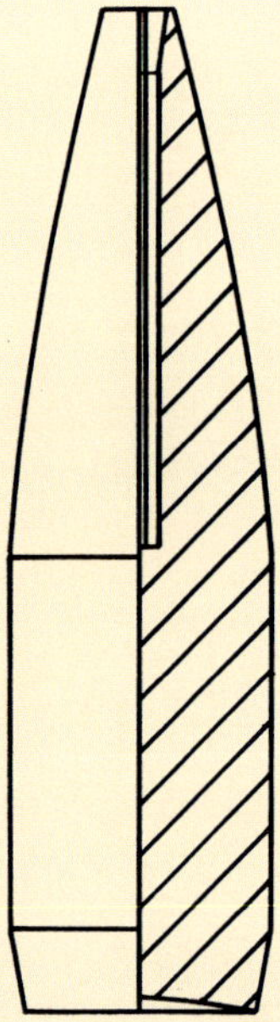

Prinzipskizze des *X-HP*-Geschosses. Beachte den engen und an der Mündung getrichterten Expansionskanal.

Wesentliches Merkmal ist der im, ogivalen, Kopf angeordnete und vorn *offene* spezielle Expansionskanal. Im Gegensatz zum *ABC* und *SFS* kommt das Barnes-Projektil ohne einen Expansionsstarter aus. Vielmehr übernimmt dessen Aufgabe die nach dem Aufprall auf ein Weichziel mit hohem Druck in den Kanal gepresste Zielmaterie mit dem Effekt, dass sich der vordere Geschossteil in vier gleichmäßig geformte Fahnen auffächert, die sich nach hinten rollen und den Stirndurchmesser auf rund zwei Kaliber vergrößern. Letztlich behält das *X-HP* selbst unter harten Bedingungen (hohe v_z , Knochenkontakt) 100 % seiner ursprünglichen Masse bei und hat daher eine maximale Wirktiefe. Beachtenswert sind ferner die für diesen Geschosstyp weitgehend richtungsstabile Bewegung sowie der gleichmäßig Verlauf des Energietransfers.

Alles in allem besteht hinsichtlich des Zielverhaltens insofern kein signifikanter Unterschied gegenüber dem *ABC* und dem *SFS*, sieht man vom Profil und von dem geringfügigen, bei diesen Sorten durch das Abhandenkommen des Deformationsstarters verursachten, Masseverlust ab. Völlig anders schaut die Sache im Hinblick auf das angewendete Fertigungsverfahren und, hieraus resultierend, die Höhe der Stückkosten aus: Während die österreichischen und deutschen *Stöpselgeschosse* mühsam und aufwändig auf einer Drehbank hergestellt werden, entsteht das *X-HP* völlig unproblematisch auf einer Hochdruckpresse.

Wohl wissend, dass der Markterfolg eines Jagdgeschosses, abgesehen von dessen Eigenpräzision und Zielverhalten, weitgehend auch durch den Preis beeinflusst wird, entschied sich Randy für die äußerst kostengünstige Fertigungsmethode des sogenannten Strangpressverfahrens. Diese besteht im Wesentlichen darin, dass der von einem entsprechend kalibrierten

Charakteristisch für das *X-HP* ist die völlig kontrollierte Deformation ohne Masseverlust.

Kupferdraht abgeschnittene zylindrische Rohling, in mehreren Stufen, auf einer Simultanpresse in ein völlig rotationssymmetrisches Projektil verwandelt wird – vereinfacht gesagt: Vorn Kupfer rein, hinten Geschoss raus. Just dieses Verfahren und die daraus resultierenden geringen Stückkosten trugen erheblich dazu bei, dass sich das *X-Bullet* in vergleichsweise kurzer Zeit zu *dem* die Szene dominierenden Büchsengeschoss mausern konnte. Hierzu trugen selbstverständlich auch das konstruktionsbedingt optimale zielballistische Verhalten bei: Geringe Wildbretentwertung, richtungsstabiler Weg durch das Ziel, maximale Wirktiefe.

Derzeit bietet Barnes dieses Geschoss in 18 gängigen Kalibern von .22 (= 224") .50 (= .510") und 53 verschiedenen Ausführungen mit einer Masse von 50 grs (= 3,2 g) bis 647 grs (= 42 g) an.

Barnes XLC

Der rasante Erfolg des *X-HP* ließ die Barnes-Ingenieure jedoch nicht ruhen. Bereits 1999 präsentierten sie der Jägerschaft die zweite Generation in Form des *XLC*. Dessen wesentlichstes Kennzeichen ist eine abriebfest aufgebrachte Beschichtung aus einem molybdänfreien blauen Spezialfilm, der vor allem hilft, den Ein- und Durchpresswiderstand (und damit den Gasdruck) sowie die Kupferablagerungen in Waffenlauf zu reduzieren, und den Spitznamen »3B« (für *Barnes' Blaue Bohne*) veranlasste.

In diesem Zusammenhang: Die LC-Schicht hinterlässt keine Spuren im Waffenrohr. Und kleinkarierte Erbsenzähler werden finden, dass sich unter sonst gleichen Bedingungen aus dem *XLC* gegenüber dem, unbeschichteten, *X-HP* eine um »fette« drei Prozent höhere Anfangsgeschwindigkeit herauskitzeln lässt.

Das zweite Mitglied der Familie *X-Bullet*, das blau beschichtete *XLC* ...

... unterscheidet sich im Hinblick auf Konstruktion und Zielwirkung nicht vom *X-HP*.

Abgesehen vom Blaubelag sind Profil, Konstruktion und Zielverhalten des *XLC* mit dem des *X-HP* identisch. Es wird ebenfalls aus so gut wie reinem Kupfer im sogenannten *Strangpressverfahren*[25)] hergestellt und enthält den gleichen Expansionskanal. In einem Weichziel bilden sich die vier nahezu gleichförmigen Fahnen und vergrößern den Stirndurchmesser ohne Masseverlust auf 1,8 bis 2 Kaliber. Nach Beendigen des Deformationsprozesses durchdringt das Projektil das Ziel richtungsstabil bei bemerkenswert gleichmäßig verlaufendem Energietransfer und sehr geringer mechanischer Zerstörwirkung und maximaler Wirktiefe. Die Wildbretentwertung durch Hämatome (Versulzen) ist ebenfalls vernachlässigbar gering.
Die derzeit verfügbaren rund 20 Ausführungen des *XLC* rangieren in 13 Kalibern von .22 (= 224") bis zum dicken .577 (= 585") bei einer Masse zwischen 45 grs (= 2,9 g) und 750 grs (= 48,6 g).
In Anbetracht ihrer gravierenden Vorteile kann es nicht verwundern, dass inzwischen viele wichtige Munitionshersteller dies- und jenseits des Atlantik – darunter beispielsweise Weatherby, PMC, Federal, Sako, Norma, Sellier & Bellot – ihre Patronen mit dem *XLC* laborieren.

Barnes TSX

Hierbei handelt es sich um Barnes' dritte Generation des bereits legendären X-Geschosses. Statt des aufwändigen Blaubelages verwendet das 2003 herausgebrachte »TSX« (Kürzel für: *Triple Shock X*) drei oder vier auf dem Umfang des Führungsteils radial angeordnete breite sogenannte *Entlastungsnuten*. Sie vermindern den Gasdruck deutlich und wirken, auch

25) Bei diesem Fertigungsverfahren werden die Geschosse auf einer einzigen Maschine in simultan verlaufenden Schritten durch Verpressen des zylindrischen Kupferrohlings gefertigt.

Barnes' dritte Generation, das *TSX*.

bei starken Ladungen, dem Verkupfern des Waffenrohres entgegen.

Außerdem weist das *TSX* einen geringfügig abgeänderten Expansionskanal auf. Hierdurch wird sichergestellt, dass auch bei geringem Zielwiderstand (niedrige v_z und/oder Weichschuss) zuverlässig die typische x-förmige Deformation des Geschosskopfes in vier gleichmäßige Fahnen gewährleistet ist. Selbstverständlich erfolgt die Fertigung ebenfalls auf einer nach dem preiswerten Strangpressverfahren arbeitenden Maschinerie.

Alles in allem repräsentiert das *TSX* gewissermaßen die optimierte Ausführung des X-Geschosses und einen weiteren Meilenstein in der Entwicklungsgeschichte des modernen Jagdgeschosses. Insofern entspricht es derzeit unter seinesgleichen einem »*Full House*« beim Poker: Minimale Fertigungs- und Herstellkosten verbunden

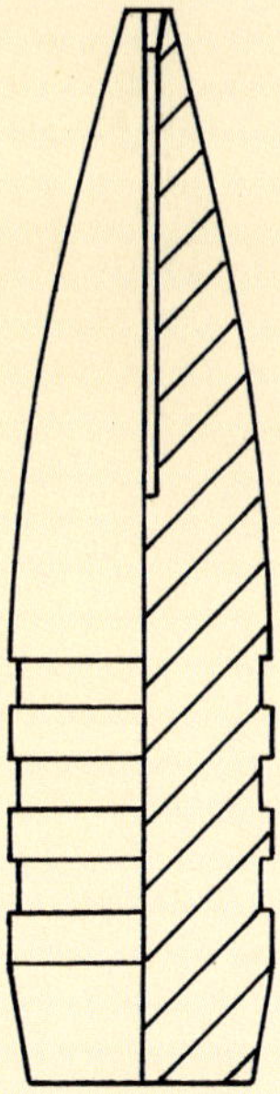

Von den beiden früheren Ausführungen unterscheidet sich das *TSX* durch die Entlastungsnuten auf dem Umfang, den durch Wärmebehandlung verbesserten Werkstoff und durch den modifizierten Expansionskanal.

Bereits bei geringem Zielwiderstand deformiert das *TSX* problemlos.

mit exzellenter Eigenpräzision sowie optimalem Zielverhalten (zuverlässige Richtungsstabilität, geringe Zerstörwirkung). Da die wichtigsten konstruktiven Einzelheiten für Barnes patentrechtlich gesichert sind, tun sich konkurrierende bleifreie, massestabile Deformationsgeschosse verständlicherweise schwer. Sie können letztlich nur teurer, aber kaum besser sein.

Das Barnes *TSX*, derzeit in 15 Kalibern von .22 bis .450 (= 224" bis .458") in 34 Ausführungen (Masse) verfügbar, wird bereits von verschiedenen Munitionsherstellern laboriert, darunter beispielsweise Weatherby und Federal. Und man muss kein Prophet sein, um zu prognostizieren, dass das *TSX* einen gravierende Einfluss auf die weitere Geschossentwicklung nehmen wird.

Lapua Naturalis

Als das transatlantische Barnes-Projektil *X-HP* wie kaum ein anderes zuvor in kürzester Zeit den Markt zu eroberte, verstand die prominente finnische Firma Nammo Lapua Oy sogleich die Zeichen der Zeit: Dem (bleifreien) massestabilen Deformationsgeschoss gehört die Zukunft. Flugs machten sich ihre Ingenieure an die Arbeit und entwickelten ein eigenes Konzept, aus dem schließlich das *Naturalis* hervorging, nach dem Verschwinden des *ABC* und des *SFS* das erste – und bislang mit Abstand beste – europäische Jagdgeschoss dieser Kategorie. Im Wesentlichen handelt es sich beim *Naturalis* um ein aus 99 prozentigem Kupfer auf einer Simultanpresse gefertigtes Monobloc-Projektil. Das ziemlich stumpfe Rundkopf-Profil zählt ebenso zu den äußeren Merkmalen wie der Deformationsstarter aus einem Polykarbonat und die nicht von Scharfrand und irgendwelchen Entlastungsnuten (von der *Crimp*-Nut abgesehen) gestörte Aerodynamik.

Dank der zähweichen Beschaffenheit des Werkstoffs im Verein mit dem vergleichsweise kurzen und weiten Expansionskanal deformiert der Geschosskopf unmittelbar nach dem Aufprall auf einen Wildkörper

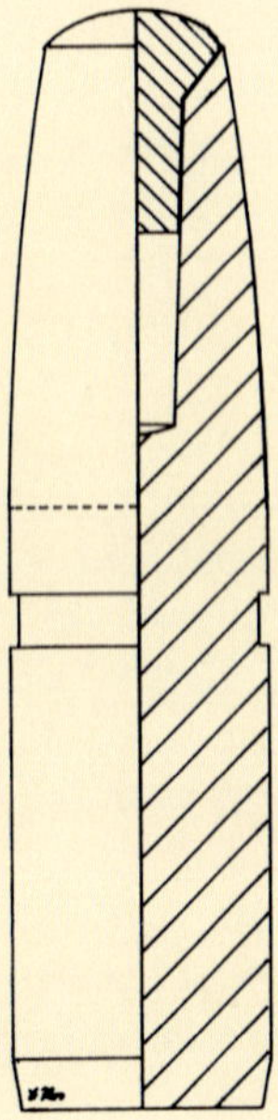

■ Das vergleichsweise stumpfnasige Profil ist ein typisches Merkmal des *Naturalis*.

■ Auch bei großem Zielwiderstand deformiert das *Naturalis* faktisch ohne Masseverlust.

faktisch stets ohne Masseverlust und verleiht dem Geschoss das Aussehen eines völlig symmetrisch ausgebildeten Pilzes mit einem Durchmesser von ungefähr 1,8 Kalibern.
Aus diesem, für Zielgeschwindigkeiten in dem erstaunlich großen Bereich von rund 500 bis 1000 m/s typischen, Verhalten resultieren letztlich ein bemerkenswert gleichmäßig verlaufender Energietransfer sowie ein enger Wundkanal bei minimalster Zerstörwirkung (vernachlässigbare Hämatome, Ausschuss-Durchmesser meist nur rund drei Kaliber). Selbst bei Knochenkontakt bewegt sich das *Naturalis* üblicherweise richtungsstabil und erreicht insofern eine maximale Wirktiefe.
Manch einer mag sich über das, beispielsweise relativ zum *TSX*, aerodynamisch ungünstige Rundkopf-Profil des *Naturalis* wundern. Doch das hat, unter jagdpraktischem Aspekt, einen sehr konkreten

■ Die bemerkenswert gleichmäßig verformte Stirn des *Naturalis* nach Durchdringen eines Kombiziels.

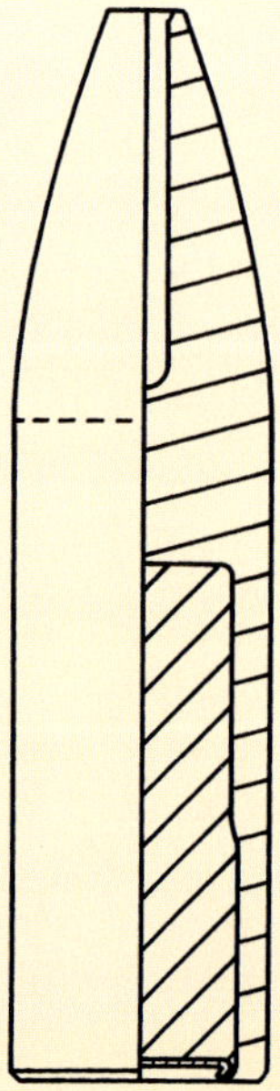

Charakteristisch für *Black Talon* sind der massive Kopfbereich sowie der Bleikern im hinteren Teil.

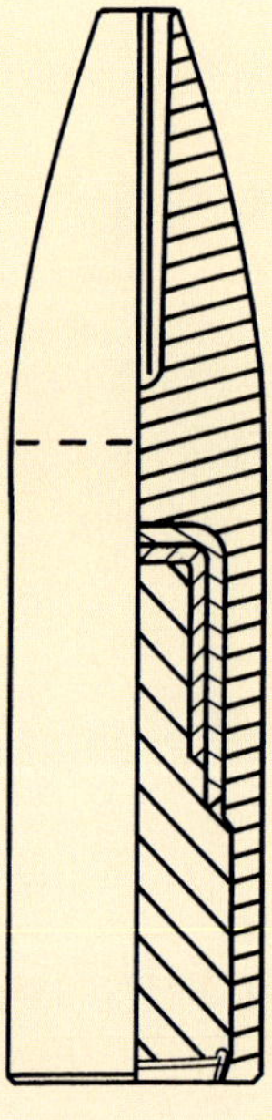

Der Nachfolger *Fail Safe* kommt mit einem doppelten Näpfchen am Vorderteil des Bleikerns.

Grund: Im, für europäische Verhältnisse typischen, mehr oder weniger buschigen Revier erweisen sich solche stumpfnasigen Formen als vorteilhaft, weil sie beim Kontakt mit Flugbahnhindernissen - wie Zweige, Röhricht et cetera – längst nicht so leicht aus der Zielrichtung gelenkt werden wie die vor allem für freies Gelände und große Distanzen vorgesehenen Sorten mit schlankem Ogival und scharfer Spitze. Insofern hat das *Naturalis* eine echte Marktlücke entdeckt, die gewiss eine überzeugte Klientel und somit einen prosperierenden Markt sichert. Bislang bestückt Lapua mit dem *Naturalis* die Patronen 6,5 mm x 55 Schwed. Mauser; .308 Win.; .30-06 SPRG sowie 9,3 mm x 62 Mauser.

Black Talon (BT; Winchester)

Olin/Winchester mochten den Erfolg des Barnes-*X-HP* nicht sang- und klanglos hinnehmen und versuchten mit einem eigenen *Black Talon* (in etwa: Schwarze Kralle) genannten Projektil gegenzusteuern und wegbrechende Marktanteile wiederzugewinnen. Daher brachte die Firma 1993 im Rahmen der »Supreme«-Munitionsserie vier hiermit laborierte Patronen (.308 Win.; .30-06 SPRG; .300 Win.Mag; .338 Win.Mag.) für die Jagd auf mittleres bis starkes Wild heraus (einschließlich Elch und Grizzly). Abgesehen von der schwarzen Beschichtung mit »Lubalox« weist das Geschoss keine äußerlichen Besonderheiten auf (zylindro-ogivales Profil mit flachem Boden). Der Aufbau zeigt – vereinfacht – eine Kombination von Barnes' *X-HP* (vorn; massiv) und Noslers Partition (hinten; Bleikern). Zudem ist der Boden durch ein Näpfchen aus Messingblech versiegelt, so dass während des Rohrdurchgangs keine giftigen Bleidämpfe entstehen können. Der Bleikern im zylindrischen Führungsteil soll das typische Problem der Monobloc-Geschosse, die radiale

Versteifung im Führungsbereich, beseitigen, und dementsprechend die Liderfähigkeit verbessern. Außerdem gestattet das Blei, wegen seines vergleichsweise hohen spezifischen Gewichtes, eine etwas geringere Geschosslänge.
Im Endeffekt verhält sich das *BT* im Ziel wie die Konstruktionen *ABC, SFS, SF* und *X-HP*: massestabile Verformung des Kopfes in vier gleichmäßige und nach hinten aufgerollte Fahnen. Ein weiteres Novum des *BT* ist die schwarze Oberflächenbeschichtung mit »Lubalox«; dadurch soll vor allem der Kupferabrieb im Lauf vermindert werden.

Fail Safe (FS; Winchester)
Die »Schwarze Kralle« gelangte offenbar etwas verfrüht auf den Markt. Sie funktionierte nicht ganz so wie geplant - wie das manchmal so geht. Schuld hat der Bleikern. Aufgrund seiner – relativ zum Tombakmaterial – größeren Masseträgheit wird er beim Eintritt des Geschosses in den gezogenen Teil des Laufs axial gestaucht und ist daher bestrebt, sich radial auszudehnen. Dadurch erhöht sich insofern der Einpresswiderstand und somit auch der Gasdruck um ein vermeidbares Quantum. Außerdem baucht sich der hintere Teil beim Aufprall auf ein Ziel auf und beeinträchtigt die Wirktiefe. Die Winchester-Ingenieure verdross das wenig: Kaum ein Jahr später zogen sie die »Krallen« ein und verpassten dem Bleikern im Hinterteil ein doppeltes Näpfchen aus Eisenblech, das eine radiale Verformung verhindert. Außerdem installierten sie anstelle des zylindrischen einen leicht konisch ausgebildeten Expansionsraum.
Das neue, im Rahmen des Projektes »*Combined Technology*« zusammen mit Nosler produzierte und nunmehr *Fail Safe* (= pannensicher) genannte Projektil zeigt exakt das gleiche Zielverhalten wie Barnes' *X-HP*: Völlig kontrolliertes Zielverhalten, gleich-

Das Fail Safe ist mit Lubalox beschichtet und bildet in einem Weichziel ebenfalls ...

... vier gleichförmige, nach hinten gerollte Fahnen.

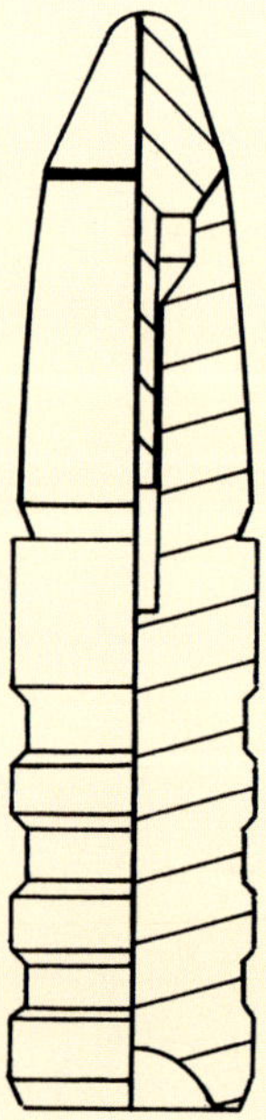

Das *Bionic Black*. Man beachte den abgestuften Expansionskanal.

mäßiger Energietransfer ohne vermeidbare Zerstörwirkung, maximale Eindringtiefe, Eignung für alles mittlere bis starke Wild. Derzeit bietet Olin/Winchester 17 *Fail-Safe*-Laborierungen gängiger Patronen von .270 Win. bis .375 H&H Mag. an.

Bionic Black (RUAG)

Mag sein, die Entscheidungsträger der Firma RUAG Ammotech GmbH[26] hielten sich erst mal an die Regel »Abwarten und Tee trinken«, ehe sie sich entschlossen, ein eigenes massestabiles Deformationsgeschoss herauszubringen. Doch als sich die US-Firma Barnes mit ihren innovativen Projektilen, allen voran das *XLC* und nunmehr auch das *TSX*, in rasantem Tempo auf dem globalen Markt etablierte und daran ging, solche »altbewährte« Veteranen - wie *H-Mantel, TUG, TIG* - respektlos ins Museum zu schicken, sahen sie ihre Felle davonschwimmen und handelten. Hierbei brauchten sie überhaupt keinen großen Aufwand zu treiben, denn sie konnten die mit dem hauseigenen Polizeigeschoss Kaliber 9 mm *Action 4* (kurz: A4) gemachten fertigungstechnischen und zielballistischen Erfahrungen einsetzen[27].

Das 2004 herausgebrachte *Bionic* wird aus speziell legiertem Messing auf einer Simultanpresse gefertigt. Zu seinen äußeren Merkmalen zählen neben dem zylindro-konischen Profil mehrere Entlastungsnuten auf dem Führungszylinder, ein (selbstverständlich!) Scharfrand sowie der Spitzeneinsatz aus schwarzem Kunststoff. Der vergleichsweise tief reichende Expansionskanal mit abgestufter Mündung, dies das wesentlichste konstruktive Kennzeichen, findet sich in der gleichen Ausführung auch beim Einsatzgeschoss *A4*.

Beim Aufprall drücken die Reaktionskräfte den als Deformationsstarter fungierenden Polykarbonat-Stöpsel in die Mündung des Expansionskanals. Dessen, durch besondere Wärmebehandlung plastifizierte, Wandung wird hierdurch nach außen gepresst und im weiteren Verlauf nach hinten gerollt, so dass letztlich, faktisch ohne Masseverlust, eine symmetrische und pilzförmige Konfiguration entsteht. Der antiquierte Scharfrand ist vermutlich als Konzession an diejenigen Jäger zu sehen, die zwar nach wie vor hem-

26) Per 11. April 2002 übernahm die schweizerische RUAG einen Teil der deutschen Firma Dynamit Nobel AG, der seitdem als RUAG Ammotec GmbH firmiert.

27) Siehe auch: Manfred R. Rosenberger *Waffen und Einsatzmunition der Polizei*, 1. Auflage 2002, Seite 181 ff.

Der »Schwarzkopf« deformiert sehr gleichmäßig ...

... auf einen Durchmesser von etwa 1,8 Kalibern.

mungslos auf diesem ballistischen Quatsch bestehen, aber in der Jagdpraxis noch nie das so gern beschworene »Schnitthaar« gesehen haben.

Typisch für dieses, unter der Handelsmarke *RWS* vertriebene, Projektil sind – abgesehen von der geringen Hämatombildung – die minimale Zerstörwirkung sowie die maximale Wirktiefe. Insofern verhält sich das *Bionic* um keine Bohne anders oder gar besser als beispielsweise Lapuas inzwischen etabliertes *Naturalis*. Erbsenzähler werden herausfinden, dass sich Letzteres – als logische Folge des kürzeren Expansionskanals – etwas weniger verformt und insofern, zumindest theoretisch, eine um zwei oder gar vier Zentimeter größere Wirktiefe erreicht. Na bitte! Doch dürfte das keine jagdpraktische Relevanz haben.

Immerhin enthält nun auch das RUAG-Sortiment mit dem *Bionic Black* ein eigenes massestabiles Deformationsgeschoss, welches auf die Dauer durchaus in der Lage wäre, die veralteten hauseigenen Sorten abzulösen. Auf der anderen Seite hat manch einer in Anbetracht der langen »Brutzeit« etwas mehr erwartet als lediglich eine Variation bereits seit Jahren bestehender Konzepte anderer Hersteller.

Sauvestre FIP

Unlängst wirbelte der Franzose Jean-Claude Sauvestre den etablierten Markt mit seinem *»Balle Flèche«* (= Pfeilgeschoss; siehe auch Seite 230) Flintengeschoss auf. Wie das bei manchen Erfindern so vorkommt, beharrte Sauvestre auf dem Grundgedanken dieses Konzeptes und wendete es auch auf *Büchsengeschosse* an. Als Ergebnis präsentierte er 2003 das bleifreie, *FIP.* genannte Projektil (für: *Flèche Interne Portée*; in etwa: innen angeordneter Pfeil). Das *F.I.P.*, im Wesent-

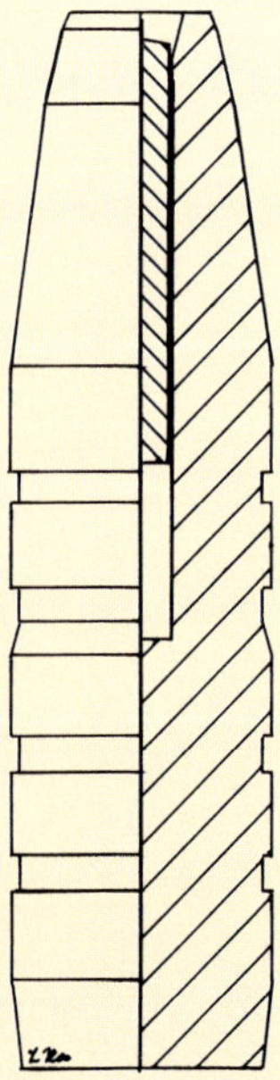

Prinzipzeichnung des *FIP*.

lichen ein Monobloc aus einer Kupferlegierung, wird auf einer automatischen Drehbank hergestellt. Abweichend von anderen Deformationsgeschossen weist es einen in den Expansionskanal eingesetzten und – recht vollmundig – als *»Flèche«* (= Pfeil) bezeichneten zylindrischen Eisenstift auf. Über dessen besonderes Wirken weiß die Werbung selbstverständlich nur Positives zu berichten: Besonders große Wirktiefe, selbst bei einem Treffer auf einen starken Knochen. Wirkbeschüsse (reine Gelatine bzw. mit simuliertem Knochen auf der Einschuss-Seite) konnten dies jedoch nicht dokumentieren. Denn meist trennt sich der »Pfeil« während des Deformationsverlaufs auf Nimmerwiedersehen von dem Geschosskörper. Insofern ist nicht ganz zu erkennen, ob es sich nicht bloß um einen Werbegag handelt.

Das *FIP* kommt derzeit in drei Ausführungen. Diese unterscheiden sich vor allem durch das Kopfprofil und sind für abweichende Zwecke vorgesehen.

Der Einsatzbereich der Version *»Battue«* ([sprich: Battüh] = Drückjagd) beschränkt sich auf die bei dieser Jagdart übliche Schussdistanz bis zu maximal 100 m. Konstruktionsbedingt deformiert diese Variante - auch beim Treffer auf dünnhäutiges Wild – schon nach kurzem Eindringweg auf reichlich zwei Kaliber. Im Schussbereich bis zu circa 50 m erfolgt der Energietransfer sehr schnell und heftig. Meist brechen einige größere Geschossteile willkürlich von dem sich bildenden »Pilz« ab und durchdringen als Sekundärgeschosse den Wildkörper mit erheblicher Zerstörwirkung. Je nach Wildstärke und Schussdistanz entsteht ein mehr oder weniger großen Ausschuss.

Allem Anschein nach hat das *FIP-»Battue«* - zumindest in Europa – eine ökonomisch interessante Klientel gewonnen. Dement-

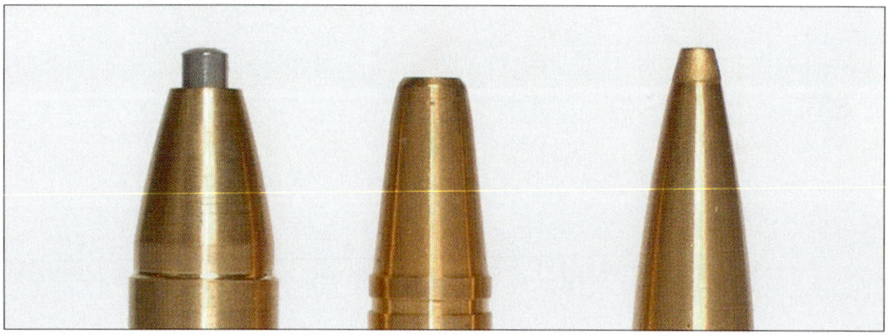

Kopfprofile des *FIP* (v. l.): *EXP; Battue; Approche*.

Das *FIP Battue* nach dem Beschuss eines Kombiziels auf 25 m.

Die Ausführung *Approche* reagiert auch auf größere Distanz sehr zuverlässig.

sprechend laboriert der französische Hersteller Thifan Industrie derzeit insgesamt siebzehn gängige Patronensorten von .270 Win. bis .458 Win. Mag. mit diesem Projektil.

Die *FIP*-Ausführung »*Approche*« ([sprich: Aprósch] = Pirsch) ist – ihrer schlanken Konfiguration entsprechend – für den »normalen« Jagdbetrieb gedacht, also auch für den Schuss auf entfernt stehendes Wild. Im Gegensatz zum »*Battue*« überträgt das »*Approche*« seine Energie über einen ver-

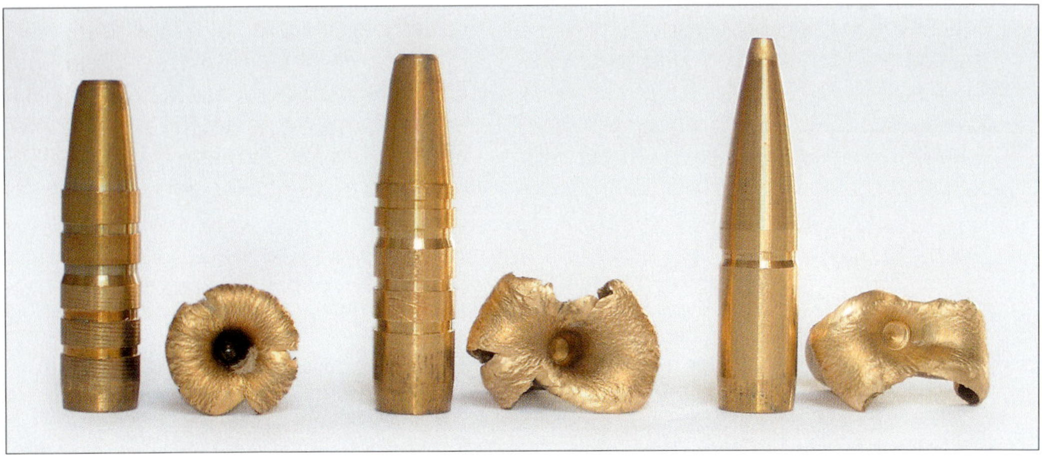

Typische Verformung (gleiche Schussdistanz) des *FIP* verschiedener Ausführung (v. l.): *Battue* 164 & 175 grs; *Approche* 172 grs.

gleichsweise langen Eindringweg und verformt sich – je nach Zielwiderstand – rund auf 1,5 bis 2,5 Kaliber. Insofern verhält es sich typisch für ein Deformationsgeschoss. Bei starker Beanspruchung splittern allerdings in der Regel größere Geschossteile ab, so dass die Massestabilität nicht unbedingt gegeben ist.
2006 befanden sich sieben verschiedene, in Europa beliebte Patronensorten mit dem *FIP-»Approche«* auf dem Markt:
Der aus der Stirn ragende Eisenstift charakterisiert das Äußere der *FIP*-Version *EXR* (kurz für: *Expansion Retardée* = verzögerte Deformation). Inwiefern dies Konstruktionsdetail als umwerfende Erfindung gelten soll, ist nicht erkenntlich. Denn der gleiche Effekt (verzögerter Beginn des Energietransfers) lässt sich ganz gewiss kostengünstiger ohne »*Flèche*« durch einen entsprechend geformten Expansionskanal erreichen.
Nach dem Willen des Erfinders ist das *EXR* für die Jagd auf starkes Wild (wie etwa Großantilopen) vorgesehen. Momentan existiert aber lediglich eine Laborierung in .375 H&H Mag.

HDB-Geschosse (Reichenberg)
Manche Erfinder sind von ihrer Idee geradezu besessen. So plante der Schwede Gideon Sundback, der Erfinder des heutigen Reißverschlusses[28], allen Ernstes auch den Bau von Straßen nach diesem Prinzip.

Beim *EXR* ragt der Eisenstift aus der Spitze.

Michael Reichenberg, im schwäbischen Althengstett beheimatet, hatte sich – angeregt durch das *ABC* und das *SFS* sowie vor allem durch den Senkrechtstarter *X-HP* (siehe Seiten 159 f sowie 162 ff) – in den Kopf gesetzt, ein bleifreies Deformationsgeschoss aus Kupfer auf den Weg zu bringen. So entstand um 1999 das auf »Denglisch« **H**omogeneous **D**eformation **B**ullet (kurz: HDB; auf gut Deutsch: Aus nur einem Werkstoff bestehendes Deformationsgeschoss). Doch während sich beispielsweise **Franče Avćin** und Randy Brooks darauf konzentrierten, ein für möglichst alle Fälle der Jagdpraxis taugliches Deformationsgeschoss zu schaffen, bietet Reichenberg inzwischen das *HDB* in acht Varianten für die unterschiedlichsten Einsatzzwecke an.
Grundsätzlich handelt es sich bei diesem, auf einer Spindeldrehbank aus Kupfer, gefertigten Projektil um eine Mixtur aus dem *ABC* von Hirtenberger und dem *SFS* vom MEN. Unter konstruktivem Aspekt verwendet das

28) Den Anfang machte der Chicagoer Whitcomb Leonard Judson, der im August 1893 einen aus Haken und Ösen bestehenden *Security*-Verschluss (= Sicherheitsverschluss) beim US-Patentamt anmeldete. Das Handhaben dieser, seiner Zeit vor allem für Damenstiefel und Korsagen verwendeten, Erfindung war jedoch kompliziert und sehr zeitraubend. Der Schwede Gideon Sundback (er ärgerte sich darüber, dass seine Gattin immer wieder vor dem Besuch von Theater oder Konzert wegen der erforderlichen »Hakelei« nicht rechtzeitig mit dem Umkleiden fertig wurde) machte sich an die Arbeit, Judsons Erfindung zu verbessern: Er ersetzte die Haken und Ösen durch kleine ineinander greifende kleine Zähne. So ging, 1908, der uns heute geläufige »Reißverschluss« erstmals in Serienfertigung.

HDB ein seinen Vorbildern ähnelndes Profil mit konischem Kopf sowie abgeschrägtem Heck. Der Deformationsstarter besteht aus Aluminium (im Gegensatz zu Blei beim *ABC* und Kupfer beim *SFS*). Ferner abweichend sind die je nach Geschosslänge beziehungsweise –masse drei oder vier auf dem zylindrischen Geschossteil angeordneten breiten Nuten. Sie verkleinern die Führungsoberfläche und vermindern so den Ein- und Durchpresswiderstand (und damit den Gasdruck). Die auch von zahlreichen anderen Unternehmen benutzte Oberflächenbeschichtung mit gräulich anmutendem Molydändisulfid soll vor allem der Kupferablagerung entgegenwirken.

Ausschlaggebend ist indessen das abweichende Zielverhalten des *HDB.* Das Hirtenberger- wie auch das MEN-Geschoss steuern das Entstehen von vier gleichmäßig geformten Fahnen mit Hilfe vergleichsweise lan-

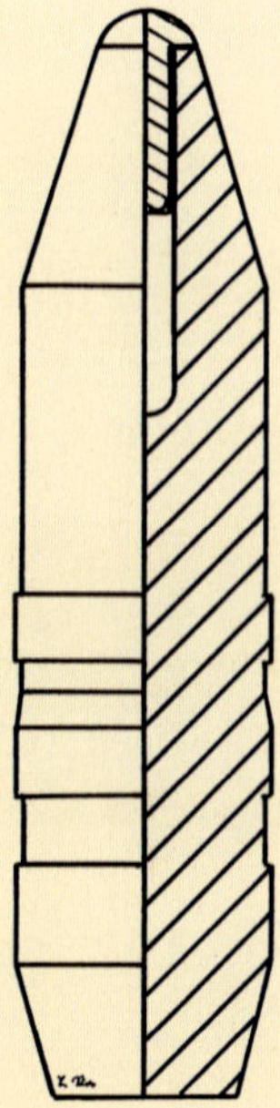

Standardausführung des *HDB* - Prinzip-Grafik.

Typische Deformation des *HDB*-Universal.

Realstücke des *HDB* in Standard-Ausführung.

HDB in den Ausführungen *Spezial* (l.) und *Universal*.

HDB *Großwild* (l.); man beachte die stark abgeflachte Stirn.

ger axialer Sollbruchstellen (beim *ABC* im Expansionskanal, beim *SFS* außen auf dem Geschosskopf angeordnet). Diese Einzelheiten sind patentrechtlich geschützt. Daher begnügt sich das *HDB*, um einen ähnlichen Effekt erreichen zu können, mit drei kurzen Kerben in der trichterförmigen Mündung des Expansionskanals.

Die auf diese Weise erzeugten relativ kurzen Fahnen rollen sich ebenfalls nach hinten und vergrößern so den aktuellen Durchmesser auf rund anderthalb bis zwei Kaliber. Doch leider tendieren die Fahnen vor allem bei hoher Zielgeschwindigkeit und Knochenkontakt dazu, aus welchen Gründen auch immer, vom Geschosskörper abzubrechen. Infolge dessen bewegt sich das *HDB* oft nicht richtungsstabil durch das Ziel, sondern mehr oder weniger unkontrolliert.

Die Mängel des so genannten *Universal-HDB*[29] sollen bei der als *Spezial-HDB*[30] bezeichneten und vor allem für hohe Geschwindigkeiten gedachten Version durch einen etwas engeren und kürzeren Expansionskanal und damit weniger deformationsfreudiges Zielverhalten ausgeräumt werden. Die, konstruktionsbedingt an der Basis dickeren, Fahnen rollen sich in der beschriebenen Manier nach hinten – und brechen leider bei hoher v_z nach wie vor bisweilen ab.

Kennzeichnend für die Ausführung *HDB-Großwild* (in den Kalibern .413 [= 10,3 mm], .416, .422, .423 [= 10,75 mm] sowie .458) sind ebenfalls das kegelstumpfförmige Kopfprofil, der relativ breite wie kurze Expansionskanal sowie der flache, formschlüssig eingepasste Deformations-

29) Das *Universal-HDB* ist in elf mittleren Kalibern von .270 bis .375 sowie in insgesamt 22 unterschiedlich schweren Ausführungen verfügbar.

30) Hierbei handelt es sich um elf kleine und mittlere Kaliber von .224 bis .338 in 16 Gewichtsklassen.

starter. In seinem Prospekt weist der Hersteller diesen Typ als »...sehr flexibel...« aus, der sich »...durch eine schnelle und gleichmäßige Energieabgabe...auch bei dünnhäutigem Wild und mittleren Auftreffgeschwindigkeiten....« auszeichnet. Selbstverständlich bewegt sich das *HDB-Großwild* im Ziel »äußerst richtungsstabil«.

Doch leider klaffen auch hier Wunsch und Wirklichkeit weit auseinander: Wie all die anderen *HDB-Typen* neigt auch diese »dicke« Sorte dazu, durch Abbrechen von Geschossteilen (Fahnen) einen Teil seiner Masse einzubüßen und sich, infolge dessen, instabil durch das Ziel zu bewegen. Mehr noch: Aufgrund seines Verhaltens einet sich das *HDB-Großwild* ohne jeden Zweifel *ausschließlich* für die Jagd auf dünnhäutiges Savannenwild (*Plains Game*), keinesfalls aber für den Schuss auf Dickhäuter.

Die Variante *HDB-Großkaliber* unterscheidet sich von der zuvor beschriebenen - sieht man vom anderen Namen ab - lediglich durch die größeren Kaliber. .430/225 grs für die Munition .444 Marlin und .456/308 grs für .45-70 Government. Im Übrigen weist sie das gleiche ungewisse Zielverhalten auf.

Schon allein die Vielzahl der verschiedenen Ausführungen des *HDB* (siehe auch oben Seite 98) macht skeptisch und lässt auf eine Unsicherheit schließen. Keine Version repräsentiert eine echte Innovation. Während das erste Reichenberg-Geschoss, das *HDB-Universal*, zwar grundlegende Merkmale des *ABC* und des *SFS* benutzt, vermag es jedoch deren kontrolliertes Zielverhalten nicht zu erreichen, von den Barnes-Sorten *XLC, TSX* und *MRX* ganz zu schweigen. Das kann man noch hingehen lassen. Doch all die anderen HDBs, wie beispielsweise *Drückjagd, Fangschuss* und *KUHS* entpuppen sich, verglichen mit dem Verhalten herkömmlicher Teilmantelgeschosse letztlich als bloße »Variationen in Kupfer«. Und just das ist der springende Punkt: Kupfer statt Blei als Werkstoff macht per se noch lange kein optimiertes Jagdgeschoss. Insofern ist kaum anzunehmen, dass irgendeine *HDB*-Sorte jemals eine überregionale Bedeutung erlangen wird.

Barnes MRX (Maximum Range X)

Unbestreitbar ist die US-Firma Barnes Bullets seit etlichen Jahren richtungsweisend beim Entwickeln tatsächlich innovativer Jagdprojektile. Ihr auf der IWA 2006 vorgestelltes Projektil *MRX*[31] präsentiert die vierte Generation des prominenten X-Geschosses. Von den drei bereits etablierten Sorten unter-

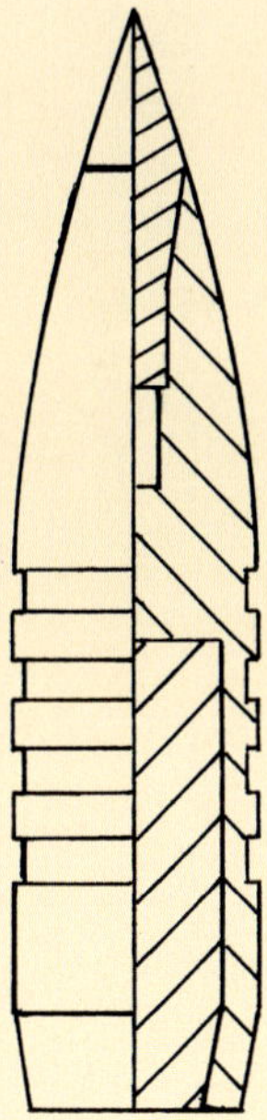

Prinzipzeichnung des *MRX*.

31) Kürzel für *Maximum Range X-Bullet* = in etwa: X-Geschoss für größte Entfernungen.

Der blaue Kunststoffeinsatz an der Spitze verbessert die Aerodynamik und die Eigenpräzision.

scheidet es sich letztlich durch die größere Einsatzflexibilität und Eigenpräzision.
Was auf den ersten Blick ausschaut wie ein *TSX* mit blauer Polymer-Spitze, weist in Wirklichkeit eine sehr abweichende Innenkonstruktion auf: Der eigentliche Geschosskörper besteht zwar ebenfalls aus Kupfer (Cu), enthält jedoch – ähnlich wie Winchesters *Fail Safe* (siehe Seite 171) - im Führungsbereich einen Weichkern aus Schwermetall. Hierbei handelt es sich um eine »Silvex®« genannte plastisch verformbare bleifreie Legierung, die unter anderen Bestandteilen Wolfram (W) enthält. Der trichterförmige Expansionskanal mit eingesetztem Deformationsstarter aus Plastik sowie die vier Ker-

Generationen in .308"/180 grs Kupfer (v. l.): *X-HP; CLX; TSX; MRX.*

ben in der Sirnkante repräsentieren weitere typische Merkmale.
Der Sinn der Teilkern-Konstruktion wird verständlich, wenn man bedenkt, dass reines Kupfer ein spezifisches Gewicht von lediglich 8,93 g/cm³ hat (reines Blei [Pb] 11,34 g/cm³). Folglich sind Kupfergeschosse (bei gleicher Masse und Kontur) deutlich länger als herkömmliche Weichkerngeschosse. Daraus ergeben sich möglicherweise Probleme mit der optimalen Flugstabilisierung (Präzision) sowie mit der vorgegebenen maximalen Patronenlänge. Das *MRX* umgeht dieses Handicap mit dem Wolfram enthaltenden Teilkern. Dieses Element kommt mit einem spezifischen Gewicht von 19,1 g/cm³ daher, bringt also reichlich mehr als doppelt soviel wie Kupfer (und rund 55 % mehr als Blei) auf die Waage. Dementsprechend ist der Metallteil des Kombi-Projektils *MRX* bei gleich großer Masse deutlich kürzer als die drei vorausgegangenen, aus reinem Kupfer bestehenden, X-Varianten. Verglichen mit dem *TSX* beansprucht das neue *MRX* rund 10 % weniger Länge. Mehr noch: Durch die Masseverteilung wird der Schwerpunkt nach hinten verlagert; daraus resultiert eine deutlich bessere Eigenpräzision.
Die vier in die vergleichsweise breite Geschoss-Stirnkante eingearbeiteten Kerben bewirken, im Verein mit dem trichterförmigen trichterförmige Expansionskanal, eine für Projektile aus Rotmetall[32] unüblich große Elastizität in Bezug auf unterschiedliche Zielwiderstände. Das heißt: Es arbeitet auf leichtes und/oder großer Schussdistanz ebenso verlässlich wie – umgekehrt – bei starker Inanspruchnahme (hohe v_z und/oder schweres Wild beziehungsweise Treffer auf dicke Knochen). Im übrigen nimmt auch das

Auch bei geringem Zielwiderstand erreicht das *MRX* das für Barnes-Geschosse typische x-förmige Aussehen.

MRX beim Durchdringen eines Ziels die für Barnes-Geschosse typische X-Form an.
Es ist zu erwarten, dass sich das *MRX* von Barnes aufgrund seiner Vielseitigkeit in relativ kurzer Zeit auf dem Markt für bleifreie Deformationsgeschosse durchsetzen wird. Zur Zeit sind die ersten verschiedenen Sorten (Masse) in den Kalibern .270 (277"); 7mm (284"); .30 (308") und .338" verfügbar. Hornady laboriert mittlerweile die Patronen .308 Win.; .30-06 SPRG; .300 WSM und .300 Win. Mag. mit einem *MRX* in 180 grs.

32) Sammelbegriff für alle auf Kupfer basierenden Metall-Legierungen, wie beispielsweise Tombak, Gilding, Messing, Neusilber (*German Silver*).

Dickbrettbohrer unter sich.

Masse- und formstabile Geschosse

Dieser Geschosstyp verändert beim Durchdringen eines Wildkörpers, im Prinzip zumindest, weder Masse noch Form, so dass insofern die Querschnittsbelastung konstant bleibt. Zu diesem Typus gehören an erster Stelle Vollgeschosse aus Hartmetall (auch *Monobloc* oder *Solid* genannt) sowie einige, von einem sehr dicken Mantel umhüllte Vollmantelgeschosse.

Ein typisches Kennzeichen der meisten Geschosse dieser Art ist das Verhalten in einem Weichziel: Zunächst bewegen sie sich über eine gewisse Strecke richtungsstabil, um sich dann mehr und mehr querzustellen und schließlich zu überschlagen. Ursache hierfür sind die Schwerpunktlage (hinter dem Achsenmittelpunkt), der Anstellwinkel sowie die abnehmende Rotationsgeschwindigkeit. Wegen der zunehmenden Instabilität wächst der durch das Kaliber vorgegebene anfängliche Querschnitt bis zu einem durch die Kontur definierten Maximalwert (wenn das Geschoss um 90° aus der Bewegungsrichtung gekippt ist), um dann wieder abzunehmen. Daher findet man nach einem Simulationsbeschuss auf der Einschussseite zunächst einen mehr oder weniger langen, engen Schusskanal (*Narrow Channel* = NC), der in eine vergleichsweise breite (temporäre) Wundhöhle übergeht

Durch die Querstellung vergrößert sich der Geschossquerschnitt (in Schussrich-

tung gesehen) abrupt, so dass ein entsprechend plötzlicher und starker Energietransfer erfolgt. Das Geschoss selbst wird dabei einer erheblichen Belastung ausgesetzt und häufig u-förmig verbogen oder durchgebrochen. Das Zerbrechen lässt sich relativ häufig bei dünnmanteligen Vollmantel-Spitzgeschossen (schlankes Ogival, weit hinter der Achsenmitte liegender Schwerpunkt) beobachten; meist findet man den Bleikern größtenteils durch die enormen Reaktionskräfte aus beiden Mantelteilen herausgepresst. Das Verbiegen ist typisch für Vollgeschosse mit schlankem und spitzem Profil. Stumpfnasige Projektile dagegen neigen in einem Weichziel grundsätzlich weniger zur Querstellung. Bei einem Knochentreffer dagegen kann ihre Bewegung durchaus instabil werden; im Einzelfall verbiegen sich dann selbst »dickverpackte« Vollmantelgeschosse und büßen so einen Teil ihres Durchdringungspotentials ein. Diese Beispiele zeigen, dass sich Vollmantelgeschosse längst nicht immer form- und massestabil verhalten.
Bezogen auf die Jagdpraxis bedeutet dies: Je besser die Aerodynamik (= schlankes und langes Ogival, weit hinten liegender Schwerpunkt) eines bestimmten Voll- oder Vollmantelgeschosses, desto geringer ist seine Eindringtiefe. Demnach zeigen unter sonst gleichen Bedingungen stumpfnasige und fast zylindrische »*Solids*« und vergleichbare Sorten wie beispielsweise das *Monolithic Solid* von A-Square oder das *Sledge Hammer* von TBB (siehe Seite 185) stets größere Eindringtiefen.

Dem (theoretischen!) Zielverhalten entsprechend, eignen sich masse- und formstabile Drallgeschosse besonders für die Jagd auf dickhäutiges Großwild (wo vor allem maximale Eindringtiefe gefragt ist) und – im kleinen Kaliber – auf leichtes Wild, wie beispielsweise den Winterfuchs (wo eine möglichst geringe Zerstörwirkung angesagt ist, um den Balg zu schonen).
Doch manchmal trügt der Schein. Das sogenannte *Ganzmantelgeschoss* schaut zwar auf den ersten Blick wie Vollmantelprojektile aus, entpuppt sich jedoch beim näherem Hinsehen als falscher Fuffziger: In Wirklichkeit handelt es sich um ein ausgesprochen zerlegungsfreudliches Bleigeschoss mit einem elektrolytisch aufgebrachten, den Kern logischerweise völlig umhüllenden, sehr dünnen Folienmantel aus einer Kupferlegierung. (siehe oben *Power-Lokt* Seite 84)

1. Vollmantelgeschosse

Bei diesem Geschosstyp[33)] sind Stirn, Kopf, Führungszylinder und Heck völlig von einem Mantel aus einer Kupferlegierung oder plattiertem Flusseisen umhüllt. Üblicherweise liegt der Bleikern am Boden frei (Ausnahme: Ganzmantel sowie einige Sorten mit Bodenabdeckung). Ausschlaggebend für das Zielverhalten ist hier vor allem das Geschossprofil: Je schlanker (langes Ogival, scharfe Spitze), desto größer ist die Tendenz zum instabilen Verhalten in einem Weichziel; nach einem relativ kurzen Eindringweg

33) Damit alles schön kompliziert erscheint, verwendet mancher Hersteller nach wie vor die einst von englischen Herstellern geprägte Bezeichnung »*Solid*« für den Typ VM-Geschoss. Man muss also bei dieser Bezeichnung schon genauer hinschauen, ob es sich bei dem betreffenden Projektil tatsächlich um ein Massivgeschoss handelt oder lediglich um eine Vollmantel-Sorte.

stellt sich das Projektil quer und wird von den Reaktionskräften zusammengepresst oder – wie sehr häufig der Fall – zerbrochen; meistens wird dabei ein mehr oder weniger großer Teil des Bleikerns aus dem Mantel gedrückt. Knochenkontakt verstärkt diesen Effekt ganz erheblich. Hier einige typische Beispiele:

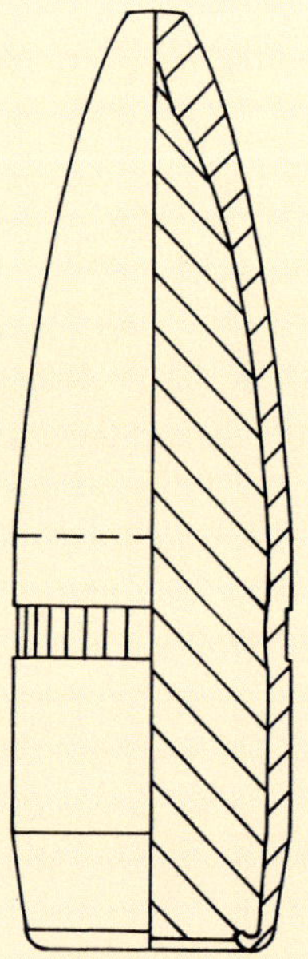

Vollmantel-Spitzgeschosse .224"/55 grs ...

... zerbrechen bereits nach kurzem Eindringweg. Man beachte die abgebrochene Spitze.

Vollmantel-Spitzgeschoss (VS)

In der Regel handelt es sich um zylindro-ogivale VM-Geschosse (englisch: *Full Metal Jacket Pointed)*, wie sie für viele gängige Patronensorten in den verschiedensten Laborierungen als Jagd- oder als sogenannte *Surplus*-Munition (d. h. aus Behördenbeständen) angeboten werden. Die landläufige Vorstellung besagt, dass derart geformte Projektile aufgrund ihrer »spitzen« Form ein besonders großes Durchdringungspotential aufweisen. Doch genau das Gegenteil ist der Fall: Vor allem im Zusammenhang mit hoher Geschwindigkeit lösen sich solche »Spitzköpfe« bei starker Zerstörwirkung bereits nach 15 bis 25 cm Eindringweg in mehr oder weniger große Partikel auf – keine Rede also von großer Eindringtiefe. Zwei Beispiele zur Verdeutlichung:

1. Patrone .223 Remington mit 55 grs (= 3,6 g) VM-Geschoss, v_z 932 m/s: beim Beschuss eines Kombiziels zerbricht das Projektil, der Bleikern wird nahezu vollständig aus den Mantelteilen gepresst; nach nur 18 cm Eindringweg ist der gesamte Vorgang der Zerlegung und des Energietransfers beendet. Beim Schuss über rund 45 m auf eine breit stehende Geltgeiß zerbrach das Projektil ebenfalls (Laborierung: Ball M193; Treffer auf die Blattschaufel; kein Ausschuss).
2. Dem dickeren Projektil der .308 Winchester (Masse 9,6 g; v_z 798 m/s) ergeht es auch nicht viel anders: Statt »durchzumarschieren« bricht es bei einem simulierten Knochentreffer meist mittendurch; die beiden Mantelteile finden sich dann leer und platt wie ausgepresste Zitronenschalen rund 25 cm hinter dem Einschuss.

In Anbetracht dieser Fakten sind die in der Literatur bisweilen verbreiteten Mutmaßungen, VS-Geschosse ergäben glatte und unwirksame Durchschüsse, nicht unbedingt haltbar.

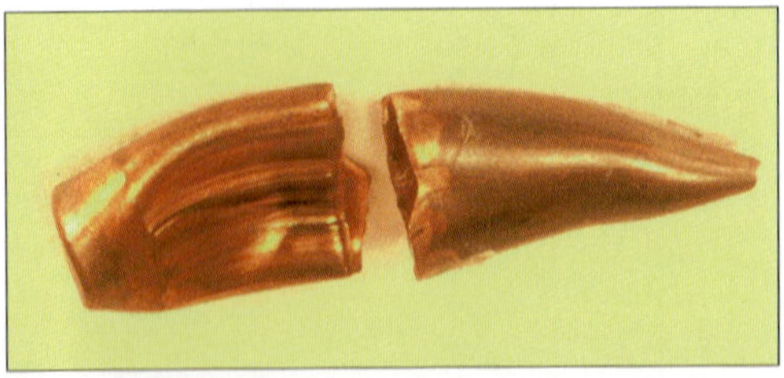

In einem Weichziel zerbrochenes Geschoss .308"/154 grs.

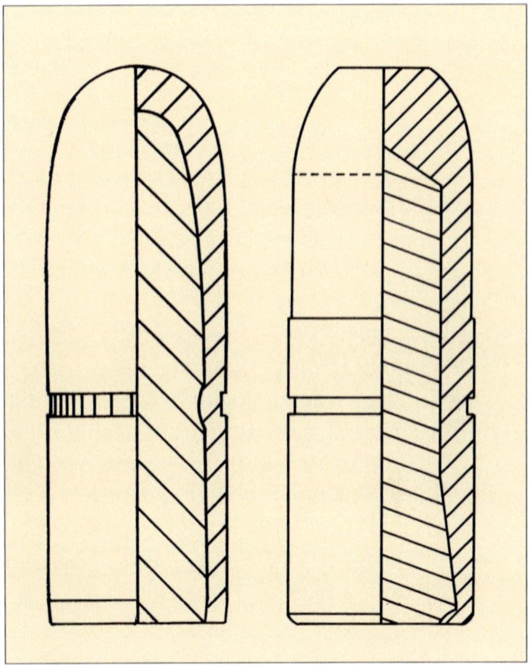

Großwild-Vollmantelgeschosse Kaliber .458" (v. l.): *Hornady # 4507* **und** *TBB Sledgehammer;* **man beachte den dicken Mantel im Stirnbereich.**

Vollmantel-Rundkopf-/ Flachkopfgeschoss (VR/VF)
Diese jagdlich gebräuchlichste Variante des VM-Geschosses (englisch: *Full Metal Jacket Round Nose / Flat Nose*) zeigt im Vergleich zu ihren »scharfen« Schwestern unter zielballistischen Gesichtspunkten eine vergleichsweise geringe Neigung zur Instabilität und insofern ein der Querschnittsenergie entsprechend großes Eindringpotential. Logischerweise gilt dies besonders für die vergleichsweise dick ummantelten Sorten mit sogenanntem *Verbundkern*, die – selbst bei völliger Querstellung – jeglicher Beanspruchung standhalten und insofern eine maximale Eindringtiefe garantieren. Ein typisches Beispiel liefert das in Großwildpatronen wie etwa .458 Win. und .460 Wea-

Dieses Projektil *Hornady # 4507* **durchdrang mühelos und ohne Verformung einen 76 cm dicken Kloben aus trockenem Eichenholz.**

therby Mag. verladene Hornady-Geschoss *# 4507*: Der extrem dicke, mit dem Bleikern verlötete Flusseisenmantel blieb im Rahmen eines Extrem-Testbeschusses beim Durchdringen eines 76 cm dicken Klobens aus trockenem Eichenholz faktisch unverändert. Der »*Sledgehammer*« (= Schmiedehammer) genannten Dickbrettbohrers von TBB (Tombakmantel) verhält sich insofern identisch, zeigt aber – als Folge der scharfkantig abgesetzten flachen Stirn – eine etwas größere Richtungsstabilität. Das besagt offenbar: Wenn maximales Durchdringungspotential erforderlich ist, sind rund- oder flachköpfige Vollmanteltypen mit dick verpacktem Bleikern im Vergleich mit den Spitzgeschossen die weitaus bessere Alternative, weil sie sich – zumindest in der Regel – tatsächlich als form- und massestabil erweisen.

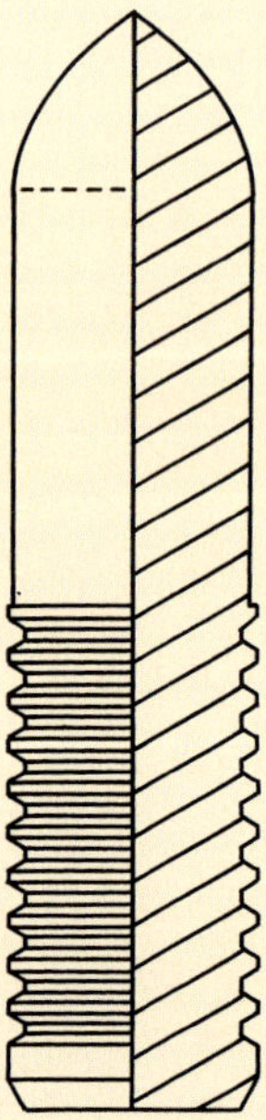

Massivgeschoss
Silber-Solid.

2. Vollgeschosse

Zahlreiche erfahrenen Großwildjäger lehnen prinzipiell Jagdgeschosse mit einem wie auch immer ummantelten Bleikern wegen der theoretisch möglichen Verformbarkeit und der daraus resultierenden Minderung der Wirktiefe bei der Jagd auf wehrhaftes Großwild ab. Dem kommen »*Solid*« genannte *Monobloc*-Projektile (auch als *Voll*- oder *Massivgeschosse* bezeichnet) aus einer vergleichsweise harten Kupferlegierung entgegen (wie beispielsweise Gilding oder Messing). Sie verlieren selbst unter extrem harter Beanspruchung nicht die »Fassung«. Vom Werkstoff abgesehen, weisen sie typischerweise ein zylindrisches Profil mit einem sehr kurzen halbkugelförmigen oder ogivalen Kopf auf. Zwar werden auch zylindro-ogivale Formen angeboten, doch taugen diese wegen ihrer bereits erwähnten Tendenz zur instabilen Bewegung im Ziel nicht als »Dickbrettbohrer«.

Silber Solid (W. R.)
Der Zusatz »Silber« bezieht sich selbstverständlich nur auf das silbrige Erscheinungsbild des zur Verringerung der Laufverschmierung vernickelten Messingkörpers. Ein weiteres Kennzeichen dieser, von der deutschen Firma Romey verladenen, Version ist der radial gerillte Führungsteil in den kleineren Kalibern; dadurch sollen der Ein- und Durchpresswiderstandes und damit auch der Maximalgasdruck vermindert werden. In einem Kombiziel (Knochenkontakt auf der Einschuss-Seite) zeigt das *Silber Solid* das für Geschosse dieser Art typische Verhalten: Völlig regelmäßiger Energietransfer längs des Weges sowie maximales Durchdringungspotential ohne jegliche vermeidbare Zerstörwirkung. Romey bietet die massiven »silbernen Bohnen« und auch hiermit laborierte Patronen in zahlreichen gängigen Kalibern zwischen .224" und .600" an.

■ *Copper Solid* von Barnes – das derzeit am häufigsten verladene Projektil dieser Art.

Barnes Copper Solid

Barnes Bullets Inc., der wahrscheinlich bedeutendste Hersteller von *Solids*, bietet ein umfangreiches Sortiment verschiedener Ausführungen dieses aus Kupfer bestehenden Geschosstyps (daher die Bezeichnung *Copper Solid*) an. Das sind auf der einen Seite die Sorten in den am meisten verbreiteten Kalibern von .224" (= 5,6 mm) bis .308" (= 7,62 mm) mit dem herkömmlichen Vollmantel-Spitz-Profil. Sie sind vor allem für die »Pelzjagd« vorgesehen. Als weitere ist die speziell für die Jagd auf dickhäutiges Großwild gedachte Rundkopf-Ausführung mit kugeligem Kopf (Krümmungsradius ½ Kaliber) in den Kalibern ab .308" (= 7,62 mm) bis .620" (= 15,8 mm) zu nennen.

Unlängst kam Barnes mit der neuen Variante *Banded Solid* in bislang elf Sorten (Kaliber 9,3 mm bis .500 Nitro/ 12,9 mm), für die zur Großwildjagd bestimmten Patronen heraus. Die charakteristischen (und für den Namen verantwortlichen) Führungsringe verringern den Ein- und Durch-

■ *Banded Solid*; beachte die Führungsbänder.

presswiderstand und damit den Gasdruck. Am meisten fällt an diesem »Gürteltier« hingegen die an der Stirn stark abgeflachte Geometrie auf. Der Hintergrund für dieses etwas antiquiert anmutende Profil ist leicht erklärt: Formstabile *Rundkopf*-Geschosse liefern eine maximale Wirktiefe, zumindest theoretisch. Denn bei Knochenkontakt werden sie häufig abgelenkt. Und das kann, vor allem beim Schuss auf gefährliches Großwild, fatale Folgen haben. Insofern ist die Wahrscheinlichkeit dafür, dass ein scharfkantig ausgebildeter »Plattkopf« an der glitschigen Knochenoberfläche abrutscht, sehr gering.

A Square Monolithic Solid

A-Square in Jeffersonville (US-Bundesstaat Indiana) hat sich auf Großwildmunition spezialisiert. Unter anderen verladen sie auch ein »*Monolithic Solid*« (kurz: *MS*) benanntes Vollgeschoss aus Messing, dessen Erscheinungsbild dem des *Copper Solid* von Barnes verblüffend ähnelt. Beide Sorten weisen, nicht weiter überraschend, selbst bei härtester jagdlicher Beanspruchung ein völlig identisches form- und massestabiles Zielverhalten auf.

Nebenbei: Aus einleuchtenden praktischen Gründen bietet A-Square für die meisten Patronensorten jeweils ein »*Triade*« genanntes Sortiment von drei Laborierungen an, die sich (bei identischen Werten für v_0 und Masse) lediglich durch den Geschosstyp unterscheiden (*Lion Load, Dead Tough* [siehe Seiten 95 & 145] und *Monolithic Solid*), so dass man auch beim Wechsel der Laborierung mit dem gleichen Haltepunkt arbeiten kann. Allerdings gilt dies lediglich für einen gewissen Distanzbereich: Da diese Geschosstypen wegen des Werkstoffs und dessen Masseverteilung unterschiedlich lang

A-Squares *Monolithic Solid* ist faktisch identisch mit dem *Copper Solid* von Barnes.

In einem Kapbüffel gefundenes *Monolithic Solid* in .458"/500 grs.

sind und einen dementsprechend abweichenden Schwerpunkt aufweisen, haben sie logischerweise eine mehr oder weniger differierende Treffpunktlage.

HDB Solid (Reichenberg)
Nach dem der Trend zum bleifreien Jagdprojektil immer mehr abzeichnete, fühlte sich auch Michael Reichenberg angespornt, ein eigenes formstabiles Vollgeschoss zu entwickeln. Aus derartigen Überlegungen ging schließlich das schlicht *Spezial Solid* bezeichnete Geschoss hervor. In den Kalibern .243" (= 6 mm) und .308" (7,62 mm) hat es die gleiche Geometrie wie das *HDB-Standard* (siehe Seite 176), unterscheidet sich von diesem lediglich durch das Fehlen von Expansionskanal und Deformationsstarter. Im Prinzip weist diese Ausführung das gleiche Zielverhalten auf wie andere Jagdgeschosse dieser Kategorie. Bedingt durch das kegelförmige Kopfprofil mit abgerundeter Spitze, bewegt es sich jedoch in einem Weichziel nicht eben richtungsstabil. Außerdem wird es bei Knochenkontakt leicht abgelenkt. Diese Mängel soll bei den größeren Kalibern (von 9,3 mm bis .458 [= 11,6 mm]) eine stark abgeflachte und scharfkantige Stirn beseitigen (siehe auch *Sledgehammer* Seite 185 sowie *Banded* Seite 187). Wie alle anderen Reichenberg-Geschosse (Ausnahme *KUHS*) ist auch das *Spezial Solid* mit Molybdändisulfid beschichtet.

■ *HDB Solid.*

Hansens SuperPenetrator
Manchen Erfindern reicht die durch mögliches Pendeln beeinträchtigte Wirktiefe herkömmlicher *Solids* nicht aus. Sie wünschen sich – besonders für die Großwildjagd – ein Geschoss, welches in der Lage ist, aufgrund seiner Konstruktion unter allen Umständen ein Ziel richtungsstabil, also schnurgerade, zu durchdringen. Ein Produkt derartigen Begehrens ist das von Reichenberg in den Kalibern 9,3 mm, .375, .416", .458" und .470" angebotene *SuperPenetrator* (Kürzel: *SP*), eine auf den ersten Blick etwas eigenwillige Anmutung des *HDB-Solid*.

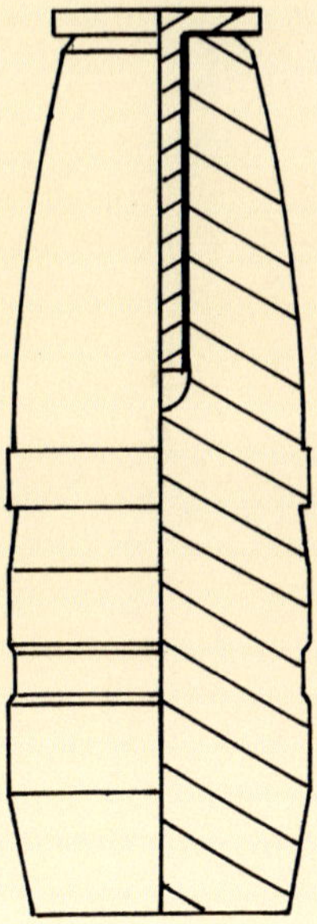

■ **Konstruktionsprinzip von Hansens** ***SuperPenetrator*.**

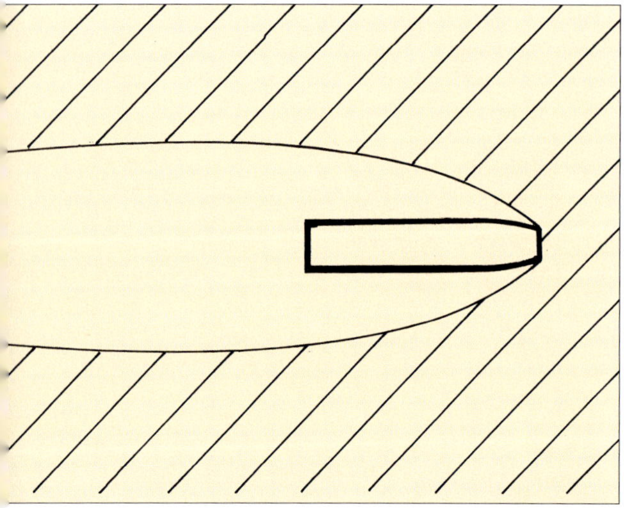

In Wasser und anderen homogenen Flüssigkeiten bewegt sich ein flachnasiges Projektil in einer Dampfblase.

Abweichend von Reichenbergs *Solid*-Ausführungen präsentiert sich der »Super-Lochbohrer« durch eine in den flachen Kopf eingestöpselte kreisförmige Stahlscheibe (sogenannter *Kavitator*) mit etwas überstehendem Rand. Gerade diese Einzelheiten sollen dem Projektil geradezu magische Kräfte verleihen, sind sozusagen des *Bullets Kern.* Sein Erfinder, Norbert Hansen, behauptet denn auch, das *Super-Penetrator* weise in flüssigkeitshaltigen Zielmedien gegenüber einem vergleichbaren Rundkopfgeschoss (mit halbkugelförmigem Kopf) ein zwei- bis dreimal so großes, richtungsstabiles Durchdringungsvermögen auf. Was will man mehr?

Hansen ließ sich zu seiner Konstruktion, nach eigenem Bekunden, durch die extrem schnellen Torpedos des russischen U-Bootes »Kursk« animieren, dessen tragisches Schicksal vor einigen Jahren durch die Presse ging und Anlass zu allen möglichen Spekulationen gab[34]. Er übertrug das den Kursk-Torpedos zugrunde liegende Prinzip schlicht und einfach auf Jagdgeschosse.

Die ungewöhnlich hohe Marschgeschwindigkeit der Kursk-Torpedos von knapp 1000 m/s beruht im Wesentlichen darauf, dass bei hoher Abschussgeschwindigkeit – als Folge einer an deren Spitze angebrachten und etwas überstehenden »Kavitatorscheibe« – der Torpedo nicht durch das Wasser benetzt, sondern völlig von einer weiträumigen Zone aus Wasserdampf (bei geringem Druck) umhüllt wird (siehe Grafik). Da seine Oberfläche faktisch nicht mit dem Wasser in Berührung kommt, entsteht auch kein großer Reibungsverlust, so dass eine sehr hohe Geschwindigkeit beibehalten werden kann.

Hansens »Erfindung« möchte glauben machen, das - *Supercavitation* genannte – Prinzip des in einer Wasserdampfblase strichgerade durch die Wasser des Meeres dahinjagenden Torpedos lasse sich auch auf das einen Wildkörper durchdringende Büchsengeschoss zu übertragen. Er setzt dabei voraus, dass sich ein mit »Kavitatorscheibe« ausgestattetes Jagdgeschoss in einem (zwar überwiegend flüssigkeitshaltigen, aber ansonsten völlig inhomogenen) Wildkörper

34) Bekanntlich ging die »Kursk« (Курск) als Folge der Explosion ihrer Torpedos am 12. August 2000 nordöstlich von Murmansk unter mit Mann und Maus. Nach anfänglicher Geheimnistuerei wurde bekannt, dass es sich hierbei um von den Sowjets entwickelte »Superkavitations-Torpedos« des Typs Schkwal handelte.

Realstücke des *SuperPenetrator* (v. l.): .458" [400 & 450 grs]; .416" [300 & 350 grs].

genauso verhält wie besagter Kursk-Torpedo im (weitgehend homogenen) Meerwasser und demnach – völlig richtungsstabil – die überhaupt mögliche größte Wirktiefe erreicht. In der Tat ein schöner und auf den ersten Blick frappierender Gedanke. Einen reproduzierbaren Beweis hierfür bleibt die Theorie allerdings schuldig. Wie denn auch anders? Ein Wildkörper ist halt kein Ozean oder mit Wasser gefüllter Container. Schlussendlich handelt es sich beim *SuperPenetrator* um eine technisch zwar interessante, aber jagdlich letztlich sinnlose Spielerei. Der Hersteller lässt sich den exotischen Kursk-Abkömmling mit immerhin € 2,00 pro Stück berappen.

Bekanntlich lässt sich über Glaubenssachen nicht diskutierten. Denn wer – was auch immer - *glaubt*, entzieht sich insofern den Gesetzen der Logik und somit der Beweisbarkeit des *Geglaubten*. Insofern gilt offenbar auch für den *SuperPenetrator* – aus rationaler Sicht - der Satz »Das Wunder ist des Glaubens liebstes Kind« oder »Die Botschaft hör' ich wohl, allein mit fehlt der Glaube«[35]. Mag ja sein, der feste Glaube, einem auf 12 m unversehens hervorbrechenden wütenden Elefantenbullen mit dem Mini-Kursk-Torpedo Paroli bieten zu können, hilft dem betreffenden Nimrod.

Impala

Ein weiterer Wunderknabe aus der Familie der »Solids«, namens *Impala*, kommt von der Firma Impala Bullets im südafrikanischen Centurion. Hierzulande machte dieses Projektil erstmals auf der IWA 2003 von sich reden – teils aufgrund seines für ein Jagdgeschoss etwas ungewöhnliches Aussehens, teils durch die ihm nachgesagten geradezu mirakulösen Eigenschaften.

Das *Impala* weist eine scharfspitzige

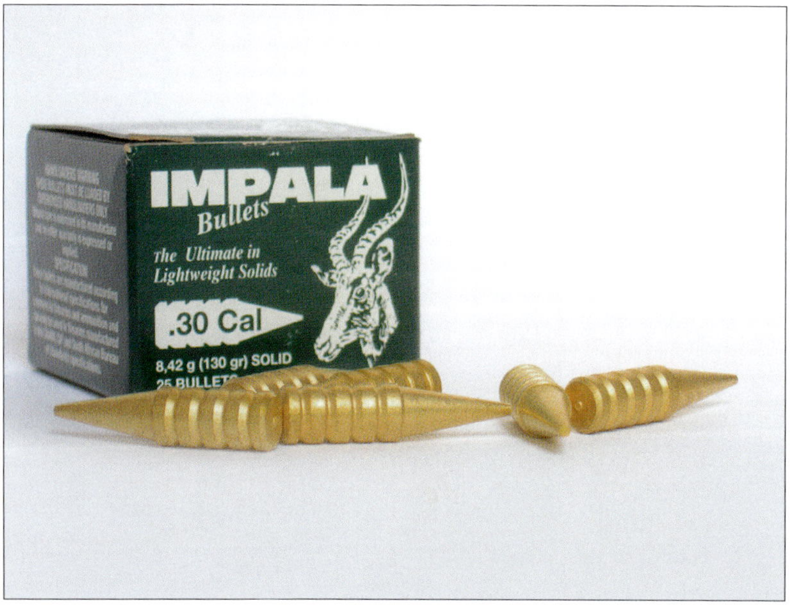

Das »neue« *Impala* in .308"/130 grs *THV*.

zylindro-konische Geometrie auf mit, je nach Masse, zwei bis vier auf dem Umfang des vergleichsweise langen Führungszylinders angeordneten radialen Nuten. Ein weiteres visuelles Kennzeichen ist der scharfkantig abgesetzte Übergang zwischen Kopf und Führungsteil. Als Werkstoff benutzt das auf einer automatischen Spindeldrehbank gefertigte Geschoss unüblich hartes Messing (CuZnPb 57/40/3).

Wer sich mit Geschossen etwas auskennt, wird beim Anblick des *Impala* denken: »Nanu – das kommt mir doch irgendwie bekannt vor. *Déjà vu.* Richtig! Die Franzosen experimentierten in den 1980ern unter anderen mit den Geschosstypen *Alia, SIB* und *THV*[35]. Deren bemerkenswerte Profile lassen auch ohne Genanalyse die Väter des *Impala* erkennen.

In diesem Zusammenhang muss man wissen, dass der Erfinder, Kobus Du Plessis, Anfang der 1990er Jahre in einem forensischen Labor der südafrikanischen Polizei beschäftigt war und daher wahrscheinlich mit den damals aktuellen Behördengeschossen, wie *Alia, SIB* sowie *THV*, und deren Zielverhalten vertraut war.

Ein für Vollgeschosse charakteristischer Nachteil ergibt sich aus deren größeren radialen Steifigkeit: Sie verursacht einen vergleichsweise großen Ein- und Durchpresswiderstand und entsprechend hohen Gasdruck. Das *Impala* begegnet dem mit den sattsam bekannten Entlastungsnu-

35) So die Erkenntnis des Doktor Faust in Goethes *Faust I*.

35) Vergleiche hierzu auch Manfred R. Rosenberger: *Zwischen Grießpudding und Lochbohrer – das Dilemma der Polizeimunition*, in DWJ 2 & 3/1984 S. 202 ff & 306 ff.

■ *Impala* .224"/35 grs vor und nach Beschuss eines Kombiziels mit ca. 1100 »Sachen«. Beachte die gestauchten Spitzen und Scharfränder.

ten (siehe beispielsweise *TSX* Seite 166 ff). Nichts Neues also.

Und dass Scharfrand und Entlastungsnuten die Aerodynamik (und damit den Luftwiderstand und Energieverbrauch während des freien Fluges, beeinträchtigen, ist ebenfalls 'ne olle Kamelle. Dennoch repräsentieren just diese Details die Quelle der gleichermaßen wundersamen wie einzigartigen Zielwirkung des *Impala*: »Verantwortlich für die rasche Tötung des beschossenen Wildes ist der Scharfrand. Dieser...erzeugt beim Durchdringen des Gewebes Schockwellen«, schreibt Helmut Eller. Die anscheinende Ursache dieses Phänomens ist leicht gefunden: »Im Gegensatz zu anderen Geschossen ist hier das wirksame Prinzip Gewebeverdrängung und nicht Gewebezerstörung«. Mehr noch: »Die Energieabgabe ist gering (sic!), daher ist das Geschoss in seiner Wirkung auch weitgehend unabhängig (sic!) von der Auftreffgeschwindigkeit und damit der kinetischen Energie«.[35), 36)]

An dieser Stelle die von der vollmundigen Werbung als angeblich neu und einzigartig bejubelten zielballistischen Eigenschaften des *Impala* näher zu betrachten, erübrigt sich, denn wir haben uns mit den entsprechenden Details bereits im Kapitel II – Ballistik – (siehe Seite 31 ff) ausführlich beschäftigt. Nur eine Frage sei in diesem Zusammenhang gestattet: Wenn, wie behauptet, »Die Energieabgabe ... gering (und) daher ... das Geschoss in seiner Wirkung auch weitge-

35) Helmut Eller: *Für Impala und Rehkitz*, in DWJ 10/2003 Seite 78 ff.

36) Anmerkung: Eller ist der Europa-Repräsentant von Impala Bullets. Insofern spiegelt der zitierte DWJ-Artikel vermutlich auch naheliegende Werbeinteressen.

hend unabhängig von der Auftreffgeschwindigkeit und damit der kinetischen Energie..« ist, wie kann dann »... das ... Prinzip Gewebeverdrängung« überhaupt funktionieren? Sind gar magische Kräfte am Werk?
In Wirklichkeit hat das *Impala*, von seinem gefälligen Namen und der exotischen Geometrie abgesehen, beim Vergleich mit anderen formstabilen *Solids* keinerlei ballistische Vorteile zu bieten. Das gilt ganz besonders unter dem Aspekt der Zielwirkung. Seine Wirktiefe ist *ceteris paribus* um keinen Deut besser. Im Gegenteil! Als Folge des vergleichsweise langen konischen Kopfes (immerhin rund 50 % der Gesamtlänge) neigt der südafrikanische Überflieger – wie grundsätzlich alle Projektile mit schlankem Kopf und scharfer Spitze - dazu, sich in einem Weichziel zu überschlagen: Er durchdringt sodann (bei vergleichsweise geringerer Wirktiefe) das Ziel mit dem Boden voran. Und bei Kontakt mit vergleichsweise starken Knochen verkrümelt er sich rasch seitwärts – keine Rede also von der nachdrücklich gepriesenen Richtungsstabilität. Hinzu kommt noch, dass die *Impala* je Kaliber in nur einer einzigen Ausführung mit einer sehr geringen Masse zur Verfügung stehen. Bei der Jagd auf europäisches Wild fällt das sicherlich nicht sehr ins Gewicht. Anders bei der Großwildjagd. Hier ist eine zuverlässige maximale Wirktiefe unbedingtes Muss.
2006 wurde das *Impala* als Komponente in zahlreichen gängigen Kalibern von .22 (224") bis .50 (510") angeboten. Auch sind 16 mit diesem Geschoss bestückte fabrikgeladene Patronen verfügbar. Dies, wie auch verschiedene positive Berichte in der Presse, können jedoch nicht über die oben dargestellten Nachteile hinwegtäuschen. Das *Impala* ist kein *primus inter pares* und erst recht nicht »das ultimative Jagdbüchsengeschoss«, als das es von der Werbung propagiert wird. Und die Behauptung, hiermit könne »...bis zum Kaffernbüffel jedes Wild erlegt werden (und wurde auch schon gemacht)«[37]) ist geradezu haarsträubend. Kein erfahrener Afrikajäger käme ernsthaft auf die Idee, mit einem für diesen Einsatzzweck völlig ungeeigneten Geschoss gefährliches Großwild wie den ob seiner Wehrhaftigkeit gefürchteten Kapbüffel zu bejagen.

37) Zitat aus der Website von Impala Europa, Helmut Eller.

Kapitel III

Moderne Jagdgeschosse

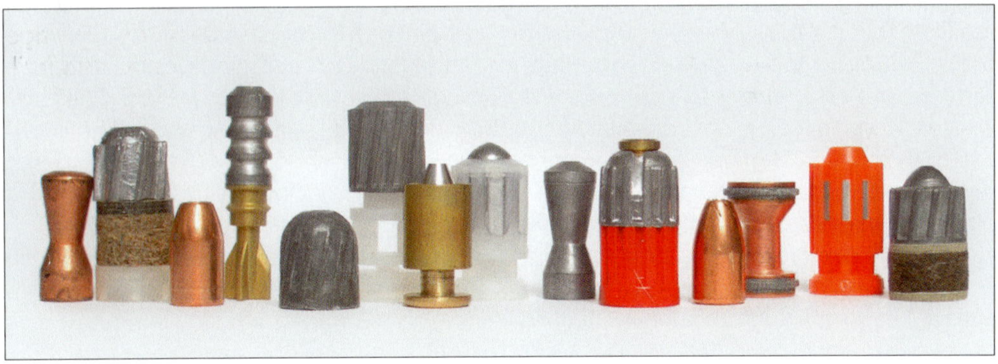

Die dicken Stopper.

B. Flintengeschosse

Lange Zeit galt das Flintengeschoss als »Notbehelf«, mit dem man selbst auf Kurzdistanzen bei viel Glück bestenfalls ein Scheunentor zu treffen vermochte. So hielt der dicke Bleibatzen über Jahrzehnte eine Art Dornröschenschlaf, wenn man einmal von Ländern des ehemaligen Ostblocks absieht, wo viel und erfolgreich mit Flintengeschossen gejagt wurde, da Büchsen nur einem kleinen Kreis von »Auserwählten« zur Verfügung standen. In der »westlichen Welt« tauchte der Märchenprinz in Form des US-amerikanischen Gesetzgebers auf, der es aus seinem Schlaf erweckte und zu einer ernstzunehmenden Konkurrenz für die schlanken und präzisen Büchsengeschosse machte: In elf dichtbesiedelten US-Staaten untersagten die Behörden die Jagd auf Schalenwild mit Büchsenmunition, der aufgrund ihrer Rasanz per se ein erhebliches Gefährdungsrisiko unterstellt wurde. Folglich musste sich die dortige Jägerschaft zwangsläufig auf die molligen und vergleichsweise langsamen *Slugs* (= in etwa dicker Batzen, Metallbatzen) genannten Flintengeschosse ein- und umstellen. Verständlich, dass die internationalen Waffen- und Munitionshersteller einen neuen Markt witterten und sich sogleich an die Arbeit machten, um Trefferleistung und Zielwirkung des Bleibatzens zu verbessern und der Jägerschaft eine geeignete Alternative zur Büchse anbieten zu können. Auch in Deutschland blieb diese Entwicklung nicht unbemerkt, zumal das Flintengeschoss, beispielsweise bei Drückjagden, schon immer eine gewisse Rolle gespielt hatte.

Kurzum: Diese Entwicklung gipfelte schließlich im heutigen, schier unüberschaubaren Angebot an Flintengeschoss-Typen. Bemerkenswert ist auch ein Trend zum unterkalibrierten »*Sabot Slug*«. Mehr noch: Inzwischen weiß man, dass durch Drall stabilisierte Flintengeschosse (wenn sie denn hierfür geeignet sind) auch auf die Zieldistanz von 100 Metern ohne weiteres Streukreise von fünf und weniger Zentimetern Durchmesser produzieren können. Eine nachhaltige Drallaufnahme des Projektils setzt jedoch einen ganz oder zumindest zum Teil gezogen Lauf – also einen Büchsenlauf – voraus. Das aber bedeutet letztlich: Das *Slug* mutiert vom Flinten- zum großkalibrigen Büchsengeschoss.

Auf den Seite 50 ff wurden bereits die verschiedenen Stabilisierungsmethoden für Glattlaufgeschosse dargestellt. Im Einzelfall erfolgt die Stabilisierung (ausgenommen Fosters »Fingerhut« = Massestabilisierung) gleichzeitig nach mehreren Methoden. Als typische Kombinationen seien das *Brenneke* (= Masse-, Widerstands-, Schulterstabilisierung) sowie die kuriose Nähgarnspule *Balle Blondeau* (= Schulter- plus Widerstandsstabilisierung) genannt. Insofern ist es schwierig, eine Klassifikation der *Slugs* durchzuführen. Lediglich bei den modernen Geschossen mit hinter der Längsachsenmitte liegendem Schwerpunkt ist eine eindeutige Zuordnung möglich: Sie lassen sich nur durch Drall hinreichend stabilisieren und sind daher nicht als Flintengeschosse anzusehen. Um dem Leser dennoch einen hilfreichen Überblick über die zahlreichen Varianten zu ermöglichen, erfolgt die folgende Klassifikation nach Konstruktionsmerkmalen unter jeweiligem Hinweis auf die Art der Stabilisierung.

1. Das Brenneke und seine Varianten

Als Wilhelm Brenneke 1898 mit seinem ersten Flintengeschoss, einem zylindrischen Bleikörper mit sechs schräg angesetzten Führungsrippen und am Heck befestigten Filzpfropfen, herauskam, war ein wesentlicher Entwicklungsschritt getan: Der Leipziger hatte erkannt, dass sich die Präzision eines Glattlaufgeschosses über die Verbindung eines vor der Achsenmitte liegenden Schwerpunktes (= Massestabilisierung) mit einem leichten Heckteil (= Widerstandsstabilisierung) erheblich verbessern lässt. Dennoch brauchte es noch über 30 Jahre, bis die heute als »Brenneke« geläufige Version zur Verfügung stand.

Brennekes »Modell 1935«; Prinzipskizze.

Brenneke Standard Modell 1935

Gewiss ahnte damals niemand, dass sich dieses, im Wesentlichen auch heute noch unveränderte gefertigte Projektil zum Synonym für Flintengeschoss schlechthin mausern würde (ähnlich wie der Firmenname »Colt« für Revolver). Kein Wunder also, dass das »Brenneke« zumindest auf dem Alten Kontinent die meisten Konkurrenten problemlos in die Tasche steckte. Hier die wesentlichen Charakteristiken dieses nach wie vor bemerkenswerten Veteranen:

Der eigentliche Wirkteil besteht aus einer relativ harten Bleilegierung. Zwölf auf dem Umfang des Führungszylinders schräg angeordnete, circa 1,2 mm hohe Rippen ermöglichen ein gefahrloses Verschießen selbst aus Läufen mit starker Mündungsverengung (beispielsweise *Full Choke*): Eine auf die Stirn aufgesetzte, rund 5 mm hohe ogivale »Spitze« verbessert die Aerodynamik und verlagert den Schwerpunkt weiter nach vorn. Ein zwischen zwei Kartonscheiben am Heck angeschraubter Pfropfen aus gefettetem Filz übernimmt verschiedene Aufgaben: Abdichten des Rohrs gegen Gasschlupf; Vermindern des Maximal-Gasdrucks durch Dämpfungseffekt; Verbessern der Flugstabilität durch Vorverlegen des Schwerpunktes

Das »klassische« Brenneke erreicht wegen der geringen ...

... Deformation unter seinesgleichen eine große Wirktiefe.

(Massestabilisierung); Vergrößern des Strömungswiderstandes am Heck (Widerstandsstabilisierung). An der scharf abgesetzten Stirn bildet sich ein zusätzlich stabilisierend wirkender Staudruck aus (Schulterstabilisierung). Am Wirkteil ergeben sich nur geringfügige Form- und Masseveränderungen während des Zieldurchgangs. Daher wird – bei gleichzeitig ausreichendem und gleichmäßiger Energieabgabe – ein großes Durchdringungsvermögen erreicht. Im Labortest (Beschuss 20-prozentiger Gelatine, simulierte Sauschwarte und Knochentreffer auf der Einschussseite, Kaliber 12, v_z = 428 m/s) vergrößerte sich der Durchmesser durch Anstauchen der Stirnkante um rund 24 %, während sich die Masse durch teilweises Abstreifen des Stauchrandes um nur knapp 3 % verminderte.

Die Firma Dynamit Nobel AG (DNAG) laboriert ihre Standardpatronen Marke »Rottweil« in den Kalibern 12, 16 und 20 mit dem *Brenneke Modell 1935.* Einige namhafte ausländische Fabriken, wie etwa Gévélot, Viri und Fiocchi, verladen entweder das Originalgeschoss oder eine Lizenzanfertigung. Darüber hinaus erscheinen auf dem Markt ab und an auch nichtlizenzierte Repliken.

Das gleiche Projektil wird auch für sogenannte Magnum-Laborierungen (mit – je nach Kaliber – um rund 25 bis 38 % höherer v_0 und entsprechend größerem Gasdruck) in den Kalibern 12, 16 und 20 verwendet, wobei ein loses Lidernäpfchen aus Kunststoff nachgeordnet ist. Dieses wird üblicherweise während des Rohrdurchgangs aufgrund der einander entgegengerichteten Kräfte (vorn Masseträgheit, hinten Beschleunigung) auf die Befestigungsschraube gespießt.

Brenneke Magnum

Im Prinzip handelt es sich hierbei ebenfalls um das Standardmodell von 1935, jedoch ist die Masse größer (Kaliber 12: 39 g; Kaliber 20: 28,5 g; Kaliber.410: 7,5 g). Außerdem besteht das integrierte Stabilisierungsheck aus Kunststoff, wobei das Liderelement zur Dämpfung des Gasdruckverlaufs auf einem zentralen Zapfen beweglich angeordnet ist, der sich während der Schussentwicklung nach vorn schiebt dadurch und die Gasdruckentwicklung dämpft. Mit diesem Projektil laboriert DNAG Patronen Marke Rottweil mit 76 mm langer Hülse.

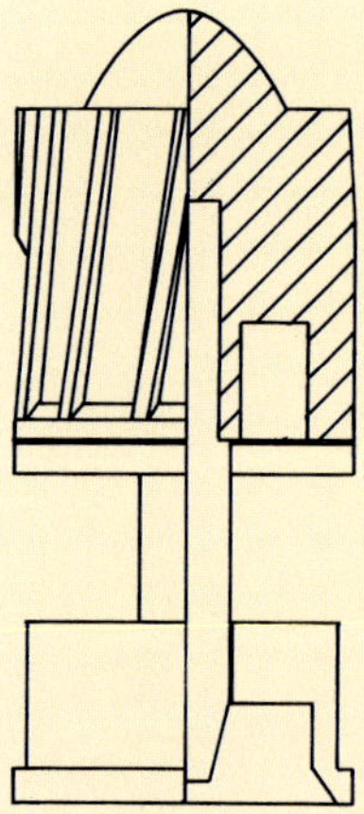

Prinzip der Brenneke-Variante für Magnum-Laborierungen.

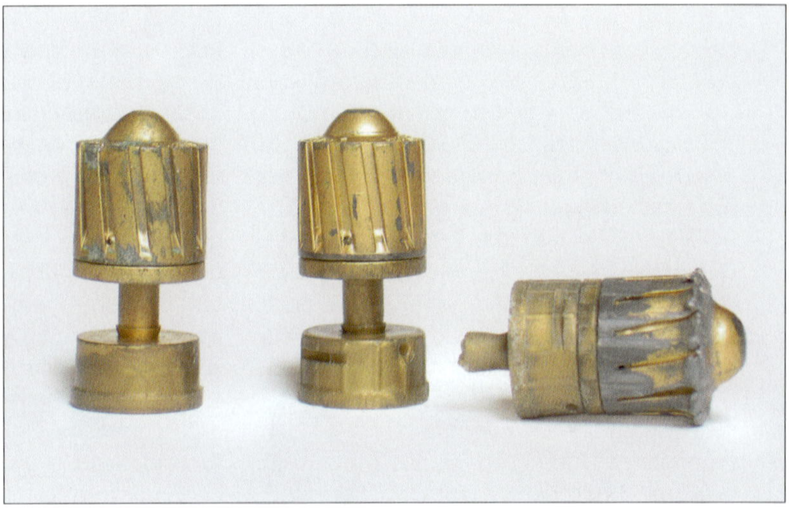

■ »Brenneke Gold« für Zugrohrwaffen.

■ Brenneke-Sorten (v. l.): *Standard, Magnum; Gold.*

Brenneke Gold

Diese neueste Variante des »Brenneke« ist speziell für den Verschuss aus Waffen mit *gezogenem* Lauf 12/76 und Rechtsdrall vorgesehen. Gegenüber der »Magnum«-Version zeigen sich lediglich in zwei Punkten Unterschiede: Die Führungsrippen sind nach links gerichtet. Dadurch wird sichergestellt, dass sich die Felder während des Rohrdurchgangs quasi »über Kreuz« in die Rippen pressen und den Drall zuverlässig übertragen. Für Läufe mit Linksdrall müssten dementsprechend die Geschosse mit nach rechts angestellten Rippen verwendet werden. Die goldfarbene Kunststoff-Beschichtung soll der Bleiablagerung in den Zügen entgegenwirken.

Vitt-Slug

Nachdem sich das Brenneke und das Foster etabliert hatten und in mehr oder weniger friedlicher Koexistenz den größten Teil des Weltmarktes für Flintengeschosse beherrschten, geschah lange Zeit nichts. Bis eines schönen Tages der US-Amerikaner George N. Vitt die Szene aufmischte. Der hatte die fixe Idee, die schon damals legendäre Präzision des »Brenneke« noch verbessern zu können, und ließ sich 1965 das nach ihm benannte *Slug* patentieren: Drallstabilisierung war angesagt. Abgesehen von geringfügigen Abänderungen (integriertes Lidernäpfchen aus Kunststoff, größere Gesamtlänge, massiver Wirkteil, abgeflachter Kopf) unterscheidet sich das Vitt vom deutschen Vorbild lediglich durch die acht (statt zwölf) etwas schräger angestellten und mit rund 2,2 mm (Brenneke: 1,2 mm) ein wenig höheren Rippen. Die damit (zumindest theoretisch) erreichte Vergrößerung der sogenannten »Luftleitfläche« soll nach dem Wunsch des Erfinders die anströmende Luft veranlassen, den dicken Bleibatzen zu einer nachhaltigen Rotation um seine Längsachse zu zwingen, um auf diese Weise eine Drallstabilisierung zu erreichen. Leider reines Wunschdenken! Schon eine einfache, »über den Daumen gepeilte« Rechnerei zeigt, dass – wegen der geringeren Rippenzahl – in Wirklichkeit die Luftleitfläche kaum wesentlich größer ist. Davon abgesehen wird Vitts »hohe Rippe« zwangsläufig beim Durchgang durch einen Choke-Lauf regelrecht plattgemacht. Langer Rede kurzer Sinn: Die Sache kann nicht funktionieren, weil das – eventuell – durch den Luftstrom erteilte Drehmoment viel zu schwach ist, um die Masseträgheit zu überwinden und den schweren Brummer rotieren zu lassen. Das *Vitt-Slug* wurde bis dato zwar niemals fabrikmäßig laboriert, doch regte es letztlich zahlreiche Erfinder an, den schlechten Ruf des Flintengeschosses durch neue Ideen aufzubessern.

Das US-amerikanische *Vitt-Slug* (r.): Ein misslungener Versuch, das traditionelle »Brenneke« zu verbessern.

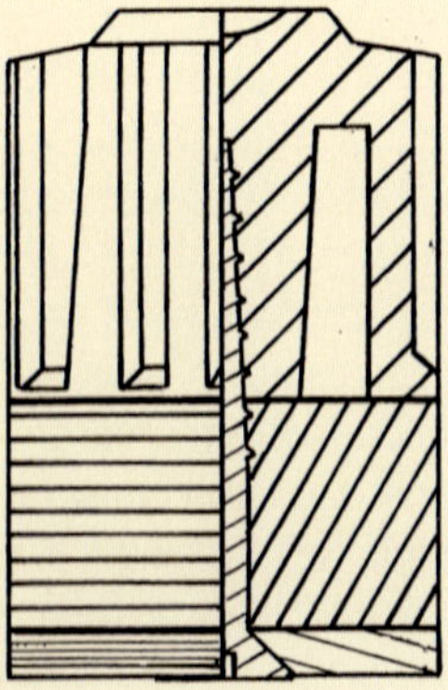

■ Das *Buffalo Slug*, die nicht eben einfallsreiche britische Kopie des deutschen »Brenneke«, ...

Buffalo Slug

Im Hinblick auf Konstruktion, Stabilisierung und Zielverhalten handelt es sich bei diesem von der englischen Firma Gamebore Cartridge Co. verladenen Flintengeschoss um eine »Brenneke«-Abart. Hier die typischen äußeren Kennzeichen: Relativ harte Bleilegierung; niedrige (circa 2 mm) abgeflachte Spitze mit leichter Eindellung; sechs Paar auf dem Umfang achsparallel angeordnete Führungsrippen; mit Schraube befestigter Filzpfropfen plus Pappscheibe; lose nachgeordnetes Pufferelement aus Kunststoff.

Nach Durchdringen eines Kombiziels aufgefundene Exemplare weisen üblicherweise den typischen Stauchrand an der Schulterkante auf, außerdem ist meistens das Pufferelement auf die Befestigungsschraube aufgespießt. Wenngleich die axialen Führungsrippen theoretisch einen Verschuss aus Zugrohren zulässt, wurden in einen Vergleichstest dennoch die besten Trefferresultate mit einem Glattlauf ohne Mündungsverengung erreicht.

■ ... bringt gegenüber dem Original keinerlei Vorteile.

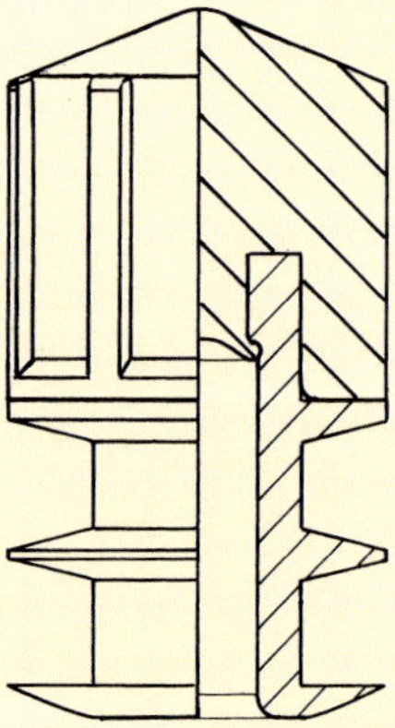

Das sinnigerweise *Treffer* genannte Projektil …

Umfang des vergleichsweise dickwandigen Führungszylinders. Das Stabilisierungsheck aus Kunststoff (nachgeordneter Filzpfropfen) ist durch Anstauchen des mittig angeordneten Geschosszapfens befestigt.

Unter dem Einfluss der Reaktionskräfte wird zunächst während des Rohrdurchgangs das Heck deutlich axial gestaucht. Der relativ weiche Wirkteil vergrößert in einem Kombiziel seinen Querschnitt deutlich mit der Folge des anfänglich verhältnismäßig starken Energietransfers; der Masseverlust ist mit rund 4 % relativ geringfügig.

Die Bezeichnung »Treffer« weckt vielleicht gewisse Erwartungen. Doch findet man diese beim Präzisionsbeschuss auf die 50-Meter-Distanz durch einen durchschnittlichen Streukreis von rund 16 cm (drei Serien á fünf Schuss) nicht ganz bestätigt; die meist nicht konzentrischen Löcher auf der Anschuss-Scheibe sind offenbar das Ergebnis einer nicht einwandfreien Rotationssymmetrie.

Treffer

Dieses, von der vormaligen Firma VEB Sprengstoffwerk Schönebeck gefertigte Projektil zeigt im Wesentlichen das Äußere des »Rottweiler«-Flintengeschosses: Relativ breiter, faktisch konischer, aufgesetzter Kopf; sechs relativ breite axiale Rippen auf dem

… könnte als moderne Version des schon seit langem nicht mehr gefertigten *Rottweiler*-Flintengeschosses gelten.

Kettner Extra Slug

Im Grunde handelt es sich um eine Ausführung des oben beschrieben »Treffer«. Abgesehen von dem halbkugelförmigen Kopf und den acht nach links angestellten Rippen besteht der wesentliche Unterschied in der sehr weichen Beschaffenheit des Bleis. Während des Zieldurchgangs wird der Kopfteil durch den Führungszylinder gedrückt; letzterer platzt dabei zu einer Art Ringsegment auf. Aus der beträchtlichen Querschnittsvergrößerung ergibt sich eine vergleichsweise geringe Eindringtiefe (im simulierten Kombiziel rund 20 cm). Dementsprechend eignet sich dieses *Slug* weniger für die Jagd auf starkes und dickhäutiges Wild.

Im Prinzip unterscheidet sich das *Extra Slug* vom *Treffer* ...

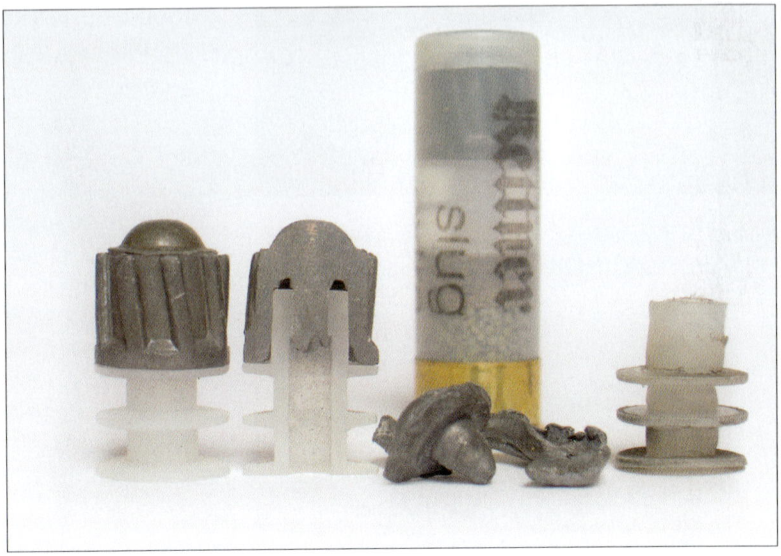

... lediglich durch die nach links gestellten Rippen und die erheblich weichere Bleilegierung.

K. O. (Brenneke)

Vor kurzem von der Firma Brenneke als preiswerte Alternative im Kaliber 12 für das Schießtraining und die sportlichen Flintendisziplinen des Praktischen Schießens beim BDS und BdMP eingeführt, liefert dieses Geschoss auf die 50-Meter-Distanz sowohl mit dem Zug- als auch mit dem Glattlauf (Zylinder-Bohrung) Streukreise in der Größenordnung von 60 mm. Die äußeren Kennzeichen des *K. O.*: Kurzer, kegelstumpfför-

Dr. Peter Mank, Wilhelm Brennekes Urenkel und Geschäftsführer der traditionsreichen Firma.

... und ursprünglich für das Training sowie das Sportschießen vorgesehen, entwickelt in einem Weichziel den typischen Stauchrand.

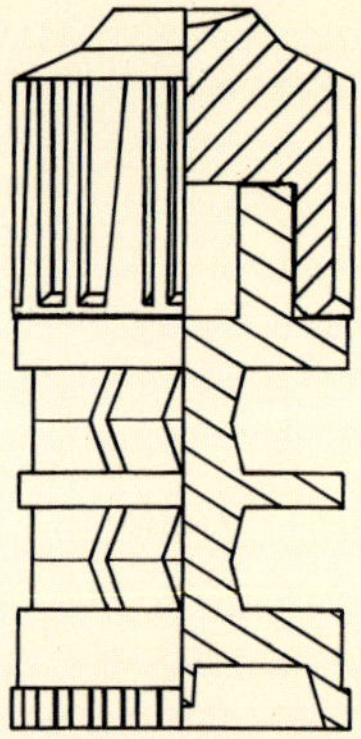

Das Modell *K. O.*, ein vor wenigen Jahren herausgebrachtes »Brenneke«-Modell ...

miger Kopf; sechs Paar auf dem Umfang axial angeordneter Führungsrippen (ähnlich dem *Buffalo Slug*); integriertes Kunststoffheck, das gleichzeitig als Puffer- und Liderelement fungiert: Der aus Hartblei bestehende Geschosskörper weist eine Masse von 28,4 Gramm auf (1 *Ounce*).

Beim Beschuss eines simulierten Kombiziels wird das Projektil axial gestaucht; dadurch vergrößert sich der Durchmesser der Stirnfläche geringfügig um etwa zwei Millimeter.

Derzeit bietet die Firma Brenneke eine von der Munitionsfabrik Schönebeck gefertigte *K. O.*-Laborierung der Patrone 12/67,5 bei einer Anfangsgeschwindigkeit von rund 370 m/s und sehr moderatem Rückstoß an. Stückpreis, Trefferleistung und der vergleichsweise geringe Rückstoß veranlassen zahlreiche Jäger, das *K. O.*-Geschoss auch für jagdliche Zwecke einzusetzen. In Anbetracht der mit 2,0 kJ geringen Anfangsenergie

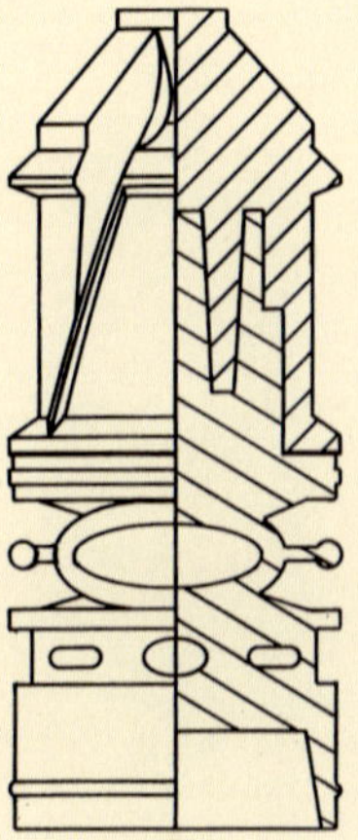

■ *Palla Gualandi Borra*, **Konstruktionsprinzip. Beachte die Luftleitrippen.**

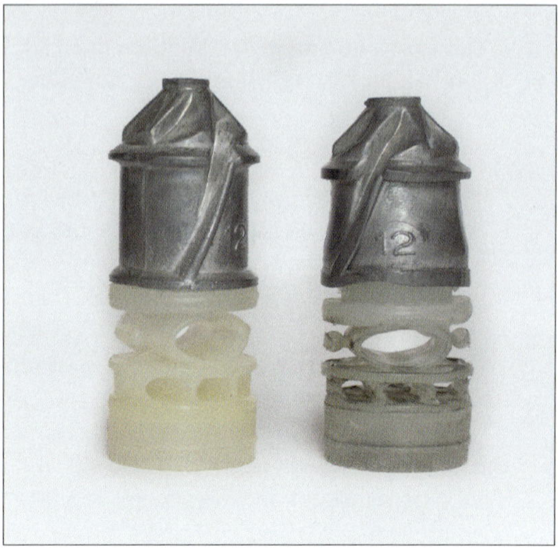

■ **In einem Kombiziel deformiert das *Borra* nur geringfügig (r.) und liefert eine entsprechend große Wirktiefe.**

(*Brenneke M. 1935* in der Standard-Laborierung 12/67,5 immerhin 2,9 kJ) kommt insofern eine jagdliche Verwendung bestenfalls auf leichtes Schalenwild in Betracht.

Palla Gualandi

Dieses eigenwillig aussehende, von der gleichnamigen italienischen Firma entwickelte Flintengeschoss wird – im Kaliber 12 – von verschiedenen Munitionsherstellern in Belgien, Frankreich, Italien und den USA verladen. Unter ballistischem Aspekt repräsentiert das *Gualandi* einen der zahlreichen vergeblichen Versuche, ein Glattlaufgeschoss zu einer stabilitätswirksamen Rotationsbewegung um die Längsachse zu zwingen. Dies sollen offenbar sechs auf dem konischen Kopf angeordnete Schrägflächen bewirken, von denen zwei in Luftleitrippen übergehen, die spiralförmig auf dem zylindrischen Teil angeordnet sind.

Die Führung während des Laufdurchgangs besorgen zwei radiale Ringe. Ein integriertes Kunststoffheck fungiert als Puffer- und Liderelement. Die Bedeutung des kurzen, auf den Kopf aufgesetzten Zylinders ist nicht zu erkennen. Im Vergleich zur Masseträgheit des rund 31,4 Gramm schweren Projektils erweist sich die Gesamtgröße der Luftleitflächen als viel zu klein für eine nachhaltige Drallerzeugung: Das Geschoss dreht sich so gut wie nicht. Im Übrigen besteht der eigentliche Wirkteil aus einer relativ harten Bleilegierung. Folglich verformte sich das *Slug* beim Testbeschuss eines Kombiziels nur geringfügig. Insofern erfolgt der Energietransfer relativ gleichmäßig. Dementsprechend eignet sich das *Gualandi* nicht für die Jagd auf leichtes und mittelstarkes, sondern vor allem auf starkes und dickhäutiges Wild wie Schwarzwild, wo großes Eindringvermögen gefragt ist.

Gegenwärtig bietet die italienische Firma Elio Gualandi & Co. dieses Flintengeschoss in zwei Sorten an: *Borra* ist vollkalibrig und kommt in den Größen 12, 16 und 20 GA bei einer effektiven Masse von rund 321; 29 beziehungsweise 26 g. Bei der Ausführung

Das *Borra* kommt in den Kalibern (v. l.) 20, 16 und 12. Die *Sabot*-Variante Kaliber 12 *Gualbo* (r.) enthält im Wesentlichen ein *Borra* Kaliber 20.

Palla Gualbo handelt es sich im Wesentlichen um ein *unterkalibriertes* Projektil Kaliber 12, dessen eigentlicher Wirkteil aus einem *Borra* Kaliber 20 besteht. Offenbar ist das *Gualbo* als italienischer Beitrag zur Entwicklung eines sogenannten *Sabot Slug* (siehe unten ab Seite 223) zu sehen.

Buckhammer (Remington)

Von einem neuen Jagdgeschoss erwartet man meist irgendetwas Futuristisch-Innovatives und ist ganz perplex, wenn sich das betreffende Projektil schlicht und einfach als gute Hausmannskost präsentiert. So auch im des unlängst von Fall von Remington herausgebrachten *Buckhammer* (= in etwa: Bockhammer). Auf der ersten flüchtigen Blick schaut der *Hammer* aus wie ein mehr oder weniger kruder Bleiklumpen mit daran befestigtem Stabilisierungsheck aus Plastik, über den zu reden kaum lohnt.

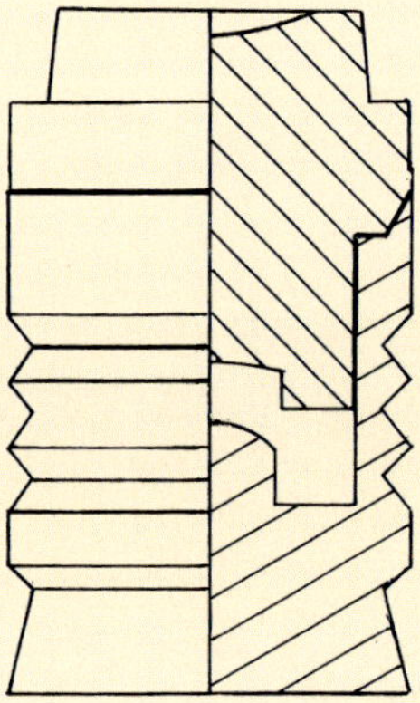

Prinzipzeichnung des *Buckhammer*.

Äußere Kennzeichen sind die flache, zylindrische Kontur sowie der breite Führungsring. Vermutlich beabsichtigt diese aerodynamisch nicht gerade günstige Form eine sofort beim

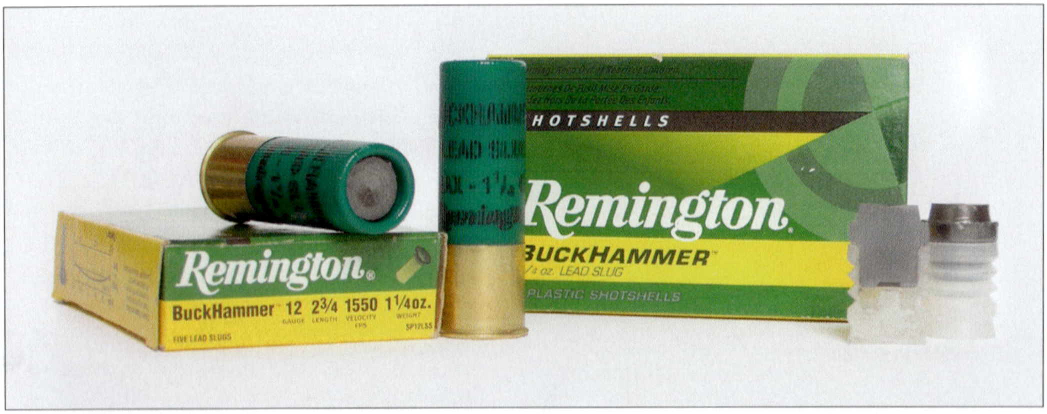

■ **Remingtons *Buckhammer* hat sich inzwischen im Jagdbetrieb als zuverlässige Alternative zu vielen anderen *Slug*-Konstruktionen erwiesen.**

■ ***Buckhammer* nach (l.) Beschuss eines Kombiziels bei v_z = ca. 420 m/s.**

Aufprall einsetzende Zielwirkung. Durch die breite »Bauchbinde« soll möglicherweise die Geschossmasse mehr bei der Längsachse konzentriert und hiermit eine größere Energiedichte erreicht werden.
Beim Beschuss eines Kombiziels mit v_z rund 440 m/s (Patrone: 12/70) deformiert das Projektil sehr gleichmäßig auf gut anderthalb Kaliber. Das beeinträchtigt selbstverständlich die Wirktiefe. Daher ist das *Buckhammer* für die Jagd auf schweres Wild von mehr als 50 kg wenig tauglich. Die Wirkung auf leichtes und mittelschweres Schalenwild ist dagegen recht zufriedenstellend. Für diesen Einsatzzweck wurde dieses *Slug* – wie denn auch sein Name besagt – geschaffen. Derzeit bestückt Remington mit diesem Geschoss Patronen 12/70 und 12/76 (in 1¼ &1⅜ oz = 36 & 39 g) sowie 20/70 und 20/76 (in 1 oz = 28,4 g) mit einer, angeblichen, Anfangsgeschwindigkeit von 1500 f/s (ungefähr 450 m/s). Außerdem steht in 12/70 und 20/70 eine deutlich leichtere Laborierung (*Managed Recoil Buckhammer*) zur Verfügung.

Palla Solengo
Dieses vollkalibrige Geschoss besteht aus drei Bauteilen: Geschosskörper (Hartblei), Stirnplatte (Messing), Kunststoffheck mit integralem Liderelement. Im Kaliber 12 beträgt die Masse rund 33 g (Länge 37 mm; Durchmesser 18,6 mm). Auf dem Umfang von Heck und Wirkteil sind zwölf axiale Führungsrippen angeordnet, die einen Verschussß aus Choke- wie aus Zugläufen ermöglichen. Der Bleikörper ähnelt im Prinzip dem *Foster Slug* (großer Bodenhohlraum,

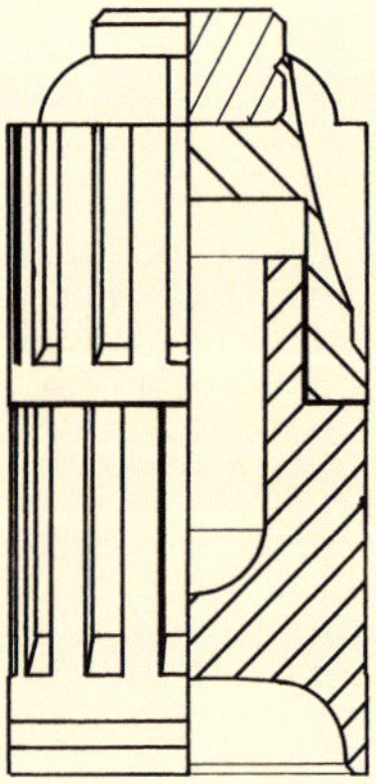

Aufbau des *Palla Solengo*. Beachte die dicke Messingscheibe in der Stirn.

vorn liegender Schwerpunkt). Abweichend davon wurde jedoch eine als Deformationsstarter vorgesehene massive Messingplatte in den Kopf eingepresst. Zudem sollen vier konzentrisch angeordnete Sollbruchstellen den Deformationsvorgang unterstützen.

Indessen entspricht die Praxis keineswegs dem angestrebten Zielverhalten: Beim Beschießen eines Kombinationsziels (simulierter Knochentreffer auf der Einschuss-Seite) mit rund 370 m/s stauchten die Reaktionskräfte das Projektil praktisch ohne Masseverlust auf ungefähr 34 mm Länge; dabei vergrößerte sich der Durchmesser im Frontbereich geringfügig auf

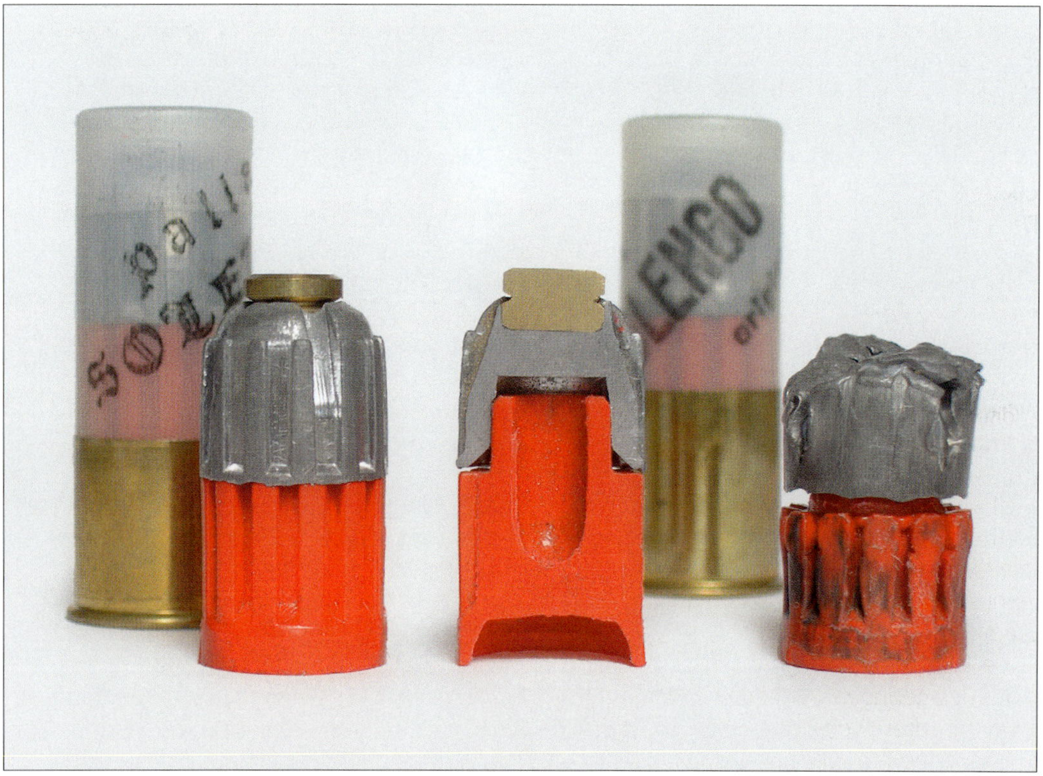

Auch bei hohem Zielwiderstand verändert das *Solengo* seine Form kaum. Es hat daher ein großes Durchdringungspotential (rechts nach Beschuss eines Kombiziels).

knapp 20 mm. Das nach einem Treffer auf einen simulierten starken Knochen (10 mm Sperrholz) unter sonst gleichen Bedingungen aufgefangene *Solengo* wies einen Querschnittsdurchmesser von 24 mm auf; seine Masse betrug – selbst nach Verlust der Messingplatte – noch 30,7 g = 93 %. Seltsamerweise traten in keinem Fall die Soll-Bruchstellen in Aktion; wahrscheinlich ist das Blei zu stark gehärtet.

In einem Vergleichstest brachte das *Solengo* die beste Trefferleistung (jeweils fünf Schuss auf 50 m) mit dem Büchsenlauf (knapp 90 mm) und die schlechteste mit dem *Full-Choke*-Flintenlauf (knapp 150 mm). Theoretisch reicht das Durchdringungsvermögen für alles europäische Schalenwild; beim Schuss auf starkes Wild können allerdings in kritischen Situationen Probleme entstehen. Mit diesem Geschoss laborierte Munition ist verfügbar in 12/67, 16/67 und 20/67.

Cooppal Stream

Besonders großen Einfallsreichtum braucht sich der »Erfinder« dieser unverkennbaren Brenneke-Kopie nicht nachsagen zu lassen. Immerhin hat er sich die Mühe gemacht, den Filzpfropf lose anzuordnen und einen kegelstumpfförmigen Kopf zu verwenden. Weitere Merkmale sind acht schmale, nach rechts angestellte Führungsrippen sowie der (für Brenneke-Flintengeschosse typische) zentral im Bodenhohlraum angeordnete Zapfen.

In einem Kombiziel verformt sich dieses Projektil – offenbar als Folge unzureichender Stabilität – ungleichmäßig und überträgt seine Energie entsprechend unkontrolliert. Trotz des geringen Masseverlustes von nur zwei bis drei Prozent ist das Durchdringungsvermögen verhältnismäßig gering. Eine zuverlässige Wirkung auf starkes Schalenwild darf insofern nicht erwartet werden. Berücksichtigt man zudem die im Vergleich zu Konkurrenzprodukten nicht gerade atemberaubende Trefferleistung, so kann man beim besten Willen keinen einzigen signifikanten Vorteil des *Cooppal Stream* erkennen.

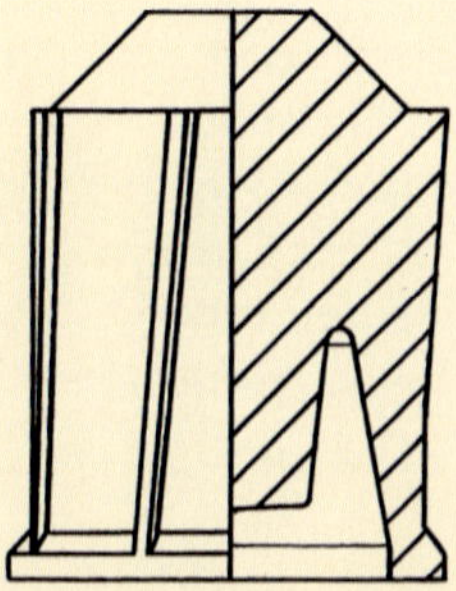

***Cooppal Stream*, Konstruktionsskizze.**

In einem Kombiziel verformt sich das *Stream* oft sehr willkürlich.

Rotations-Turbinengeschosse

Wilhelm Brenneke beharrte sein Leben lang auf der Idee, ein Glattlaufprojektil ließe sich »irgendwie« zum Rotieren um die Längsachse veranlassen. Der Gedanke an einen solchen »*Twister*« (englisch *to twist* = drehen, winden, rotieren) ließ ihm keine Ruhe. So verpasste er beispielsweise seinem klassischen Flintengeschoss zu Versuchszwecken ein zylindrisches Heck mit schräg angesetzten »Turbinenrippen«. Der während des Fluges die Heckrippen beaufschlagende Luftstrom soll ein drallstabilisierendes Drehmoment erzeugen.

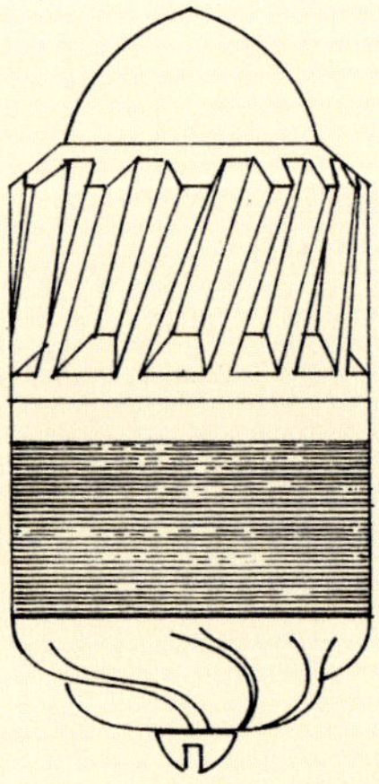

Prinzipskizze des 1954 für Brenneke posthum patentierten *Turbinenheck*-Projektils. Beachte die abweichende Heckform.

Das wollte aber nicht so recht klappen. Doch verdrossen arbeitete der Ballistik-Tüftler weiter und ersann schließlich das mehr oder weniger konische »Turbinenheck« (Patent 1954 posthum erteilt). Der Hintergedanke: Der Druck der mit hoher Geschwindigkeit aus der Laufmündung strömenden und auf die spiralförmigen Rippen treffenden Verbrennungsgase erzwingt ein Drehmoment, welches das Geschoss um seine Längsachse rotieren lässt. Leider hat die Sache einen Haken: Sobald der Gasdruck – wenige Meter vor der Mündung – nachlässt, ist es auch mit dem »Dreh« vorbei.

Indessen war die Idee, einen »Dreher« für Glattläufe zu entwickeln, keineswegs neu. Bereits 1905 erhielt André Charleroi ein französisches Patent auf ein Geschoss mit drei im axialen Kanal schraubenartig angeordneten »Turbinenrippen«. Die während

Das Stendebach Turbinengeschoss.

des Fluges in den Kanal dringende und über die Rippen strömende Luft sollte – so die Idee – ein die Flugbewegung stabilisierendes Drehmoment erzeugen. Mit dem damaligen technischen Wissen ließ sich diese Erfindung jedoch nicht umsetzen.
1935 ließ sich der Augsburger Büchsenmacher Friedrich Stendebach ein ähnliches Flintengeschoss mit einigen wichtigen Verbesserungen patentieren: Zur Verminderung des Reibungswiderstandes sind auf dem Geschossumfang drei Führungsringe angeordnet; der eigentliche Geschossdurchmesser ist im vorderen Teil um 2 mm größer als im hinteren (zum Verlagern des Schwerpunktes vor die Längsachsenmitte); der axiale Kanal ist vorn 1 mm weiter als hinten (zur Steigerung des Staudrucks und damit des Drehmoments). Dieses »Turbinengeschoss« – vor zwei oder drei Jahren in den Kalibern 12, 16 und 20 noch von einigen spanischen und ungarischen Herstellern gefertigt und laboriert – rotiert tatsächlich. Dennoch weist es eine eher schwache Trefferleistung auf, weil offenbar die für eine Drallstabilisierung erforderliche Rotationssymmetrie aufgrund der komplizierten Innenkonstruktion nicht zu gewährleisten ist. Aber vielleicht lässt sich dieses Manko ja eines Tages beseitigen.

2. Das Foster Slug und seine Varianten

Weltweit ebenso verbreitet wie das »Brenneke« und mit diesem seit mehr als einem halben Jahrhundert konkurrierend, zeichnet sich dieses 1932 für den US-Amerikaner James C. Foster patentierte Glattlaufgeschoss durch eine bemerkenswert unkomplizierte Konstruktion aus. Seine unverwechselbaren Merkmale: Kurzer Führungszylinder mit – üblicherweise – nach rechts angestellten Nuten (daher die englische Bezeichnung *Rifled Slug,* in etwa geripptes Geschoss); ausgedehnter und weit nach vorn reichender Bodenhohlraum; die Stabilisierung erfolgt ausschließlich über die Schwerpunktlage (= Massestabilisierung).
Typisch ist das Zielverhalten: Bereits nach wenigen Zentimetern Eindringweg vergrößert das *Foster Slug* unter dem Einfluss der Reaktionskräfte seinen Durchmesser auf 1,8 Kaliber und mehr. Dabei nimmt es – je nach Bleihärte und Zielwiderstand – eine mehr oder weniger ausgeprägte Fladen- oder Ringform an, eine völlige Zerlegung kommt relativ selten vor. Aus der vergleichsweise raschen und starken Querschnittsvergrö-

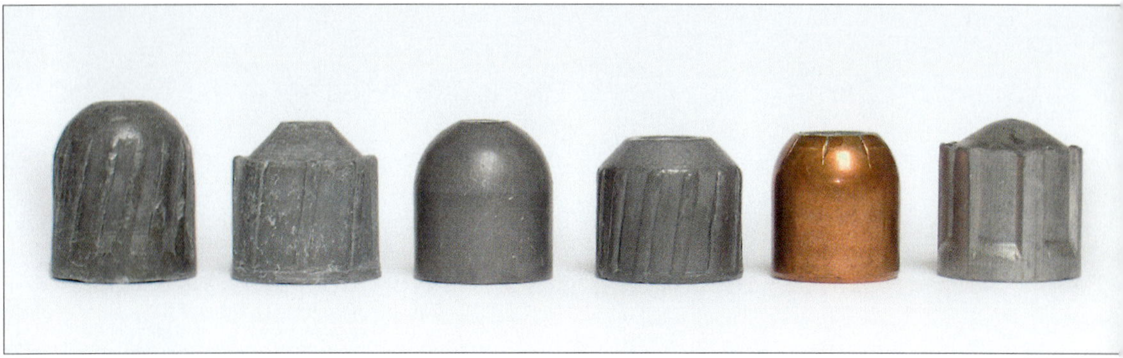

Der Foster-Clan.

■ Fosters »*Fingerhut*« stabilisiert seine Flugbahn über den vorn liegenden Schwerpunkt.

ßerung resultiert unmittelbar eine heftige Energieabgabe auf einem verhältnismäßig kurzen Eindringweg. Von Ausnahmen abgesehen, kommt das Projektil in einem Kombiziel bereits nach circa 25 cm zum Stillstand. Insofern ist das Durchdringungsvermögen im Vergleich zum »Lieblingsfeind« Brenneke deutlich geringer.
Die derzeit angebotenen *Foster Slugs* unterscheiden sich – je nach Fabrikat – im Hinblick auf Materialhärte, Masse und Formdetails. Nachfolgend werden einige typische Varianten dargestellt.

■ **Je nach Bleihärte und v_z deformiert das *Foster* in einem Kombiziel zu einer Fladen- oder Ringform oder zerbricht in mehrere Teile.**

■ **Das *Foster* verschiedener Hersteller (v. l. Remington, Winchester, Federal, CBC).**

Rifled Slug (RS/HP)

Die typische, von namhaften Herstellern wie Baschieri & Pellagri, Federal, Remington und Winchester unter verschiedenen Bezeichnungen (wie beispielsweise *Hi-Shok*, *Slugger* oder *Super-X*) angebotene Ausführung. Das Kürzel *HP* steht für *Hollow Point* (= Lochspitze) und bezeichnet eine mehr oder weniger ausgeprägte, die Deformation beschleunigende Ausnehmung in der Stirnfläche. Je nach Fabrikat unterscheiden sich diese *Foster Slugs* vor allem hinsichtlich der Materialhärte. Remingtons *Slugger* und Winchesters *Super-X* neigen eher zur Zerlegung, während sich die erheblich härteren Federal-Projektile kontrollierter verhalten und ein deutlich größeres Durchdringungspotential aufweisen. Zudem bietet Federal im Kaliber 12 neben dem Standard-Geschoss (1 *Ounce* = 28,4 g) noch eine Magnum-Version 1¼ *Ounce* (= 35,5 g) an, die auch beim Schuss auf stärkeres Schalenwild eine zuverlässige Eindringtiefe erbringt.

Hydra Shok (Federal)

Dieses, vor reichlich 15 Jahren von der US-Firma Federal eingeführte, Flintengeschoss unterscheidet sich von den zuvor genannten »klassischen« Foster-Ausführungen durch seine auffallend kantige Geometrie. Anstelle der »Züge« verwendet es (hierin dem *Brenneke* nicht unähnlich) schräg angestellte Führungsrippen; außerdem ist die Lochspitze mit einen zentral angeordneten Dorn versehen.

Kennzeichen der *Hydra Shok*-Geschwister ist ein kleiner Dorn in der Lochspitze.

Das Zielverhalten verbessert sich durch dieses Detail allerdings nicht.

Besagter Dorn soll die Zielmaterie radial ableiten und hierdurch ein rasches Vergrößern des Geschossquerschnitts bewirken und den anfänglichen Energietransfer beschleunigen. Das Prinzip des Ableitungsdorns entstammt der von Federal in den 1970er Jahren bei Kurzwaffen-Munition eingeführten Geschoss-Serie *Hydra Shok* (= in etwa: Flüssigkeitsschock [hydrodynamischer Effekt]). Doch letztlich ergibt sich aus dieser Konstruktion kein wirklicher Vorteil: In einem Weichziel verwandelt sich das Projektil in eine Art *Doughnut* und taugt wegen seiner geringen Wirktiefe nicht für die Jagd auf schweres Wild von erheblich mehr als 50 kg.

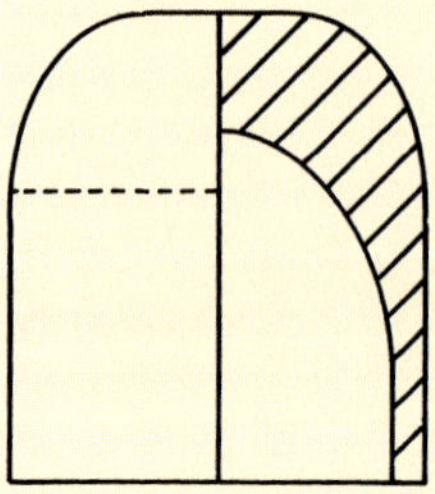

Die mexikanische Sorte *Aguila* weist eine völlig glatte Oberfläche auf.

Aguila

Kennzeichnend für diesen aus Mexiko stammenden »Fingerhut« sind auf der einen Seite das Fehlen der Nuten auf dem Umfang sowie die abgeflachte Stirn. Darüber hinaus besteht diese Variante aus einer kaum gehärteten Bleilegierung. Zudem erscheint die mit 25,4 Gramm relativ geringe Masse nicht eben umwerfend.

Damit ist das Zielverhalten vorgegeben: Völlige Zerlegung auf kurzem Eindringweg selbst bei geringem Zielwiderstand. Insofern taugt dieses Projektil bestenfalls für die Jagd auf leichtes Schalenwild. Doch auch das bringt Probleme, denn der mexikanische Adler (spanisch: *Aguila*) zeigt – vermutlich als Folge geringer Rotationssymmetrie – keine besondere Spurtreue und beansprucht für

Dank seiner weichen Bleilegierung zerlegt es sich bereits bei geringem Zielwiderstand.

sich selbst mit einem Zylinderlauf auf die 50-Meter-Distanz einen Streukreis von rund 18 cm.

Palla Cervo

Das von der italienischen Firma Cervo hergestellte und unter dem Namen *Palla Cervo* (= Hirsch-Geschoss) vermarktete Flintengeschoss bemüht sich, die Foster-Konstruktion zu verbessern. Seine wesentlichen technischen Kennzeichen: In etwa zylindrisches Profil mit zwölf auf dem Umfang angeordneten und im Uhrzeigersinn angestellten Führungsrippen; relativ dickwandiger, nach innen gestülpter Kopfteil mit vergleichsweise großer Kegelstumpföffnung; integriertes Puffer/Liderelement.

Das Zielverhalten lässt indessen keine bemerkenswerten Vorteile erkennen: Beim Eindringen wird das Plastikelement abgestreift, und das *Cervo* nimmt die für »Fingerhut«-Geschosse typische Fladen- oder Ringform an; bei hohem Zielwiderstand erfolgt regelmäßig eine Zerlegung in üblicherweise drei Teile. Aus der größeren Masse resultiert ein höheres Eindringpotential; insofern eignet sich dieses Slug – in entsprechendem Kaliber – für die Jagd auf starkes europäisches Schalenwild. Auch bei der Präzision zeigt sich keine nachhaltige Verbesserung.

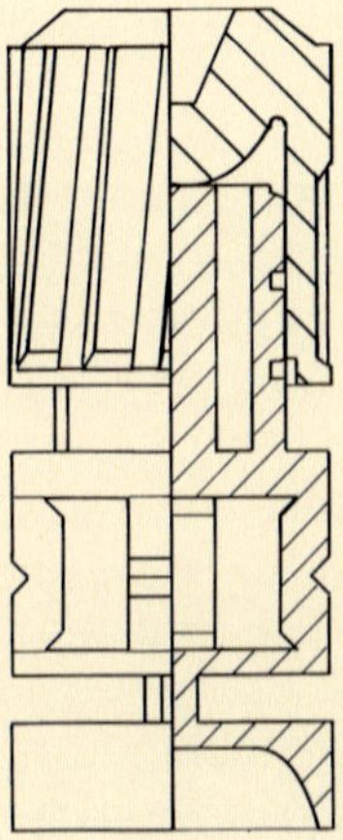

Charakteristisch für das *Palla Cervo* sind die großflächige eingedellte Stirn sowie das integrierte Kunststoffheck.

***Palla Cervo* Kaliber 12.**

3. Teilmantelgeschosse

Immer wieder versuchten in der Vergangenheit Erfinder, dem Flintengeschoss einen Mantel aus Hartmetall zu verpassen, wie dies bekanntlich bei Zugrohrwaffen (Büchsen, Revolver, Pistolen) bereits seit Generationen gang und gäbe ist. Diese Versuche scheiterten, mussten zwangsläufig scheitern, solange es sich um vollkalibrige Projektile handelt. Vor allem die bei Flinten übliche Mündungsverengung – auch *Choke* oder Würgebohrung genannt – bereitete allen Hoffnungen immer wieder ein schmähliches Ende: Entweder die »verpackten« Bleibatzen verursachten einen gefährlich hohen Gasdruck und ruinierten die Waffe; oder aber sie erhielten, weil zu dünn, kein gutes »Führungszeugnis«.

In diesem Zusammenhang muss man sich daran erinnern, dass die historischen Bleiprojektile wegen der plastischen Verformbarkeit dieses Materials von den beim Abschuss wirkenden Kräften gestaucht werden. Sie dehnen sich daher radial aus und erhalten dementsprechend während des Rohrdurchgangs eine mehr oder weniger sichere Führung. Auf der anderen Seite können sie, in der Regel, problemlos ein *Choke* passieren.

Irgendwann hatte irgendjemand die recht logische Idee, unterkalibrierte Flintengeschosse in ein, aus unerfindlichen Gründen auch »Treibspiegel« genanntes, Behelf zu stecken[1)] und so zumindest einige Probleme (Führung, Gasdichtigkeit) auszuräumen. Damit das *Sabot Slug* geboren – letztlich ein uraltes Prinzip, das von Militärmunition bereits seit Jahr und Tag verwendet wird.

Teilmantelgeschosse (v. l.): *XTP; H2K; Core-Lokt Ultra; Partition Gold; SST.*

XTP Full Bore (Hornady)

Bei dem Ende der 1997 von der US-Firma Hornady Mfg. Co. im Kaliber 12 herausgebrachten Geschoss *XTP* handelt es sich letztlich um eine großkalibrige Abart ihres gleichnamigem Kurzwaffengeschosses[2]. Das Kürzel steht für »*Extreme Terminal Performance*« (in etwa: Extreme Zielwirkung). Die charakteristischen Merkmale: Formschlüssig in den zylindrischen Teil übergehendes halbkugeliges Kopfprofil; bis an die Stirn reichender Tombakmantel mit acht Einkerbungen unter der Stirnkante; weiter und tiefreichender Expansionsraum.

Hornadys vollkalibriges *XTP*, eine Art ummanteltes *Foster* für »gezogene Flinten«, ...

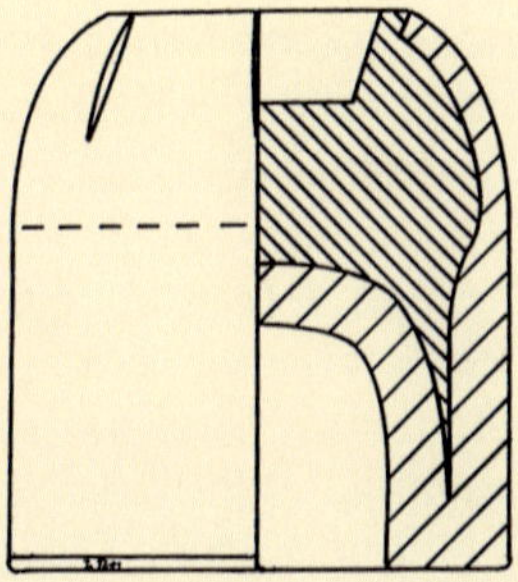

... verschwand bald wieder von der Bühne.

Das *XTP* steckt in einem dünnwandigen Becherpfropfen, der, gleichzeitig für Gasdichtung und Führung verantwortlich, nach dem Passieren der Laufmündung abgeworfen wird. Daher ist die Bezeichnung *Full Bore* unkorrekt. In einem Weichziel vergrößert das 1 oz (= 28,4 g) schwere Projektil Kaliber 12 (Durchmesser 16,5 mm) seinen Querschnitt auf üblicherweise zwei Kaliber. Obgleich im Hinblick auf die Geometrie mit dem *Foster*

1) Der Begriff »Spiegel« ist in diesem Zusammenhang eigentlich unangebracht, denn er bezieht sich ausschließlich auf einen visuellen (widerspiegeln et cet.), nicht aber auf einen mechanischen Vorgang.
2) Siehe auch M. Rosenberger: *Waffen und Einsatzmunition der Polizei*, a.a.O. Seite 139 ff).

faktisch identisch, erweist sich die Trefferleistung des *XTP* beim Verschuss aus Glattrohren als recht mager. Und gerade das ist ein wesentlicher Nachteil vieler unterkalibrierter Flintengeschosse und insofern die Ursache für das Entstehen der sogenannten *gezogenen* Flinte.

Heavy Mag H2k (Hornady)

Bereits nach zwei Jahren gab Hornady das oben dargestellte *XTP Slug* aus schwerwiegenden Gründen zugunsten eines vollmundig *Heavy Mag H2k* genannten Geschosses wieder auf. Dem Namen zum Trotz handelt es sich hierbei jedoch lediglich um das 300 grs (= 19,44 g) schwere *XTP*-Geschoss für Kurzwaffen Kaliber .45 (= 11,6 mm), das ebenfalls mit Hilfe eines *Sabot* zu verschießen, keinerlei Extra-Aufwand erfordert. Das hat etliche Vorteile.

In Anbetracht des vergleichsweise sehr engen Marktes belastete das eigens angefertigte »dicke« *XTP* die gesamte Buchhaltung (Produktion, Lager usw.) ganz beträchtlich, während sich die ohnehin vorhandenen Fünfundvierziger insofern kostenneutral verhalten. Mehr noch: Wegen seiner um ungefähr 30 % geringeren Masse kommt das *»dünnere« XTP* mit reichlich 600 m/s aus der Mündung – also um gut 45 % mehr. Außerdem liefert es wegen seiner erheblich höheren Massedichte (= Querschnittsbelastung) eine größere Wirktiefe.

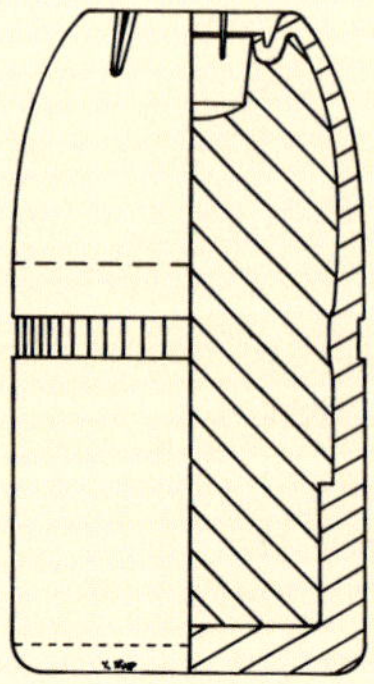

Die unterkalibrierte *XTP*-Variante *Heavy Mag H2k* weist im Prinzip die gleiche Konstruktion ...

... sowie ein nahezu identisches Zielverhalten auf, hat aber ein größeres Durchdringungspotential.

Core-Lokt Ultra Bonded (CLUB; Remington)

Im Unterschied zu den genannten Ausführungen des *XTP* handelt es sich bei Remingtons *Core-Lokt Ultra Bonded* (CLUB) im Wesentlichen um eine Verbundkonstruktion. Es basiert ebenfalls auf einem Kurzwaffenprojektil (Remington *Core-Lokt*). Typische äußere Kennzeichen sind die Lochspitze mit zurückliegendem Bleikern sowie die sechs als Sollbruchstellen wirkenden *schräg* angeordneten Kerben unter der Stirn.

Selbstverständlich gehört das *CLUB* zur Kategorie der *Sabot Slugs* und taugt insofern nur für Zugläufe.

Remington laboriert mit dem *CLUB* derzeit Patronen 12/70 und 20/70. In einem Kombiziel verformt es sich (aktuell .50" = 12,7 mm; 7/8 oz = 25 g; v_0 = 580 m/s) bei einer v_z von 512 m/s faktisch ohne Masseverlust gleichmäßig auf etwa 1,8 Kaliber. Schon allein deswegen erreicht es relativ zu den meisten vollkalibrigen *Slugs* eine deutlich größere Wirktiefe und könnte Anlass zu Verwendungsspekulationen geben. In diesem Zusammenhang ist jedoch bedenken, dass in den USA Flintengeschosse vor allem bei der Jagd auf *Whitetail Deer* (= Weißwedelhirsch) eingesetzt werden. Diese Tiere bringen lediglich zwischen 40 und 50 kg auf die Waage.

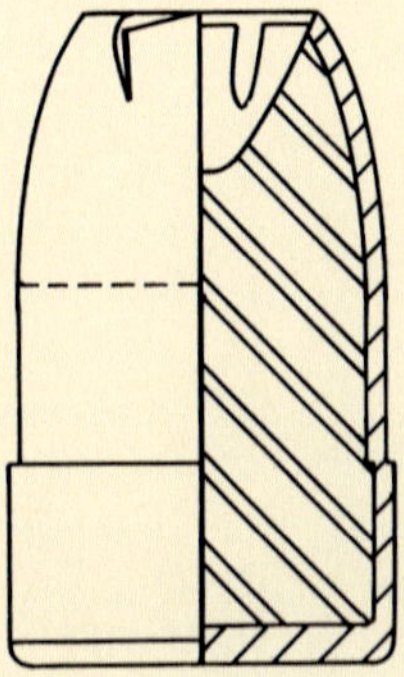

Remingtons *Core-Lokt Ultra*, im Wesentlichen eine Verbundkonstruktion, ...

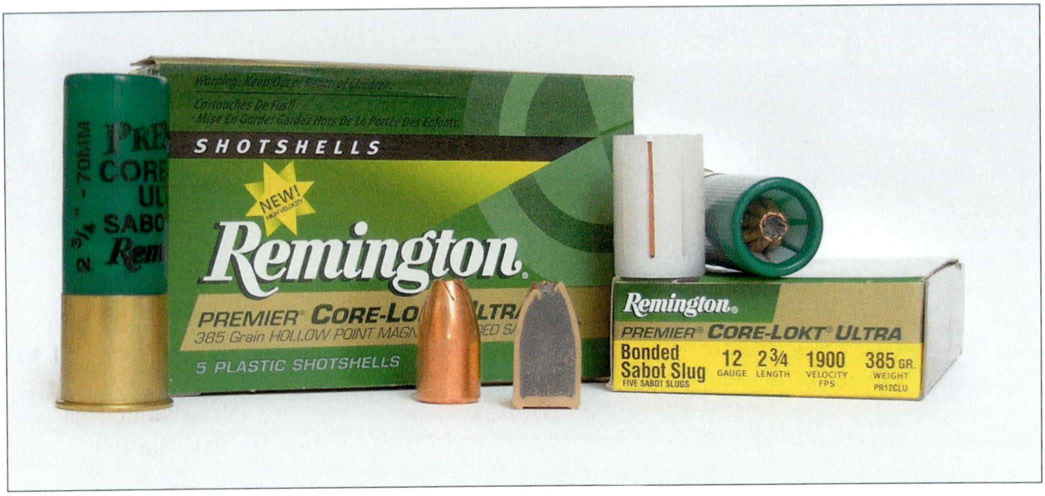

... mutet wie eine kleinkalibrige Variante des von David Schluckebier entwickelten Kurzwaffen-Geschosses *Golden Saber* an.

Auch bei hohem Zielwiderstand behält das – gleichmäßig verformte - *CLU* deutlich mehr als 90 % seiner ursprünglichen Masse.

Partition Gold (PGHP; Nosler/Winchester)

Selbstverständlich musste auch Winchester auf die neue Marktsituation reagieren. Kurzentschlossen laborierten sie die Munition 12/70 mit ihrem bislang vor allem für Revolver verwendeten Nosler-Geschoss *Partition Gold* in .50"/386 grs (⅞ oz) auf eine Anfangsgeschwindigkeit von rund 570 m/s. Wesentliche Kennzeichen dieses Projektils sind, neben der mehr oder weniger stumpfnasigen Geometrie, die weite Öffnung in der Stirn (Expansionsraum) sowie mit dem dicken Mantel integrale Querwand.

Das Zielverhalten ist typisch für das *Partition Gold*: Unter harten Bedingungen (Knochentreffer, hohe v_z) deformiert lediglich die vordere Hälfte auf etwa anderthalb Kaliber. Dies zusammen mit der Masse des Geschossreste von gut 85 % bei einer Zielgeschwindigkeit von 510 m/s liefert ohne Zweifel auf mittelschweres Wild (Sikahirsch, Überläufer et cet.) eine ausreichende Wirktiefe, keinesfalls aber für die Jagd auf starkes europäisches Schalenwild.

Winchester bietet mit dem *Partition Gold* bestückte Patronen im Rahmen ihrer »schwarzen« Munitionsserie *Supreme* an. Selbstverständlich lässt sich die beträchtliche Eigenpräzision des Geschosses nur in einem Zuglauf verwirklichen.

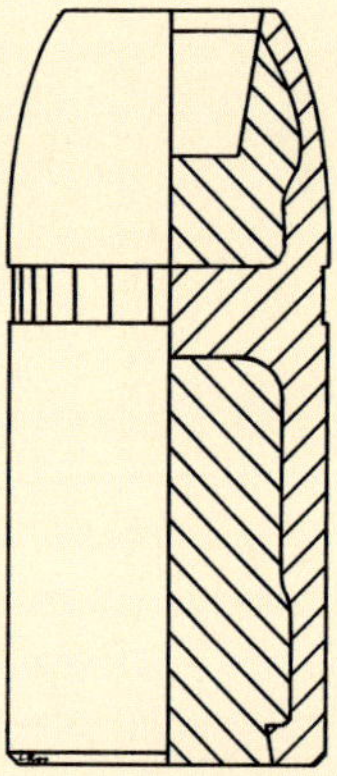

Konstruktionsprinzip des *Partition Gold*.

Im Wesentlichen handelt es sich bei diesem *Sabot Slug* um eine Variante des Kurzwaffen-Projektils *Partition Gold* (GP).

SST Slug (Hornady)

Typischerweise haben *Slugs* ein mehr oder weniger plumpes und ungeschlachtes Aussehen. Das verbessert zwar die Zielballistik, ist aber grundsätzlich der Aerodynamik sehr abträglich (Luftwiderstand, Geschwindigkeitsverlust). Die Gründe dafür, dass die Jäger wie auch die Hersteller diese Tradition akzeptieren, lassen sich vielleicht im wabernden Nebel der Unlogik finden. Eine bemerkenswerte Ausnahme kommt soeben aus den USA, von Hornady. Sie vergrößerten einfach das Kaliber ihres prominenten Geschosstyps *Super Shok Tip* (siehe Seite 92 ff) auf .50" (= 12,7 mm).und gaben ihm den Namen *SST Slug*. Mit seiner roten Plastikspitze schaut das in einen schwarzen Becherpfropfen ver-

Noch ofenwarm: Das neueste Hornady-Flintengeschoss zeichnet sich durch sehr ungewöhnliche Eigenpräzision sowie starke Zielwirkung aus.

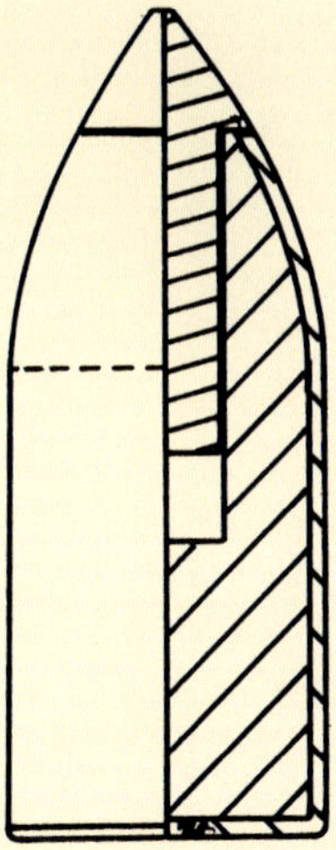

Das futuristische Aussehen erinnert an eine in ihrem Silo stehende Langstreckenrakete.

packte Projektil eher futurisch aus.
Abgesehen von dem (fast) konischen Kopfprofil und den sechs tiefen Kerben unterhalb der Mantelstirn, kommt das *SST Slug* faktisch mit der selben Konstruktion wie das zwar gleichnamige, aber kleiner kalibrierte Pendant.
Das 300 grs (= 19,4 g) *SST Slug* (Patrone 12/70) verlässt die Mündung eines gezogen Laufes (22" = 56 cm) mit rund 600 m/s und hält davon auf 100 Meter Dank seiner Geometrie noch reichlich 420 m/s. Die Deformation in einem Kombiziel verläuft auf 25 m sehr gleichmäßig und erreicht im Durchschnitt knapp 1,5 Kaliber bei einer Eindringtiefe von mehr als 45 cm (Restmasse ungefähr 80 %). Ein Präzisionsbeschuss auf 100 m ergab einen Fünfschuss-Streukreis von 55 mm (Waffe: Remington *Mod. 870 Express Super Mag. 20"* (= 51 cm) Fully Rifled (= gezogen). Das ist alles in allem eine sehr gute Leistung. Leider liegen noch keine Berichte über die den Einsatz auf starkes Schalenwild vor.

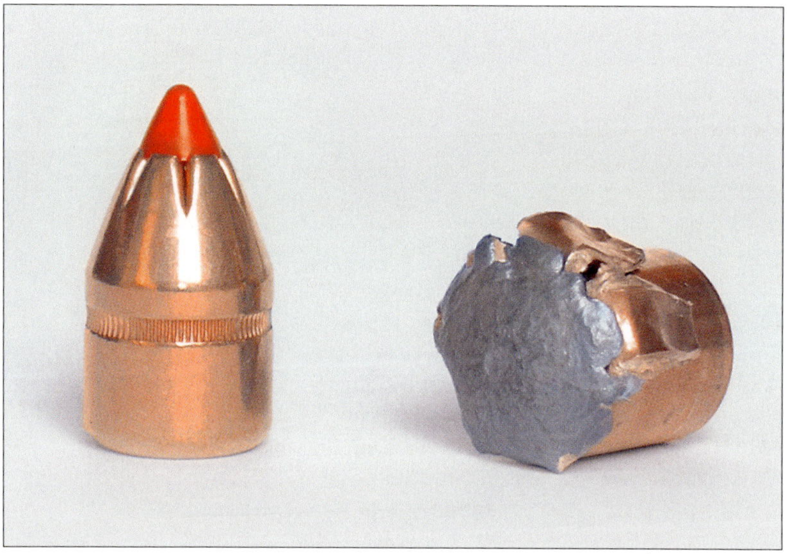

Die Konstruktion des *SST Slug* und Zielverhalten sind faktisch mit denen des gleichnamigen Büchsengeschosses identisch. Beachte die gleichmäßig Deformation nach Beschuss eines Kombiziels.

Slug-Parade (v. l.): BRI, Flèche; Super Sabot; XTP (Full Bore); XTP Kal..50; *Copper Solid (early)*; *Copper Solid* (neu); *CLUB Partition Gold* (Kal. .50).

4. Unterkalibrierte Bleigeschosse

Hohe Energiedichte, geringerer Durchpresswiderstand und Geschwindigkeitsverlust sowie größere Eindringtiefe sind die unbestreitbaren Vorteile unterkalibrierter Projektile. Bekanntlich wird dieses Prinzip auf dem militärischen Sektor bereits seit etlichen Jahrzehnten benutzt. Daher ist es kein Wunder, dass sich auch die Hersteller von Jagdmunition einen Schluck aus dieser Pulle holen und mit sogenannten Subkalibergeschossen operieren. Die oben beschriebenen Teilmantel-Sorten repräsentieren aber keineswegs den Anfang dieser Entwicklung. Unterkalibrierte Flintengeschosse existieren bereits seit langem. Doch richtig in Gang kam alles erst nach dem in verschiedenen dicht besiedelten US-Staaten ausgesprochenen Verbot der Jagd mit weittragenden Büchsen. Also erinnerte man sich an das Flintengeschoss und peppte dieses gehörig auf. Dennoch sollte noch etliche Zeit vergehen, bis die Voraussetzungen dafür geschaffen waren, mit dem *Slug* auf Entfernung kleinere Ziele als ein Scheunentor zu treffen.

BRI Sabot Slug (SS)

Den Anfang in dieser Richtung machte die US-amerikanische Firma Ballistic Research Industries (kurz: BRI), die 1983 mit dem inzwischen als *BRI Sabot Slug* (kurz: SS) geläufigen Geschoss den bis dahin gemächlich vor sich hin dümpelnden Markt aufmischte. Wesentliche Kennzeichen: Das »taillierte« und unterkalibrierte Hartblei-Projektil (maximaler Durchmesser .50" = 12,7 mm) weist eine Masse von 1 *Ounce* (= 28,4 Gramm) auf; typisch für das Profil sind der kegelstumpfförmige Kopf und der mit einem Holzpfropf ausgefüllte Bodenhohlraum; ein weiteres Merkmal ist die kombinierte Masse/Widerstandsstabilisierung; die Führung im Rohr erfolgt über ein zweiteiliges

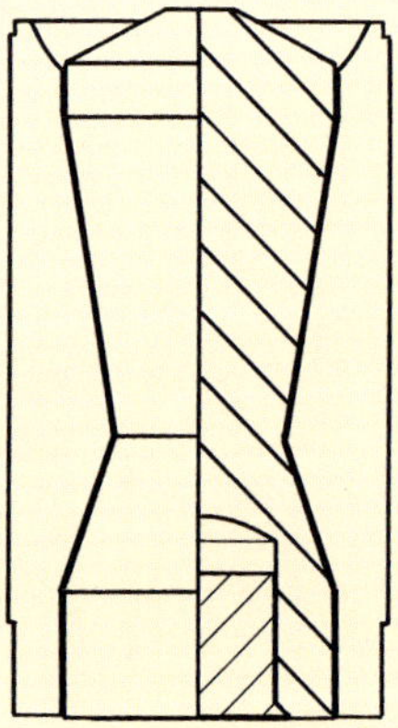

Typische Konstruktion des taillierten *BRI Sabot Slug*. Man beachte den Bodenpfropfen.

Puller Sabot (siehe unter »Fachbegriffe«) aus Kunststoff, das mit einem innenseitigen und entsprechend geformten Mitnehmer in die Taille greift und nach dem Verlassen der Mündung durch die anströmende Luft abgeworfen wird.

Bedingt durch Materialhärte und Konstruktion staucht sich das *BRI* in einem Kombiziel nur geringfügig axial. Hieraus resultiert ein großes Durchdringungspotential – vorausgesetzt, das Projektil bewegt sich im Ziel richtungsstabil und überschlägt sich nicht.

Beim Verschuss aus Glattläufen soll ein Mix aus Masse- und Widerstandsstabilisierung das Flugverhalten der *BRI Sabot Slugs* kontrollieren. Das gelingt jedoch längst nicht in

Als Folge der harten Bleilegierung wird die ursprüngliche Ausführung des *BRI* in einem Kombiziel lediglich geringfügig axial gestaucht (r.). Man beachte das Plastik-Sabot.

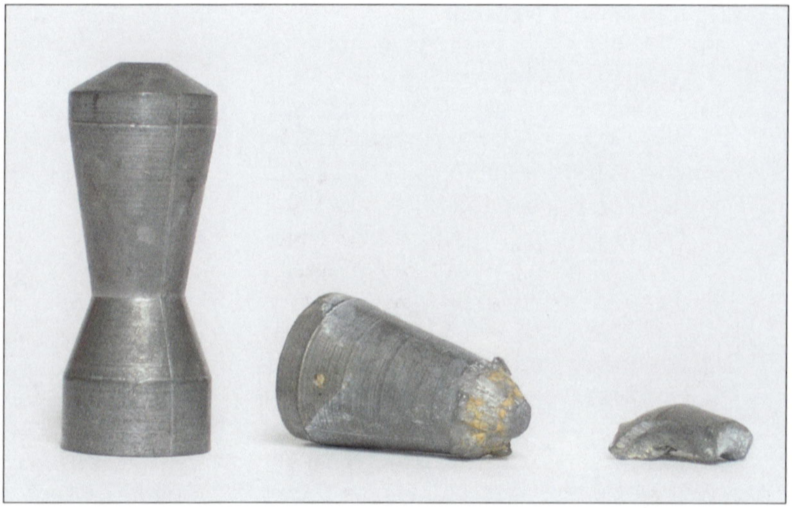

Beim Verschuss aus Glattläufen wird das *BRI* nicht ausreichend stabilisiert; es überschlägt sich häufig und zerbricht in Höhe der »Taille«.

dem gewünschten Maß. Außerdem wird die Präzision stark durch ein *Choke* beeinträchtigt. Häufig erreicht das Projektil als sogenannter *Querschläger* das Ziel und zerbricht. Dem lässt sich nur mit einem Zugrohr begegnen. Obwohl es zunächst daran mangelte, gelang es dem *BRI* mit seiner Ballistik sogleich, die Jägerschaft zu faszinieren. Und so dauerte es nicht lange, bis die ersten tauglichen Waffen erschienen.

Der Unterschied zwischen einem vollkalibrigen Flintengeschoss und dem *Sabot Slug* lässt sich leicht mit einem der Praxis entnommenen Rechenexempel demonstrieren: Masse 1 oz = 28,4 g; Anfangsgeschwindigkeit 470 m/s; Anfangsenergie 3,1 kJ; Querschnitt bei Vollkaliber (12 GA) 260 mm^2, bei Subkaliber (.50") 127 mm^2. Dementsprechend ergibt sich – dies der entscheidende Unterschied – für das Vollkaliber eine Querschnittsenergie von 11,9 J/mm^2 und für das Subkaliber mit 24,4 J/mm^2 eine doppelt so große Energiedichte und damit auch ein entsprechend größeres Durchdringungsvermögen. Inzwischen hat das *BRI* seine verschiedenen Kinderkrankheiten überwunden und sich zu einem brauchbaren Jagdgeschoss gemausert. Seit etwa 20 Jahren wird es in verbesserter Ausführung (Lochspitze, weichere Bleilegierung) auch von anderen Munitionsherstellern produziert und verladen[3].

3) Anmerkung: Mit dem *BRI*-Slug und seinen wie auch immer konstruierten Abkömmlingen liefert eine Zugrohrwaffe auf 100 m durchaus passable Streukreise. Das darf aber nicht darüber hinwegtäuschen, dass dieser Geschosstyp nur für leichtes und mittelschweres Wild vorgesehen ist und taugt. Und selbst dann liegt das Stück oft nicht im Knall.

Classic Hi-Shok SS (Federal)

Zunächst kam Federal, schon damals auf Innovationen erpicht, mit dem *Classic Hi-Shok Sabot Slug* heraus. Der Steckbrief: Weichblei; Länge 31 mm; relativ kleiner konischer Expansionsraum; winkliger Übergang zum Heck; Bodenpfropfen und Sabot aus rotem Kunststoff. Im Kombiziel vergrößert sich der Durchmesser durch axiales Stauchen nur geringfügig auf circa 14 mm bei einer Restmasse von rund 81 %. Das verhältnismäßig große Durchdringungsvermögen dieses Projektils darf nicht darüber hinwegtäuschen, dass beim Schuss auf starkes Schalenwild in ungünstigen Situationen Probleme entstehen können. Dieses Geschoss wird fabrikmäßig lediglich in Munition 12/70 verladen.

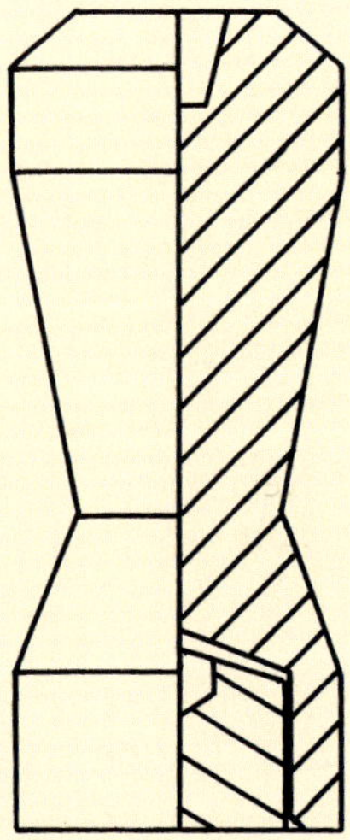

Classic Hi-Shok SS, **Federals Variante des** ***BRI*****. Beachte die Lochspitze.**

Classic Hi-Shok SS, **Längsschnitt; im** ***Sabot*** **(r.).**

Premium Hydra-Shok SS (Federal)
Verbesserte, derzeit gefertigte Ausführung des *Classic Hi-Shok*: Im Vergleich zu diesem abweichendes Profil; außerdem ist in dem Expansionsraum ein Dorn angeordnet, der für eine radiale Ablenkung des Zielmaterials und insofern für einen schnelleren und stärkeren Deformationsverlauf sorgen soll (siehe auch Seite 213); der Bodenhohlraum enthält *keinen* Pfropfen. Ein weiteres Kennzeichen ist die verkupferte Oberfläche.
Im Kombiziel deformiert das *Hydra-Shok* durch Ausformen eines Stauchrandes völlig kontrolliert auf einen Durchmesser von rund 21 mm bei einer Restmasse von knapp 75 %. Der Energietransfer setzt unmittelbar nach dem Aufprall sehr heftig ein; auf den ersten 20 cm Eindringweg wird reichlich die Hälfte der Anfangsenergie auf das Ziel übertragen. Mit diesem Projektil laboriert Federal derzeit in der *Vital-Shok*-Serie Patronen 12/70, 12/76 und 20/76.

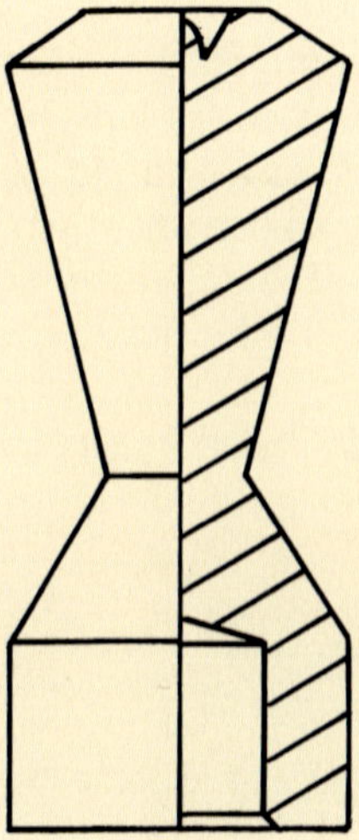

Die Sorte *Hydra-Shok SS* weist in der Lochspitze einen kleinen Dorn auf.

Daher setzen Deformation (r.) und Energietransfer bereits unmittelbar nach dem Aufprall ein.

Super-X BRI SS (Winchester)

Abgesehen von der etwas weicheren Bleilegierung und dem bogenförmigen Übergang zwischen Kopf und Heck ist dieses *Sabot Slug* im Hinblick auf Konstruktion und Zielverhalten faktisch identisch mit der frühen Version von Federal. Nach dem Durchdringen eines Kombiziels (Testbeschuss) mit rund 370 m/s Zielgeschwindigkeit betrug die Restmasse regelmäßig knapp 65 %. Verfügbare Laborierungen: 12/70, 12/76, 20/70.

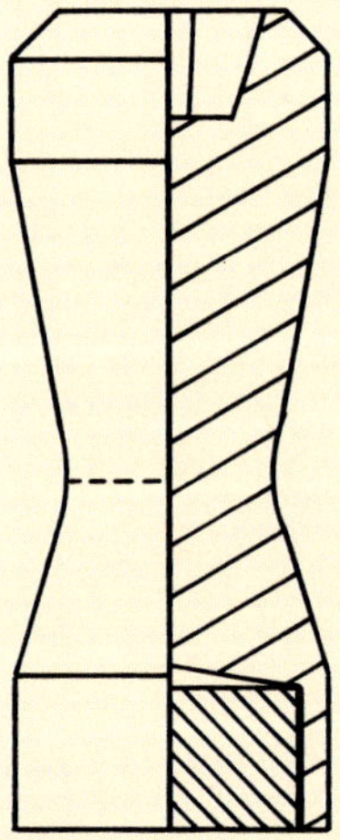

Winchesters *Supreme Hi-Impact SS* zeigt eine fünfeckig ausgebildete Lochspitze.

Winchesters erstes *Sabot Slug*, das *Super-X BRI SS*.

Supreme Hi-Impact SS (Winchester)

Diese Variante, erst seit 1999 verladen und in 12/70 sowie 12/76 auf dem Markt, ist Winchesters Antwort auf das *Hydra-Shok SS*. Im Hinblick auf Profil und Konstruktion bestehen abgesehen von der etwas härteren Legierung und der im Querschnitt fünfeckigen Form des Expansionsraumes keine wesentlichen Unterschiede gegenüber der Ausführung *Super-X SS*.

Die fünf Kanten steuern den anfänglichen Deformationsprozess und bewirken eine raschen Querschnittsvergrößerung (Durchmesser rund 22 mm; Restmasse circa 86 %) mit entsprechend starker Energieabgabe unmittelbar nach dem Aufprall. Insofern erweist sich das Zielverhalten im Vergleich zum *Hydra-Shok SS* als mehr oder weniger identisch. Dies gilt auch für die Einsatzmöglichkeiten.

Palla Dolomiti`s (Gelisio)

Der »Erfinder« dieses von der italienischen Firma Armeria Gelisio verladenen Geschosses ist offenbar ein Nostalgiker, der sich bemüht, die Frühzeit der Feuerwaffen wiederzubeleben und die gute alte Rundkugel neuerlich einzuführen: Eine unterkalibrierte Rundkugel (Durchmesser .50" = 12,7 mm; Masse 184 grs = rund 12 g) steckt lose in einem zweiteiligen *Pusher Sabot*. Dessen becherförmiger Außenteil besteht aus einem relativ spröden Kunststoff und weist auf dem

Umfang zwölf nach rechts angestellte Entlastungsnuten auf.

Nach der Vorstellung des Erfinders sollen die Luftkräfte den Plastikbecher von der Kugel abstreifen. Das geschieht denn auch tatsächlich – jedoch erst ungefähr 25 m nach Passieren der Rohrmündung. Ursache ist die mit rund 100 grs (= circa 6,5 g) relativ große Masse des Bechers sowie dessen geschlossene Konstruktion (i. e.: er kann sich nicht aufspreizen und dementsprechend eher abgeworfen werden). Überhaupt erweist sich das *Sabot* als schwerwiegender Schwachpunkt: Lediglich beim Verschuss aus einem Lauf mit Zylinderbohrung sind auf bestenfalls 40 m halbwegs passable Treffereergebnisse möglich. Bei einer Mündungsverengung zersplittert der vordere Becherteil völlig unkontrolliert, so dass unter Umständen die Trefferleistung erheblich beeinträchtigt wird. Mehr noch: Bedingt durch die Form und die sehr harte Bleilegierung verändert das *Dolomiti's* selbst bei einem Knochentreffer seinen Querschnitt nicht. Daher durchdringt es ein Kombiziel ohne nennenswerte Energieabgabe. Mit anderen Worten: Abgesehen von fatalen Organtreffern (Haupt, Wirbelsäule) bleibt ein mit diesem »Kullerpfirsich« beschossenes Stück Schalenwild meist nicht am Anschuss.

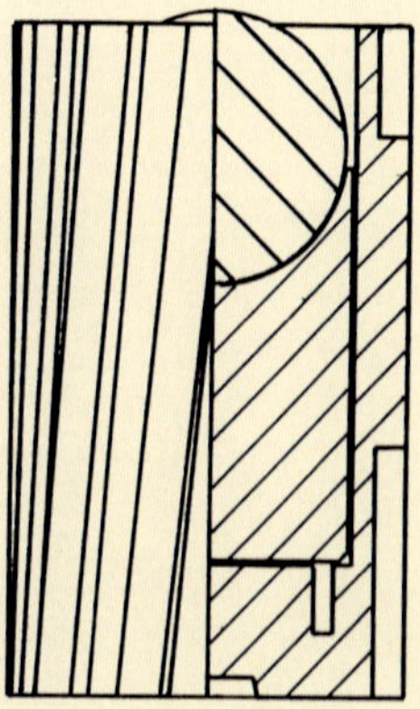

Das *Palla Dolomiti's*, im Prinzip eine simple Rundkugel, ...

Nebenbei: Ob es sich beim Namen dieses *Slugs* um einen anglisierten Genitiv der Dolomiten handelt (Apostroph vor »s«) oder um einen Kotau vor der gegenwärtige Modefaxe, allem und jedem ein durch Apostroph aufgepepptes Plural-»s« anzuhängen (wie etwa in: »Sie bestellte *Spagetti's* mit gebackenen Flohzungen«), bleibt ungewiss.

... bedeutet – unter ballistischem Aspekt - letztlich einen Rückfall in die längst vergangene Zeit der *Rollkugel*.

Balle Flèche (Sauvestre/Thifan)

Französische Erfinder waren schon immer für ausgefallene Ideen gut. So auch Jean-Claude Sauvestre (sprich: Sowestre). Sein *Balle Flèche* (= Pfeilgeschoss) arbeitet nach dem Prinzip der Flügelstabilisierung. Die Patenschaft der bereits erwähnten *Flechette*-Munition (siehe Seite 34) ist unverkennbar. Das insgesamt 50 mm lange Projektil (Masse 26 g; maximaler Durchmesser 11,5 mm) besteht aus dem eigentlichen Wirkteil (Hartblei) und dem Stabilisierungsheck (Kunststoff), die durch eine lange Gewindestange (Eisen) miteinander verbunden sind. Weitere Kennzeichen: In den konischen Geschosskopf ist eine rund 4 mm weite und ebenfalls konische Expansionsöffnung eingearbeitet; das Stabilisierungsheck ist mit vier axial-symmetrisch angeordneten Luftleitflächen ausgestattet. Beschleunigung und Führung während des Rohrdurchgangs erfolgen durch ein zweiteiliges, auf dem Umfang radial gerilltes *Puller Sabot,* das in drei entsprechende Mitnehmernuten auf dem Geschossumfang eingreift und nach dem Passieren der Laufmündung vom nachfolgenden Gasstrom abgestreift wird.

Balle Flèche **mit** ***Puller Sabot.***

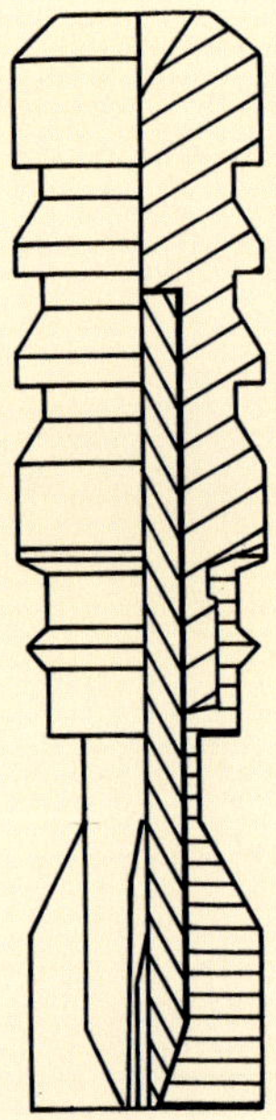

Das sehr ungewöhnliche ***Balle Flèche*** **wird von vier Heckflossen stabilisiert.**

Die Befürworter des *Sauvestre* sind vor allem von der großen Energiedichte (auch Querschnittsenergie) und der sich daraus ergebenden hohen Zielenergie fasziniert. Ein einfaches Rechenexempel zeigt, wieso: Bei einer aktuellen Geschwindigkeit v_0 = 531 m/s beträgt die Anfangsenergie E_0 = 3,7 kJ. Der maximale Geschossquerschnitt hat die Größe F = 104 mm^2; mithin ergibt sich für die Querschnittsenergie E_q = 35,6 J/mm^2. Eindrucksvoll ist auch der Vergleich mit einigen anderen *Power*-Laborierungen 12/76 (auf Grundlage aktueller v-Werte; siehe Tabelle oben).

Doch mit einer relativ hohen Zielenergie allein ist es nicht getan. Ein wesentliches Handicap des *Sauvestre* ist das Fehlen des sonst üblichen kompimierbaren Pufferelementes (Filz, Kork, Kunststoff). Konstruktions- und materialbedingt kann das *Puller*

Laborierung	Masse g	E_0 kJ	E_{100} kJ	dE*) %
Brenneke Gold Mag.	39,0	4,1	1,7	59
Winchester Hi-Impact SS	28,4	3,0	1,6	47
Sauvestre Balle Flèche	26,0	3,7	2,2	41

** dE = Energieverlust*

Sabot dessen Aufgaben nicht übernehmen. Die logische Folge sind hohe Gasdrücke und ein beträchtlicher Rückstoßimpuls – wenn man die Waffe nicht gut festhält, bekommt man eine ganz gehörige Watschen »geklebt«. Mehr noch: Der Hersteller, Thifan-Industrie, vermerkt zwar auf der Packung, das *Sauvestre* sei sowohl für Glattläufe mit und ohne *Choke* wie auch für leicht gezogene geeignet (*»pour canons lisses [chokés ou non chokés] ou faiblement rayés«*). In der Praxis sieht das dann so aus: Auf die 50-Meter-Distanz bringt der Pfeil aus einem Glattlauf ohne Mündungsverengung einen Fünfschuss-Streukreis von rund 10 cm – nicht eben ein Anlass für »Stehenden Beifall«, aber immerhin.... Mit einem *Full-Choke* wie auch mit einem Zuglauf streut das Geschoss unter gleichen Bedingungen rund 20 cm, ein Ergebnis, das insofern dem alten Vorurteil zu entsprechen scheint. Nebenbei: Das schlechte Abschneiden mit Büchsenlauf ist auf die an und für sich hinlänglich bekannte Tatsache zurückzuführen, dass sich Flügel- und Drallstabilisierung nicht miteinander vertragen, sondern gegenseitig nur stören.

Beim Testbeschuss eines Kombiziels verformt sich das *Sauvestre* nur geringfügig auf rund 13 mm, gibt jedoch auf den ersten rund 30 cm Eindringweg durch Absplittern relativ großer Fragmente circa 40 % seiner Energie

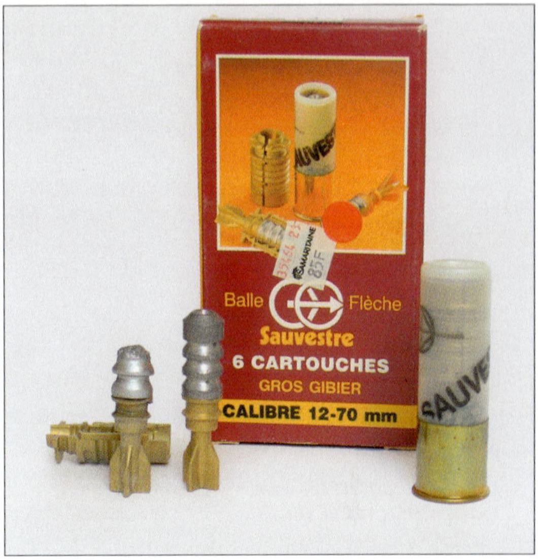

Zerbrochenes *Balle Flèche* nach Beschuss eines Kombiziels.

an das Zielmedium ab. Verglichen mit anderen Subkaliber-Geschossen ist dies ziemlich wenig. Der aufgefangene Geschossrest weist rund 66 % der ursprünglichen Masse auf. Offenbar soll die erwähnte Gewindestange ein Zerbrechen des Projektils verhindern.

Zweifellos bietet dieses *Balle Flèche* interessante Perspektiven. Doch erfordert die Optimierung der Idee noch etliche Nachbesserungen: Der Wirkteil müsste aus einem plastisch verformbaren massestabilen Material hergestellt werden, um eine kontrollierte Querschnittsvergrößerung zu erreichen. Eine sinnvolle Verwendung in Zugrohrwaffen würde einen »durchrutschenden« Führungsring auf *Puller Sabot* voraussetzen (der eine Drallübertragung verhindert). Derzeit werden mit Sauvestres »Bleipfeil« Patronen 12/76, 12/70, 12/67, 16/67; 20/76 und 20/70 laboriert.

Polevo Slug

Ein weiterer unterkalibrierter Exot im Kaliber 12 stammt aus Russland. Dabei handelt es sich im Wesentlichen um einen zylindro-ogivalen Wirkteil mit integriertem Heck, das gleichzeitig als Liderelement fungiert. Überdies steckt der Vorderteil in einer zweiteiligen, abwerfbaren Umhüllung. Das Profil des aus Hartblei gefertigten Geschosskörpers (Masse 25,5 g; Durchmesser 16 mm) ist unter aerodynamischem Aspekt gewiss vorteilhaft.

Das vollkalibrige Kunststoffheck (Masse 3,0 g) enthält einen zinnenartigen Kranz von acht Luftleitrippen, die offenbar einen Rechtsdrall erzeugen sollen. Die ebenfalls vollkalibrige Umhüllung dient vor allem der Führung während des Rohrdurchgangs. Leider stand für Testbeschüsse keine mit dem *Polevo* laborierte Munition zur Verfügung.

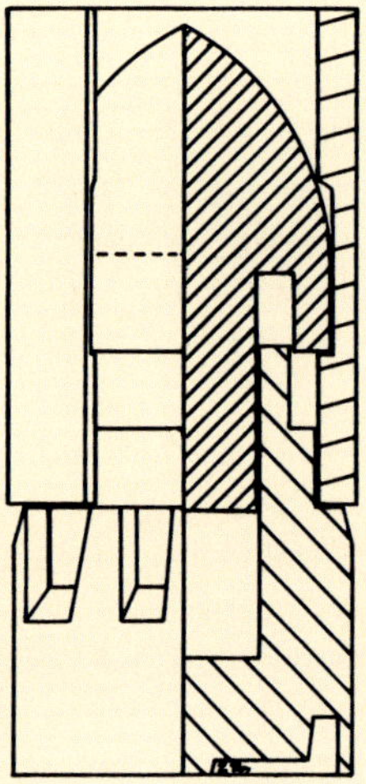

Das etwas unterkalibrierte russische *Polevo* ...

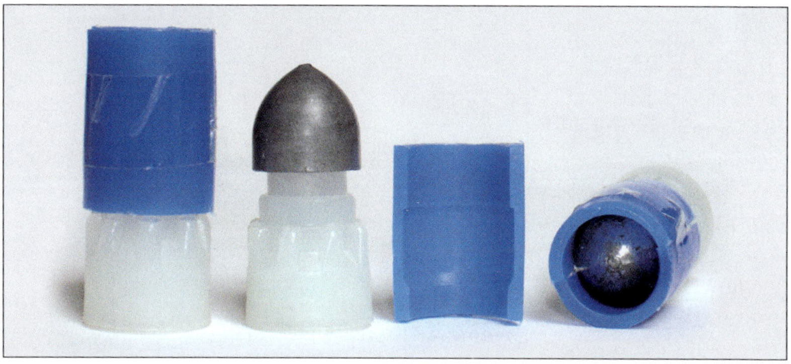

... kommt in einer Art Bikini: oben zweiteilige Kunststoffhülle, unten Liderelement.

5. Bleifreie Hartmetallgeschosse

Ähnlich wie bei den Büchsen- scheint sich auch bei den Flintengeschossen eine Trendwende zum splitterfrei verformbaren Monobloc-Projektil aus einer zäh-weichen Kupferlegierung durchzusetzen. Die Vorteile im Vergleich zu den mehr oder weniger unsicheren Bleibatzen sind denn auch zu groß: Völlig kontrolliertes Zielverhalten bei maximalem Durchdringungspotential. Die ersten Laborierungen mit solchen *Copper Slugs* befinden sich bereits auf dem Markt. Und alle bedeutenden Geschoss- resp. Munitionshersteller arbeiten intensiv an der Entwicklung eines eigenen Projektils dieser neuen Generation, um ein möglichst großes Stück vom Kuchen zu erhaschen.

Typisches Kennzeichen dieser Geschossgeneration ist – abgesehen vom Werkstoff – der mehr oder weniger weit und tief ausgebildete Expansionsraum im Kopfbereich, ohne den eine angemessene Querschnittsvergrößerung nicht erfolgen könnte. Das aber hat schwerwiegende Folgen: Aufgrund des Hohlraumes wird der Schwerpunkt hinter den Längsachsen-Mittelpunkt placiert; das betreffende Geschoss kann nur durch Drall stabilisiert werden und ist daher für Glattläufe ungeeignet.

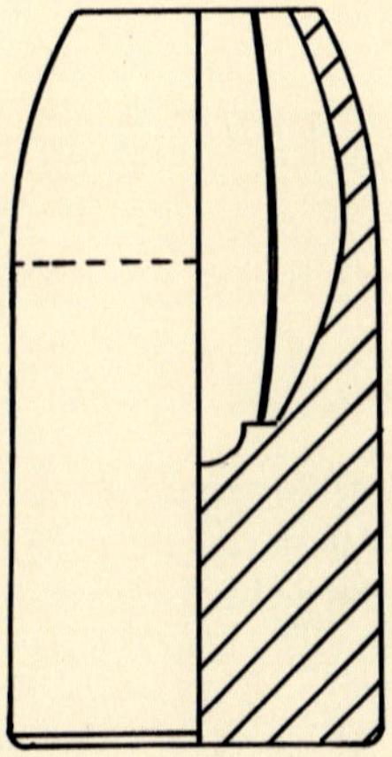

Der Vorderteil von Barnes *Expander SGS* verformt sich ...

Expander Shotgun Slug (SGS; Barnes)

Die US-Firma Barnes Bullets Inc. gilt auf dem Gebiet massestabiler Deformationsgeschosse als besonders kompetent (vergl. Seite176). Mit dem kurz vor der Jahrtausendwende eingeführten *Expander SGS* bietet sie dem Waidmann ein leistungsfähiges *Monobloc-Slug* an. Hier die technischen Einzelheiten: Material Tombak (CuZn5); stark abgeflachtes zylindro-ogivales Profil; weiter und über die Längsachsenmitte reichender tiefer Expansionsraum mit sechs innenseitigen Soll-Bruchstellen; zylindrisches *Pusher Sabot* aus Plastik mit vier axialen Längsschlitzen, dem ein loses Pufferelement mit integralem Liderring nachgeordnet ist.

Typisches ballistisches Verhalten: Nach dem Passieren der Rohrmündung spreizt der Luftstrom den Treibbecher auf und streift ihn vom Projektil. Unmittelbar nach dem

... auch bei geringem Zielwiderstand stets zu einer sechsblätterigen Rosette.

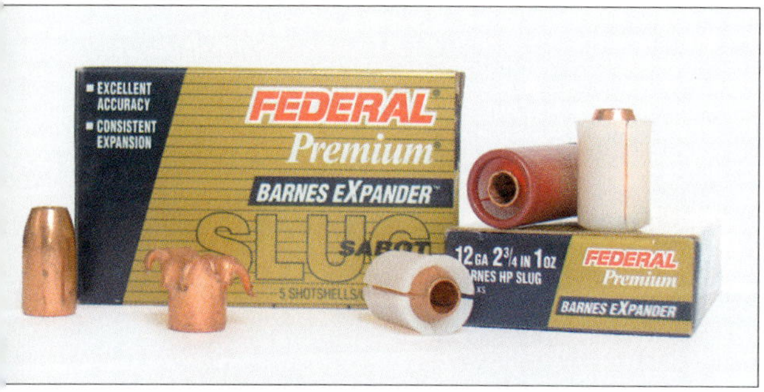

Das Barnes *Expander* zeichnet sich durch sehr ungewöhnliche Eigenpräzision sowie starke Zielwirkung aus. Irgendwie erinnert auch es an eine in ihrem Silo stehende Rakete.

Aufprall auf ein Weichziel expandiert der vordere Teil ohne Masseverlust durch Bilden regelmäßiger Fahnen – je nach Zielwiderstand – auf einen Durchmesser von rund 1,5 bis 2 Kaliber. Kennzeichnend sind ferner die völlig kontrollierte Energieübertragung (auch bei Knochen im Schusskanal) sowie das große Eindringpotential. Insofern eignet sich dieses Flintengeschoss bestens für die Jagd auf sämtliches europäisches Nieder- und Hochwild. Ebenso bemerkenswert ist die Präzision: Auf die 50-m-Distanz (mechanische Visierung, aufgelegt) bringt das Expander mit einer Fünfschuss-Serie knapp 39 mm; mit Zielfernrohr sind auf 100 Meter Streukreise von 50 mm und weniger durchaus die Regel.
Federal laboriert mit dem Expander in der *Premium*-Klasse die Patronen 12/70, 12/76 (jeweils 1 oz = 28,4 g) sowie 20/76 (¾ oz = 21,3 g).

Copper Solid SS 1. Generation (Remington)

Ungefähr 1996 von Remington Arms Corp. als Teil-Zerlegungsgeschoss herausgebracht, sollte dieses *Monobloc-Slug* dem *Expander* von Barnes entgegentreten. Der im Wesentlichen zylindro-ogivale Geschosskörper (Kaliber .50″ = 12,7 mm) besteht aus Tombak. Der vom hinteren Teil durch eine Art Scharfrand abgesetzte Kopf enthält eine relativ kurze zylindrische Öffnung. In deren Wandung sind vier symmetrisch angeordnete axiale Schlitze eingearbeitet.
Unmittelbar nach dem Aufprall spreizt sich der Kopf auf rund zwei Kaliber Durchmesser auf. Die dabei entstehenden kurzen Fahnen brechen am scharfkantigen Übergang zum zylindrischen Teil des Geschosskörpers ab und bewegen sich als Sekundärgeschosse über eine kurze Strecke radial vom Schusskanal fort, während der Geschossrest (rund 80 % der ursprünglichen Masse) das Ziel durchdringt. So ergibt sich zwar eine verhältnismäßig große Eindringtiefe.
In der Jagdpraxis erwies sich jedoch das Zielverhalten (i. e. Energietransfer) als unbefriedigend. Daher gab Remington diese – zunächst in Patronen 12/70, 12/76 und 20/70 verladene – Ausführung des *Copper Solid* bereits nach kurzer Zeit wieder auf.

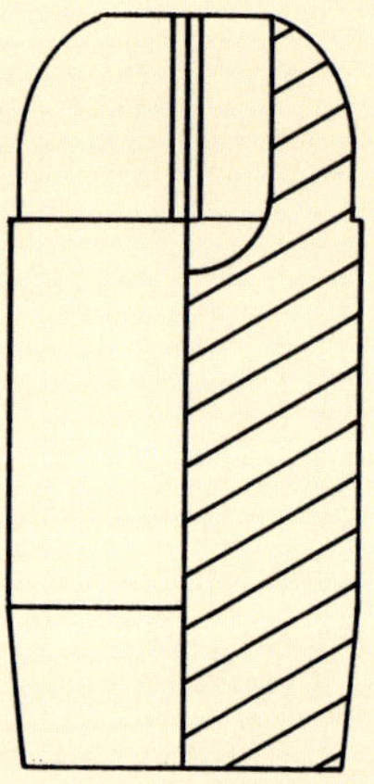

Die 1. Generation von Remingtons *Copper Solid* ...

... wurde als Teil-Zerlegungsgeschoss konzipiert.

Copper Solid SS 2. Generation (Remington)

Als 2002 die ersten Patronen mit einem – ebenfalls »*Copper Solid*« benannten – neuen Geschoss auf dem Markt erschienen, glaubte manch einer, Remington laboriere jetzt, neben Federal, ebenfalls das mittlerweile gut akzeptierte *Expander SGS*. Wie doch der Schein trügen kann: Die Erscheinungsbilder von Remingtons 2nd Generation und dem *Barnes-Slug* sind denn auch auf den ersten Blick zu ähnlich. Und selbst bei näherem Hinschauen sind keine gravierenden Unterschiede zu erkennen: Während beim *Expander* die Soll-Bruchstellen aus axialen Nuten auf der Kopf-Innenwandung bestehen, werden diese bei Remingtons zweiter Generation von den beim Anformen des Geschosskopfes entstandenen Falten gebildet.

Das Remington-*Slug* - dies allerdings ein wesentliches Unterscheidungsmerkmal – weist eine vergleichsweise dünne Wand des Expansionsraumes auf. Daher biegen sich in einem Kombiziel die entstehenden sechs Fahnen verstärkt nach hinten – Querschnittsgröße und Verlauf des Energietransfers sind daher deutlich geringer. Daran ver-

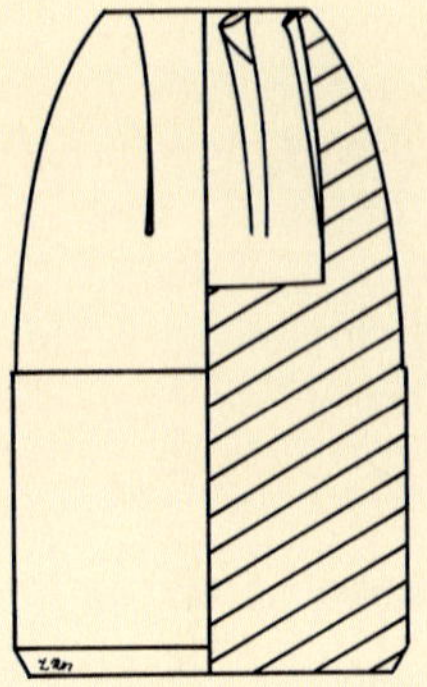

Beim *Copper Solid* in der 2. Ausführung ...

... handelt es sich dagegen um ein Deformationsgeschoss.

mag auch das größere aktuelle Geschosskaliber von .577″ (= 14,7 mm) nichts zu ändern.
Momentan laboriert Remington mit dem *Premier Copper Solid* die Munitionen 12/76, 12/70 (beide Male mit 1 oz = 28,4 g) sowie in 20/70 (⅝ oz = 17,8 g).

Brenneke Super Sabot
Über weit mehr als 50 Jahre dominierte »das Brenneke« den europäischen Markt. Doch die Zeiten haben sich geändert. Nicht nur aus Übersee drängen immer mehr neue Sorten respektlos in die Reviere der Großväter. Auf dieses pausenlose Innovationsangebot reagierte die Firma Brenneke KG zunächst überhaupt nicht. Ihrem weltweiten Ruf verpflichtet, mochte sie sich nicht mit dem »Verbessern« bereits existierenden Projektile begnügen und kam dann schließlich 2002 mit dem Konzept eines völlig Geschosses, nämlich des *Super Sabot*, heraus, eine gleichermaßen ungewöhnliche wie aufwändige Konstruktion.
Das *Super Sabot* - aktuelles Kaliber etwa 16 mm, Masse 490 grs (= 31,8 g) - besteht aus drei Elementen: Kolben, Zylinder und ballistische Haube. Beim Abschuss wird der Kolben in dem Zylinder, dem eigentlichen Wirkteil, nach vorn geschoben. Die hierbei zu leistende Arbeit vermindert den Gasdruck. Die Haube (Aluminium) verbessert die Aerodynamik des ansonsten recht kantigen Pro-

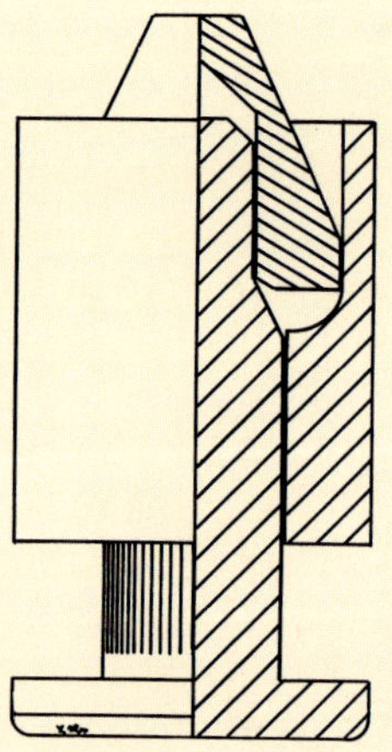

Das *Super Sabot* soll – bleifrei - die Tradition des klassischen »Brenneke« fortsetzen.

Die Voraussetzungen hierfür werden zumindest durch das gleichmäßige Zielverhalten bestätigt.

jektils. Im Wildkörper zersplittert die Haube, und die Reaktionskräfte der in den Expansionsraum dringenden Zielmaterie bewirken eine sehr gleichmäßige radiale Verformung, so dass sich der Durchmesser auf etwa 23 mm – also anderthalb Kaliber vergrößert. Hierbei fungiert der Vorderteil des Kolbens als Ableitungsdorn. Beim Wirkbeschuss auf 10 m mit simuliertem Knochentreffer durchdrang das *Super Sabot* mühelos den Gelatineblock (45 cm) und legte weitere rund 30 cm im nachgeordneten Wattekasten zurück. Ein Präzisionsbeschuss auf 100 m (Zielfernrohr) lieferte einen Fünfschuss-Streukreis von rund 7 cm. Das, für Zugläufe vorgesehene, Brenneke *Super Sabot* wird derzeit in die Patronen 12/70 und 12/76 verladen. Letztere bringt eine v_0 von rund 470 m/s und eine E_{100} knapp 1600 Joule.

Balle Flèche Sans Plomb (Sauvestre/Thifan)

J.-C. Sauvestre, Ingenieur und erfahrener Ballistiker, fackelte nicht lange, als sich auch in Frankreich die Trendwende zum Bleifreien

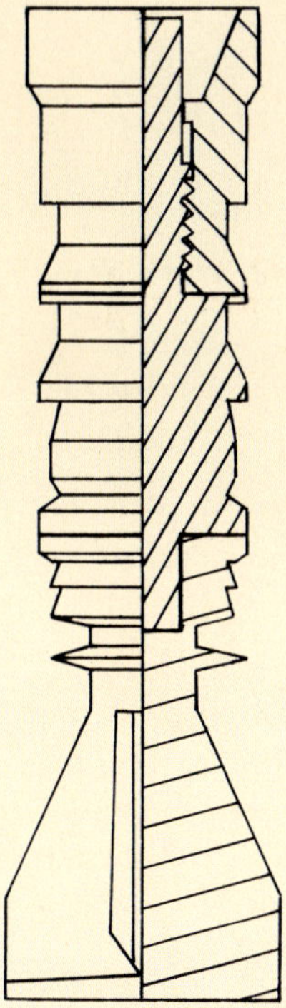

Die neueste Variante des *Sauvestre*-Geschosses, das *Balle Flèche Sans Plomb* ...

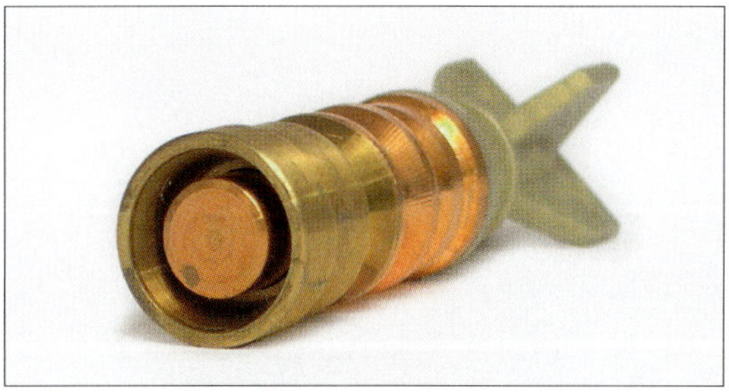

(= *leadless*) abzeichnete. Außerdem erwies es sich als dringend erforderlich, die Mängel des, bleiernen, Pfeils auszuräumen. Ergebnis nach sehr umfangreichen Versuchen war schließlich das *Balle Flèche Sans Plomb*, das Pfeilgeschoss ohne Blei.

Zwar arbeitet der bleifreie Pfeil nach dem selben Prinzip, doch bestehen, vom Werkstoff (Tombak?) abgesehen, erhebliche Unterschiede: Der Geschosskörper kommt ohne die Gewindestange aus. Eine auf dessen Vorderende aufgepresste Manschette bildet an der Stirn einen breiten und ringförmigen Expansionsraum.

Nach dem Aufprall auf ein Kombiziel sprengen die Reaktionskräfte in der Regel besagte Manschette in mehrere nicht definierte Teile, die sich als Sekundärgeschosse radial ausbreiten. Hierdurch vermindert sich die mit nominell 21 g (= 324 grs) ohnehin geringe Masse um wenigstens 30 %. Als notwendige Folge ergibt das eine gewisse Wirkbreite, aber - zwangsläufig - auch eine geringen Wirktiefe, denn logischerweise bewegt sich anschließend der Geschossrest

... ist nicht allein bleifrei, sondern auch völlig anders gestaltet, nämlich als Teil-Zerlegungsgeschoss.

Ein auf den Vorderteil gepresster Hohlring wird von den Reaktionskräften in mehrere große Partikel zerlegt.

ganz und gar nicht richtungsstabil. Daher beschränkt sich die Einsatzmöglichkeit auch strikt auf leichtes und mittelschweres Wild bis maximal 50 kg.
In Firmenprospekten und einigen Fachartikeln wird in aller Regel ein geradezu perfekt (und ohne Masseverlust, versteht sich) verformtes *Sauvestre Sans Plomb* gezeigt. Dabei wird allerdings geflissentlich verschwiegen, dass diese Ergebnisse lediglich unter wirklichkeitsfernen Bedingungen durch den Beschuss von Ton, Kitt oder einer dünnen Schicht Gelatine zustande kamen. Keine Rede also von einem Teilzerlegungs-Effekt. Insofern kann auch diese Ausführung des *Balle Flèche* noch einige Korrekturen vertragen.
Verschiedene Flintengeschosse kommen mit einer integrierten Umhüllung aus Plastik daher. Diese wird – im Gegensatz zu den oben erwähnten *Pusher* und *Puller Sabots* – jedoch nicht durch den Luftstrom abgestreift, sondern erst beim Eindringen in das Ziel. Insofern ist das Flugkaliber identisch mit dem jeweiligen Rohrkaliber, während der eigentliche Wirkteil ein kleineres Kaliber aufweist. Auf diese Weise soll vor allem die Aerodynamik des ansonsten ungünstigen Geschossprofils verbessert werden.

Balle F. I. E. R.

Dieses recht spitzfindige Projektil im Kaliber 12 besteht aus vier Komponenten: Da ist zunächst der eigentliche Wirkteil, eine Art Messingbolzen (Länge 31 mm; Masse 7,5 g; Durchmesser 6,5 mm) mit scharf ausgebildeter konischer Spitze und etwas abgeschrägtem Heck. Der vordere Teil steckt in einer Bleimanschette (Masse 11,9 g); dadurch werden eine während des Fluges (im Hinblick auf Energieverlust) wirksame Vergrößerung der Gesamtmasse sowie eine Schwerpunktverlagerung nach vorn erreicht. Diese beiden Komponenten umhüllt ein zweiteiliger Kunststoffmantel. So ergeben sich schließlich für das komplette Projektil: Länge 36 mm; Durchmesser 18,7 mm; Masse 25 g.
Beim Testbeschuss eines Kombiziels (Ziel-

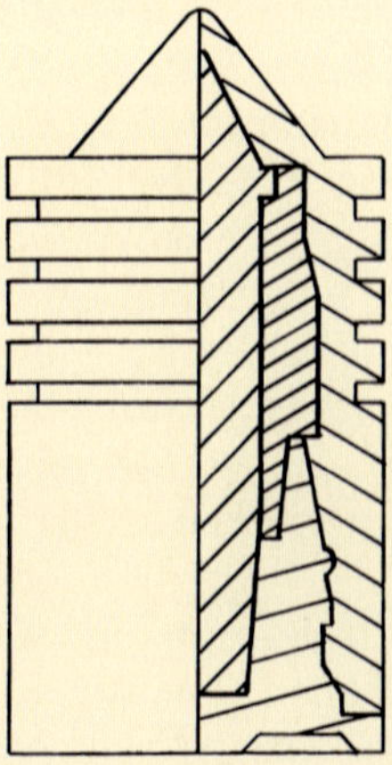

Auffallendes Merkmal des *F.I.E.R.* ist die komplizierte Konstruktion. Man beachte den bolzenförmigen Wirkteil aus Messing und die ihn umhüllende Bleimanschette.

Nach Beschuss eines Kombiziels zeigte lediglich die Stirnkante der Manschette eine geringe Verformung. Beachte die abgestreifte Kunststoffhülle (l.).

geschwindigkeit ca. 390 m/s; Zielenergie 0,9 kJ) durchdringt das F. I. E. R. bei zunächst relativ starker Energieabgabe mühelos den simulierten Knochen. Die entstehende beträchtliche Reibungswärme weicht den vorderen Teil der Plastikhülle auf, der Wirkteil schlüpft mitsamt der Bleimanschette heraus und setzt seinen Weg geradlinig und ohne signifikanten Masseverlust und Energietransfer fort. Aufgefangene Exemplare zeigen – abgesehen von einem geringfügigen Stauchrand an der Stirnkante der Manschette – keine Anzeichen von Deformation.

Nach Konstruktion und Zielverhalten zu schließen, wurde das F. I. E. R. für ein maximales Durchdringungsvermögen konzipiert und ist in der vorliegenden Ausführung für jagdliche Zwecke ungeeignet. Insofern muss man sich wundern, dass mehrere Munitionshersteller dieses Projektil verladen (Decathlon, Municar, Fiocchi). Soweit bekannt, wird lediglich Munition 12/70 mit dem F. I. E. R. laboriert.

Bala Maciza

Eine auf den ersten Blick exotisch anmutende Konstruktion. Sie stellt einen weiteren bemerkenswerten Versuch dar, von den Flintengeschossen à la Brenneke und Foster loszukommen. Der eigentliche, aus einer sehr harten Bleilegierung gefertigte Wirkteil besteht im Wesentlichen aus einem ogivalen Kopf und einem sich nach hinten erstreckenden Mittelzapfen, um den sich sechs »Fahnen« konzentrisch anordnen (Länge 25 mm; Durchmesser 16,6 mm; Masse 27 g). Das Ganze steckt in einer aufgespritzten Plastikhülle mit zwölf axialen Führungsrippen und integralem Heck, das gleichzeitig als Puffer/Liderelement fungiert; Länge 36,6 mm; Durchmesser 118,5 mm; Masse 31 g.

Beim Eindringen in ein Kombiziel (simulierter Knochentreffer auf der Einschuss-Seite) wird der vordere Teil der Umhüllung durch die Reibungswärme aufgeweicht; gleichzeitig spreizen sich aufgrund des Aufprallschocks die sechs »Fahnen« nach außen. Dabei wird ein Teil der Umhüllung abgestreift, und der

Das spanische *Bala Maciza*, ebenso spitzfindig wie kompliziert, vergrößert ...

... beim Aufprall auf ein Weichziel seinen Querschnitt durch Abspreizen vorgeformter Fahnen.

Querschnittsdurchmesser vergrößert sich – faktisch ohne Masseverlust – geringfügig auf rund 23,5 mm. Bemerkenswert ist ferner die verhältnismäßig starke und gleichmäßige Energieabgabe längs des Eindringweges. Gemessen am Zielverhalten und Energiepotential eignet sich dieses Flintengeschoss für die Jagd auf alles europäische Schalenwild. Mit diesem Projektil sind Laborierungen in 12/70 Fabrikat Saga (mit der Bezeichnung *Bala Maciza*) sowie in 12/67 und 12/70 Fabrikat Giclé (mit der Bezeichnung *Balle Casse Cou* im Handel.

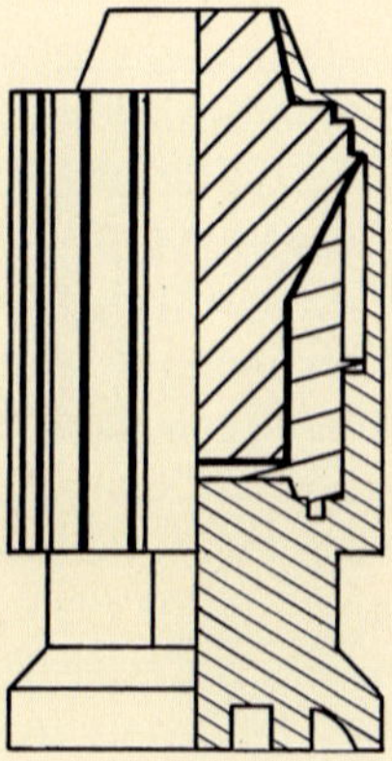

***Bala Expansiva*, ein weiterer Exot unter den Flintengeschossen.**

Bala Expansiva

Hier noch ein weiterer Exot im Kaliber 12: Abweichend vom herkömmlichen Flintengeschoss ist der zweistückige Wirkteil aus Zink, einem vergleichsweise harten Material, gefertigt (Länge 25 mm; maximaler Durchmesser 16,6 mm; Masse 21,8 g). Ein mehr oder weniger zylindrischer Becher mit vier symmetrisch angeordneten axialen Schlitzen enthält einen etwas bizarr geformten Bolzen. Die aufgespritzte »Verpackung« aus Polyäthylen ist im Wesentlichen identisch mit der bereits oben beschriebenen.

Beim Eindringen in ein Ziel wird die Plastikhülle zum größten Teil vom Wirkteil

Es arbeitet ebenfalls nach dem Prinzip der Teil-Zerlegung.

gestreift. Gleichzeitig pressen die Reaktionskräfte den im Prinzip keilförmigen Bolzen in den Becher und sprengen diesen. Dabei entstehen aus der Becherwand vier gleichgeformte Segmente (Masse jeweils ca. 2,6 g), die sich als Sekundärgeschosse radial vom Schusskanal fortbewegen und auf kurzem Weg ihre Energie abladen. Der Bolzen dagegen bleibt völlig unverformt.
Offenbar soll diese ungewöhnliche Konstruktion (Masse 25,7g; Länge 35 mm; Durchmesser 18,6 mm), das von der spanischen Firma Saga in 12/70 wie auch von dem französischen Produzenten Giclé (unter der Bezeichnung *Giclé Expansive*) in 12/67 laboriert wird, starke Energieabgabe mit großer Eindringtiefe vereinen. In der Praxis schaut das allerdings etwas anders aus: Im Laborversuch (Beschuss eines Kombiziels mit simuliertem Knochentreffer auf der Einschuss-Seite) kommt der als Penetrator gedachte Zinkbolzen nach rund 60 cm Eindringweg zum Stillstand. Ursache hierfür sind die mit etwas mehr als 12 g sehr geringe Masse sowie die mangelnde Richtungsstabilität. Insofern reichen die Energiereserven bei der Jagd auf starkes Schalenwild vor allem in kritischen Situationen nicht aus. Die Trefferleistung ist selbst aus einem Glattlauf ohne Mündungsverengung mit meist 18 und mehr Zentimetern Streukreisdurchmesser auf 50 m gewiss nicht rühmlich, wie denn überhaupt irgendwelche hervorstechenden Vorteile gegenüber einem herkömmlichen Flintengeschoss nicht erkennbar sind.
Dennoch: Unter technischem Aspekt repräsentiert das *Expansiva* eine gleichermaßen innovative wie bemerkenswerte Problemlösung: Während bei anderen Teil-Zerlegungsgeschossen die mehr oder weniger definierten Splitter am Stirnteil entstehen, kommen sie bei diesem Dank des sehr sophistischen Konzeptes vom Hinterende.

Balle Blondeau

Zweifellos handelt es sich um eine der ungewöhnlichsten Flintengeschoss-Konstruktionen. Von dem Franzosen Roland Gilbert Auguste Blondeau entwickelt und 1950 auf den Markt gebracht, eroberte sich diese »fliegende Nähgarnspule« vor allem in Frankreich und in der Schweiz einen festen Marktanteil in Konkurrenz zu Brenneke, Foster und Co.
Hier der Steckbrief: Aus Eisen gedrehter, verkupferter Geschosskörper; beide Enden mit integriertem Führungsring aus Blei; knapp hinter der Achsenmitte liegender Schwerpunkt; typisches Beispiel einer Schulterstabilisierung; Maße (Kaliber 12): Masse 33 g, Länge 27 mm, Durchmesser (Schaft) 9,5 mm, (Enden) 17 mm, (Führungsring) 18,7 mm. Die Führungsringe ermöglichen einen gefahrlosen Verschuss auch aus Glattläufen mit Mündungsverengung.
Typischerweise zeigt das *Blondeau* ein sehr regelmäßiges Zielverhalten: Während der ersten rund 25 cm Eindringweg erfolgt ein starker Energietransfer, der im weiteren Verlauf mehr oder weniger linear abnimmt. Beim Beschuss eines Kombiziels (Muni-

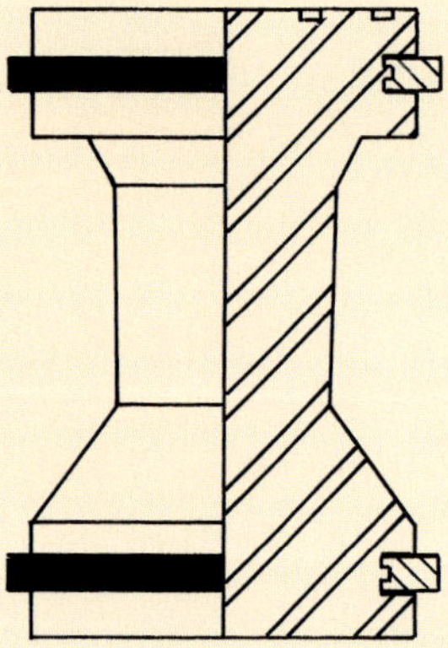

Das eigenwillig geformte *Blondeau* besteht hauptsächlich aus Eisen.

Nach Beschuss eines Kombiziels zeigt die »Nähgarnspule« keine nennenswerte Veränderungen – abgesehen von den etwas verbogenen Führungsbändern.

tion: 12/70) beträgt die Eindringtiefe rund 90 cm. Dabei werden lediglich die Führungsringe etwas nach hinten gebogen. Eine weitere Deformation findet nicht statt; ebenso bleibt die Masse so gut wie unverändert. Insofern lässt sich dieses *Slug* für die Jagd auf alles europäische Schalenwild einsetzen.

Die beste Trefferleistung liefert das *Blondeau* aus einem zylindrischen Glattlauf. Jedwede Mündungsverengung wirkt sich dagegen nachteilig auf die Präzision aus (bei *Full-Choke* muss mit einer Verdoppelung des Streukreisdurchmessers im Vergleich zum Zylinderlauf gerechnet werden). Die Ergebnisse mit dem »Büchsenlauf« sind ebenfalls nicht gerade überwältigend. Wahrscheinlich liegt dies an der geringen Breite (jeweils 1,5 mm) und an der zu weichen Bleilegierung der beiden Führungsringe. Sie sind den bei im Zugrohr wirkenden Scherkräften nicht gewachsen, so dass keine ausreichende Drallaufnahme erfolgen kann. Derzeit laborieren die französischen Firmen Mary-Arm, Tunet und Nobel-Rey mit der *Balle Blondeau* Patronen 16/67, 16/70, 12/67 und 12/70.

Super S-Ball

Irgendwann in den 1980er Jahren von Sellier & Bellot mit dem modischen Namen *Super S-Ball* aus der Taufe gehoben und auch in Deutschland vermarktet, geistert dieses von eher bescheidenem Erfindergeist ersonnene Geschoss durch Wald und Flur. Der Buchstabe »S« mag als Kürzel für Stahl/*Steel* stehen. Was jedoch mit »Super« gemeint sein könnte, wissen möglicherweise Zeus oder Cupido. Wesentlichstes Merkmal ist der im Prinzip zylindrische Wirkteil aus Weicheisen (Masse 21 g; Länge 27 mm; Durchmesser 13 mm). Aus unerfindlichen Gründen enthält er einen kurzen zylindrischen Aufsatz sowie eine kleine Bodenöffnung. Auf dem Umfang sind elf tiefe radiale Nuten eingedreht. Der aufgespritzte Plastikmantel formt ein abgestuft zylindrisches Profil (Durchmesser der vorderen Hälfte circa 16 mm) und lässt lediglich einen Teil des Kopfes sowie die Bodenöffnung frei; der hintere Teil (Vollkaliber) ist axial gerippt. Das ganze Gebilde ist 34 mm lang und wiegt schlappe 24,6 g.

Nach derartigen Prämissen wird niemand Wunder erwarten. Und die ereignen sich

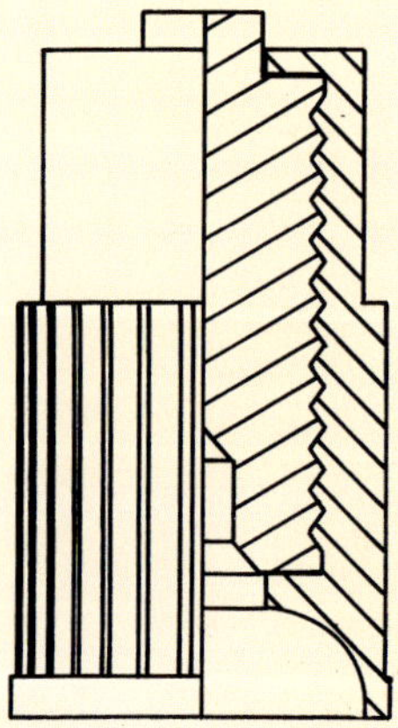

Im Wesentlichen besteht das *Super-S Ball* betitelte krude Geschoss aus einem mit Kunststoff beschichtete Eisenzylinder.

denn auch nicht: Beim Eindringen in ein Ziel streifen die Reaktionskräfte den durch die Reibungswärme aufgeweichten vorderen Teil des Plastikmantels nach hinten. Eine effektive Querschnittsvergrößerung findet nicht statt. Bedingt durch die vergleichsweise geringe Masse reichen Energiepotential und Durchdringungsvermögen für eine zuverlässige Wirkung auf starkes europäisches Schalenwild nicht aus. Mehr noch: Die Schussgenauigkeit des *Super S-Ball* liefert ebenfalls keinen Anlass zum Jubeln (Fünfschuss-Serie aus Repetierflinte Remington Mod. 870 auf 50 m mit Zylinderlauf ca. 80 mm, mit *Full-Choke* ca. 190 mm, mit Zuglauf ca. 110 mm).

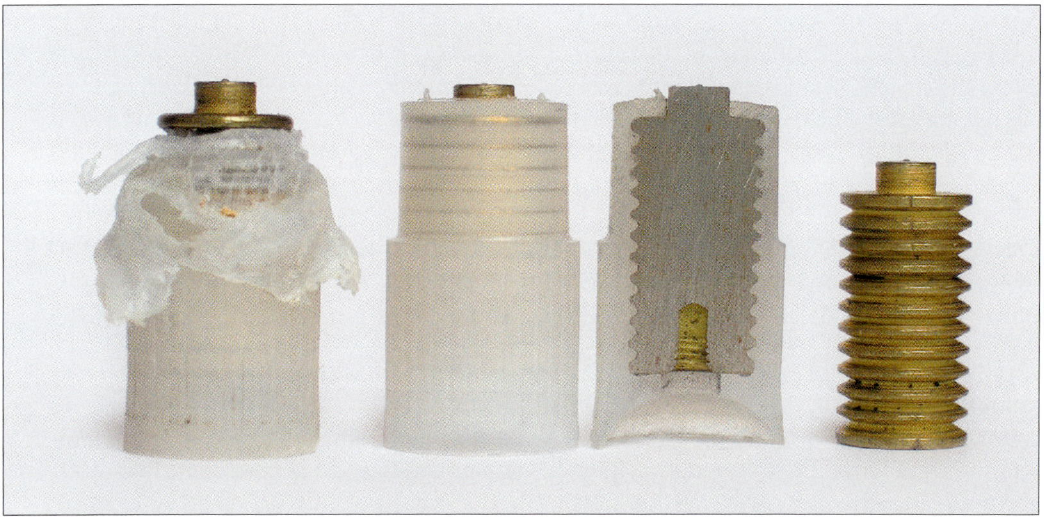

Eigenpräzision und Zielwirkung sind eher zufallsbedingt als zuverlässig. In einem Kombiziel wird der Plastik-»Mantel« sehr ungleichmäßig nach hinten gestreift.

Schlussbemerkung

Den Anschluss zu verpassen, ist stets ärgerlich und bedeutet unnötigen Zeitverlust. In dieser misslichen Situation befindet sich offenbar ein großer Teil der mitteleuropäischen Jägerschaft im Hinblick auf moderne Geschosse. Die Entwicklung der letzten zehn Jahre scheint an ihr einfach vorbeigerauscht zu sein – dieser Eindruck ergibt sich zumindest beim Studium der neueren Fachliteratur und aus Gesprächen mit Jungjägern, »alten Hasen« und Ausbildern. Alles gut und schön und »altbewährt«. So wartet man auf den richtigen Anschluss. Doch in Wirklichkeit ist der Zug längst abgefahren: Nur von den wenigsten Jäger bemerkt, vollzog sich inzwischen die geradezu dramatische Entwicklung zum universal einsetzbaren Jagdgeschoss.

Bibliographie

Alphin, Arthur B. et al.:
ANY SHOT YOU WANT – The A-Square Handloading and Rifle Manual.
1st edition, Bedford, 1996

Gawlick, Heinz, & Knappworst, Jürgen:
ZIELBALLISTISCHE UNTERSUCHUNGSMETHODEN AN JAGDBÜCHSENGESCHOSSEN.
Troisdorf o. J.

Herrmann, Reiner:
HANDBUCH FÜR WIEDERLADER, VORDERLADER- UND BÖLLERSCHÜTZEN.
1. Auflage, Stuttgart 1999

Klups, Norbert:
DAS GESCHOSSBUCH.
Melsungen 1999

ders.: DER DRILLING.
Geschichte, Einsatz und Technik einer jagdlichen Universalwaffe.
1. Auflage, Stuttgart 2004.

ders.: DOPPELBÜCHSEN. Faszination in Holz und Stahl.
1. Auflage, Stuttgart 2006.

Kneubuehl, Beat P.:
GESCHOSSE – Ballistik, Treffsicherheit, Wirkungsweise.
Dietikon-Zürich/Stuttgart 1994.

ders.: GESCHOSSE - Ballistik, Wirksamkeit, Messtechnik. Band 2.
Dietikon-Zürich/Stuttgart 2004.

Lampel, Walter:
SCHIESSTECHNISCHES HANDBUCH FÜR JÄGER UND SCHÜTZEN.
2. Auflage, Nürnberg 1940

Lampel, Walter, & Langenbach, Hans Jürgen:
GESCHOSSWIRKUNG AUF WILD – Grundlegendes Altes und richtungsweisendes Neues.
In »Wild und Hund« 2/1961

dies.: DER SCHUSS AUF SCHALENWILD.
Melsungen 1967

Lampel, Walter, & Mahrhold, Richard:
WAFFENLEXIKON.
7. Auflage, München 1971

Lampel, Walter, & Seitz, Georg:
JAGDBALLISTIK – Die Lehre vom jagdlichen Schuss.
3. überarbeitete und erweiterte Auflage, Melsungen 1983

Mahrholdt, Richard:
WAFFENLEXIKON.
2. Auflage, München 1937

ders.: WAFFENLEXIKON.
3. Auflage, München 1952

Molitz, H., & Strobel, R.:
ÄUSSERE BALLISTIK.
Berlin/Heidelberg/Göttingen 1963

Rausch, Wolfgang:
ALLES ÜBER MUNITION FÜR JAGDWAFFEN in Theorie und Praxis.
1. Auflage, Stuttgart 1980

Résal, H.:
RECHERCHE SUR LE MOUVEMENT DES PROJECTILESD'ARMES A FEU.
Paris 1865

Rosenberger, Manfred R.:
JAGDGESCHOSSE UND ZIELBALLISTIK – was man darüber wissen sollte.
In »Waffen Digest '88«.
Dietikon-Zürich 1987

ders.: VOM PULVERHORN ZUM RAKETENGESCHOSS – Die Geschichte der Handfeuerwaffen-Munition.
1. Auflage, Stuttgart 1993

ders.: VOM-HOFE-PATRONEN Geschichte und Entwicklung.
In »Waffen Digest '89«.
Dietikon-Zürich 1988

ders.: DICKE FREUNDE.
In »Visier« 8/1988

ders.: BÜCHSENGESCHOSSE.
In »Wild und Hund« 13/98; 15/98; 17/98; 19/98; 21/98; 23/98; 26/98; 2/99; 4/99

ders.: JAGDPATRONEN. Geschichte, Ballistik, Verwendung.
1. Auflage, Stuttgart 2005.

Sellier, Karl:
SCHUSSWAFFEN UND SCHUSSWIRKUNGEN – Ballistik – Medizin – Kriminalistik.
Lübeck 1969

Taylor, John:
AFRICAN RIFLES AND CARTRIDGES.
Reprint edition, Highland Park 1977

Fachbegriffe

B

Bleifrei: Dieser Begriff wird in der Munitionstechnik mit verschiedenen Bedeutungen verwendet:

a) Auf Geschosse, die keinen Bleikern enthalten, sondern ausschließlich aus einem anderen Werkstoff bestehen (= sogenannte Monobloc-Geschosse, Beispiel: *Barnes X-HP*);
b) auf moderne Zündsätze, die keine Bleiverbindungen enthalten und somit bei der Detonation keine hochtoxischen Bleidämpfe produzieren (Beispiele: *Sintox* (DNAG), *Clean-Fire* (CCI);
c) auf Weichkerngeschosse, bei denen der Bleikern mit einer verhältnismäßig harten Metallfolie abgedeckt ist, so dass auch aufgrund der (während des Rohrdurchgangs herrschenden) hohen Temperatur keine Bleidämpfe entstehen.

Bodensog: Aufgrund des Verlaufs der Luftströmung bildet sich am Heck des fliegenden Geschosses – je nach Ausführung – eine mehr oder weniger ausgeprägte konische Unterdruckzone. Dadurch entstehen im Grenzbereich zwischen Luftstrom und Unterdruck Verwirbelungen, die einen Teil der Geschossenergie verbrauchen. Dieser Effekt tritt jedoch erst im Bereich der Unterschallgeschwindigkeit (also bei weniger als rund 340 m/s) nachhaltig in Erscheinung. Insofern haben konische oder kegelartige Heckformen (Beispiele: Bootsheck, Torpedoheck) keinen nennenswerten Einfluss.

Büchse (englisch: *Rifle*): Ursprünglich bezeichnete man mit diesem vom althochdeutschen »Buhsa« (= Dose, Büchse) entlehnten Wort im deutschen Sprachbereich jegliche Art Feuerwaffe (einschließlich Kanonen). Erst ab ungefähr der zweiten Hälfte des 17. Jahrhunderts wird der Begriff Büchse seiner heutigen Bedeutung entsprechend für lange Handfeuerwaffen mit gezogenem Lauf (im Gegensatz zur glattläufigen Flinte [siehe diese]) verwendet.

Büchsengeschoss: Typischerweise liegt bei Projektilen dieser Art der Schwerpunkt hinter dem Längsachsen-Mittelpunkt. Dementsprechend ist eine ausreichende Flugstabilisierung nur durch den Drall des Büchsenlaufs möglich.

C

Culot: französisch: Näpfchen

D

Deformationsgeschoss: Diese Projektile vergrößern während des Zieldurchgangs durch Einwirken der Reaktionskräfte ihren Querschnitt. Dies geschieht – je nach Konstruktion und/oder Zielwiderstand ohne oder mit mehr oder weniger großem Masseverlust. Nachteil: Häufig - je nach dem Grad der Zerlegung – mehr oder weniger große Zerstörwirkung und Hämatombildung (= Versulzen).

Doppelradius-Ogival: Bei den meisten sogenannten Rundkopfgeschossen wird das Kopfprofil in der Regel von zwei unterschiedlichen Kreisradien geformt: In der Regel weist die sogenannte *Spitze* einen kleinen Radius auf, der hintere Teil dagegen einen – um beispielsweise das Dreifache – größeren.

Drallgeschoss: Im Unterschied zu dem aus einer Glattrohrwaffe abgefeuerten Geschoss wird dem Projektil beim Durchgang durch einen Zuglauf oder Glattlauf mit gezogenem Mündungseinsatz eine den Flug stabilisierende Drehbewegung um die Längsachse (= Drall) erteilt.

Drallstabilisierung: Kennzeichnend für die meisten Büchsengeschosse ist der (bedingt durch das aerodynamische Profil) hinter dem Längsachsen-Mittelpunkt liegende Schwerpunkt. Ohne geeignete Maßnahmen würde sich das Projektil während des Fluges überschlagen und mit dem Boden voraus fliegen. Beim Durchgang durch einen gezogenen Lauf wird das Projektil zur Rotation (= Drall) um seine Längsachse gezwungen, so dass (entsprechend den Kreiselgesetzen) die Achse am Auspendeln gehindert wird.

E

Eigenpräzision: Abgesehen von der Kunstfertigkeit des Schützen und verschiedenen patronen- sowie waffenseitigen Faktoren hängt die Trefferleistung auch von der dem Geschoss innewohnenden Präzision, der sogenannten *Eigenpräzision,* ab. Diese wird von verschiedenen konstruktions- und fertigungsbedingten Parametern (wie beispielsweise der Rotationssymmetrie und dem Abstand Luftangriffspunkt-Schwerpunkt) beeinflusst.

Energietransfer: Energieabgabe, Energieübertragung: Beim Durchdringen jedweder Materie büßt jedes Geschoss pro Weg/Zeiteinheit einen mehr oder weniger großen Teil seiner Bewegungsenergie ein. Die Ursache: Während des ziemlich komplexen Vorgangs überträgt das Geschoss die betreffende Energie auf die Zielmaterie. Der Umfang dieses »Energietransfers« resultiert vor allem aus dem sogenannten *Zielwiderstand* sowie aus dem Zielverhalten des betreffenden Geschosses.

Exzentrizität: Außerhalb der Mittelachse liegender Schwerpunkt.

F

Flinte (englisch: *Shot Gun*): Diese Bezeichnung für Glattlaufgewehre beruht auf den frühen langläufigen Steinschlosswaffen des 17. Jahrhunderts, bei denen der Zündfunke durch einen in den (auf die Zündpfanne niederschlagenden) Hahn eingespannten und als »Flint« bezeichneten Feuerstein erzeugt wurde (daher ursprünglich »Flintbüchse« [siehe auch oben Büchse]). Die heutige Flinte ist insofern eine – modernisierte – Glattlaufwaffe für mit Mehrfachgeschossen bestückten Schrotpatronen und Einzelgeschosse (= Flintengeschosse).

Flintengeschoss: Grundsätzlich handelt es sich um ein für den Verschuss aus glattläufigen Waffen (= Flinten) vorgesehenes Einzelgeschoss jedweder Konstruktion, wobei – wesentliches Merkmal – der Schwerpunkt stets vor dem Mittelpunkt der Längsachse liegt.

Flügelstabilisierung: Der Flug sehr langer (in aller Regel unterkalibriger) Geschosse lässt sich nach Art des gefiederten Pfeiles durch mehrere am Heck angeordnete Flügel (auch Finnen oder Flossen genannt) stabilisieren. Die auf diesen Leitflächen durch die anströmende Luft erzeugten Auftriebskräfte wirken dem Auspendeln der Geschossachse entgegen.

Flusseisen: Früher vor allem für die Herstellung von Mänteln für Handfeuerwaffengeschosse verwendete spezielle Eisenlegierung, die sich wegen ihrer plastischen Verformbarkeit (= Fließen) unter hohem Druck relativ leicht verarbeiten lässt und im Vergleich zu Kupferlegierungen geringere Materialkosten verursacht. Der schwerwiegende Nachteil solcher, auch als »Stahlmantel« (englisch: *Steel Jacket*) bezeichneter Geschosshüllen: Sie hobeln die Feldkanten des Waffenlaufs ab, so dass dessen Leistung relativ schnell abnimmt; zudem neigen sie während des Zieldurchgangs verstärkt zum Zersplittern.

Formstabil: So bezeichnet man Geschosse, die beim Durchdringen eines Kombinationsziels (= Muskulatur und Knochen) ihre Form unverändert beibehalten. Das sind – entgegen vorherrschender Meinung – keineswegs grundsätzlich Vollmantelgeschosse (nur die sehr dick ummantelten verändern sich nicht – die meisten werden bei Knochenkontakt verbogen und gestaucht, so dass ab Boden der Bleikern austritt), sondern vor allem Vollgeschosse aus einer Kupfer- oder Eisenlegierung sowie Mantelgeschosse mit einem Hartkern.

Führungszylinder: Hierunter versteht man den im Prinzip zylindrischen Teil zwischen Kopf und Heck eines Langgeschosses, der – durch unmittelbaren Kontakt mit der Laufwandung – das Projektil während des Rohrdurchgangs zentriert und insofern einen erheblichen Einfluss sowohl auf Gasdruckentwicklung als auch Schussgenauigkeit hat.

G

Ganzmantelgeschoss (englisch: *Total Metal Jacketed* = TMJ): Im Gegensatz zum herkömmlichen Mantelgeschoss (Teil- und Vollmantel) wird der aus Kupfer oder einer Kupferlegierung bestehende Mantel in definierter Stärke in einem elektrochemischen Prozess auf den Bleikern aufgebracht. Dieses in den USA entwickelte Verfahren beinhaltet zwei gravierende Vorteile: Im Vergleich zum üblichen Vollmantelgeschoss ist auch der Geschossboden völlig ummantelt, so dass beim Abschuss keine hochgiftigen Bleidämpfe entstehen können (bedeutsam vor allem auf dem Schießstand). Außerdem verringern sich die Fertigungskosten ganz erheblich (die verschiedenen kostenintensiven Fertigungsstadien [Ziehen, Formen, Kürzen, Aufpressen des Mantels] entfallen).

Gasschlupf: Bezeichnung der Ballistiker für die Situation, dass die hochgespannten Verbrennungsgase mit sehr hoher Geschwindigkeit durch die nicht oder nicht vollständig ausgefüllten Züge am Geschoss vorbeiströmen. Dabei werden winzige feste Partikel mitgerissen, so dass eine Art Sandstrahl-Effekt entsteht, der den Lauf – vor allem im Bereich unmittelbar vor dem Patronenlager – »aushobelt«. Die Folge: Von Schuss zu Schuss vergrößert sich der Innendurchmesser, das Geschoss bewegt sich mehr oder weniger führungslos, kommt mit einem Abgangsfehler aus der Mündung und trifft letztlich überall, nur nicht dort, wo es soll.

Gezogener Lauf: siehe Büchse

Gilding: Kupferlegierung mit einem Zinkanteil von ca. 15 % (Cu/Zn 85/15) und damit etwas härter als Tombak (siehe dort).

Glattlauf: siehe »Flinte«

H

Hämatom: Auch Bluterguss genannte Einblutungen in das umgebende Gewebe außerhalb der Blutgefäße; besonders großflächig ausgeprägt finden sich derartige Blutansammlungen im Zusammenhang mit hoher Zielgeschwindigkeit sich teilweise oder ganz zerlegender Geschosse.

Hartkern: Im Unterschied zum üblicherweise aus Blei bestehenden »Weichkern« aus einem harten Material – z. B. Eisen – bestehender Geschosskern.

Hydrodynamisch: Bewegungsvorgänge in Flüssigkeiten und in überwiegend aus Flüssigkeit bestehenden Medien (z. B. biologisches Gewebe). Beim Eindringen eines Geschosses in Flüssigkeit werden deren Moleküle senkrecht zur Schussbahn beschleunigt; dabei entsteht (wegen der Masseträgheit und der sehr geringen Kompressibilität der Moleküle) längs des Schusskanals eine ausgeprägte Hochdruckzone mit einem entsprechenden dynamischen Potential (sogenannte *Dynamische Wirkung*).

I

Input-Output-Analyse: Vergleich des Energieeinsatzes (Treibmittelenergie) mit der Anfangsenergie des betreffenden Geschosses.

Integral: In etwa »aus einem Stück«.

Integriert: In etwa »eingebaut«.

K

Kaliber: Dieser Begriff wird im Zusammenhang mit Feuerwaffen mit dreierlei Bedeutung verwendet: *Geschosskaliber* (= größter Geschossdurchmesser), *Feldkaliber* (= diametraler Abstand zwischen zwei Feldern), *Zugkaliber* (= diametraler Abstand zwischen zwei Zügen). Irrtümlicherweise wird der Ausdruck manchmal im Sinne von Laborierung oder Patrone benutzt.

Kombiziel: Zur möglichst praxisnahen Darstellung des Zielverhaltens (Deformation usw.) eines Geschosses beim Testbeschuss verwendetes Zielmedium aus einer Verbindung unterschiedlicher Materialien, wie beispielsweise Gelatine mit einer Holzscheibe (zur Simulation eines Knochentreffers).

Kupferlegierung: In der Regel bestehen die Mäntel von Geschossen – beziehungsweise deren Oberfläche – aus einer Kupferlegierung, die bestimmte Anteile an Zink, Zinn und/oder Nickel enthalten.

L

Laborierung: Verbindung definierter Munitionsbestandteile einer Patrone. Beispiel: Patrone .308 Winchester Fabrikat Lapua; Geschoss Forex 12,0 g; Treibladung 2,9 g N150; Kemira-Zündhütchen 200.

Ladungsverhältnis: Die auf die Geschossmasse mb bezogene Masse mp der Treibladung: Je niedriger der Wert des Quotienten mp/mb, desto günstiger ist das Ladungsverhältnis einer bestimmten Laborierung.

Langgeschoss: Dieser recht schwammige Begriff kam im 19. Jahrhundert auf und diente zur Unterscheidung der gebräuchlichen Rundkugel von den damals aufkommenden »modernen« Projektilen, deren Gesamtlänge mehr oder weniger größer als ihr Durchmesser ist.

Luftangriffspunkt: Die Geschossachse bildet mit der Bewegungsrichtung einen kleinen Winkel. Folglich wird die Achse in diesem Winkel von der Luft angeströmt. Ohne auf die komplizierten Einzelheiten einzugehen, kann man in vereinfachter Form sagen: Die Luftkraft setzt in einem bestimmten Punkt auf der Achse (Luftangriffpunkt = LP) an und versucht, das Geschoss um eine durch den Schwerpunkt verlaufende Querachse zu kippen. Entscheidend ist dabei die Schwerpunktlage: Befindet sich dieser vor dem LP, wird die Ausweichbewegung der Achse automatisch durch den Luftstrom gedämpft; im umgekehrten Fall (Schwerpunkt hinter dem LP) würde sich das Projektil ohne entgegenwirkende Maßnahmen (Drall) überschlagen, um dann schließlich mit Schwerpunkt (Heckteil) voraus zu fliegen.

Luftwiderstand: Die der Geschossbewegung während des freien Fluges entgegenwirkenden Reaktionskräfte.

M

Mantelstecker: Bei frühen sogenannten *Halbmantelgeschossen* geschah es nicht selten, dass während des Rohrdurchgangs der Bleikern aufgrund seines größeren Beharrungsvermögens (= Masseträgheit) aus dem Mantel schlüpfte und der Mantel – als Folge des Reibungswiderstandes – stecken blieb, so dass beim nächsten Schuss die Waffe meist beschädigt, wenn nicht gar gesprengt wurde.

Massestabil: Kennzeichnend für so bezeichnete und aus einem zähweichen Werkstoff bestehende Geschosse ist, dass sie in einem Kombinationsziel ohne Masseverlust (= Zerlegen) völlig kontrolliert ihren Querschnitt vergrößern und ein entsprechend großes Eindringvermögen aufweisen. Besondere Vorteile: Extrem große Anpassung an unterschiedliche Zielwiderstände; enger Schusskanal (= geringe Zerstörwirkung); kleiner Ausschuss; geringe Hämatombildung auf der Ausschussseite.

Massestabilisierung: Bei Geschossen mit weitreichendem Bodenhohlraum bzw. einem Heck aus wesentlich leichterem Material als der Vorderteil ist die Masse (Schwerpunkt) vor der Längsachsenmitte angeordnet. In diesem Fall erfolgt die Flugstabilisierung automatisch, weil sich die – im Schwerpunkt konzentrierte – Masse auf der Flugbahn bewegt.

Masseträgheit (auch Beharrungsvermögen genannt): Das Bestreben eines Gegenstandes, eine eingenommene Lage oder Bewegungsrichtung beizubehalten, hängt unmittelbar von dessen spezifischem Gewicht ab. Beispiel: Mit einem spezifischen Gewicht von 11,34 g/cm^3 hat reines Blei im Vergleich zu Aluminium (2,69 g/cm^3) eine um den Faktor 4,2 größere Masseträgheit.

Medium: Ballistiker bezeichnen damit ein Ziel mit bestimmten physikalischen Eigenschaften, wie beispielsweise biologisches Gewebe.

Messing: Relativ harte Kupferlegierung mit einen großen Zink-Anteil wie beispielsweise Cu/Zn = 72/28.

Monobloc-Geschoss (auch Vollgeschoss): Es besteht – im Gegensatz zum Kombinationsgeschoss (Beispiel Teilmantelgeschoss = Bleikern plus Hartmetall-Mantel) – grundsätzlich aus nur einem einzigen Werkstoff. Üblicherweise wird dieser Begriff nur für Projektile aus Hartmetall – beispielsweise Kupfer, Tombak, Gilding, Weicheisen – benutzt.

N

Neusilber (englisch: *German Silver*): Früher für Geschossmäntel oder deren Beschichtung verwendete Legierung aus (rund) 62 % Kupfer, 15 % Nickel und 23 % Zink.

Die Bezeichnung ist auf das stumpf-silbrige Aussehen zurückzuführen.

O

Ogival: Kopfprofil. Es besteht im Unterschied zum kegelförmigen Profil in der Regel aus einem formschlüssig in den Führungszylinder übergehenden Kreisbogen; je kleiner/größer der Radius dieses Kreises (auch »Kopfradius« genannt), desto kürzer/länger ist der Geschosskopf (vergl. auch »Sekanten-Ogival« und »Doppelradius-Ogival«).

P

Parameter: Veränderbare Einflussgröße einer Funktion.

Patrone (englisch: *Cartridge*): Die Verbindung eines bestimmten Kalibers mit einer ganz bestimmten Hülsengeometrie (Profil, Maße). Beispiele: 8 x 57 IS; 8 x 57 IR; .30-06 Sprinfgfield.

Profil: Seitenansicht beziehungsweise die Projektion des Geschoss-Längsschnitts; sie bezieht sich also lediglich auf die Form, nicht aber auf die Konstruktion.

Q

Querschnittsbelastung: Ballistischer Ausdruck für die auf den Geschossquerschnitt q bezogene Geschossmasse m: $S = m/q$.

Querschnittsenergie: Die auf den Geschossquerschnitt bezogene jeweilige Energiemenge E_x: $E_q = E_{x/q}$. Im Unterschied zur *Querschnittsbelastung* (eine rein statische Größe) handelt es sich um eine dynamische Größe, die unmittelbar das Durchdringungspotential des betreffenden Geschosses erkennen lässt.

R

Rotationssymmetrie: Diese ist nur gewährleistet, wenn der Schwerpunkt eines Geschosses exakt auf dessen Längsachse liegt. Anderenfalls – beispielsweise beim Vorhandensein von Luftblasen im Bleikern oder aufgrund unregelmäßiger Form – wird die Eigenpräzision durch eine exzentrische Schwerpunktlage erheblich beeinträchtigt.

S

Sabot: Hierunter versteht man ein üblicherweise aus Kunststoff bestehendes Behelf, um unterkalibrierte Geschosse im Lauf zu beschleunigen und zu führen, welches nach Verlassen der Laufmündung vom Luftstrom abgestreift wird. Zwei Arten sind zu unterscheiden: Das *Pusher Sabot* »schiebt« das Geschoss durch den Lauf und besteht im Wesentlichen aus einem hinten geschlossenen Becher mit axial geschlitzter Wandung, die von den Luftkräften aufgespreizt wird. Das (meist zweiteilige) *Puller Sabot* dagegen umfasst das Geschoss im zylindrischen Bereich und »zieht« es durch das Rohr, um von der anströmenden Luft abgeworfen zu werden. Als deutsche Begriffe sind *Treibbecher* oder *Becherpfropfen* eingeführt.

Schulterstabilisierung: Vor Geschossen mit scharfkantig abgesetzter, großflächiger Stirn bildet sich ein Staudruck. Dieser wird zwangsläufig unsymmetrisch, sobald die Geschossachse auszupendeln beginnt. Er wirkt dementsprechend stärker gegen den mehr nach vorn ragenden Teil der Stirnfläche als gegen den mehr zurückliegenden und dämpft dadurch die Pendelbewegung. Auf diese Weise lassen sich auch Projektile mit hinter der Achsenmitte liegendem Schwerpunkt stabilisieren.

Stabilität: In Wirklichkeit bewegt sich lediglich der Geschossschwerpunkt auf der Flugbahn, so dass seine Längsachse mit ihr einen Winkel (= Anstellwinkel) bildet. In diesem Winkel wird das Geschoss von der Luft angeströmt und neigt dazu, um eine durch den Schwerpunkt verlaufende Querachse zu kippen und sich zu überschlagen – die Ballistiker bezeichnen diesen Bewegungszustand als *instabil.* Umgekehrt spricht man von einem *stabilen Flugverhalten*, solange die Kipptendenz durch bestimmte Stabilisierungsmaßnahmen (z. B. durch Drall) immer wieder gedämpft wird.

Sekantenogival: Der Krümmungskreis des Kopfes geht nicht formschlüssig in den Führungszylinder über, sondern er schneidet dessen Kante. Auf diese Weise lässt es sich – zur Verbesserung der Aerodynamik – mit einem erheblich größeren Kreisradius arbeiten, ohne die praktikable Kopf- und damit auch die Gesamtlänge des Projektils überschreiten zu müssen (für Drallgeschosse gelten als »ballistisch machbare« Maximallänge rund fünf Kaliber).

Stahlmantel: siehe oben *Flusseisen*.

T

Teilmantelgeschoss (englisch: *Soft Point* = SP): Kennzeichnend für diesen Typ ist, dass der Mantel am Geschossboden geschlossen, jedoch an der Stirnkante offen ist (gleichgültig, ob der Bleikern zurückliegt oder aus dem Mantel herausragt).

Tombak: Kupferlegierung mit einem Zinkanteil von 8 bis 10 %. Typisch ist die rötliche Färbung.

V

Vollgeschoss (englisch: *Solid*): Im Unterschied zum Mantelgeschoss besteht es aus lediglich einer Komponente, üblicherweise Kupfer oder einer Kupferlegierung (Tombak, Gilding, Messing). Die für jagdliche Zwecke verwendete Ausführung ist – konstruktionsbedingt – ohne Masseverlust deformierbar. Der besondere Vorteil besteht in dem völlig kontrollierten und reproduzierbaren Zielverhalten in Verbindung mit minimalster Zerstörwirkung. Logischerweise müsste auch ein Bleiprojektil als Vollgeschoss gelten, doch wird diese Bezeichnung ausschließlich auf Geschosse aus Hartmetall angewendet.

Vollmantelgeschoss (englisch: *Full Metal Jacket* = FMJ): Kennzeichnend sind die vom Mantel umhüllte Geschoss-Spitze sowie der am Boden offene Mantel. Neuerdings verschließen in zunehmendem Maß die Hersteller die Bodenöffnung des Mantels mit einer Hartmetallscheibe, um ein Abdampfen von Blei zu verhindern. Derartige Geschosse werden als »schadstoffarm« bzw. »*Leadfree*« (= bleifrei) bezeichnet.

Vorlage: Vor der Treibladung angeordnete Munitionsbestandteile, wie z. B. Pfropfen, Lidernäpfchen, Geschoss, Schrotladung.

W

Weichkern: Andere Bezeichnung für Geschosse mit Bleikern (Teil-, Voll- und Ganzmantelgeschosse).

Weichziel: Ballistiker bezeichnen damit ein ausschließlich aus biologischem Gewebe oder vergleichbaren Simulantien (Gelatine, Plastilin usw.) bestehendes Ziel, das keine harten Bestandteile – wie beispielsweise Knochen – enthält.

Widerstandstabilisierung: Fintengeschosse weisen häufig ein integriertes, relativ langes Heck aus einem leichten Werkstoff auf (z. B. Kunststoff, Filz). Dadurch liegt der Schwerpunkt weit vor dem Längsachsenmittelpunkt. Gleichzeitig hat diese Anordnung (neben der Massestabilisierung) noch einen weiteren Stabilisierungseffekt: Mit zunehmendem Ausweichen der Geschossachse verursacht die aerodynamische Oberfläche des Heckteils einen wachsenden Strömungswiderstand, so dass die anströmende Luft das Heck zu einer entgegengesetzten Bewegung zwingt, die dann im Verlauf wieder gestoppt wird. Im Endeffekt dämpfen die Luftkräfte über den Strömungswiderstand stets das Auspendeln der Achse.

Wirkungsgrad: Das Verhältnis der Anfangsenergie (= *Output*) eines Geschosses bezogen auf die eingesetzte Energiemenge der Treibladung (= *Input*). Das bedeutet: Je mehr Treibmittelenergie aufgewendet werden muss, um einem Projektil eine bestimmte Anfangsenergie zu erteilen, desto geringer ist sein Wirkungsgrad.

Z

Zerfallgeschoss (englisch: *Frangible Bullet*): Ursprünglich als spezielles Übungsgeschoss für Kurz- und Langwaffen entwickeltes Projektil aus mit einem Polymer vernetzten Schwermetallstaub (z. B. Blei, Kupfer, Wolframkarbid). Es zerfällt beim Auftreffen auf einen harten Gegenstand völlig in winzigste grießartige Partikel, ohne dass diese abprallen. Als Kugelfang genügt eine 3 mm starke Stahlplatte.

Zerlegungsgeschoss: Es ist im Unterschied zum Deformationsgeschoss so beschaffen, dass es sich unmittelbar nach dem Eindringen in ein Weichziel in mehr oder weniger große Partikel zerlegt und seine Energie längs eines relativ kurzen Eindringweges restlos auf das Ziel überträgt. Meist entsteht kein Ausschuss. Die Bruchstücke durchdringen breitflächig als Sekundärgeschosse das Ziel mit starker Zerstörwirkung.

Zuglauf: siehe *Büchse*.

Kimme und Korn

Beat Kneubuehl
Geschosse Band 2
Der »Kneubuehl« ist seit Jahren ein Standardwerk. Auch der zweite Band geht auf Fragen rund um das Geschoss ein. Unter anderem wird die Ballistik der Geschosse von Vorderladern, Federwaffen (Bogen, Armbrust, Schleuder) und Flinten, das Schießen auf bewegte Ziele und neueste Konstruktionen beschrieben.
232 Seiten, 83 Bilder, 127 Zeichnungen
Bestell-Nr. 30501 **€ 36,–**

Peter Schäfer
Schießen mit der Büchse
Ein erfahrener Praktiker und hauptberuflicher Schießlehrer erläutert alle Faktoren für das jagdliche Büchsenschießen. Zahlreiche Bilder begleiten die Anleitungen, die auch das richtige und schnelle Repetieren, den Schuss auf flüchtiges Wild oder das Schießen unter extremen Witterungsbedingungen einschließen.
160 Seiten, 128 Farbbilder
Bestell-Nr. 02150 **€ 22,80**

Frank B. Metzner/Joachim Friedrich
Combat-Schießen
Dieses Buch beschäftigt sich mit dem grundlegenden Umgang mit Pistole, Revolver MP und Flinte zum Zweck der Selbstverteidigung. Von den Sicherheitsregeln über die wichtigsten Waffenmodelle, Grundstellungen bis hin zu Verhaltensweisen im Einsatzfall werden alle relevanten Punkte behandelt.
312 Seiten, 669 Bilder, davon 576 in Farbe
Bestell-Nr. 02675 **€ 29,90**

Ragnar Skanaker/Laslo Antal
Sportliches Pistolenschießen
Dieses Handbuch vom Weltmeister unterscheidet sich von anderen Schießsport-Lehrbüchern auf dem Markt: Praktiker schreiben für Praktiker, die Erfolg haben möchten. Sie verraten Tipps, die sich bewährt haben und die jeder Pistolenschütze sofort ins eigene Trainingsprogramm übernehmen kann.
196 Seiten, 222 Bilder
Bestell-Nr. 01425 **€ 22,–**

Johannes P. Heymann
Tipps und Tricks für Sportschützen
Dieses Grundlagenwerk bietet Wissen zur Waffentechnik einschließlich der Wiederladung von Munition. Johannes P. Heymann vermittelt wertvolle Wettbewerbserfahrungen und bietet damit ein solides Fundament für jeden, der als Sportschütze erfolgreich sein will.
206 Seiten, 13 Bilder, 39 Zeichnungen
Bestell-Nr. 01392 **€ 16,–**

Johannes P. Heymann
Das große Schusswaffen-Werkbuch
Schützen und Sammler finden eine Fülle an Tipps zur Pflege, Reparatur, Verbesserung und Umbau von Kurz- und Langwaffen. Auch ein Kapitel zu Rechts- und Sicherheitsfragen fehlt nicht in dieser überarbeiteten Neuauflage.
412 Seiten, 431 Bilder
Bestell-Nr. 02674 **€ 39,90**

IHR VERLAG FÜR WAFFEN-BÜCHER

Postfach 10 37 43 · 70032 Stuttgart
Tel. (07 11) 2108065 · Fax (07 11) 2108070
www.paul-pietsch-verlage.de

Motor buch Verlag

Stand Januar 2007 – Änderungen in Preis und Lieferfähigkeit vorbehalten